蘇州工業職業技術學院年鑒 2024

SUZHOU VOCATIONAL INSTITUTE OF INDUSTRIAL TECHNOLOGY YEARBOOK

苏州工业职业技术学院年鉴编纂委员会　编

苏州新闻出版集团
古吴轩出版社

图书在版编目（CIP）数据

苏州工业职业技术学院年鉴. 2024 / 苏州工业职业技术学院年鉴编纂委员会编. -- 苏州 : 古吴轩出版社, 2024. 12. -- ISBN 978-7-5546-2476-0

Ⅰ. G649.285.33-54

中国国家版本馆CIP数据核字第20242WK136号

责任编辑： 李　倩
责任校对： 任佳佳
责任照排： 吴　静

书　　名： 苏州工业职业技术学院年鉴（2024）
编　　者： 苏州工业职业技术学院年鉴编纂委员会
出版发行： 苏州新闻出版集团
古吴轩出版社
地址：苏州市八达街118号苏州新闻大厦30F
电话：0512-65233679　　　邮编：215123
出 版 人： 王乐飞
印　　刷： 苏州市墨利印刷有限公司
开　　本： 889mm×1194mm　1/16
印　　张： 22.5　　插页：40
字　　数： 606千字
版　　次： 2024年12月第1版
印　　次： 2024年12月第1次印刷
书　　号： ISBN 978-7-5546-2476-0
定　　价： 150.00元

《苏州工业职业技术学院年鉴（2024）》
编纂委员会

主　任： 王洪法　马延文　王新华

副主任： 吴少华　刘　晓　魏　影　苏　华　王　勇　单　强

委　员： 马建新　马　俊　王　迪　王　栋　方一新　计翼倩
石皋莲　叶文红　刘绪军　汤鸿波　安　婕　许秀芝
李　明　吴　玮　何福男　张大圣　张　峥　陈　艺
陈　希　陈建辉　罗　颖　金　昱　周　芳　周　瑾
费　江　耿　哲　桂德怀　贾　虹　钱　涛　曹　瑾
曹慧秋　梁青春　童钰祥　雷　冰　蔡葳葳

编审人员

主　审： 张　峥　曹　瑾

主　编： 方一新

副主编： 徐　敏

编　审： 张　琰　马小燕　黄　颖　祝清兰　田立苗　沈涵颖
杨　飞　陈　荔　叶倩辉　徐小丽　朱楚漪

2月13日下午，副市长季晶到学校调研指导，市政府副秘书长谢飞、市教育局副局长何永林等陪同调研。学校党委书记王洪法，党委副书记、院长马延文参加调研座谈

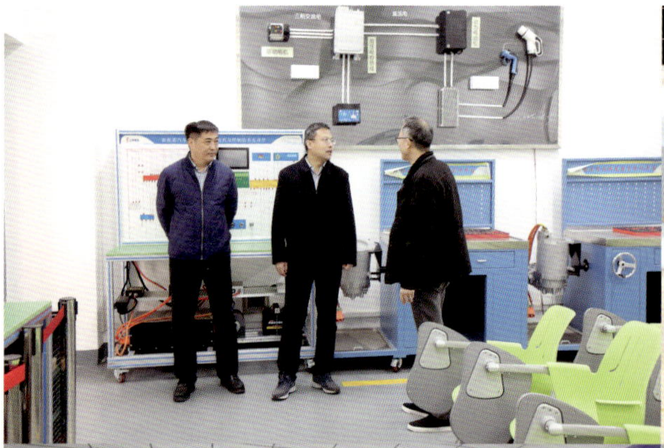

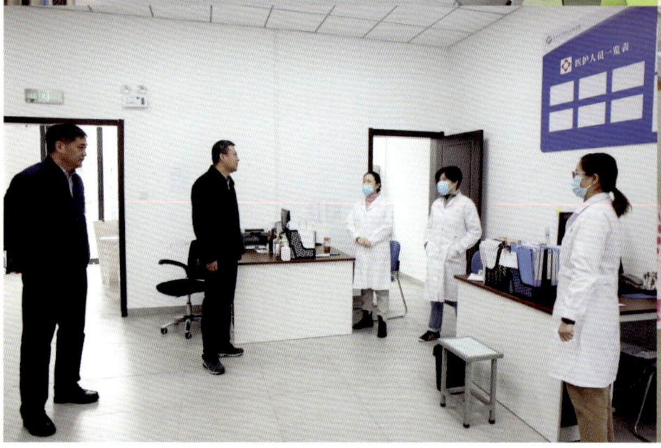

2月17日上午，学校领导检查新学期开学准备工作

4月13日，省纪委监委十一室会同苏州市纪委监委赴学校开展专题调研

4月27日上午，学校党委副书记、院长马延文，党委委员、副院长王勇，赴文绍楼调研指导科研平台专项建设工作

5月10日下午，团市委副书记蒋妍一行走访调研精密制造工程系，了解青科协会员发展现状、学校和系部发展需求及未来发展规划。学校党委副书记、副院长吴少华，精密制造工程系党政领导班子，校团委副书记曹慧秋陪同调研座谈

6月14日下午，市纪委常委唐翱、市纪委组织部部长范剑峰等一行3人到学校调研指导纪检监察工作。学校党委书记王洪法，党委委员、纪委书记魏影参加调研

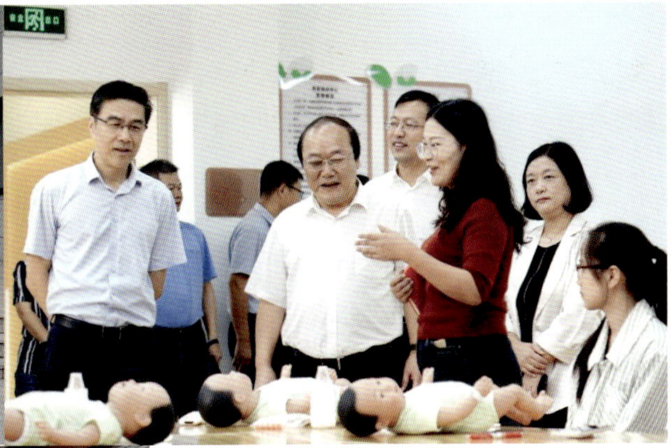

9月26日，学校党委书记王洪法、院长马延文带队先后赴苏州幼儿师范高等专科学校、沙洲职业工学院、苏州健雄职业技术学院开展调研学习

学校党委书记王洪法、院长马延文带队先后赴苏州市职业大学、无锡职业技术学院、无锡科技职业学院、苏州信息职业技术学院开展调研学习，学校党委领导班子、党委组织部、党政办公室、人事师资处、教务处、学生工作部、质量保证中心等部门负责人共同参加本次调研学习

2月18日下午，学校在丛荟厅召开党委扩大会议

4月19日下午，学校第五届“苏工之春”校园文化节暨2023年阅读节开幕式在宿舍区广场举行

4月26日下午，学校2023年党的建设、党风廉政建设和校园安全工作会议在丛荟厅召开

5月10日下午，“学习二十大　永远跟党走　奋进新征程”主题团日活动暨2023年“五四”表彰大会在天一报告厅隆重举行。学校党委书记王洪法，团市委副书记蒋妍，学校党委副书记、副院长吴少华，党委委员、副院长刘晓，党委委员、纪委书记魏影，党委委员、副院长苏华，党委委员、组织部部长陈艺，党委委员、宣传部部长曹瑾出席活动

5月24日下午，学校在丛荟厅开展“凝聚‘廉’动力 赋能新发展”廉洁教育主题活动，市纪委监委派驻市教育局纪检监察组四级调研员浦建平，学校领导王洪法、吴少华、刘晓、魏影、苏华、王勇等出席大会

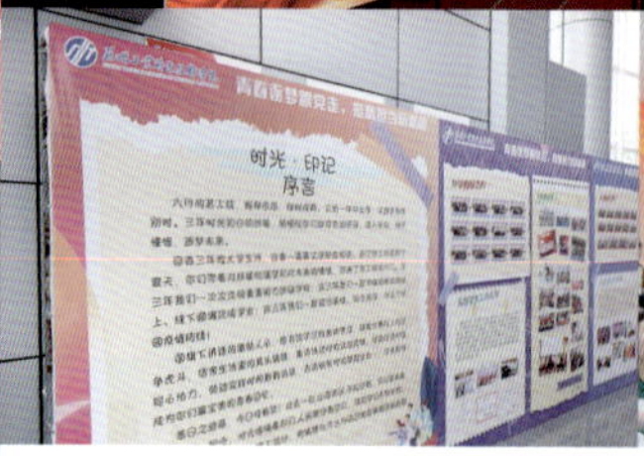

6月14日上午，学校2023届学生毕业典礼在天一报告厅隆重举行

11月22日下午，共青团苏州工业职业技术学院第七次代表大会和第十一次学生代表大会在丛荟厅召开。团市委副书记蒋妍，学校党委副书记、副院长吴少华，学生工作部部长童钰祥，学校工会主席安婕，兄弟院校团委书记、副书记及学生干部代表，系（院）党总支书记、副书记和团委书记以及学校200名团学代表出席本次大会开幕式

12月6日下午，苏州工业职业技术学院第五次工会会员代表大会圆满完成各项议程顺利闭幕。学校50余名工代会代表出席大会，大会由校党委副书记、副院长吴少华主持

3月1日，第四届大学生课外学术科技作品竞赛暨第十八届“挑战杯”全国大学生课外学术科技作品竞赛校赛在文济楼一楼举行

3月7日下午，学校在丛荟厅举办党的二十大精神学习宣讲暨2022年大学生年度人物风采展评活动

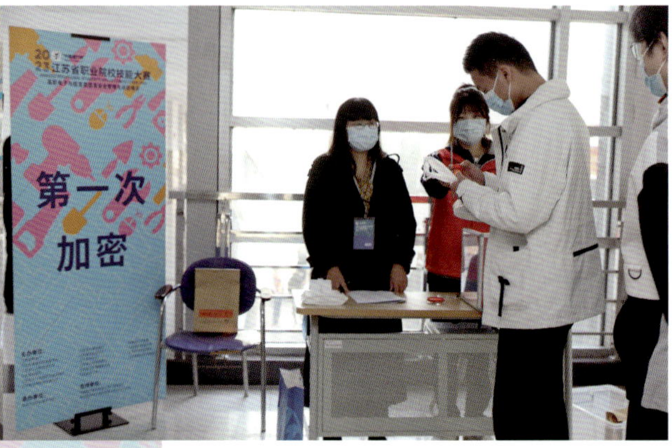

3月13—15日，学校成功承办2023江苏省职业院校技能大赛“信息安全管理与评估”赛项并荣获一等奖

4月18日下午，中科院苏州纳米所副所长、江苏第三代半导体研究院院长徐科博士应邀到学校为相关专业师生做题为“宽禁带半导体材料与后信息时代”的学术报告

4月20日晚，党委宣传部、纪检监察室、校团委共同举办"红色廉洁故事"主题演讲比赛决赛。学校党委副书记、副院长吴少华，党委委员、纪委书记魏影，党委委员、党委宣传部部长曹瑾出席活动

4月21日下午，"学习二十大　永远跟党走　奋进新征程""青马工程——育才计划"培训班开班仪式在天一报告厅举行

5月19日下午，学校举办中小学生“未来智造”职业体验活动，迎来新苏附小教育集团溪秀实验小学校的学生

5月26—28日，第十八届“挑战杯”全国大学生课外学术科技作品竞赛江苏省选拔赛决赛在常州大学举办。学校获一等奖2项、三等奖2项，在黑科技专项赛中荣获“卫星级”作品1项

6月14日，学校举行2023年“毕业生党员集中教育管理月”启动仪式，教育引导毕业生党员加强理论学习、珍惜党员身份、强化组织观念，以良好的精神面貌迈入新的征程

6月28日，“学习二十大　永远跟党走　奋进新征程”2023年暑期志愿服务项目出征仪式在丛荟厅举行。市红十字会党组书记、常务副会长刘文伟，市红十字会组织宣传部副部长韩永健，市红十字会省级救护培训师马永红，城南街道团工委副书记张群哲，越溪街道团干部陆文静应邀出席活动

9月5—6日，学生工作部组织全校辅导员赴苏州东山镇进行为期2天的辅导员岗位能力提升培训。学校党委副书记、副院长吴少华参加训练营活动

9月15日，俄罗斯托木斯克理工大学先进制造技术学院芭莉萨多娃·艾琳娜·费奥多罗夫娜教授受邀到学校丛荟厅做题为*Functional Materials for Photonics*的学术报告。学校党委委员、副院长王勇主持报告会

9月28日上午，2023级新生开学典礼暨新生军训动员大会在学校田径场举行。全体校领导，学校相关部门主要负责人，各系（院）党政主要负责人，军训教官，全体新生班级辅导员、班主任，部分教师代表和全体2023级新生共同在现场见证“青春启航　强国有我”的新征程之旅

10月20日上午，学校2023级新生军训成果汇报暨表彰大会在田径场举行。学校党委书记王洪法，党委副书记、院长马延文，党委副书记、副院长吴少华，党委委员、纪委书记魏影，党委委员、副院长王勇，各系（院）和相关职能部门负责人参加

10月31日，由党委宣传部、校团委联合举办的“马克思主义·青年说”主题演讲比赛暨信仰公开课在学校丛荟厅举行

11月8日下午，学校“青春心向党 奋进新征程”2023年“青马工程—菁英计划”培训班开班仪式在丛荟厅举行

11月9日上午，江苏高校思政课教指委高职高专分教指委委员田洪芳教授莅临学校，开展听课调研工作，学校党委副书记、副院长吴少华，马克思主义学院院长马建新陪同调研

11月23日，学校组织开展专业海外研修项目，15名师生背负行囊，跨出国门，来到俄罗斯库兹巴斯国立技术大学研修“Java面向对象程序设计”全英文课程

11月29日，冬日暖阳下，学校在“一站式”学生社区广场开展“向阳而生话成长，精工笃行齐奋进”——2022—2023学年“十佳班集体”风采展评活动

4月14日上午，学校与苏州城市学院合作框架协议签约仪式在苏州城市学院综合楼三楼大会议室举行

4月19日上午，学校与相城区太平街道在太平老街三槐堂三沙王氏家风馆共同举办“廉洁伙伴　家风共建”活动

4月21日，乔治费歇尔精密机床有限公司瑞士GF加工方案的CEO Ivan Filisetti和中国市场总裁陈以祥到访学校

5月30日上午，新疆应用职业技术学院党委书记陈梅兰一行到学校调研交流

7月27日下午，越南河内工业职业大专学校党委书记、校长范氏恒，副校长阮文辉，苏州富纳艾尔科技（越南）有限公司总经理卢骏及相关校方部门负责人和企业代表一行8人到访学校，签署国际化智能制造人才培养项目合作备忘录

9月21日，“愤怒的小鸟”创始人彼得·韦斯特巴卡（Peter Vesterbacka），美好未来项目芬兰公司董事长兼总经理龙卓英，美好未来股东Bambi，上海藤享教育科技有限公司董事长李建忠、合伙人张春光等一行5人到访学校，参加学校举办的文化创新教育交流沙龙活动

9月28日上午，俄罗斯库兹巴斯国立技术大学校长雅科夫列夫·阿列克谢·尼古拉耶维奇，俄罗斯自然科学院院士、库兹巴斯国立技术大学化学与油气工程学院院长切尔卡索娃·塔季娅娜·格里戈里耶夫娜，国际合作处处长佩夫涅娃·因娜·弗拉基米罗夫娜等一行5人莅临学校交流

10月13日上午，学校党委书记王洪法、院长马延文带领相关单位负责人赴乔治费歇尔精密机床（上海）有限公司开展交流活动

11月20日下午，苏州工业职业技术学院、吴文化博物馆、创元集团三方在吴文化博物馆举行校地企党建创新联合体成立活动

11月22日下午，创元学院成立十周年庆典暨“创元杯”第三批优秀专业企业学院建设成果展示汇报及表彰大会在文济楼一楼大厅成功举办

5月21日，学校学生在2023年第二届中国大学生室内自行车云上挑战赛中勇夺冠军

6月7日晚，学校在足球场举办“缤纷初夏　音你而来”草地音乐节

9月20日，校团委在“一站式”学生社区广场组织开展校级学生组织及社团招新工作，千名新生参与此次招新活动

11月2日上午，学校第十五届体育运动会在田径场拉开帷幕。全体校领导，相关职能部门主要负责人，各系（院）党总支书记、副书记和全体辅导员、班主任出席本次运动会开幕式

11月27日，校团委在天一报告厅举行“唱响青春旋律，绽放少年风采”青春歌会汇演

12月27日下午，“青春心向党　奋进新征程”2024年迎新年文艺汇演在天一报告厅举行

学校“桃花源”话剧社携原创校园短剧《我在乎你》在江苏省第七届大学生艺术展演活动中获甲组三等奖

学校开展“书香润泽校园 阅读启迪人生”主题阅读周活动

5月17日下午,电子与通信工程系2023年校园专场招聘会在天波楼二楼招聘大厅如期举行,学校党委书记王洪法深入招聘会现场指导工作

5月20日,苏州工业职业技术学院举行“万企进校园——‘职’在等你,‘职’在乎你”大型现场招聘会

5月31日下午，机电工程系在学校体育馆举办2023届毕业生暨2024届实习生“送岗直通车”机电专场招聘活动，学校党委委员、纪委书记魏影参加本次活动

5月31日下午，副院长苏华参加经贸管理系访企拓岗促就业洽谈会

3月8日，周芳教授获“苏州市三八红旗手”荣誉称号

6月30日，第六届“马克思主义·青年说”颁奖仪式及第七届“马克思主义·青年说”开幕式在南京工业大学举行，学校荣获第六届“马克思主义·青年说”系列活动优秀组织奖

软件与服务外包学院沈茜老师荣获“江苏省技术能手”称号

4月21日下午,“双高”建设推进与高质量发展工作会在天枢楼3楼会议室召开,全体校领导、相关单位负责人参加会议

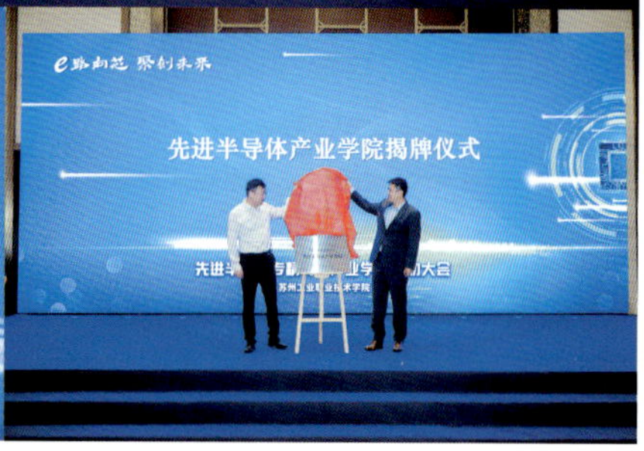

5月6日,学校举办先进半导体专精特新产业学院启动大会

5月17日下午,学校在丛荟厅召开职业教育高质量发展暨基层教学组织负责人培训会

6月14日下午，“技能成才　强国有我——青年的信仰”理论宣讲活动在天一报告厅举行。市委宣传部理论处处长刘锟，市教育局高教处副处长吴常歌，张家港港务集团港埠分公司特级技师、高级工程师、党的二十大代表、全国劳动模范黄强应邀出席活动

11月23日下午，苏州工业职业技术学院新产业发展研究院（苏工智库）揭牌暨学术论坛在天丽楼CL201会议室举行

12月19日，学校成功承办长三角职业教育学(协)会工作研讨会

12月27日下午，学校新时代人才师资工作会议在丛荟厅举行。市人才发展中心主任路瑶、学校领导、学校学术委员会主任、全体中层正职干部和各教学单位高层次青年骨干教师代表参加会议。会议由学校党委副书记、院长马延文主持

12月20日下午，学校召开第五届一次教职工代表大会。学校党委副书记、副院长吴少华主持会议

苏州工业职业技术学院平面图

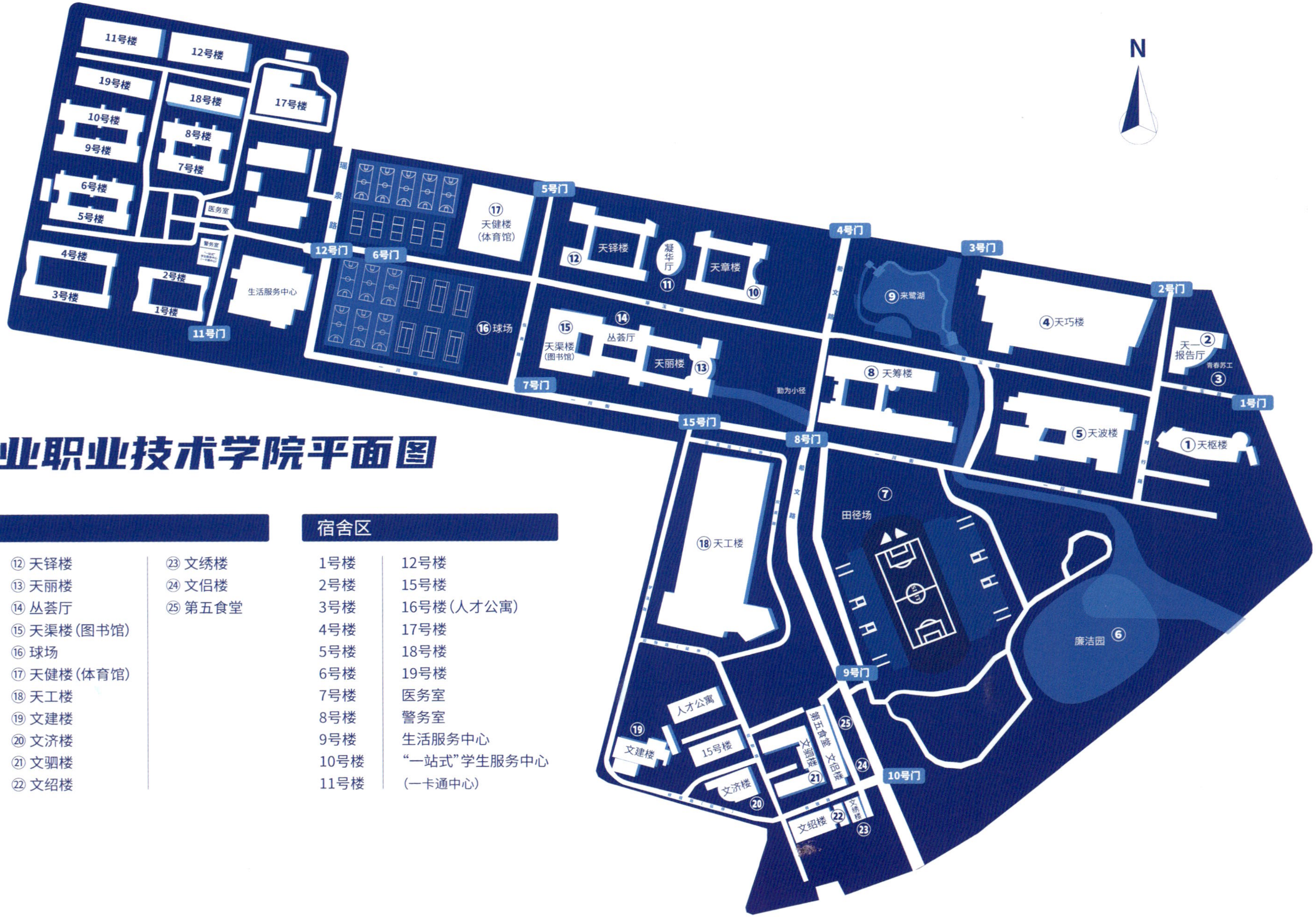

校园楼宇

① 天枢楼
② 天一报告厅
③ 青春苏工
④ 天巧楼
⑤ 天波楼
⑥ 廉洁园
⑦ 田径场
⑧ 天筹楼
⑨ 来鹭湖
⑩ 天章楼
⑪ 凝华厅
⑫ 天铎楼
⑬ 天丽楼
⑭ 丛荟厅
⑮ 天渠楼（图书馆）
⑯ 球场
⑰ 天健楼（体育馆）
⑱ 天工楼
⑲ 文建楼
⑳ 文济楼
㉑ 文驷楼
㉒ 文绍楼
㉓ 文绣楼
㉔ 文侣楼
㉕ 第五食堂

宿舍区

1号楼
2号楼
3号楼
4号楼
5号楼
6号楼
7号楼
8号楼
9号楼
10号楼
11号楼
12号楼
15号楼
16号楼（人才公寓）
17号楼
18号楼
19号楼
医务室
警务室
生活服务中心
“一站式”学生服务中心
（一卡通中心）

苏州工业职业技术学院机构沿革示意图（1946—2023）

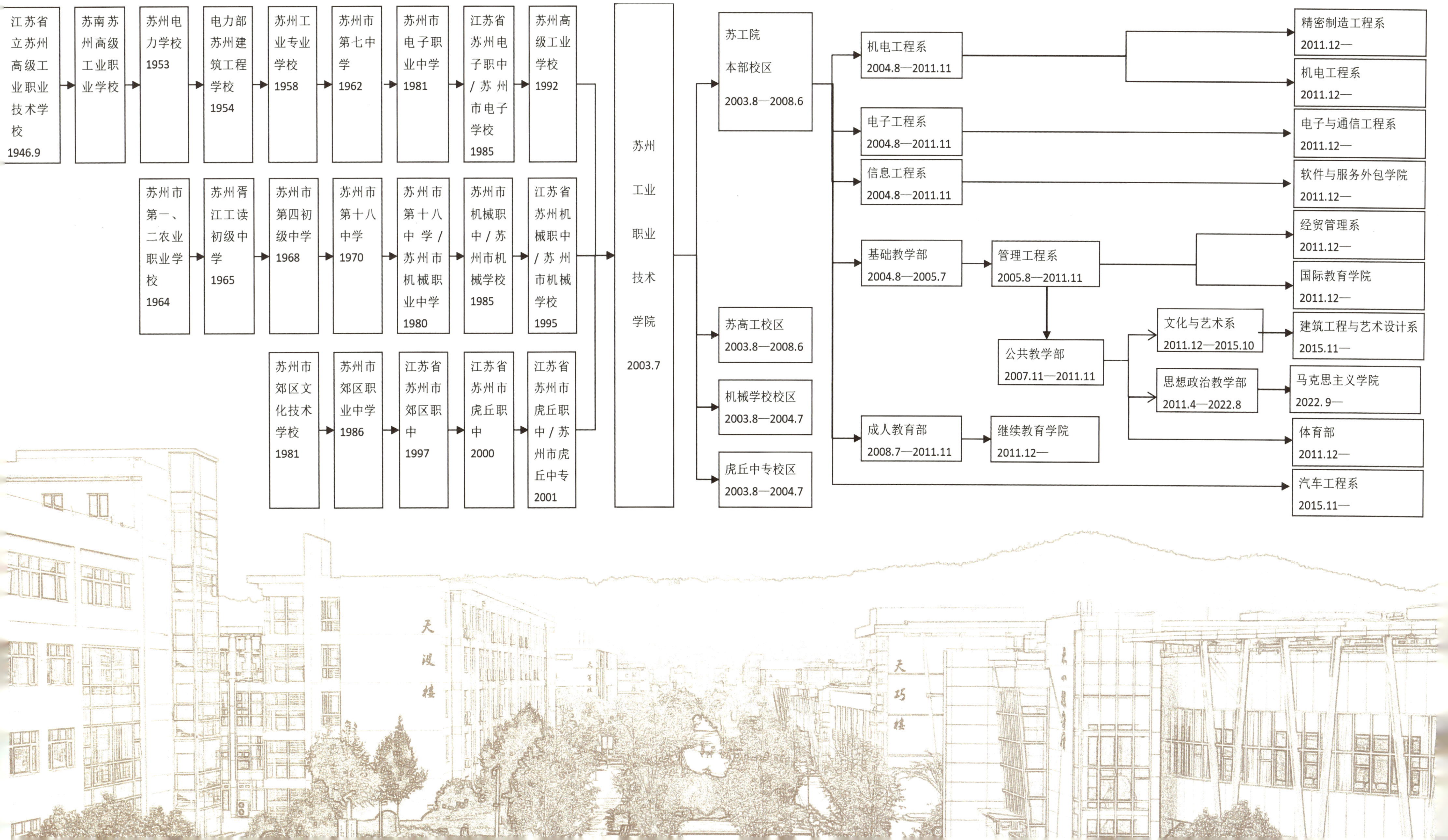

目　录

第一章　学校综述

第二章　会议文献

第三章　要闻特辑

第四章　专题活动

第五章　组织机构与人员

第六章　系（院、部）简介

第七章　数据及统计

第八章　校园文体活动

第九章　团学教育与学生管理

第十章　表彰与奖励

第十一章　大事记

第十二章　校友风采录

第十三章　附　录

第一章 学校综述

学校简介

苏州工业职业技术学院坐落于苏州吴中区上方山下，石湖之畔，是2003年由江苏省人民政府批准成立的市属公办高职院校，是国家首批“双高计划”建设单位。学校前身可追溯到成立于1946年9月的江苏省立苏州高级工业职业学校，是苏州最早建立的工科类职业技术学校之一。

学校2015年以“优秀”成绩通过江苏省示范性高等职业院校验收，2018年入选江苏省高水平高等职业院校建设单位，2019年入选中国特色高水平高职学校和专业建设单位，2021年入选第二批国家示范性职业教育集团培育单位。学校始终坚持社会主义办学方向，秉承“向阳而生　精工笃行”的校训和“我在乎你”的学校精神，努力培养德智体美劳全面发展的社会主义建设者和接班人。

学校占地614余亩，建筑总面积21万余平方米，现设马克思主义学院、精密制造工程系、机电工程系、电子与通信工程系、软件与服务外包学院、经贸管理系、建筑工程与艺术设计系、国际教育学院、汽车工程系、体育部10个教学单位，开设专业38个，在校生9400余名，在职教职工500余名。学校获评全国党建工作样板支部、教育部数字化校园试点单位、江苏省文明校园、江苏省绿色校园、江苏省智慧校园示范校、江苏省高等学校信息化建设先进集体、江苏省体育特色学校、江苏省征兵工作先进单位、江苏省学生资助绩效考核优秀单位、江苏省高校毕业生就业创业工作考核优秀单位。

学校坚持人才强校战略，加快优化师资结构。全面推进“人才强校”工程，完善人才“引育留用”发展机制，激发人才活力。现有高级职称教职工159名，专任教师410名，江苏省有突出贡献中青年专家1名，江苏省“333高层次人才培养工程”第二、三层次人才9名，江苏省高校“青蓝工程”优秀青年骨干教师和中青年学术带头人44名。专业教师队伍中硕士及以上学位占比达92%，双师素质教师占比为91%。入选国家首批、第三批职业教育教师教学创新团队，第二批全国高校黄大年式教师团队，国家级课程思政教学团队，江苏省高校“青蓝工程”优秀教学团队6个，江苏省高校优秀哲社创新团队1个，江苏省职业教育“双师型”名师工作室1个，江苏省技艺技能传承创新平台1个。

学校加强专业内涵建设，提升人才培养质量。建设国家高水平专业群1个（智能控制技术专业群），中央财政支持重点建设专业和全国示范专业2个，江苏省高水平专业群4个，“3+2”高本衔接专业2个，“4+0”职教本科专业2个。实施人才培养规格与岗位要求对接、课程内容与职业标准对接、教学过程与生产过程对接“三对接”人才培养改革，提升人才培养质量。获批教育部职业教育示范性虚拟仿真实训基地建设项目，获得国家教学成果奖一等奖2项、省教学成果奖特等奖2项，建设国家级专业教学资源库1个、国家精品在线课程3门、国家课程思政示范课程1门，获评国家教材建设奖一等奖1项、国家规划教材12部。

学校推进三全育人，促进学生全面健康成长。坚持德技并修，培育劳模精神、劳动精神、工匠精神。近5年，培养中国大学生自强之星4名、江苏省最美职教生5名，入围江苏省大学生年度人物5名。学生斩获各类技能、创新竞赛奖项400余项，其中，国际赛金牌2枚，全国职业院校技能大赛一等奖10项，江苏省职业院校技能大赛获奖76项、一等奖36项，全省毕业设计评优获奖37项、一等奖11项。招生范围扩大至29个省区市，毕业生就业率始终保持在96%以上，为地区经济社会发展提供优质的人才资源。

学校稳步提高科技创新，提升社会服务水平。聚焦智能制造领域，开展技术研发与应用服务。坚持技术创新与成果转化、社会服务协同推进。现有国家级众创空间1个、教育部协同创新中心1个，省级工程技术研发中心（研究基地）4个，市级重点实验室（服务平台）4个，省级科技创新团队4个。近5年承担省部级以上科研项目110项；授权发明专利76项，实用新型专利408项，科技成果转化145项。

学校扎实推进校企合作，深化产教融合发展。持续创新校企合作体制模式，打造“四位一体”产教融合创新平台，2020年学校牵头苏州智能制造职业教育集团申报并成功入选全国示范性职业教育集团（联盟）培育单位。2021年学校牵头组建苏州智能制造产教融合联合体。成立苏州首个集成电路产业学院，学校获评苏州智能制造职业教育集团优秀单位，入选工信部“先进半导体专精特新产业学院”。4个校级企业学院获评苏州市优秀企业学院。立足服务地方企业，打造校企合作品牌项目，入选省产教融合型试点企业8家。

学校积极开展国际交流，拓展对外发展空间。“机器学习和大数据基地”“工业物联网基地”获批教育部“未来技术技能与人文交流人才国际训练基地”项目。入选江苏省“十四五”国际化人才培养品牌（培育）专业1个。师生参加“一带一路暨金砖国家技能发展与技术创新大赛”30多项，获得金牌（金奖）2项、总决赛一等奖10项。1200余名学生获得国际职业资格认证证书。与俄罗斯、越南等高校签订校际合作协议，开展线上线下双向合作交流。携手本地企业开展职业培训，加快落实海外培训基地建设。

学校始终以习近平新时代中国特色社会主义思想为指导，全面学习贯彻党的二十大精神，全面贯彻党的教育方针，坚持以更加关注学生成长，更加关注教师发展，更加关注内涵建设，更加关注精准管理，更加关注办学效益为出发点和着力点，努力办好人民满意的职业教育，以第二批国家“双高”建设申报为新的契机，立足新发展阶段，贯彻新发展理念，构建新发展格局，全面推动学校高质量发展，为新征程上全面推进中国式现代化苏州新实践做出新的更大贡献！

第二章 会议文献

苏州工业职业技术学院2023年度工作要点

一、指导思想

2023年是深入学习贯彻党的二十大精神的开局之年，是学校奋力开创国家“双高计划”和职业教育本科建设新局面的起步之年，也是推进“十四五”事业发展规划的关键之年。学校坚持以习近平新时代中国特色社会主义思想为指引，坚定不移地贯彻落实党的二十大精神，团结带领师生员工以“拼”的精神、“实”的干劲、“敢”的担当，把学校第三次党代会提出的目标任务落到实处，为在新征程上奋力推进中国式现代化苏州新实践做出更大贡献。

二、工作要点

1.学习贯彻习近平新时代中国特色社会主义思想

坚持用习近平新时代中国特色社会主义思想武装头脑，指导实践，推动工作。深刻领悟“两个确立”的决定性意义，增强“四个意识”、坚定“四个自信”、做到“两个维护”，贯彻党中央、省委、市委决策部署，坚持党对学校工作的全面领导，紧扣学院第三次党代会目标任务，坚持立德树人，推进高质量发展，争取以优异成绩通过国家“双高计划”验收。深入学习宣传贯彻党的二十大精神，加强党史学习教育常态化工作。开展好党委理论学习中心组学习和党委会第一议题学习，以新思想联合会为载体，统筹开展各级各类学习教育。依托“师生巡讲团”“信仰者”“大讲堂”“微学堂”等活动品牌，实现组织化学习全覆盖，总结凝练全校干部师生学习宣传贯彻党的二十大精神的生动实践、工作特色、典型案例。持续推进习近平新时代中国特色社会主义思想“三进”工作，建好马克思主义学院，建强思政课教师队伍和辅导员队伍，筹建思政教育交互体验中心，把思想政治工作贯穿教育教学、管理服务全过程。

2.加强宣传思想工作

大力弘扬社会主义核心价值观，贯彻“苏州时代新人”培育工程，培育“向阳而生”思政工作精品项目，在师生中深入开展道德模范、最美人物、身边好人等先进典型学习宣传教育活动，聚焦“六个好”标准深化省级文明校园建设工作。亮化校园文化品牌，提升学院精神、校训、建筑景观、文化活动的文化育人功能，推动校风、教风、学风建设。加强宣传阵地建设，打造宣传思想文化工作队伍，提高应对风险能力和新媒体策划能力。加强对外宣传策划，加强新闻舆论引导，讲好苏工故事，提升学校形象辨识度、知名度、美誉度。持续压实意识形态工作责任制，分析研判，防范化解风险隐患，维护学校政治安全，加强报告会、研讨会、讲座、论坛的审核监督，重点做好网络意识形态工作。

3.提升党建质量水平

继续完善党委管党、治党制度体系建设，研制学校基层党建工作目标管理考核指标体系，推进新时代省“强基创优”（2021—2025）五年行动计划，发挥基层党组织的战斗堡垒作用和党员干部先锋模范作用。进一步严肃党内政治生活，深化落实“三会一课”、党员领导干部双重组织生活等制度，强化党员干部党性锻炼，加大支部书记和党务工作者培训力度。开展“两优一先”争创活动，着力建设全国样板支部、标杆院系，鼓励校企、校地党组织共建交流。加强党员发展过程指导，提高党员发展质量。完成新一轮中层干部聘任，推进年轻干部培养、选拔，完善干部梯队建设，建立健全崇尚实干、鼓励担当、加油鼓劲的激励机制，努力打造敢为善为、担当作为“看得出、站得出、豁得出”的党员干部队伍。

4.推进全面从严治党

纵深推进全面从严治党主体责任体系建立，修订“党委主体责任”“纪委监督责任”清单，细化党委班子成员“一岗双责”任务清单，夯实基层单位党风廉政责任落实。健全完善党风廉政建设考核制度，召开党风廉政建设工作会议，开展巡察整改“回头看”工作。加强干部队伍的自身建设，多形式提升纪检干部监督执纪水平、防范风险能力。严格落实中央八项规定，紧盯作风建设，持续深化整治形式主义、官僚主义，建立为基层减负行动长效机制。紧盯关键岗位、关键项目，结合基层党建、重大项目审计、师德师风建设等开展专项联合督查。加大校园廉洁文化阵地建设，因地制宜建设廉政宣传小景小品，开展好“廉洁文化月”“廉风洁雨大讲堂”“廉洁文化进学生社区”等活动。

5.发挥统群工作凝聚力

积极落实统一战线工作条例，协助各民主党派、统战团体加强组织建设，成立党外知识分子联谊会，畅通建言献策渠道，支持民主党派、统战对象参政议政，服务地方发展。加强对民族工作和反宗教渗透工作的领导。发挥工会、妇联在教职工中民主管理、维权服务、岗位建功的桥梁纽带作用，加强教代会制度化规范化建设，召开学校第五届教职工代表大会、工会会员代表大会，做好换届工作和提案征集、督办工作，建立健全二级教代会制度。发挥共青团、学生会在青年群体中的思想政治引领作用，夯实基层组织建设，深化信仰课程体系，完善青马工程建设，组织标志性校园文化活动，开展就业帮困和创新创业指导，助力青年志愿服务社会，合力搭建青年成长平台。深入做好退协、关工委、老干部工作。

6.提升人才培养质量

服务苏州产业集群建设和数字经济发展，紧扣国家“双高”验收标准，强化专业集群内涵建设和转型升级。对标智能工厂实际需要，统筹推进实训大楼一体化建设，提升智造工匠培养水平。强化现代职教体系建设，办好联合培养项目，争取新增“4+0”项目，积极争取试办职教本科专业。不断推进“三教”改革，开展骨干教师教学能力提升工程，形成一批省级以上课堂革命案例，教师在国、省教学能力大赛中力争省一等奖2项以上。推进课程思政与思政课程协同育人，做好课程与教材的建设与管理工作，力争获省重点教材、省在线开放课程6门以上。强化技术技能教育水平，力争省普通高校本专科优秀毕业论文（设计）一等奖1项以上、“互联网+”创新创业省赛获一等奖、职业院校技能大赛省赛一等奖4项以上。开展劳动技能周活动，促进学生劳动能力与专业技能水平双提升。推进“1+X”证书试点工作，争取参训、参考人数大幅增加，专业覆盖面达85%。加强教育教学改革与高质量发展研究工作，力争立项省教育科学规划课题3项以上。

7.促进学生全面成长

紧扣高素质、高层次技术技能人才培养目标，以学生强基固本工程为抓手，建设“青春榜样”示范引领品牌项目，实施“六个一”成长计划、职业素质育成计划，力争省大学生年度人物入围奖1名。加强资助育人工作内涵式发展，力争获省学生资助工作绩效评价“优秀”。高度重视学生身心健康发展，完善学生心理健康三级预防体系和危机干预制度，探索浸润式心理健康教育活动。进一步增强学校体育课程质量和体育活动氛围，全面提升学生身体素质，力争获“省长杯”学生体能暨足球技能大赛一等奖1项。大力推进学生工作信息化数字化建设。进一步加强辅导员、班主任和学生骨干3支队伍建设，通过学生工作坊、青蓝工程、领航计划等，不断提升辅导员职业指导、班主任选聘、学生干部培养工作水平。

8.做好招生就业工作

科学编制学校2023年招生计划，充分利用互联网、新媒体、自媒体等现代信息技术，做好各阶段招生宣传工作。加强重点生源地（校）的宣讲、回访工作，探索邀请高中生到校参加职业教育展示日活动，扩大学校招生宣传范围和影响力，力争在统招类录取分上进入省内第一方阵。加强职业生涯规划教育，建设职业生涯咨询工作室。加强访企拓岗，通过“企业开放日”“就业形势宣讲会”“行业微课堂”等形式，拓展重点行业岗位资源。构建就业帮扶指导体系，完善“一帮一”就业包干帮扶机制，精细化指导帮扶重点群体的毕业生成功就业。推进第三方评价机制，努力在毕业生高质量就业方面实现新突破，力争初次就业率达到80%，年终就业率达97%以上。

9.培育优秀师资队伍

推进“师德铸魂”工程，建立师德师风年度测评制度，加强新入职教师和全体教职工师德师风培训，树立师德先进典型。推进“提优增效”工程，以岗位聘任、绩效改革和创收分配改革为抓手，优化内部激励途径和奖惩制度。推进“双师培优”工程，依托校企合作人才共育，引导教师强化企业服务能力，完善“双师型”教师培养实施路径，提升教师“双师”能力。开展“苏工大师”计划，打造优秀教师个人和团队，引进和培育博士、技能大师等高层次高技能人才数量较上一年度有显著提升，提高博士学历教师在专任教师中的占比，完善师资队伍专业技术职称结构。

10.深化校企合作、国际交流

持续共筑专业产教融合平台体系，做特做亮企业学院育人品牌，新增江苏省产教融合型企业2家。深化与俄罗斯库兹巴斯国立技术大学等高水平大学的校际合作，深入开展科学技术讲座、人文交流互访等系列活动。持续引入通用的专业国际职业资格认证体系，完成冈比亚国家职业标准“机电一体化”技术员NTA7和“智能物联网”技术员NTA5的开发研制和海外培训等工作。加强与京东方科技集团、创元和亨通集团等龙头企业合作，拓展基于企业学院的留学生共育和“鲁班工坊”共建等项目。扎实推进“机器学习和大数据”“工业物联网”等教育部中外人文交流平台建设和“一带一路”暨金砖国家技能发展与技术创新大赛系列赛项。

11.加强科技创新、社会服务

整合学校现有科研资源，依托重点专业建设，加大科技领军人才、科研骨干教师的培养力度，积极申报省、市级科技团队。打造苏工专家大讲堂品牌，不断提升立项项目的质量与数量，力争立项国家级项目1项、市厅级以上纵向课题50项，科研经费总额超800万元，市厅级以上科研成果获奖8项。激发、鼓励各教学单位加强产学研合作，引导教师申报授权高质量发明专利，推动实质性成果转化，力争申请发明专利30项，其他知识产权80项，成果转化50项，发表高水平论文45篇以上。推进东太湖智库建设，人文社科成果提供决策咨询3篇。进一步拓展学历继续教育，重点服务一线从业人员“知识更新、技术提升”，成人教育招生人数及收入实现翻番，新增校外办学点及面授点各1个。进一步扩容社会培训服务，深化校企合作，推进育训并重，优化职业技能培训，实现社会培训服务收入翻番。

12.维护校园安全稳定

以创建江苏省高质量平安校园建设为抓手，进一步完善安全工作责任体系，健全安全防控体系。做好重点人群的关注关爱、重点场所的巡防巡查、重点时段的值班备勤工作。常态化开展校园安全宣传教育、风险隐患排查。针对实验实训室等安全风险高发部位，健全工作台账、应急处置预案，切实提高安全工作精细化管理水平。开展师生员工的国防教育，做好2023级新生军事技能训练工作，高标准完成2023年度春、秋季大学生征兵工作，通过融合日常的国防教育活动，培育师生家国情怀，增强师生国防观念，打造学校国防教育品牌。推进网络与信息安全系统建设，完善管理制度和应急响应机制，有效保障校园网络信息安全稳定。

13. 加强学校内部治理

进一步加强以学校章程为核心的制度建设，修订人事分配管理制度和绩效奖励方案，完成第四轮岗位聘任工作。健全内控、审计工作管理制度，高起点有序开展内部审计工作和内控测评审计工作。推进江苏省智慧校园示范校建设，建好校园数据中心，规范校园数据治理，全面提升优化学生管理、人事管理、财务管理信息化水平。完善预算管理和资金执行控制全流程管理，加强市立专项资金执行绩效力度，确保目标达成，开展自主管理项目绩效考核工作。激发各单位创收积极性，增加学校资金资产的"造血"能力。

14.深化美好校园建设

开展新时代校园爱国卫生运动，改进校园公共卫生，做好师生日常健康教育和心理疏导，加强食堂等生活服务单位食品卫生安全的监督管理。加强传染病防控工作，建设健康驿站，储备充足的药品及防疫物资。持续推进绿色校园建设，做好垃圾分类日常监督管理工作，细化垃圾分类工作日常考核机制，加快推进校园控烟工作。完善水电煤实时数据统计，推进能源监测、管理工作，强化节能意识，打造节能特色。持续改善办学基础条件，按计划完成新建宿舍楼，综合实训大楼内部建设，体育馆、天枢楼等维修改造工程，升级改造基础设施和配套设施。完善数字人民币应用场景，建设优质数字教育教学资源与数字图书资源，满足师生需要。

15.举办建校纪念系列活动

纪念办学77年暨建校20周年，以多种形式营造良好宣传氛围，举办学校高质量发展论坛，回顾办学历程，总结教育教学经验，展望学校改革发展远景。加强理事会建设，深化政府（部门）、行业协会、企业、学校之间的全方位合作，促进资源的集成和共享，形成良性互动，推动共同发展。加强校友中心建设，挖掘杰出校友资源，持续推进系（院）校友库建设。积极开展校史研究工作，收集编辑校史资料，筹建校史室（馆）。

苏州工业职业技术学院2023年度工作总结

2023年是学习贯彻党的二十大精神的开局之年，是推进学校“十四五”事业发展规划的关键之年和“双高”建设的验收冲刺之年。我们坚持以习近平新时代中国特色社会主义思想为指导，围绕学校第三次党代会目标，凝聚建功新征程的坚定决心，全面推进学校高质量发展，取得显著成绩。现将一年来工作汇报如下：

一、聚焦内涵建设，全面推进学校高质量发展

1.坚持党的全面领导，加强学校顶层设计

全面贯彻党的教育方针，严格落实党委领导下的校长负责制，认真执行学校章程，坚持依法治校、民主治校，发挥第三届学术委员会和二级学术委员会功能，加强教代会制度化规范化建设，成功召开学校第五次工代会和第五届一次教代会，审议通过学校《奖励性绩效工资分配办法（2023年修订稿）》。学校立足苏州制造之城、创新之城、开放之城、人文之城的定位，科学分析高等职业教育面临的新机遇，系统谋划学校3个阶段的发展目标，努力建设专业方向更明、专业水平更高、产业支撑能力更强、科技创新活力更足、开放融合程度更深的现代化高职院校。

2.加强专业内涵建设，提升人才培养质量

围绕国家高水平高职院校和专业群建设任务，有序推进各类各级项目建设，完成“双高”项目的审计工作，全力迎接教育部验收考核。专业建设持续优化，获批教育部职业教育示范性虚拟仿真实训基地建设项目、江苏省示范性虚拟仿真实训基地培育项目、江苏省第一批现场工程师专项培养计划项目、江苏省职业教育智能制造装备技术技艺技能传承创新平台，智能制造装备技术国家级教学资源库顺利通过验收，2023年金平果高职院校排行榜中学校9个专业进入前30名，其中5个专业跃升前10名。扎实推进“三教”改革，深化苏工智造特色人才培养模式，教改成果再次获评国家教学成果一等奖，入选首批“十四五”职业教育国家规划教材12部，入选省教育厅推荐参评职业教育优质教材3部，立项江苏省职业教育一流核心（线下）课程1门，3个专业教学资源库入围职业教育专业教学资源库建设项目。持续推进以赛促教、以赛促研工作，本年度获江苏省教学能力比赛二等奖1项、三等奖7项，参赛队伍全部获奖。深入开展课岗赛证综合育人实践，促进学生技能水平和双创素质提升，本年度获得全国职业院校技能大赛一等奖1项、二等奖2项，江苏省职业院校技能大赛一等奖4项、二等奖15项，获第十三届“挑战杯”中国大学生创业计划竞赛铜奖1项，第十八届“挑战杯”全国大学生课外学术科技作品竞赛江苏省选拔赛一等奖2项，第九届中国国际“互联网+”大学生创新创业大赛江苏省选拔赛一等奖1项、三等奖2项。获评2023年度江苏省普通高等学校本专科优秀毕业论文（设计）一等奖1项、二等奖3项、三等奖3项、团队奖3项。

3.坚持人才强校战略，加快优化师资结构

全面推进“人才强校”工程，完善人才“引育留用”发展机制，激发人才活力。学校先后出台《“苏工大师”人才计划实施办法》《教职工在职攻读博士学位管理办法》《“人才强校”工程实施方案》等政策制度，召开学校新时代人才师资工作会议，评选校级苏工大师7人，顺利完成第四轮岗位聘任工作，全年引进13名博士教师，进一

步优化师资队伍结构。全面推进学校师德师风建设，树立师德师风先进典型，开展教师“匠心模范”“我最喜爱的老师”评选，2名教师获评苏州市优秀教师。积极推进各类人才项目申报，再次入选国家级职业教育教师创新团队，立项省职业教育技艺技能传承创新平台，1名教师获得“全国技术能手”称号，6名教师获得省“青蓝工程”资助。

4.稳步提高科技创新，提升社会服务水平

聚焦智能制造领域，开展技术研发与应用服务。学校获批江苏省高校科技创新团队，江苏高等职业院校工程技术研究开发中心。获批教育部人文社会科学研究一般项目、江苏省高等学校自然科学研究重大项目、苏州市首批基础研究计划前沿技术研究项目各1项。学校成立新产业发展研究院（苏工智库），融合政、行、校、企四方智慧合力，促进苏州产业与职业教育融合协同发展。全年实现知识产权转化51项。科技服务到账经费1022万元，比上一年提高近20%，社会培训收入达673万元，比上一年翻一番。

5.扎实推进校企合作，深化产教融合发展

学校依托工科优势、工业特点，坚持“科技所趋、产业所需、区域所能、院校所为”的产学研合作理念，拓展校企合作形式，建立校企融合办学新机制。学校成功召开苏州智能制造职业教育集团（智能制造产教融合联合体）2023年年会，举办创元学院成立十周年庆典暨“创元杯”第三批校优秀专业企业学院共建成果展示汇报及表彰大会。学校与江苏第三代半导体研究院有限公司、苏州华芯微电子股份有限公司等单位成立苏州首个集成电路产业学院，入选工信部“先进半导体专精特新产业学院”，校企共建生产性校中厂“先进半导体测试基地”和“先进半导体设计与应用”产学研平台。学校与世界顶尖精密加工企业乔治费歇尔精密机床有限公司共建全国最大GF智能制造创新实践基地，与全球著名的精密仪器制造商德国卡尔·蔡司共建蔡司工业质量解决方案应用示范教学培训基地。合作企业共投入设备价值超6000万元，派驻一线工程师10余人，为学校发展提供新动能。

6.积极开展国际交流，拓展对外发展空间

坚持“引进来”与“走出去”双向发力，与国际高水平大学开展培训项目合作。学校与俄罗斯库兹巴斯国立技术大学共建“中俄国际交流与实践基地”，组建师生研修班完成“Java面向对象程序设计”的项目培训任务。与越南河内工业职业大专学校、苏州富纳艾尔科技（越南）有限公司签署国际化智能制造人才培养项目合作备忘录，共建富纳—苏工院越南“郑和学院”。完成冈比亚国家职业标准“机电一体化”技术员NTA7和“智能物联网”技术员NTA5的制定和认证；承接国家发改委国际合作中心印尼工业化职业培训项目，开设物联网与机械工程专业培训班，培训印尼学员65名。参加“一带一路”暨金砖国家技能发展与技术创新大赛系列赛项6项，获得国际赛一等奖1项、二等奖4项、三等奖1项。

二、推进三全育人，促进学生全面健康成长

1.把握思政教育规律，发挥价值引领作用

坚持强化学生思想引领，推进马克思主义学院建设，优化教研室建设，不断提高思政课程教学质量，落实校领导走进场馆、企业上好新时代“大思政课”。加强思政教师和辅导员队伍建设，开展常态化系统性专业化培训，有效提升学校思政队伍的思政育人能力与水平。马克思主义学院教师获评省职业院校教学能力比赛二等奖1项，省高校微课教学比赛一等奖1项，社会主义核心价值观“精品教育项目”案例二等奖1项。在新思想联合会的指导下，依托“青马工程”“师生讲师团”，巩固壮大理论宣讲主体力量，着力打造一支政治立场坚定、理论功底扎实、文化知识广博、深受欢迎的师生理论宣讲队伍，学校获评第六届"马克思主义·青年说"系列活动优秀组织奖。

2.推进三全育人工作，完善五育并举体系

推进党建和思政工作融入学生社区，开展线上线下"一站式"学生社区建设。增强学工管理信息化手段应用，启用"辅导猫"小程序平台，加强学生请销假管理。开展长效化学风建设，发挥榜样示范引领作用，学生获评国家奖学金14名，获评省级优秀毕业生3名、三好学生7名、优秀学生干部2名、先进班集体2个，2023届专转本达线率为34.7%。全年发放各类奖助金1837万元，精准开展资助育人工作，获在苏高校家庭经济困难大学生优秀资助育人项目二等奖1项。加强心理健康教育和危机干预，大力推进"润心行动"，完成3400余名新生心理普查工作，做好心理援助渠道宣传。重视体质健康教育，成功举办第十五届校园运动会，学生在各级各类体育竞技赛项取得优异成绩，获第二届中国大学生室内自行车云上挑战赛男子10千米接力赛团体第一名，蝉联五届省高等职业院校学生足球技能暨体能大赛足球技能比赛团体一等奖，获江苏省无线电测向锦标赛多项第一名。认真开展国防教育，做好2023级新生军事技能训练工作，高标准完成2023年度春、秋季大学生征兵工作。

3.精细组织招生工作，提升就业工作成效

多措并举开展招生宣传，规范做好招生录取工作，招生规模和质量稳步提升。本年度学校开展21场线下招生咨询会，招生范围扩大至29个省区市，实际录取3449人，录取率达99.97%，在校生规模达9453人。落实就业工作"一把手"工程，全方位开拓就业渠道。书记校长"访企拓岗促就业"专项行动拓展企业、校友资源，访企150家、拓岗2589个。不断扩大优质岗位数量，全年开展校园大型综合线下招聘会10余场，保证每位毕业生有3次以上的双选机会。完善就业指导课程建设，提高大学生的生涯规划水平，组织学校第十六届职业生涯规划大赛。2023届毕业生初次就业去向落实率为90%，年终就业去向落实率为97%；82%的学生留江苏就业，其中69%的学生留苏州就业。

三、加强科学管理，建设安全和谐校园

1.扛起安全稳定责任，筑牢校园安全防线

深入学习贯彻习近平总书记关于国家安全和安全生产的重要论述，坚持统筹安全与发展。进一步加强机要保密规范管理与宣传教育，组织开展保密技术管理服务现场学习，实现2023级新生保密知识培训学习全覆盖。对照《江苏省教育系统安全专项整治三年行动实施方案》《江苏省校园安全专项整顿工作方案》，落实各单位安全生产主体责任与部门监管责任，组织开展2023年"安全生产月"活动，常态化开展自查整治整顿工作，加强对物业消防维保单位的监督、检查、考核。做好特殊敏感时期、特殊事件的应对工作，严格落实值班值守制度，常态化开展防范电信网络诈骗宣传教育，提高师生员工安全意识和防范技能。本年度圆满接受省厅检查组全年两次安全检查，获得首届吴中区"火焰蓝杯"高等院校消防知识竞赛二等奖。

2.持续加强内控管理，完善学校治理体系

加强以学校章程为核心的制度建设，修订人事分配管理制度和绩效奖励方案，完成第四轮岗位聘任工作。健全内控、审计工作管理制度，有序开展内部审计工作和内控测评审计工作。推进江苏省智慧校园示范校建设，建好校园数据中心，规范校园数据治理，全面提升优化学生管理、人事管理、财务管理信息化水平。完善预算管理和资金执行控制全流程管理，完成市立专项资金执行绩效目标，2023年终预算执行进度达到97.64%。档案工作水平提档升级，修订完善学校档案工作制度，新增档案室电子化监控，开通档案查阅线上预约流程，有效提升档案工作效能。

及时受理群众意见和建议，全年落实校领导接访14次，回复领导信箱投诉咨询44条、其他便民服务平台投诉咨询52条，切实提升师生和群众满意度。

3.建设文明绿色校园，不断改善办学条件

持续推进文明校园建设，开展主题阅读周活动和第五届"苏工之春"校园文化节暨2023年阅读节，建设优质数字教育教学资源与数字图书资源，完成14986册图书的采购典藏工作，完成7200册馆藏图书的电子化加工，完成《苏州工业职业技术学院年鉴（2023）》的编撰出版。持续推进绿色校园建设，做好垃圾分类日常监督管理工作，加快推进校园控烟工作。完善水电煤实时数据统计，推进能源监测、管理工作，强化节能意识，打造节能特色。开展新时代校园爱国卫生运动，改进校园公共卫生，加强校园"应急救援站"建设，做好师生健康教育和体检工作，加强校园食品卫生安全的监督管理。持续改善办学条件，提升校园硬件设施水平。完成实训大楼一体化建设，实施天枢楼维修改造工程，新建2栋学生公寓投入使用，完成学生公寓宿舍用床安全栏板集中整改工作。

四、存在不足和努力方向

回顾一年的工作，虽然取得一些成绩，但对照市委、市政府的期望和师生员工的期盼还有一些差距，主要表现为：贯彻"职教改革二十条"存在弱项，提升内涵建设水平不够有力有效，落实立德树人根本任务存在差距，办学育人水平提高不够快，服务地方发展的贡献程度有待进一步提高。对于这些不足和问题，我们要在下一步工作中找出症结，采取措施，切实加以解决。

向阳而生铸辉煌，精工笃行谱新章。面向2024年，我们要在党的二十大精神指引下，始终坚持以习近平新时代中国特色社会主义思想为指导，坚持社会主义办学方向，全面落实立德树人根本任务，加快建设成为与苏州经济社会发展和城市地位相匹配的中国特色高水平高职院校，以高质量的职业教育全面服务"强富美高"新苏州现代化建设新篇章。

校领导讲话

王洪法同志在苏州工业职业技术学院“学习二十大　永远跟党走　奋进新征程”主题团日活动暨2023年“五四”表彰大会上的讲话

2023年5月10日

各位青年朋友，尊敬的团市委蒋书记：

非常高兴今天参加这样的活动，在高兴的同时更加羡慕在座的各位青年朋友，因为你们正青春，因为你们正年轻。有一句话说，因为年轻，所以青春，我们不再年轻，所以羡慕青春的你们。还有一句话说，因为有理想，所以更青春，希望我们在座的各位青年朋友都能成为一个更有理想的人。

借此机会，也提三点要求与大家共勉：

一、希望我们的同学们能够发出“爱国”最强音，坚定“党有号召、团有行动”的政治觉悟

在历史的峰峦中，五四运动以全民族的力量高举起爱国主义的伟大旗帜，树立了一座永恒的丰碑。“爱国”是五四精神的核心要义，更是团员青年责无旁贷的使命。学校组织开展“学习二十大　永远跟党走　奋进新征程”系列主题教育，就是号召同学们坚定“党有号召、团有行动”的政治自觉，永远听党话、跟党走，以一生的真情投入“青春向党　砥砺前行”的报国之志，以一辈子的顽强奋斗来践行“请党放心　强国有我”的铮铮誓言。

二、弘扬“四敢”精气神，永葆“功成有我、功成不必在我”的奋斗本色

千帆竞发春潮涌，百舸争流势如虹。习近平总书记在中共中央政治局会议上强调：“要坚持真抓实干，激发全社会干事创业活力，让干部敢为、地方敢闯、企业敢干、群众敢首创。”“四敢”之声响彻全国，苏州对落实“四敢”重大要求向全市发出动员令。今天，我们在这里表彰了一批先进集体和优秀个人，希望全体苏工青年以他们为标杆，用“比学赶超”的精神状态、“创优争先”的前行目标、“一往无前”的冲锋姿态，在新时代新征程上更好地扛起新使命、谱写新篇章，让“四敢”精神在广大青年中形成风尚。

三、吹响“奋进”新号角，彰显“向阳而生　精工笃行”的精神风貌

时不我待，奋楫者先。今年是我们学校推动“双高”建设和职教本科建设新局面的关键一年，也是推进学校高质量发展的重要一年。苏工青年们要深刻领会“向阳而生　精工笃行”的校训内涵，积极弘扬“我在乎你”的学校精神，在课程学习中积累沉淀，在技能竞赛中大展拳脚，在文化活动中绽放光彩，在志愿服务中磨砺青春，在社会实践中锤炼意志，在创新创业中增长才干，用实际行动谱写属于新时代青年的光辉篇章。

习近平总书记说，青年兴则国家兴，青年强则国家强。青春是美好的，青春是用来奋斗的，最后借这句流行的话送给你们，不负青春，你的样子就是中国的样子！

谢谢大家！

王洪法同志在市委第一巡察组巡察苏州工业职业技术学院党委工作动员会上的表态发言

2023年6月26日

各位领导、同志们：

按照苏州市委统一部署，市委第一巡察组从今天起正式对学校党委开展巡察。这次巡察是市委对学校党委的一次全面政治体检，也是推动学校高质量发展的现场督查指导，充分体现了市委对教育事业的高度重视和对学校发展的关心厚爱。我代表学校党委和全体干部职工，对市委第一巡察组莅临开展巡察工作表示热烈欢迎！

刚才，吴思勤组长做了动员讲话，详细传达了4月17日市委召开的配合省委巡视联动巡察暨十三届市委第三轮巡察动员部署会精神，深刻阐述了本次巡察工作开展的重大意义，明确提出了主要工作任务、工作方式和具体要求，并对本次巡察工作进行了全面动员。吴思勤组长的讲话，具有很强的政治性、思想性、指导性和针对性。我们一定高度重视、深刻领会、全力配合、抓好落实。在此，我代表学校党委就认真落实市委部署，积极配合巡察工作郑重表态如下：

一、提高政治站位，切实增强配合巡察工作的政治自觉、思想自觉和行动自觉

健全全面从严治党体系，是党的二十大提出的加强新时代党的建设的重大举措。党的二十大报告中，总书记又再次强调，发挥政治巡视利剑作用，加强巡视整改和成果运用。巡视监督是党和国家监督体系的重要组成部分，是全面从严治党的战略性制度安排。今年是学习贯彻党的二十大精神的开局之年，我们要全面正确、深刻理解党中央和习近平总书记关于巡视工作的新部署新要求。学校党委和党员领导干部、教职工一定要正确认识开展巡察工作的重大意义，在政治上、思想上、行动上与以习近平同志为核心的党中央保持高度一致，深刻领悟“两个确立”的决定性意义，进一步增强“四个意识”、坚定“四个自信”、做到“两个维护”。通过巡察工作，更好地聚焦全面从严治党新要求，切实推动“两个责任”落到实处，不断加强党的政治建设、思想建设、组织建设、作风建设、纪律建设，扎实推进党风廉政建设和反腐败斗争，进一步构建良好政治生态。通过巡察工作，更好地坚持问题导向，强弱项补短板，推进学校高质量发展。领导班子成员要以清醒坚定的政治自觉、刀刃向内的斗争精神、饱满过硬的精神状态，不折不扣地落实好市委巡察的各项工作部署，教职工特别是党员干部要把接受配合巡察作为一次检视自我的重要契机，实现自我净化、自我完善、自我革新、自我提高。

二、严肃工作纪律，全力配合保障巡察工作顺利开展

巡察工作政治性强，涉及面广，主动按照苏州市委和巡察组要求，全力做好配合和保障工作，是我们应尽的政治责任和义务，也是每位党员干部党性原则、组织纪律、大局意识的重要体现。学校党委要本着对党负责、对学校负责、对师生负责的态度，紧扣此次巡察工作的重点，全面梳理、认真反思，实事求是、客观公正地向巡察组汇报工作、反映情况，做到成绩不夸大，问题不隐瞒，矛盾不回避。学校配合市委巡察工作领导小组要主动做好协调配合，加强组织协同，畅通巡察渠道，及时提供学校资料信息，及时传达落实巡察组工作要求，贯彻落实中央八项规定精神，认真做好巡察各项保障工作，为巡察组高效便利开展工作创造良好条件。各部门、各单位要严格按照巡察工作要求，精心组织、扎实准备，认真及时完成巡察组交办的各项工作任务。根据巡察工作安排，巡察组将通过抽查调阅资料、听取汇报、个别谈话等方式开展工作。其间，班子成员要以身作则、做好表率，严明工作纪律，保持联络畅通，中层以上干部要非必要不离开本市，确需外出的要严格履行请假报批制度。我在这里也郑重表态，自己将认真履行第一责任人职责，主动接受监督、自觉接受检查、坚决抓好整改、全力配合支持巡察组的各项工作。

三、坚持立行立改，奋力推动学校事业高质量发展

这次对学校开展巡察，是市委对高等职业教育工作的高度重视，对学校党的建设和高质量发展工作的全面体检和有力促进。我们要以本次巡察为新的契机，把它作为一次加强党性修养、提高政治素质、转变思想作风、推动问题整改的难得机遇，更加深入学习贯彻习近平新时代中国特色社会主义思想和党的二十大精神，诚恳接受巡察组巡察监督，不折不扣地抓好整改落实。对巡察组指出的问题，都要诚恳接受、认真对待，绝不讳疾忌医；对巡察组提出的建议，都要即知即改、立行立改，及时制定整改方案；对巡察组交办的案件，都要认真调查，严肃处理，做到件件有答复、事事有交代；对巡察中发现的问题，都要深刻剖析、举一反三，力求标本兼治、形成长效。对敷衍整改、整改不力、拒不整改的单位和个人，学校党委将严肃问责。学校党委将以巡察反馈的问题整改作为促进学校高质量发展工作的切入点和落脚点，更加聚焦贯彻落实党的路线方针政策以及中央和省委、市委决策部署，更加关注履行主责主业、推动中心工作和学校内涵式发展，更加站稳人民立场，办好人民满意的高职教育，更加净化政治生态，坚决杜绝群众身边腐败问题和不正之风，切实把巡察成果转化为推动学校高质量发展的强大动力。

恳请巡察组各位领导对我们存在的问题和不足多提宝贵意见和建议，以帮助我们进一步改进工作。最后，祝巡察组各位领导、同志们工作顺利，身体健康！

谢谢大家！

王洪法同志在新学期中层干部会议上的讲话

2023年9月8日

同志们：

今天，我们在这里召开新学期全体中层干部会议。主要任务是总结上半年的工作，部署好下半年的工作任务。刚才马院长做了专题的工作报告，对下半年的工作提出了具体的要求，希望大家认真落实，完成好年初制定的各项任务。

同志们，2023年已过去大半，学校"双高"建设进入冲刺收官阶段，学校也即将迎来建校20周年，在此关键时期，全校上下要坚持以习近平新时代中国特色社会主义思想为指导，扎实开展学习贯彻习近平新时代中国特色社会主义思想主题教育，深刻领会和全面把握高等职业教育的新部署新要求，找准方位，明确目标，积极作为。下面，就新学期落实好各项工作，我再谈四点意见。

一、始终坚持问题导向，走深走实主题教育

1.答好理论学习"基础题"。我们要牢牢把握主题教育"学思想、强党性、重实践、建新功"的总要求，将理论学习贯穿主题教育始终，抓住"关键少数"，突出学深悟透，善思善用，加强分类指导。要有效推动领导班子读书班和中层读书班一体部署，党员干部要领学、带学、促学，坚持原原本本学、逐字逐句悟。要开展集中学习研讨，谈体会、理思路、立目标、明举措，切实把理论学习成效转化为推动学校事业高质量发展的具体举措。全体党员要充分发挥示范引领和先锋模范作用，坚持读原著、学原文、悟原理，坚持多思多想，坚持干什么就重点学什么、缺什么就重点补什么，增强学习的针对性，努力提高政治意识，掌握立场观点方法，提高学习实效，助力学校发展。

2.做好调查研究"必答题"。上半年，学校党委组织开展专题调研，调研内容紧密联系学校工作实际，围绕推动高质量发展走在最前列、全面提升党建工作水平、全面深化改革构建现代职业教育体系、多方协同促进学生全面成长等12个方面，共立项调研课题35项。全体党员干部要坚持把主题教育和调查研究相结合，深入贯彻落实习近平总书记关于调查研究工作的重要指示，突出问题导向，力求解决实际问题，要把调查研究的过程变成由理论学习向实践运用转化的过程，成为转变作风、密切干群关系的过程，成为提高履职本领、增强责任担当的过程，真正做到听真话、察实情、出实招、见实效。

3.解好高质量发展"关键题"。全体干部要在主题教育过程中，紧密结合实际，打破思维定式，转变思想观念，紧盯影响和制约学校高质量发展的问题短板及其根源，开展靶向治疗，坚持把理论学习、调查研究、推动发展、检视整改、建章立制一体推进，充分发扬"功成不必在我、功成必定有我"的精神，以"时时放心不下"的责任感、积极担当作为的精气神书写高质量发展的"苏工院答卷"，力争为学校"双高"建设顺利完成和职教本科建设的新局面做出更大的贡献。

二、发挥巡查利剑作用，落实落细做好巡察整改工作

1.聚焦问题短板，结合工作做到先行先改。为期2个月的巡察工作已经告一段落，虽然最后的

整改意见还没有下发，但是在专题报告、汇总材料和巡察谈话中，我们已经发现一些工作中存在的不足和问题，广大党员干部在新学期要做到自查自纠，先行先改，要结合自身工作，及时发现问题，分析问题，解决问题，及时制订整改措施，加快改进步骤，为后期的巡察整改工作的整体推进奠定基础，做好准备。

2.强化履责尽责，确保巡察整改落实到位。我们全力做好巡察的“后半篇文章”。后期结合巡察报告，要全面梳理所发现的问题，深入分析巡察反馈问题根源，定人、定责、定期限制订整改举措，并举一反三查找管理薄弱环节和风险隐患。要提升规矩规范意识，强化制度建设，培养党员干部遇事找制度、用制度的工作习惯。要不断强化长效管控，将堵塞漏洞与提升管理相结合，科学合理修订完善规章制度，消除问题产生的根源，有效防范化解潜在风险。

3.注重标本兼治，全面转化巡察整改成果。我们要以这次巡察工作为契机，用好巡察成果推动问题解决，要坚持把落实整改与党委主体责任落实结合起来，注重发挥基层党组织的战斗堡垒作用，层层传导压力，压实责任，推动全面从严治党向纵深发展。要坚持把落实整改与作风建设结合起来，严防“四风”问题反弹回潮。要坚持把落实整改与党风廉政建设结合起来，让每一名党员干部在党规党纪面前知敬畏、明底线、守规矩，扎实构建不能腐、不想腐、不敢腐的机制。

三、凝心聚力冲刺收官，携手决胜“双高”建设验收

1.提高思想认识。学校“双高”建设已经进入收官冲刺阶段，全体干部要自觉把思想、行动统一到学校部署上来，切实增强工作责任感、使命感、紧迫感。要充分认识到“双高”验收结果事关学校发展前途、事关学校师生福祉；要充分认识到“双高”验收工作是全校教职工共同的大事，特别是中层以上干部更是责任重大，使命光荣；要充分认识到“双高”验收工作必须全校心往一处想、劲往一处使，分工协作，发挥集体作战优势。

2.压实工作责任。大家要瞄准终期验收“优”的目标，逐条对照“双高”建设的验收要求，聚焦项目落实、资金使用等重点难点问题，按责任分工加快推进，做到事事有对接，人人有责任。领导干部要率先垂范起带头作用，中层干部要身先士卒发挥主力军作用，针对重点难点的建设项目，要加强研究，主动作为，要充分结合高职教育当前的新形势，新发展，打造高质量、高水平成果，做到扬优避短，突出亮点。

3.坚持成果导向。大家要盯紧验收时间节点安排，充分研究当前新的评审要求、认定标准和考核依据，把握好评价体系、评价内容、评价方式，对照建设目标、建设任务、建设举措及建设成效，全面梳理5年来的建设情况，做到填报数据精确、文字表述精炼、支撑材料精实、现场展示载体精选，要加强工作督查督办，对敷衍塞责、推诿拖沓等现象严肃问责，确保以优异成绩完成“双高”验收工作。

四、切实加强党的建设，涵养风清气正政治生态

1.不断提升基层党建质量。新学期要以提升基层组织力为重点，突出政治功能，严格落实“三会一课”等制度，大力推进教师党支部书记“双带头人”的培育和培养。要认真对接苏州市高校党建考核要求，出台学校党总支、直属党支部党建工作考核指标，不断加强基层党组织标准化、规范化建设，推动基层党组织全面进步、全面过硬。

2.认真抓好思想政治工作。思想政治工作是学校各项工作的生命线，必须将其贯穿教育教学全过程，实现全员育人、全程育人、全方位育人。要继续选优配强思政工作队伍，不断提高思政工作能力和水平，重点关注和培养好青年思政教师和辅导员。要加强马克思主义学院建设，积极探索思政课程和课程思政的新模式、新阵地和新平台，充分发挥学校思想政治工作的立德属性与树人功能。

3.落实意识形态工作责任制。高校历来是意识形态工作的主阵地，是传播、维护、建设社会主义意识形态的主战场。我们要牢牢把握意识形态工作领导权，健全完善意识形态工作管理体系，抓实宣传思想文化工作，管好用好网上网下意识形态各类阵地，要加强意识形态领域工作队伍建设，提高意识形态领域舆情预判、分析、处理等能力。要切实加强教师师德师风建设，引导全体党员和教师树立守土有责、守土尽责，身体力行、模范带头的工作意识。

4.继续加强干部队伍建设。要坚持党管干部原则和正确选人用人导向，着力打造高素质专业化干部队伍。突出政治标准，注重培养选拔优秀年轻干部，完善干部挂职制度。加强新任中层干部、科室干部的业务培训，提升履职能力。建立后备干部人才库，完善干部梯队建设。近日，中共苏州市委印发了《关于进一步激励广大干部在中国式现代化苏州新实践中担当作为的具体举措》的通知，文件中要求进一步完善干部担当作为激励和保护机制，旗帜鲜明为担当者担当、为负责者负责、为干事者撑腰、为创新者鼓劲，并制定了12项工作举措，下阶段，我们要进一步建立健全干部激励机制，完善干部考核评价体系，全面激励学校干部敢为善为、担当作为。

5.抓实抓牢党风廉政建设。我们要把“两个责任”落到实处，明确党组织的主体责任和班子成员的“一岗双责”。严格执行中央八项规定精神，对“四风”隐形变异新动向时刻防范。要加强警示教育，完善廉政风险防控体系，加强权力运行制约监督。坚持以上率下，一级抓一级，层层抓落实，以优良党风引领校风教风学风，持续涵养风清气正的政治生态，脚踏实地推动学校高质量发展。

同志们，我们要牢记习近平总书记7月考察苏州时的殷殷嘱托，切实把主题教育焕发出的攻坚克难、干事创业热情转化为推动学校事业高质量发展的强大动力，鼓足干事创业的精气神，勇于担当、善于作为，努力办好人民满意的职业教育，为实现学校第三次党代会的奋斗目标做出新的更大的贡献。

王洪法同志在共青团苏州工业职业技术学院第七次代表大会、苏州工业职业技术学院第十一次学生代表大会上的讲话

2023年11月22日

各位嘉宾，各位代表，同志们：

大家下午好！在全国上下深入学习宣传贯彻党的二十大精神之际，共青团苏州工业职业技术学院第七次代表大会、苏州工业职业技术学院第十一次学生代表大会隆重开幕了，这是学校广大共青团员和青年学生政治生活中的一件大事，也是学校全面总结过去3年团学工作经验、努力开创团学工作新局面的一次盛会。在此，我谨代表学校党委向大会的胜利召开表示热烈的祝贺！向长期以来关心和支持学校共青团工作的各位领导和来宾表示热烈的欢迎和衷心的感谢！向参加大会的全体代表，并通过你们向全校团员青年和广

大学生致以诚挚的问候和良好的祝愿！

自学校上一次团代会和学代会召开以来，学校各级团、学组织围绕学校中心、服务发展大局，牢牢把握共青团工作和青年工作的重点任务，在思想引领、校园文化、社会实践、志愿服务、创新创业和服务青年等各方面做了大量卓有成效的工作。3年来，学校团委获评江苏省五四红旗团委、江苏省暑期“三下乡”社会实践活动先进单位、苏州市共青团工作先进单位标兵、苏州市五四红旗团委；团员青年连续多年获评中国大学生自强之星、江苏省“最美职校生”、江苏省优秀共青团干部，以及苏州市青年岗位能手、苏州好青年、苏州市五四红旗团支部、优秀共青团员、共青团干部等多项荣誉；在“振兴杯”“挑战杯”“互联网+”等各类大学生创新创业大赛、团干部思政技能大比武等多项赛事中斩获荣誉。实践表明，学校青年有信念、有道德、有担当、有能力，不愧是堪当大任、勇于奋斗、大有希望的一代！学校团学组织有思路、有创新、有品牌、有闯劲、有成效，不愧是党的忠实助手和可靠后备军。

站在新的历史起点，希望广大青年要把握历史际遇，坚定自信、增强自觉，争做走在时代前列的奋进者、开拓者、奉献者，让青春在党和人民最需要的地方绽放。借此机会，我代表校党委对广大团员青年和各级团学组织提四点希望。

一、筑心筑魂筑根本，做理想远大、信念坚定的新时代有志青年

“听党话、跟党走始终是共青团坚守的政治生命，党有号召、团有行动始终是一代代共青团员的政治信念。”当前，世界范围内各种思潮交融交锋，境外敌对势力对我国实施西化、分化战略一刻也没有放松，这些都对青年的世界观、人生观、价值观产生着潜移默化的影响。因此，广大青年应自觉提升政治站位，把好思想上的“总开关”。各级团学组织应以“信仰公开课”“青年大学习”“青马工程”等活动为载体，稳妥有序地推进团员和青年主题教育落地落实、见行见效，引领广大青年深刻感受习近平总书记和党中央对青年一代的亲切关怀和殷殷厚望，做习近平新时代中国特色社会主义思想的坚定信仰者、积极传播者、忠实践行者。

二、务学务实务勤奋，做勤学善思、锐意进取的新时代有才青年

习近平总书记指出：“青年人正处于学习的黄金时期，应该把学习作为首要任务，作为一种责任、一种精神追求、一种生活方式。”作为新时代的广大青年，你们要有“本领恐慌”的意识，常怀“空杯归零”的心态，保持“如饥似渴”的热情，着力打牢通识基础，潜心钻研专业技能，努力拓宽学科视野，不断提高与时代发展和事业要求相适应的素质和能力。你们更要勇于实践，把“读万卷书”与“行万里路”结合起来，把“志存高远”与“脚踏实地”结合起来，勇于“自找苦吃”。依托学校“社团—竞赛—创业”三级育成体系，将个人奋斗的“小目标”融入党和国家事业的“大蓝图”，将自己对中国梦的追求化作一件件身边实事，在磨砺中经风雨、见世面，长才干、壮筋骨。

三、用心用情又用力，做崇德向善、引领风尚的新时代有德青年

习近平总书记指出：“广大青年人人都是一块玉，要时常用真善美来雕琢自己，不断培养高洁的操行和纯朴的情感，努力使自己成为高尚的人。”广大青年一定要牢记习近平总书记的殷切嘱托，自觉树立和践行社会主义核心价值观，善于从中华民族传统美德中汲取道德滋养，从英雄人物和时代楷模的身上感受道德风范，从自身内省中提升道德修为。面对复杂变局，要明辨是非、恪守正道；面对外部诱惑，要保持定力、严守规矩；面对美好岁月，要饮水思源、懂得回报。同时，广大青年要把正确的道德认识、自觉的道德养成、积极的道德实践紧密结合起来，依托“苏小能”志愿服务品牌，积极参与“三下乡”“返家乡”等社会实践活动，奋力打造苏工青年的靓丽名片。

四、敢想敢干敢拼搏，做艰苦奋斗、开拓创新的新时代有为青年

“人的一生只有一次青春。现在，青春是用来奋斗的；将来，青春是用来回忆的。”当今时代是一个充满变革、快速发展的时代，大数据、人工智能、云计算等新技术源源不断地涌现，各种新知识、新技术、新观念甚至颠覆了我们的认知。习近平总书记在苏州考察时强调，“国家现代化建设为年轻人提供了广阔舞台，大家正当其时，要把握历史机遇，大显身手，勇攀科技高峰”。现在的你们，朝气蓬勃、思维敏捷、敢想敢干，最具创新激情和创造活力。希望你们发挥这一独特优势，踊跃投身“挑战杯”“互联网+”等技能竞赛，大力弘扬劳模精神、劳动精神、工匠精神，努力在苏州高质量建设的实践中大显身手、建功立业。

共青团员、青年朋友们、同志们，生逢盛世当不负盛世，生逢其时当奋斗其时。希望广大团员青年以此次团代会、学代会为新的起点，不忘跟党初心，牢记青春使命，更加紧密地团结在以习近平同志为核心的党中央周围，在学校党委和团市委的正确领导下，且以奋斗青春奔赴时代山海，在学校的高质量发展进程中砥砺奋进、茁壮成长，在苏州现代化建设的生动实践中放飞梦想、书写华章！

最后，预祝大会取得圆满成功！

谢谢大家！

马延文同志在2023级新生开学典礼暨军训动员大会上的讲话

2023年9月28日

同学们，老师们：

大家上午好！

上方山麓、石湖之畔，秋风送爽、丹桂飘香，美丽的苏州工业职业技术学院又迎来了来自全国29个省区市的3409名新同学，你们的到来给校园注入了勃勃生机和青春活力。今天在此隆重举行2023级新生开学典礼暨军训动员大会，首先我谨代表全体师生员工，向新同学表示最热烈的欢迎和最诚挚的问候，欢迎你们加入苏工院大家庭，欢迎你们选择苏工院作为人生的扬帆起航地！

上有天堂，下有苏杭，一座姑苏城，半部江南诗，从春秋伍子胥始建阖闾大城至今，苏州这座城市已有2500多年的历史底蕴。作为享誉海内外的园林之城，苏州的人文荟萃、苏州的精工雅韵、苏州的美食美景相信已经留给大家很多期待。犹如苏绣至品“双面绣”一样，苏州的一面是文化，另一面是经济，今天的苏州已凭借先进的制造产业、耀眼的科技创新、丰富的文化资源、优越的区位环境，实现了地区生产总值全年2.4万亿元，也被誉为中国最强地级市和工业前三强。习近平总书记在今年7月考察苏州时这样评价：“苏州在传统与现代的结合上做得很好，不仅有历史文化传承，而且有高科技创新和高质量发展，代表未来的发展方向。”选择苏州这座未来之城，同学们的眼光是正确远大的，你们的未来一定大有可为。

遥想77年前，刚历经艰苦卓绝14年抗战的中华大地满目疮痍、百废待兴，急需培养技术人才。苏工院的前身就是1946年9月成立的江苏省立苏州高级工业职业技术学校，这也是苏州最早建立的工科类职业技术学校之一。新中国成立以后，学校顺应工农业生产发展需要，几经撤并更名迁址，却始终初心不改，在职业教育战线上孕育桃李芬芳，为国家培养了一大批优秀人才。2003年，为支持飞速发展的苏州社会经济需要，江苏省人民政府批准成立了市属公办高等职业院校苏州工业职业技术学院。今年恰逢建院20周年，所以苏工院也和同学们一样是年轻有活力的同龄人。几代苏工人秉承“向阳而生　精工笃行”的校训和“我在乎你”的学校精神，坚持社会主义办学方向，努力办好人民满意的职业教育，全力培养高素质技术技能人才。2015年学校以“优秀”成绩通过江苏省示范性高等职业院校验收，2018年入选“江苏省高水平高等职业院校建设单位”，2019年入选“中国特色高水平高职学校和专业建设单位”。在全国开启全面建设社会主义现代化国家新征程、向第二个百年奋斗目标进军的关键时期，学校第三次党代会号召全校师生以习近平新时代中国特色社会主义思想为指导，与时代同呼吸，与国家共命运，凝心聚力开创国家“双高计划”和职业教育本科建设新局面。希望同学们能把握住这最好的时代、最好的机遇，与学校共同成长。今后的3年，不论是练就一身技能，还是挑战创新创业，或是继续提升学历，我相信每个人都能找到适合自己的方向，我也相信苏工院值得你们期待。

跨越千里的是热爱，佳木斯、阿克苏、三亚市，东西相距4700余里，南北纵贯4500余里，同学们从全国各地奔赴这里，成为苏工人，共圆职教梦，我们肩负的使命和重任就是成长成才、敬业乐业，为自己谋进步、为地方谋发展、为民族谋复兴。从今天开始，你们的人生将在苏工院翻开崭新的篇章。作为师长，我想赠与大家三个关键词以共勉。

第一是“立德”。古人说“德不优者，不能怀远”，立德，方能立身、成人、处世。当代青年要立大德，习近平总书记告诫广大青年：“要立志报效祖国、服务人民，这是大德，养大德者方可成大业。”当今世界正经历百年未有之大变局，每一个人都不能是局外人，国家和民族的需要就是我们的人生坐标。3年疫情的考验，已充分展示了我国强大的制度优势和治理效能，让我们对于家国的热爱，更加坚定、更有信心。作为新时代的中华青年，当要心怀家国，逐梦前行，要始终坚定“四个自信”，筑牢信仰之基，以家国为先，肩负起时代的重任，将自己的青春和力量挥洒在实现中华民族伟大复兴的征程中。在生活中，也希望大家严守私德，坚守住内心的底线，敬畏规则、行止有度、锤炼品格，以孝顺自立报答父母，以团结友爱善待朋友，以真才实学肯定自己。

第二是“励学”。当今世界的大国竞争是一次次没有硝烟的战争，在贸易战、科技战、舆论战的背后需要国家的实力和定力。教育、科技、人才就是全面建设社会主义现代化国家的基础性、战略性支撑，建设教育强国、科技强国、人才强国就是我们的国家战略。习近平总书记在江苏考察时强调，要在强链、补链、延链上展现新作为，要巩固传统产业领先地位，加快打造具有国际竞争力的战略性新兴产业集群，推动数字经济与先进制造业、现代服务业深度融合，加快构建以先进制造业为骨干的现代化产业体系。在此过程中，职业教育前途广阔，大有可为。同学们是生逢其时，立身当以励学为先，练就一身过硬本领，才能更好把握历史机遇。有三个问题大家可以思考一下：一是职业教育是什么，二是我要学什么，三是应该怎样学。2022年新修订的《中华人民共和国职业教育法》明确指出，职业教育是与普通教育具有同等重要地位的教育类型，是国民教育体系和人力资源开发的重要组成部分，是培养多样化人才、传承技术技能、促进就业创业的重要途径。职业教育既要强化基础知识、专业技能学习，又要广泛学习其他领域的知识，自觉培塑精益求精的工匠精神，努力让自己成为社会需要的高素质技术技能人才。苏工院也将为大家提供国家级职业教育专业教学资源库、国家级精品在线开放课程、优秀教师团队等，为大家搭建良好的学习实践平台。

第三是“力行”。纸上得来终觉浅，绝知此事要躬行。对于同学们来说，想要成就梦想就需要不断地探索，需要付诸百分之百的努力，做到知行合一。在接下来的学习生活中，大家要做一个“实干家”，要积极投身于实验实训、技能竞赛、创新创业、志愿服务等诸多实践中，用实际行动诠释青年学子的责任与担当。脚踏实地方能行稳致远，总书记在二十大报告中寄语广大青年，“怀抱梦想又脚踏实地，敢想敢为又善作善成”，这既是殷切勉励，也为广大青年指明了逐梦圆梦的现实路径。我了解到在2023级新同学中，有被评为“2022年度江苏省最美职校生”的精密制造工程系谷开鹏同学，有获得“中等职业教育国家奖学金”的国际教育学院蒋宇同学，还有拼搏在省级运动会上摘金夺银的经贸管理系汤炼同学，刚才我们也为70名新同学颁发了“院长奖学金”，你们就是最优秀的身边榜样。这些成绩是大家过去努力的成果，从现在开始又进入了新的学习阶段，希望每一位同学都能够脚踏实地走好每一步，让自己的每一滴汗水都承载着奋进的意义，让自己的每一分耕耘都结出累累硕果。

同学们，未来已来，时不我待。今天的世界每天都有新的机遇和挑战，就在近期，苏州这座城已跻身特大城市行列，苏工院也将迎来新的发展格局。前进的号角已经吹响，同学们，你们准备好了吗？

接下来你们就要开启为期两周的大学军训生活。我看到大家一身戎装，精神昂扬，这就是青春最好的模样。希望大家能始终保持昂扬的精神状态，严肃认真对待军训课程，在军事理论学习中提升个人素养，在动作训练中锤炼意志和体魄，在队列练习中强化集体意识，在军歌嘹亮中彰显革命精神，交出大学生涯第一张满意的答卷。

鹰击长空万里阔，恰是同学少年时。苏工院的故事正期待我们共同书写，希望大家努力践行“向阳而生　精工笃行”的校训，认真学习、锤炼本领、躬身实践、奋发作为，与学校同进步共成长，努力成为具有苏工特色的时代新人。

最后，衷心祝愿大家身体健康、学业进步、生活愉快！

谢谢大家。

马延文同志在苏州工业职业技术学院第五次工会会员代表大会第二次全体会议暨闭幕式上的讲话

2023年12月6日

各位代表、同志们：

学校第五次工代会在与会代表的共同努力下，已经完成预定各项议程，即将闭幕。在此，我谨代表学校党委和大会主席团，对大会的圆满召开表示热烈祝贺，向全体代表致以崇高敬意和衷心感谢！

这次大会是学校深入学习贯彻习近平新时代中国特色社会主义思想和党的二十大精神，全面推进“十四五”事业发展规划，不断夯实国家“双高计划”和职业教育本科建设基础的关键时刻召开的一次重要会议，也是坚持依法治校、民主管理、凝心铸魂的一次重要会议。会上，各位代表认真参加大会的各项议程，认真听取、审议并通过了《学校第四届工会委员会工作报告》《学校第四届工会经费审查委员会工作报告》，选举产生学校第五届工会委员会、经费审查委员会。大家以强烈的责任感和使命感履职尽责，充分发挥了工会维护教职工合法权益、竭诚为教职工服务的作用。

工会工作是党的群团工作、群众工作的重要组成部分，工会组织是党联系教职工群众的重要桥梁和纽带。近几年来，学校工会认真学习贯彻习近平新时代中国特色社会主义思想，紧紧围绕党和国家工作大局，在学校党委和上级工会的领导下，认真履行职责，不断加强教职工思想引领，弘扬爱岗敬业的优良作风；不断传递关爱温暖，营造健康和谐的校园氛围，为推动学校事业高质量发展、维护教职工权益做出了积极贡献。

在这里，我提三点要求：

第一，坚持党的领导，加强思想政治引领。

今年10月23日，习近平总书记同中华全国总工会新一届领导班子成员集体谈话并发表重要讲话时强调，工会要忠诚党的事业，通过扎实有效的工作把坚持党的领导和我国社会主义制度落实到广大职工群众中去。学校工会要深入学习贯彻习近平总书记重要讲话和中国工会十八大精神，始终将思想政治工作放在首位，要以理论上的清醒保持政治上的坚定，把牢工会工作的正确方向，肩负起引导教职工听党话、跟党走的政治责任。要自觉肩负起为党育人、为国育才的光荣使命，把党和国家重大战略部署，学校党委行政决策转化为工会工作的具体行动。要在工作中贯彻新发展理念、推动高质量发展，广泛深入开展形式多样的学习活动，激发广大教职工的劳动热情、创造潜能，在各个岗位上充分发挥主力军作用。要大力弘扬劳模精神、劳动精神、工匠精神，发挥好身边榜样的示范引领作用，激励广大教职工在辛勤劳动、诚实劳动、创造性劳动中成就个人梦想，为培养更多智慧工匠和技术技能人才贡献力量。

第二，坚持问题导向，更好服务师生成长。

促进事业发展和师生成长是学校工作永恒的主题。今年的11月8日，市委第一巡察组给党委反馈了巡察意见，指出学校在办学治校的过程中还存在民主决策制度执行不够严格等问题。这些问题的发生，归根到底还是我们对于“以人民为中心”“办好人民满意的高职教育”的责任使命认识不到位，在全心全意为广大师生员工服务方面的有效行动还很缺乏，工作作风还不扎实。在接下来的学校工作中，希望我们能聚焦问题、群策群力、共谋良方，特别是着力解决好关系职工群众切身利益的实际问题。工会作为职工利益的代表者和维护者，要肩负神圣使命，发挥出更大的作用。要坚持依法依规，切实履行好维权服务的基本职责；要充分发挥桥梁纽带作用，积极畅通教职工建言献策和诉求表达渠道；要全面开展调查研究，认真吸收先进单位的成熟做法和成功经验；要暖心关怀每一位教职员工，全面营造团结、和谐、稳定的校园环境氛围。要用高质量的工会工作来为学校高质量发展保驾护航。

第三，坚持自身建设，锤炼过硬工作本领。

加强自身建设是做好工会工作的基础。打铁还需自身硬，面对新的形势和任务，工会必须不断加强自身建设，在党政所急、职工所需、工会所能的交会点上深化工作质量和内涵，促进工会焕发并保持长青的感召力、影响力和生命力。经过前期的努力，我们已经基本完善了学校工会组织建设和干部队伍建设，基本健全了工会内部管理制度。接下来要进一步深化工会改革，持续夯实基层组织基础，不断增强二级分工会的引领力、组织力、服务力。要加强工会队伍建设，践行群众路线，积极开拓工作视野，及时了解教职工所思所想所盼，不断增强服务本领，提高工会在广大教职工中的号召力、影响力和凝聚力。要完善民主管理制度，提高工会的民主政治能力，充分发挥好学校工会的桥梁和纽带作用。要在规范化的基础上创新工作方式，努力为职工群众提供精心、贴心的服务，开展活泼、有益的活动。学校党委也会加强对新一届工会委员会工作的指导，大力支持工会组织创造性地开展工作。

各位代表、同志们，让我们更加紧密地团结在以习近平同志为核心的党中央周围，在学校党委的科学决策和坚强领导下，鼓足干事创业的精气神，团结奋斗、勇于担当、善作善为，用更加规范务实的态度，做好分内的事，关心好大家的事，促进好学校高质量发展的事，为办好人民满意的职业教育贡献应有的力量。

奋力践行职业教育新使命，聚力推进事业发展高质量 加快建设工业特色鲜明的一流高职院校 ——马延文同志在学校五届一次教代会上的工作报告

2023年12月20日

各位代表、同志们：

现在，我代表学校行政向大会报告工作，请予审议。

一、过去五年工作回顾

五年来，在党的十九大、二十大精神指引下，在市委、市政府的关心支持下，在学校党委的正确领导下，全校上下紧密团结在以习近平同志为核心的党中央周围，踔厉奋发，稳中求进，学校各项事业取得显著成绩，开创学校发展史上的全新阶段。

（一）党建引领成效显著

学校全面贯彻党的教育方针，落实立德树人根本任务，充分发挥党建“双创”引领作用，不断建强干部人才队伍，全面完成“十三五”建设任务，稳步推进“十四五”事业发展规划，全面开启中国特色高水平高职院校和专业建设。学校获批“全国党建工作样板支部”2个，被评为省、市文明校园，省智慧校园示范校，省绿色校园，省体育特色学校。

（二）专业建设持续优化

学校按照“适应产业集群，优化专业集群；适应技术发展，优化专业结构；适应企业需求，优化专业平台”的建设思路，实施专业重组、集群建设，组建校级专业群8个，智能控制技术专业群入选国家“双高”专业群建设计划，3个专业群入选江苏省高水平专业群建设计划。新增专业16个，停招专业9个，开设“3+2”高职与本科分段培养专业2个、“4+0”高职与本科贯通培养专业2个。

（三）三教改革成果丰硕

对标智能制造高素质技能人才需求，学校创新“三融”培养模式，设计“课岗融通”的课程体系与标准、“德技融汇”的课程内容与教材、“知行融合”的教学方法与评价体系，运用虚拟仿真等现代信息技术改进教学方式。五年来，获得国家级教学成果一等奖2项，立项国家在线精品课程3门、国家级课程思政示范课程1门，建设国家级专业教学资源库1项，获国家优秀教材建设一等奖1

项，学校课程与教学资源逐渐形成特色品牌。

（四）人才培养更加扎实

学校积极推进智慧教学与智能生产全融通，融合智能工厂生产场景与教学场景，建设智能制造综合实训大楼、智能制造数据中心、虚拟仿真实训中心，打造全域数字化、个性化的智慧教育教学校园环境，实训场地总建筑面积达9万余平方米，实验实训设备总值2.34亿元，初步建成了一批设施一流、特色鲜明的实训平台，为技术技能人才、创新创业人才培养提供了充分保障。五年来，学生在全国职业院校技能大赛、“互联网+”“挑战杯”等赛事中获国家级奖项21项、省级奖项129项，获省优秀毕业设计（论文）一等奖4项。学生升本率达21%。

（五）思政育人全面开展

构建“三全”育人大思政工作体系，加强思政课教师、辅导员班主任、学生干部队伍建设，发挥思政课主渠道作用，制定课程思政实施方案和新时代劳动教育实施方案，培养德才兼备的高素质技术技能人才。开展“苏工院大讲堂”“辅导员开讲吧”等思政教育品牌活动，学校连续获评江苏省第五届“马克思主义·青年说”系列活动优秀组织奖。5年来，获评省先进班集体10个，省三好学生25名，省优秀学生干部14名，省最美职校生6名，省大学生抗疫先进个人2名，中国大学生自强之星4名。

（六）招生就业稳中有升

根据市场需求和就业趋势，科学编制招生计划，招生规模逐年扩大，生源质量稳步提升。学校招生范围已由2019年20个省区市扩大至2023年的29个省区市，年招生录取数由3128人增长至3449人，目前在校生规模为9453人。学校把毕业生就业摆在突出位置，全员推进就业工作，多渠道提升毕业生就业质量，学校每年为毕业生提供9000余个优质岗位。2020年以来，毕业生年终就业去向落实率均超过95%，2022年增长至97%。毕业生对母校的满意率均超过98%。

（七）师资队伍持续建强

学校深入实施人才强校战略，系统加强组织领导、师德建设、引进培养、评价改革、服务保障等工作。5年来，引进博士及高层次人才101名，建设国家级“双师型”教师培养培训基地2个，省市级平台和工作室4个。学校获评国家级职业教育教师教学创新团队2个、全国高校黄大年式教师团队1个、教育部首批课程思政教学团队1个、各类省级优秀教师团队10个，获得省教师教学能力大赛一等奖8项；获评全国技术能手1名，省有突出贡献中青年专家1名，省教学名师1名，省“333高层次人才培养工程”第二、三层次人才9名，省高校“青蓝工程”培养对象44名。

（八）科技创新不断增强

建设国家级产教协同创新中心、江苏高等职业院校工程技术研究开发中心、江苏省工程研究中心等科技创新平台。健全科研激励机制，修订科研项目及经费管理制度，激活校内外科技创新资源。5年来，新增江苏省高校优秀科技创新团队2个，入选江苏省科技副总23名、省产业教授22名。立项国家自然科学基金项目、教育部人文社科项目3项，立项省自然科学基金项目、省社科基金项目以及省高校自然科学项目20余项，科研到账经费达3700万元，授权知识产权728项，科技成果转化140项，发表高质量论文205篇。

（九）校企合作稳步推进

学校持续创新校企合作体制模式，打造“四位一体”产教融合创新平台，2020年学校牵头苏州智能制造职业教育集团申报并成功入选全国示范性职业教育集团（联盟）培育单位。2021年学校牵头组建苏州智能制造产教融合联合体。研制《双元制职业教育企业学院建立与运行规范》苏州地方标准并在全市推广，4个企业学院获评苏州市优秀企业学院。立足服务地方企业，打造校企合作品牌项目，入选省产教融合型试点企业8家。

（十）国际交流有力拓展

“机器学习和大数据基地”“工业物联网基地”获批教育部“未来技术技能与人文交流人才国际训练基地”项目。入选江苏省“十四五”国际化人才培养品牌（培育）专业1个。师生参加“一带一路暨金砖国家技能发展与技术创新大赛”30多项，获得金牌（金奖）2项、总决赛一等奖10项。1300余名学生获得国际职业资格认证证书。与俄罗斯、越南等国家高校签订校际合作协议，开展线上线下双向合作交流。携手本地企业开展职业培训，加快落实海外培训基地建设。

（十一）学校治理不断完善

学校严格落实党委领导下的校长负责制，认真执行学校章程，充分发挥工会、妇联、共青团、关工委等群团组织作用，进一步发挥学术委员会功能，坚持依法治校、民主治校。设立校领导接访日、校领导信箱，实行校务信息公开，不断健全办学治校各项规章制度，制定修订党政制度性文件71件。5年来，维修改造教学楼、报告厅、医务室，新建学生公寓2栋，维修改造学生公寓14栋，为所有宿舍配备“空气能淋浴系统”，建设完成网络数据中心、智慧教学平台、校园一张网、网上办事大厅等，为师生员工提供高效便捷服务。完成食堂改造，丰富菜品选择，加强食品安全。丰富图书馆藏资源，更新教室现代化教学设施设备，不断美化校园风貌，推进绿色校园建设，增建校园文体设施、文化景观。

5年来，学校高质量发展办学成果和典型经验，通过新闻媒体、论坛、会议进行了多途径展示宣传，在《光明日报》《中国教育报》《中国青年报》《新华日报》《苏州日报》等主流媒体发布宣传报道396篇，其中深度报道174篇。

各位代表，在过去的5年我们还打赢了艰苦卓绝的新冠肺炎疫情防控战。大家克服了重重困难，做出了种种牺牲，才取得了这些来之不易的成绩。在此，请允许我代表学校向兢兢业业、辛勤耕耘、团结拼搏的全体师生员工，致以最崇高的敬意和最衷心的感谢!

即将过去的2023年，是学习贯彻党的二十大精神的开局之年，也是“双高”建设的验收冲刺之年。我们坚持以习近平新时代中国特色社会主义思想为指导，围绕学校第三次党代会目标，凝聚建功新征程的坚定决心，全面推进学校高质量发展。

这一年，加快优化师资结构，以“第一资源”保障育人根本。以教师创新团队建设为抓手，设立人才工程，释放人才活力。学校先后出台《“苏工大师”人才计划实施办法》《教职工在职攻读博士学位管理办法》等政策制度，健全落实人才“引育留用”发展机制。学校再次入选国家级职业教育教师创新团队，再次获评国家教学成果一等奖。学校教师获评全国技术能手，12部教材立项首批“十四五”职业教育国家规划教材，先后获批江苏省示范性虚拟仿真实训基地培育项目、江苏省第一批现场工程师专项培养计划项目、江苏省职业教育智能制造装备技术技艺技能传承创新平台。2023年金平果高职院校排行榜中学校装备制造类专业跃升全国第23名，排名进入前3%。

这一年，扎实推进校企合作，以“必由之路”打通高质量发展快车道。学校与江苏第三代半导体研究院有限公司、苏州华芯微电子股份有限公司等单位成立苏州首个集成电路产业学院，入选工信部“先进半导体专精特新产业学院”，校企共建生产性校中厂“先进半导体测试基地”和“先进半导体设计与应用”产学研平台。学校与世界顶尖精密加工企业乔治费歇尔精密机床有限公司共建全国最大GF智能制造创新实践基地，与全球著名的精密仪器制造商德国卡尔·蔡司共建蔡司工业质量解决方案应用示范教学培训基地。合作企业共投入设备价值超6000万元，派驻一线工程师10余人，为学校发展提供新动能。

这一年，稳步提高科技创新，以“第一动力”

激活社会服务责任担当。聚焦智能制造领域，开展技术研发与应用服务。学校获批江苏省高校科技创新团队，江苏高等职业院校工程技术研究开发中心。获批教育部人文社会科学研究一般项目、江苏省高等学校自然科学研究重大项目、苏州市首批基础研究计划前沿技术研究项目各1项。学校成立新产业发展研究院（苏工智库），融合政、行、校、企四方智慧合力，促进苏州产业与职业教育融合协同发展。全年实现知识产权转化51项。科技服务到账经费1022万元，比去年提高近20%；社会培训收入达673万元，比去年翻了一番。

这一年，积极开拓国际交流，以“桥梁纽带”拓展更大发展空间。学校与俄罗斯库兹巴斯国立技术大学共建“中俄国际交流与实践基地”，组建师生研修班完成“Java面向对象程序设计”的项目培训任务；与越南河内工业职业大专学校、苏州富纳艾尔科技（越南）有限公司签署国际化智能制造人才培养项目合作备忘录，共建富纳—苏工院越南“郑和学院”；完成冈比亚国家职业标准“机电一体化”技术员NTA7和“智能物联网”技术员NTA5的研制和国际认证；承接国家发改委国际合作中心印尼工业化职业培训项目，开设物联网与机械工程专业培训班，培训印尼学员65名。

二、下一阶段的工作目标

过去的五年，学校的建设发展取得了突破性、跨越性的成绩。但是对照苏州市委、市政府的期望和师生员工的期盼还有一些差距。作为市属院校，我们要立足苏州制造之城、创新之城、开放之城、人文之城的定位，建设专业方向更明、专业水平更高、产业支撑能力更强、科技创新活力更足、开放融合程度更深的现代化高职院校，以高质量的职业教育全面服务中国式现代化苏州新实践。下一阶段，我们要紧紧围绕学校第三次党代会确定的奋斗目标，认真调研区域经济社会发展的新形势，科学分析高等职业教育面临的新机遇、新挑战，以更高的站位、更广的视野，加强学校顶层设计。以“聚焦苏州智能制造产业、服务智能工厂车间、培育智慧工匠人才”为建设思路，以高质量发展服务苏州产业创新集群建设和苏州“制造名城”建设，全面提升学校在区域经济和社会发展中的服务能力与贡献指数。

未来一段时期，我们要分阶段推进的工作目标是：

第一阶段（2023—2024年）：全面完成首轮“双高计划”建设任务并通过验收，获批新一轮“双高计划”专业群建设项目；

第二阶段（2025—2030年）：瞄准苏州优势产业，聚焦产教深度融合，深化教育改革和品牌建设，建成国内知名区域领先的高职院校；

第三阶段（2030—2035年）：做精、做强职教本科专业，深入推进国际高教合作，建设工业特色鲜明的一流高职院校。

三、下一阶段的重点工作

（一）坚持党的全面领导，提升学校治理能力

深化落实党委领导下的校长负责制，全面贯彻党的教育方针，将为党育人、为国育才的目标统一于教育全过程。提高依法治教、依法办学、依法治校能力，不断推进学校治理体系和治理能力的现代化水平。充分发挥学术委员会、教代会、工代会、学代会作用，保障师生员工民主权利。完善校务公开、财务公开、审计监督工作，加强内部控制与风险管理。牢牢把握党对意识形态工作的领导权，维护好校园安全稳定及治安综合治理。深入推进党风廉政建设和反腐败工作，营造风清气正的良好政治生态。

（二）构建“三全育人”体系，推进铸魂育人工程

深入推进习近平新时代中国特色社会主义思想进教材、进课堂、进头脑，建强马克思主义学院，

选优配强思政工作团队。制定出台学校“三全育人”工作实施方案，统筹推进“五育”并举，将思想政治工作融入学校办学治校全过程，持续推进“一站式”学生社区建设，构建学校“大思政”育人格局。加强心理健康教育，开好心理健康课程，不断完善心理育人工作体系。深入践行社会主义核心价值观，推进社会主义先进文化教育，用好地域红色资源，立足区域特色文化，深入开展弘扬劳动光荣、技能宝贵、创造伟大的校园文化活动，滋养师生心灵，涵育师生品行，建设和谐校园。

（三）强化师德师风建设，实施人才强校工程

全面落实师德师风建设任务，建立健全师德师风督查制度，树立先进典型，引导广大教师以德立身、以德立学、以德施教、以德育德。健全高层次人才工作机制，打造教师创新团队建设品牌，引育高水平人才队伍，不断优化师资队伍结构。着力提升教师队伍“双师”能力，完善专任教师实践管理制度，引导骨干教师深入企业开展科技创新、技术开发和技术服务，有效提升教师专业实践能力。不断创新人才评价机制，完善教师队伍岗位聘任、职称评审和奖励激励制度，激发教师发展活力，努力构建一支政治素质过硬、业务能力精湛、育人水平高超的高素质专业化创新型高校教师队伍。

（四）持续建强专业集群，支撑产业创新发展

做优做强智能制造专业集群，发挥高水平专业群示范辐射作用，推进学校专业集群转型升级。完善高水平专业内涵建设评价机制，建设对接“紧缺人才、关键技术”的育训研创服务体系，积极开展现代职业教育体系质量工程项目建设，打造高质量教学与创新实践平台，推进5G全连接工厂、生产性工厂、共享虚仿基地等实训基地建设，为职业教育高质量发展提供引领改革样板。发挥智能制造专业优势，面向普通教育，建设开放共享的智能制造职业体验中心，增加“3+2”“4+0”等职普融通项目，切实采取有效手段提高学生升本率。

（五）培养现代“智慧工匠”，打造苏工人才样板

以先进半导体专精特新产业学院、GF智能制造创新实践基地、蔡司工业质量解决方案等应用示范教学培训基地为试点样板，推行“人才共育，专业共建，资源共享，科研共促，师资共培”的产教融合育人机制，与行业企业共商“智慧工匠”人才培养标准、共定人才培养方案，培养一大批的智慧型工匠。成立专门机构，系统开展创新创业教育，培养数以百计的创新型、复合型技术技能人才，形成“人到苏工必有为”的人才培养品牌，提升毕业生高质量就业创业、留苏安家落户的内在动力。

（六）建设现代科技创新体系，助力产业转型升级

聚焦电子信息、装备制造、先进材料等产业核心环节和关键技术，推进科技创新和成果转化，服务企业技术升级和产品研发。提升国家级产教协同创新中心、国家级众创空间等产学研平台服务能力，培育科研领军人才和团队，加快原始创新、集成创新成果的产出。推进省工程技术研究开发中心建设，筹建技术转移中心，促进高质量科技成果转移转化。支持新产业发展研究院（苏工智库）建设，积极产出决策咨询研究成果。提高国家自科基金、省自科基金的申报数，力争省部级以上项目不断线，教师纵横向科研经费总量超过5000万元。

（七）持续深化校企合作，拓展多元办学新模式

依托智能制造职教集团、产教融合联合体、优秀企业学院、新型产业学院，聚焦“苏州智造”，重点建设市域产教联合体和行业产教融合共同体。建设精密制造、工业互联网、集成电路等校企合作高地，在市、区产业强链补链延链中发挥重要作用，打造政府看得见、行业用得上、学校出成效、师生能受益的产教融合新样板。用好生产性校中厂“关键一招”，做大增量、做优存量，围绕协

同育人机制改革，按照“一院一品牌”，探索建立多元院系、专业办学苏工模式。

（八）拓展国际职教市场，打开国际合作新局面

坚持“引进来”与“走出去”双向发力，与国际高水平大学开展合作办学，与俄罗斯库兹巴斯国立技术大学等院校开展师生海外实践、科技文化交流、中外合作办学、博士联合培养等。服务苏州企业“一带一路”海外生产基地需求，聚焦国际化技能人才培养，对接领先企业，联合拓展海内外资源，建设国际标准产业学院。与苏州富纳艾尔科技公司合作，在越南等国家共建“郑和学院”、苏工“海外分院”，开发国际专业与课程标准，开展国际化高端人才培训，为“走出去”中资企业提供高素质国际化技术技能人才支撑，不断提升学校国际化办学水平。

（九）推动继续教育转型，打响社会服务新品牌

积极推进继续教育和职业教育协同创新，构建继续教育新发展格局，构建社会服务综合体系。完善继续教育管理服务机制建设，稳步扩大学历继续教育规模，不断推动学历继续教育质量提升。推动继续教育重心向培训事业转型，大力实施“送教入企、送技进企”，进一步提高服务区域产业发展和企业需求能力，带动学校社会服务收入稳步增长。到2026年成教在校生达到9000人，面向行业企业和社会开展职业培训人次达到在校生规模的2倍，各类继续服务收入达到1000万元。

（十）优化改善办学条件，持续增进师生福祉

持续改善办学条件，努力提升校园硬件设施水平和校园文化软实力。大力推进数字校园建设工作，为专业建设、人才培养、科技创新、教育管理升级赋能。持续开展校园规划建设，逐年推进学生生活条件提升改善、教学实训楼宇维修改造、校园运动场地场馆维修改造、校园绿化美化等项目，有效提升师生满意度。深化与属地教育部门合作，解决教职工子女入学的后顾之忧。采取有效措施，保证教职工收入水平稳步提升，不断提高民生保障水平。加强对学校办学特色办学成效的主流媒体宣传，有效提升学校的社会关注度和美誉度。

各位代表，向阳而生创辉煌，精工笃行谱新篇。苏工院深耕职业教育已有20载，面向新时代的发展任务，学校坚持以习近平新时代中国特色社会主义思想为指引，奋力践行服务经济社会发展、推动职业教育高质量发展和实现学生全面发展的光荣使命，着力推进专业链、人才链、创新链与苏州智能制造产业链的有效对接，加快建设成为与苏州经济社会发展和城市地位相匹配的中国特色高水平高职院校。

吴少华同志在苏州工业职业技术学院第五届教职工代表大会第一次会议闭幕式上的讲话

2023年12月22日

各位代表、同志们：

学校第五届教职工代表大会第一次会议在与会代表的共同努力下，已经完成预定的各项议程，即将闭幕。在此，我谨代表学校党委和大会主席团，对大会的圆满召开表示热烈祝贺，向全体代表致以崇高敬意和衷心感谢！

这次大会是学校深入学习贯彻习近平新时代中国特色社会主义思想和党的二十大精神，全面

推进“十四五”事业发展规划，不断夯实国家“双高计划”和职业教育本科建设的关键时刻召开的一次重要会议，也是坚持依法治校、民主管理、凝心铸魂的一次重要会议。本次大会审议通过院长工作报告、学校财务工作报告，审议通过《奖励性绩效工资分配办法（2023年修订稿）》，选举产生了学校第五届教代会执行委员会、提案工作委员会。大家以主人翁的姿态，强烈的责任感和使命感履职尽责，充分发挥了教代会落实和保障教职工民主权利、促进学校依法治校的作用。

站在一个新的历史起点，全体教职工要认真贯彻落实学校第三次党代会精神，统一思想、凝心聚力，团结一致向前看，更好地推动学校事业实现高质量内涵式发展。在这里，我提三点要求：

第一，胸怀“国之大者”，助推学校高质量发展

教代会是落实学校教职工依法行使民主权利，实行学校的民主管理、民主决策、民主监督的基本途径和有效形式。我们要充分认识教代会在推进学校治理体系和治理能力现代化中不可替代的重要地位和作用，坚持党对教代会工作的全面领导，全面贯彻党的教育方针，将为党育人、为国育才的目标落实于工作的全过程。我们要在思想上重视、政治上把关、制度上保障，不断完善“党委领导、行政支持、工会运作、教职工参与”的教代会工作机制。我们要总结经验，及时梳理近年来教职工参与学校民主管理和监督工作取得的成果与经验，研究学校改革发展新形势、新任务对教代会的新要求，将成果、经验转化为指导和推进教代会建设的政策和制度，开创教代会工作的新局面。

第二，心系“校之大计”，破解学校发展难题

改革发展，贵在力行，重在落实。学校改革发展的实质核心，就是解决当前存在的与学校高质量发展和高水平建设目标不相适应的各种矛盾和问题。广大教职工代表要带头贯彻学校党委重大决策和工作部署，发扬主人翁意识，以学校事业发展为己任。要敢于直面市委巡察所反馈的问题，协助整改工作落实，共同下功夫、出力气解决好制约学校发展的瓶颈和桎梏。要广泛深入开展调查研究，围绕学校事业发展和教职工关心的实际问题，提出高质量、有价值、建设性的提案。要树立大局观念和全局意识，深刻认识改革是推动发展的制胜法宝，理解改革、积极支持改革，齐心协力推动学校旧貌换新颜。

第三，怀揣“师之要事”，助推教师成长

强国必先强教、强教必先强师，教师是立教之本、兴教之源。要充分发挥教代会的桥梁纽带作用，广泛倾听教职工呼声、反映教职工意愿、回应教职工诉求，积极畅通教职工建言献策渠道。要健全提案办理制度，抓好立案、交办、研究、落实、答复、满意度评议等环节，认真解决教职工关心关注的问题，做到条条有回复、事事有落实，把件件提案从“纸面”落实到“地面”，为广大教职工办实事、解难题，切实解决好教职工的操心事、烦心事、揪心事。要助力教师队伍成长，帮助教师修炼过硬的政治素质，积累精湛的业务能力，养成高超的育人水平，努力成为增强学生志气、骨气、底气的“大先生”。

各位代表、同志们，使命重在担当，实干铸就辉煌。让我们更加紧密地团结在以习近平同志为核心的党中央周围，在学校党委的科学决策和坚强领导下，与学校事业发展方向一致、步调一致，同向同行、同频共振，践行初心使命，服务经济社会发展，努力把学校建设成为与苏州经济社会发展和城市地位相匹配的中国特色高水平高职院校。

第三章 要闻特辑

领导调研

季晶副市长到校调研指导

2月13日下午，苏州市副市长季晶到校调研指导，市政府副秘书长谢飞、市教育局副局长何永林等陪同调研。学校党委书记王洪法，党委副书记、院长马延文参加调研座谈。

座谈会上，王洪法代表学校感谢市委、市政府一直以来对学校事业发展的关心与支持，马延文介绍学校的办学历史、学生培养、产教融合、社会服务等情况。季晶充分肯定学校的办学成果，指出市委、市政府非常重视苏州高等教育特别是职业教育的发展，要进一步整合资源，培养更多服务地方经济的高素质高技能人才，为推进中国式现代化苏州新实践做出更大贡献。

座谈会前，季晶一行参观考察多轴联动加工实训室、模具精密加工实训室、数字化智能制造实训基地等，与正在进行技能大赛训练的师生亲切交谈，勉励学生练好技能，掌握本领，并预祝他们在技能大赛中取得优异成绩。（党政办公室）

校领导检查新学期开学准备工作

2月17日上午，学校党委副书记、院长马延文，党委委员、副院长刘晓检查新学期开学准备情况，对各项工作进行督促指导，确保开学工作平稳有序。

马延文一行先后视察天波楼、学生宿舍、食堂、医务室、建筑工地和健康驿站等场所，现场听取相关负责人关于开学工作的简要汇报，详细了解安全生产、环境卫生、食品安全、疫情防控等方面的情况，对存在的不足之处提出整改要求。校领导要求各单位做实、做细开学准备工作，严格落实安全措施，加强统筹谋划，为师生营造良好的学习、工作和生活环境，为新学期各项工作的顺利开展提供坚强保障。

党政办、教务处、学工处、保卫处、后勤处等相关单位负责人参加检查。（党政办公室）

学校走访调研同济人工智能（苏州）研究院

3月16日，学校党委委员、副院长王勇率队走访同济人工智能（苏州）研究院，对外交流与校企合作处和软件与服务外包学院相关人员随行。同济人工智能（苏州）研究院院长、同济大学电气与电子工程学院刘成菊教授及研究院专家舒少龙教授、范鸿飞副教授、邓若愚博士热情接待王勇一行。

刘成菊介绍研究院的发展历程、研发团队和产学研项目。她表示，研究院作为同济大学人工智能最新科研成果的研究平台和孵化基地，牢牢扎根在苏州，愿与在苏高校展开深入合作，开展可持续的人工智能人才培养。王勇感谢同济人工智能研究院长期以来对学校的关心和帮助，表示学校将与研究院在人工智能、智能机器人等领域开展全方位产学研合作，共同助力苏州市制造业智能化改造和数字化转型。

洽谈中，王勇和刘成菊共同为学校教师实践基地揭牌。研究院聘请软件与服务外包学院院长方一新、副院长罗颖、人工智能技术应用专业负责人李春华博士担任学生实践指导教师。另外，研究院孵化企业向学校捐赠一台基于机器视觉的检测设备。

座谈会前，王勇一行在刘成菊陪同下参观同济人工智能（苏州）研究院研发中心和科技成果转化平台，调研研究院在自主移动机器人、基于视觉的工业检测、基于5G的多车协同等领域的最新转化成果和研发的产品。

（软件与服务外包学院、对外交流与校企合作处）

省纪委监委十一室会同苏州市纪委监委赴学校开展专题调研

近日，省纪委监委十一室会同苏州市纪委监委赴学校开展专题调研。苏州市纪委常委、市监委委员王虎，省纪委监委十一室四级调研员叶磊，苏州市纪委监委第九监督检查室主任周泳，苏州市纪委监委派驻市教育局纪检监察组四级调研员浦建平，苏州市纪委监委第九监督检查室副主任陈群峰，苏州市纪委监委第九监督检查室四级主任科员吴昊昊等一行到校开展专题调研，学校党委书记王洪法，党委委员、纪委书记魏影陪同调研。学校纪律检查委员会委员、相关职能部门负责人参加会议。

王洪法对省纪委监委十一室、苏州市纪委监委领导的调研指导表示欢迎与感谢。他就学校的办学基本情况、“双高计划”推进情况、党委压紧压实全面从严治党政治责任、纪委切实落实全面从严治党监督责任等方面作了汇报。他强调指出，全面从严治党为学校的高质量发展提供坚强的政治保障和纪律保障，学校党委坚持以习近平新时代中国特色社会主义思想为指导，深入贯彻落实党的二十大精神，紧紧围绕“廉洁苏工院”建设目标，不断推进全面从严治党向纵深发展，积极营造风清气正的校园政治生态和育人环境。期望专家组对如何进一步做好市属高校纪检监察工作给予更多的指导，推动学校纪检监察工作取得更大成效。魏影从加强政治监督、提升监督效能、推进“三不腐”体制机制、打造“廉风洁雨”品牌、锻造干净担当纪检铁军队伍等方面汇报学校纪委所做的工作和取得的成效。

王虎从压实党委主体责任和党委书记第一责任人责任、强化纪委全面履行监督职责、聚焦“国之大者”推动政治监督具体化常态化、结合苏州实际打造廉洁文化品牌、抓实纪检干部教育整顿、建立过硬队伍及形成工作合力确保高质量发展等方面提出具体要求。

叶磊对学校纪检监察工作表示肯定。他指出，此次调研会的主要目的是深度了解高校在全面从严治党、党风廉政建设工作中的主要做法、遇到的困难以及需要省、市两级纪检监察机关给予服务、支持和配合的地方，为下一步共同推动市属高校全面从严治党工作和高质量发展提供有益参考。

调研会上，参会人员围绕纪检监察体制机制改革、纪检监察队伍建设等方面内容，就如何进一步做好市属高校纪检监察工作进行充分讨论交流。

（纪检监察室）

学校领导调研指导科研平台建设

4月27日上午，学校党委副书记、院长马延文，党委委员、副院长王勇，赴文绍楼调研指导科研平台专项建设工作。科技处、科研平台建设相关单位负责人及科研平台项目负责人参加调研。

马延文和王勇一行参观苏州市精密检测技术重点实验室、智能制造装备关键技术研发平台、工业互联网与嵌入式技术研发平台、工业云大数据研发平台以及天巧机器人众创空间。在紧接着的调研中，4个科研平台负责人分别就建设基础、建设内容、研究方向、取得成果、未来规划和预期目标等方面做简要汇报，并交流探讨以科研平台建设提升科技创新能力，推进科技服务水平的工作方向。

马延文对科研平台建设提出更高定位和目标，希望进一步加强团队建设，提升团队带头人综合能力；进一步整合平台资源和项目，形成体系完整的公共服务平台；进一步谋划发展方向和路径，推动科技创新融合。（科技处）

团市委副书记蒋妍走访调研精密制造工程系

为深化推进“青科行”青年科技人才寻访计划，5月10日下午，团市委副书记蒋妍一行走访调研精密制造工程系，了解青科协会员发展现状、学校和系部发展需求及未来发展规划。学校党委副书记、副院长吴少华，精密制造工程系党政领导班子，校团委副书记曹慧秋陪同调研座谈。

座谈会上，吴少华代表学校对团市委领导的到访表示热烈欢迎，并就学校发展历史、文化精神及近年来围绕人才培养中心工作，推动职业教育本科建设方面取得的工作成效进行介绍。精密制造工程系主任耿哲，作为首届苏州市青年科技工作者协会会员，介绍精密制造工程系概况，并就专业人才培养和科技研发特色进行交流。

蒋妍高度肯定学校踏准职教发展趋势，融合工科与人文内涵建设的发展特色。她表示，青科协将会助力苏工院青年人才思想引领、创新创业工作，服务校地合作，依托青科协平台支持学校人才培养、暑期社会实践、就业渠道拓宽、职业能力提升、产学研合作和科技成果转化等工作。双方表示将会加强学校与会员企业合作，推动学校高质量发展和服务苏州制造业转型升级。

会前，蒋妍一行参观精密制造工程系多轴加工、精密磨削、数字化制造、三坐标检测、材料性能测试、增材制造等实训室。（精密制造工程系）

苏州市纪委常委唐翱一行到校调研指导

6月14日下午，苏州市纪委常委唐翱、市纪委组织部部长范剑峰等一行3人到校调研指导纪检监察工作。校党委书记王洪法，党委委员、纪委书记魏影参加调研。

座谈会上，王洪法代表学校对市纪委领导的到来表示欢迎，对市纪委监委关心指导学校纪检监察工作表示感谢，并介绍学校的办学历史、近年来的工作成效以及今后的发展思路和奋斗目标。魏影围绕加强理论武装，不断提高自身素质能力；认真履行职责，加快提升监督执纪水平；强化廉洁意识，牢固构筑防腐拒变防线，以及今后工作思路等4个方面，对近阶段学校纪检监察工作开展情况做详细汇报。

唐翱对学校贯彻落实全面从严治党部署要求，认真落实“党委主体责任”“纪委监督责任”，主动靠前、积极谋划党风廉政建设和反腐败工作表示肯定，希望学校纪委立足监督首责，强化政治监督；把握监督重点，紧盯制度流程；创新方式方法，提升监督效能；突显高校特色，做优廉洁文化；加强自身建设，提升素质能力；坚决扛起管党治党政治责任，有序、有效推进党风廉政建设和反腐败工作，为营造风清气正的育人环境、促进学校高质量发展提供有力保障。（纪检监察室）

商务部“发展中国家职业教育官员研修班”到校考察交流

8月11日上午，由商务部主办、江西省商务厅承办、江西外语外贸职业学院和江西科技师范大学联办的“发展中国家职业教育官员研修班”到校考察交流。江西科技师范大学教育学部主任欧阳忠明，学校党委副书记、院长马延文，党委委员、副院长苏华出席交流活动，来自柬埔寨、老挝、尼泊尔、印度尼西亚、吉布提、莱索托、毛里求斯、南非、南苏丹、尼日利亚、巴拿马、古巴和苏里南等13个发展中国家的38名学员参加交流活动。

会上，马延文代表学校全体师生向各位到访嘉宾表示热烈欢迎，重点就苏州优势产业和职业教育发展情况进行介绍，并期待在国家“一带一路”的背景下，通过职业教育国际合作交流，促进经济发展与社会进步，实现中国和发展中国家的互利共赢。接着，苏华详细介绍学校的办学历史、近年来的工作成效以及学校今后的发展展望。

会后，研修班学员们参观学校精密制造工程系、机电工程系部分实验实训室，并详细了解学校正在开展的“中德SGAVE-BOSCH项目智能制造领域第二期师资培训项目”和“印尼工业化职业培训项目”。

［党政办公室（外事与港澳台办公室）］

王洪法书记、马延文院长带队赴兄弟院校开展调研学习

为立足高等职业教育发展的新形势、新要求，围绕高校立德树人根本任务，找准制约学校高质量发展的瓶颈困难，9月26日，学校党委书记王洪法、院长马延文带队先后赴苏州幼儿师范高等专科学校、沙洲职业工学院、苏州健雄职业技术学院开展调研学习，学校组织部、党政办公室、人事师资处、教务处、学生工作部、质量保证中心等部门负责人共同参加本次调研学习。

苏州幼儿师范高等专科学校党委书记杨建良、院长殷海芳对学校的访问交流（到访）给予热情接待，详细介绍了苏州幼儿师范高等专科学校的办学历史，分享“蕙质兰心、知类通达”的幼师人才培养模式和“灵动高雅、润育师德”的办学经验。会前还参观苏幼专各类学习场所和优美的校园环境。王洪法表示，两所高校有着共同的教育使命，要在高质量发展中为苏州地方区域经济社会发展服务，今后双方要加强交流合作，创新做实特色亮点，共同助推技术技能人才的人文素养培育与提升。

沙洲职业工学院党委书记钱锦东、院长章雯对学校的到访表示热烈欢迎，并一同参观校史馆。双方就学校发展历程、人才培养、科技创新、学生管理、高质量发展等方面进行详细交流。王洪法指出，沙洲职业工学院是全国第一所县办大学，学校的发展充分体现“张家港精神”，值得大家学习借鉴。两校的高质量发展都正面临着如何为地方高质量发展做贡献的新课题，双方要进一步加强合作联动，做到“干事者担当，有为者有位”，共同研究解答好这个新课题。

苏州健雄职业技术学院党委书记苏霄飞、院长林长永热情接待学校一行，以“深耕太仓、深化双元、深入创新、深得人心”的“四深三仓”理念，介绍学院的发展情况和今后目标，详细阐述“双元制”本土化的办学特色。马延文表示，近年来苏州健雄职业技术学院在各领域成果丰硕、成效显著，充分体现“务实”“求真”“创新”“成效”的发展理念，尤其在校企合作、产教融合方面做得非常扎实，“双元制”模式对各高职院校的发展有着积极的借鉴意义。王洪法强调，苏州健雄职业技术学院多年来的发展成效充分展现“双元制”的办学特色和亮点，希望两校能深入合作，携手并进，共同提高高职院校在苏州高质量发展过程中的贡献度。会后，学校全体到访人员还参观吴健雄陈列馆、太仓市“双元制”本土化展览馆。

本次调研学习后，学校将对照苏州地方发展目标，聚焦苏州高质量发展产业，对接地方产业需求，结合学校自身发展实际，学习借鉴兄弟院校的特色经验，不断深入推进内涵发展、质量提升、品牌打造、特色创新，努力建设与苏州城市地位相匹配的中国特色高水平高职院校，为苏州的高质量发展做出贡献。（党政办公室）

王洪法书记、马延文院长赴乔治费歇尔精密机床（上海）有限公司签署战略合作协议

10月13日上午，学校党委书记王洪法、院长马延文带领相关单位负责人赴乔治费歇尔精密机床（上海）有限公司（以下简称GF）开展交流活动。GF中国区总裁陈以祥、教育行业总监史文、医疗行业经理刘申给予热情接待。

陈以祥在公司展厅详细介绍GF发展历史，高速铣削、五轴加工、电加工、零点夹具、增材制造、高端激光加工等精密加工设备的主要性能，以及设备在3C、新能源、模具和医疗等行业的应用情况和行业领先地位。

交流中，王洪法、马延文分别就人才培养、教师能力提升、先进技术研发等工作与GF进行深入交流，双方达成发展精密加工技术领域的共识，共同探索校企合作路径，共建共享场地和设备，联合探索国内职业教育领域应用型精密加工技术人才培养模式。

随后，马延文和陈以祥分别代表学校和企业共同签署《苏州工业职业技术学院—乔治费歇尔精密机床共建“GF智能制造产业学院——GF智能制造创新实践基地”战略合作协议书》。

本战略合作协议的签署将持续推动校企双方合作在“教、学、研、产、融”领域多结硕果，培养更多智能制造领域高素质技术技能型人才，服务社会培训和解决企业加工技术难题，努力打造国内校企合作产教科创融合的典范。

（精密制造工程系、党政办公室）

马延文院长带队赴机械工业教育发展中心考察交流

11月7日，学校党委副书记、院长马延文，党委委员、副院长苏华，党委委员、副院长王勇等一行7人赴机械工业教育发展中心进行座谈交流。机械工业教育发展中心主任陈晓明、副主任郑丽梅、主任助理王志强、工程教育和职业教育处处长吕冬明参加活动。

马延文全面介绍学校的办学思路、发展现状和面临的机遇挑战，分享学校面向智能制造、电子与通信等先进制造技术领域相关专业的建设经验，并表示希望未来在高水平专业群建设、师资团队能力提升、教学资源开发等方面加强与中心的交流合作，共同推进学校的高质量发展。

陈晓明对马延文一行到访中心表示热烈欢迎，他指出，苏州工业职业技术学院与机械工业教育发展中心的合作有渊源、有基础。陈晓明对学校精密制造工程系、机电工程系和电子与通信工程系的专业内涵建设提出建议，要加强专业调研，打造特色，办出品牌。面向未来，在服务国家战略和区域产业、经济发展，在推动智能装备产业发展中，与机械工业教育发展中心的合作可以更加紧密和深入。

本次考察交流进一步深化学校与机械工业教育发展中心的合作，为学校“双高”建设等中心工作助力加油。

（党政办公室）

校领导带队赴多所高职院校调研学习

近日，学校党委书记王洪法、院长马延文带队先后赴苏州市职业大学、无锡职业技术学院、无锡科技职业学院、苏州信息职业技术学院开展调研学习，学校党委领导班子、组织部、党政办公室、人事师资处、教务处、学生工作部、质量保证中心等部门负责人共同参加本次调研学习。

苏州市职业大学党委书记曹毓民、校长温贻芳对学校全体党委领导班子的到访给予热情接待。曹毓民表示，两校同为市属高校，比邻而建、隔路相望、人缘相亲、交情笃厚，希望两校进一步深化合作、互相促进，推动苏州职业教育发展与地方经济社会协同创新、融合共赢。温贻芳从人才培养、师资队伍、科研服务、国际化办学、社会服务等方面具体介绍学校的办学情况。王洪法表示苏州市职业大学办学特色鲜明，多年来在推动学校发展与地方经济社会协同创新、融合共赢的道路上取得显著的成效。期待两校在人才培养、社会服务等领域深化合作。会前，学校全体人员参观考察智能制造共享创新服务平台和吴文化园等教学实训和文化育人基地。

无锡职业技术学院党委书记龚方红、院长周桂瑾热情接待学校一行。周桂瑾就“双高计划”建设和学校高质量发展，具体介绍学校的建设情况。王洪法表示，无锡职业技术学院自建院以来，始终坚持一张蓝图绘到底，集聚优质资源，踏踏实实办好职业教育，在人才培养、专业建设、技能竞赛、创新创业等各方面取得显著成绩，值得各职业院校学习和借鉴。马延文希望两校能建立长效合作机制，充分发挥各自资源优势，深度合作，互惠共赢。会前，学校一行现场参观智能制造工程中心、机械制造工程中心和公共虚拟仿真实训基地。

无锡科技职业学院党委书记张国华、院长孙兴洋对学校的到来表示热烈欢迎，并陪同参观社区学院、“学习强国”线下体验馆、集成电路产业学院，详细介绍学校区校共建、产教融合、校企合作等工作情况。孙兴洋介绍无锡科技职业学院的基本办学情况和近年来取得的办学成果。王洪法表示，无锡科技职业学院建立的“区校一体、三环耦合、四院融通”办学格局，积极探索的“创新驱动，区校一体”新吴模式，对高职教育发展有着深远的积极意义，希望两校能加强合作，为提高人才培养质量、服务区域经济社会发展做出贡献。

苏州信息职业技术学院党委书记臧其林、院长陈德斌热情接待学校一行，介绍学院的发展情况和今后目标，详细阐述建设高水平职业院校的“三年行动计划”。马延文表示，苏州信息职业技术学院办学特色鲜明，紧握职业教育规律本质，不断拓宽干事创业视野，为吴江区域经济社会发展贡献突出。王洪法强调，苏州信息职业技术学院是长三角生态绿色一体化发展示范区内唯一的公办高职院校，发展前景非常广阔。希望两校能深入合作，携手并进，共同提高高职院校在苏州高质量发展过程中的贡献度。会前，学校全体到访人员还参观江苏省工匠学院、鲲鹏云计算实验室、智能网络实训室等教学场所。

本次调研学习，学校党委始终坚持实事求是，做好调查研究，掌握真实情况。通过调研，找准制约学校高质量发展的瓶颈困难和问题，对照苏州地方发展目标和地方产业需求，找出解决困难和问题的办法和途径，努力建设与苏州城市地位相匹配的中国特色高水平高职院校，为苏州的高质量发展做出贡献。（党政办公室）

重大活动

学校党委召开2022年度民主生活会

2月15日，学校党委召开2022年度民主生活会，聚焦“全面贯彻习近平新时代中国特色社会主义思想，深刻领悟‘两个确立’的决定性意义，增强‘四个意识’、坚定‘四个自信’、做到‘两个维护’，团结带领党员干部群众以奋发有为的精神贯彻落实党的二十大做出的重大决策部署”主题，深入查摆问题、剖析根源，严肃开展批评与自我批评，切实明确整改方向和措施。班子全体成员出席会议，苏州市教育局副局长何永林、派驻教育局纪检监察组四级调研员浦建平全程参加并指导，学校党政办公室、党委组织部等相关部门负责人列席会议。会议由学校党委书记王洪法主持。

王洪法代表学校党委汇报本次民主生活会准备情况。他指出，学校党委对开好本次民主生活会高度重视，会前认真落实省委、市委有关要求，制定会议方案，广泛征求并汇总意见和建议，会前开展谈心谈话，班子全体成员积极查摆问题，深入分析问题根源，撰写对照检查材料，为高质量开好民主生活会打牢坚实基础。

会上，王洪法首先代表领导班子做对照检查，重点围绕带头做到“两个维护”、带头用习近平新时代中国特色社会主义思想凝心铸魂、带头坚持和加强党的全面领导、带头坚持以人民为中心的发展思想、带头发扬斗争精神、带头落实全面从严治党政治责任等6个方面进行问题检视，问题分析，并提出整改措施。

随后，王洪法带头做个人对照检查，其他党委领导班子成员逐一进行对照检查，严肃认真开展批评与自我批评。大家在发言中紧密联系思想和工作实际，把自己摆进去、职责摆进去、工作摆进去，查摆剖析深刻到位，相互批评开诚布公，整改方向明确具体，经历深刻的思想洗礼和严格的党性锤炼，达到增进团结、改进工作、担当使命的效果。

会上，何永林做现场点评，他充分肯定此次专题民主生活会的开展效果，指出，会议能紧扣主题，对照党的二十大精神和党章党规党纪，做到“真剖析、真反思、真整改”，开出高质量、达到预期目标。同时他也提出继续加强政治建设、持续抓好班子建设、不断强化整改落实和努力争创新的业绩等4点具体要求，希望学校领导班子以习近平新时代中国特色社会主义思想为指引，以贯彻落实“四敢”精神为契机，进一步坚持立德树人，全面夯实党建基础，持续深化产教融合，不断加强科技服务，为苏州经济社会发展培养更多的高素质技术技能人才，为苏州在中国式现代化建设中贡献新的教育力量。

会议最后，王洪法代表学校领导班子做表态发言：一是进一步树牢政治意识，深刻领悟“两个确立”的决定性意义，增强“四个意识”、坚定“四个自信”、做到“两个维护”，在政治建设上下功夫、做表率。二是进一步强化责任担当，逐项抓好问题的整改，增强立行立改的动力，有效推动落实整改工作的规范化、常态化和长效化。三是进一步提升发展能力，主动融入地方发展大局，助力地方经济社会发展。四是进一步守牢廉洁责任，带头全面从严治党管党，不断加强党风廉政建设。学校领导班子将继续深入学习贯彻习近平新时代中国特色社会主义思想和党的二十大精神，牢牢把握新时期高职教育发展的新趋势新要求，为办好人民满意的高职教育展现新担当、实现新作为，为新征程上全面推进中国式现代化苏州新实践做出新的更大贡献。（党委组织部）

“奋楫笃行，以文化人”——学校举行第五届“苏工之春”校园文化节暨2023年阅读节开幕式

4月19日下午，学校第五届“苏工之春”校园文化节暨2023年阅读节开幕式在宿舍区广场举行。学校党委书记王洪法，党委副书记、副院长吴少华，党委委员、副院长刘晓出席活动，党委宣传部、学生工作部、校团委、数字校园与图文信息中心负责人，各党总支书记、副书记，辅导员和学生代表们参加开幕式。

吴少华致开幕辞。他指出，本届校园文化节是学校迎接办学77周年、建校20周年校庆的重要板块，秉持“奋楫笃行，以文化人”的主题，设定“红色校园、书香校园、艺术校园、青创校园、健康校园、文明校园、网络校园”7个模块30余项子活动。同时，学校在第28个世界读书日来临之际，举办校园阅读节，号召全体师生多读书，推进书香校园建设。吴少华希望全体师生凝聚齐心奋斗的共识，为学校的高质量发展汇聚力量源泉，并提出三点具体要求：一是以文化润心，笃学敏行；二是以育人践行，助力成长；三是以思想引领，革故鼎新。

开幕式上，王洪法为各系（院）党总支书记赠送书香礼包，鼓励师生积极参与阅读推广，营造校园书香氛围。刘晓向各系（院）党总支副书记颁发“青春达人”招募令，号召师生积极参与校园文化节的各项活动。16名辅导员为大家献上诗朗诵《礼赞二十大　奋进新征程》，彰显学校师生的奋进姿态。校艺术团表演歌舞《给力青春》，尽显青春活力。

活动现场，党委宣传部、团委、数字校园与图文信息中心还分区域设置“微”学课堂、主题书展、社团巡礼等互动专区，校团委举办“唱响青春旋律，展现时代风采”——校园十佳歌手大赛，同

学们积极参与，现场气氛热烈。

奋楫笃行，我辈青年坚定理想理念，胸怀昂扬斗志，建功新时代；以文化人，我们用青春歌舞致敬，展现青春活力，奋进新征程。全校师生将以高度的历史使命感和责任感，提高思想认识，在“苏工之春”的舞台上展现朝气蓬勃、锐意进取、团结奋进的精神风貌，以“拼”的精神、“实”的干劲、“敢”的担当全面推进学校各项事业高质量发展。

（党委宣传部、学生工作部、团委、数字校园与图文信息中心）

学校召开“双高”建设推进与高质量发展工作会

4月21日下午，“双高”建设推进与高质量发展工作会在天枢楼3楼会议室召开，全体校领导、相关单位负责人参加会议。会议由学校党委委员、副院长苏华主持。

会上，学校党委书记王洪法宣读《关于调整学校“双高”建设工作领导小组的通知》和《关于调整学校“双高”建设工作组成员的通知》。

各一级项目及专业群负责人分别汇报各子项目完成情况、存在问题及拟采取的应对举措。财务处传达相关会议精神，并就学校“双高”建设各项目的财务执行情况、存在问题和工作设想进行交流。

苏华就学校2022年度高质量发展综合考核结果进行通报，各分管校领导就条线工作提出落实2023年度市高质量发展综合考核工作的举措。

学校党委副书记、院长马延文部署学校2023年度市高质量发展综合考核工作事项和职能部门、相关直属单位年度目标任务的指标制定工作。他强调，完成“双高”建设是学校第三次党代会提出“一确保两力争”的战略目标，各项目建设单位和负责人要有高度的责任感和使命感，做到以下4个方面的工作：一是要提高思想认识。“双高”建设要体现中国特色、世界水平，要以服务国家战略发展和区域产业经济社会高质量发展为建设原则；二是要进一步加强内涵建设。建设目标和任务要往深处走、往实处做、往高处攀，要从创新理念、科学规划、攀高目标、产出高效、保障措施等方面一体化高质量设计；三是要突出质量与特色。建设产出成果既要关注数量指标，更要关注质量指标，要彰显特色亮点，要形成可复制、可推广、可借鉴的经验、模式、样板；四是要密切协作。职能部门和教学单位、教学单位与教学单位之间要协同配合，相互沟通，相互理解与支持，团结协作，共同成长。

最后，王洪法在讲话中强调，本次会议既是情况说明会、形势分析会，也是工作部署会，更是业务培训会。“双高”建设是推进学校内涵式高质量发展的重要机遇和抓手，各单位要坚持问题导向，对标找差，寻找破解问题的对策，保持存量，扩大增量，以服务学校发展、师生发展为出发点，把推进“双高”建设和高质量考核工作同步落实，做细做准。同时，他提出四点希望：一是希望大家有“时不我待”的紧迫感，要分析面临的形势和挑战，抢抓机遇，锚定目标任务；二是希望大家有“功成有我”的责任感，要在协同发展中找准自身的方位，体现自我价值；三是希望大家有“公而忘我”的成就感，要立足服务学校高质量发展的工作大局，开展调查研究，谋划工作举措，认真落实，做出成效；四是希望大家有“功成在我们”的喜悦感，要将主动扛起工作责任、主动担当作为的工作态度，转化为攻坚克难的战斗力、锐意进取的精气神，增强全体师生员工的自豪感、荣誉感、归属感，营造干事创业的浓厚氛围。

（质量保证中心、教务处）

学校召开2023年党的建设、党风廉政建设和校园安全工作会议

4月26日下午，学校2023年党的建设、党风廉政建设和校园安全工作会议在丛荟厅召开。学

校党委领导班子成员、纪委委员、全体中层干部、各党支部书记、党总支党风联络员及特邀监察员参加会议。学校党委副书记、副院长吴少华主持会议。

本次会议的主要任务是深入学习贯彻习近平新时代中国特色社会主义思想，贯彻落实党的二十大精神，认真落实二十届中央纪委二次全会、十四届省纪委三次全会、十三届市纪委三次全会和市委各项决策部署，牢牢把握新时期高职教育发展的新趋势、新要求，紧扣学校第三次党代会建设目标，分析形势、明确方向，改革创新、攻坚克难，以更坚韧的定力，推动从严治党向纵深发展，一刻不停推进党风廉政建设和反腐败斗争，为奋力开创国家“双高计划”和职业教育本科建设新局面提供坚强的组织和纪律保证。

会上，全体参会人员集中观看廉政警示片《逾界之蚀　亲清之鉴》。各单位主要负责人向党委书记王洪法，党委副书记、院长马延文递交党建工作责任书、党风廉政建设责任书、消防安全责任书、治安综合治理责任书。财务处（审计处）处长吴玮、机电工程系党总支书记张大圣、经贸管理系党总支书记梁青春、电子与通信工程系教师第二党支部书记戴丽华分别进行交流发言。

学校党委委员、纪委书记魏影做2022年学校党风廉政建设工作总结报告，并从“坚持政治引领，落实全面从严治党主体责任”“坚持贯通融合，不断提升监督治理效能”“坚持标本兼治，深化‘三不腐’一体推进”“坚持纠树并举，推动校园生态风清气正”“坚持示范带头，锻造纪检监察铁军队伍”5个方面对今年的重点任务和工作举措进行部署。

马延文就校园安全工作做题为“践行总体国家安全观，筑牢学校安全防护线”的报告。围绕学校的安全稳定工作进行三点部署：一要进一步提高政治站位，切实加强安全稳定工作意识；二要进一步做好各项工作，压紧、压实安全稳定工作责任，做好校园安全生产工作，守护师生生命健康安全，落实意识形态工作责任，严格做好机要保密工作；三要进一步建强工作队伍，切实提高安全稳定工作实效，要改进作风，团队协作，强化督查，狠抓落实，严明纪律，人人有责。

王洪法总结过去一年学校党建工作的主要成效，分析指出当前学校党建工作亟待加强和改进的主要问题，对今后一个时期学校党建和党风廉政建设工作做出全面部署，并对各级党组织和党员干部提出明确要求。他指出，2023年是落实党的二十大精神的开局之年，是推动学校“双高”建设和职教本科建设的关键一年，也是庆祝建校20周年和推进学校高质量发展的重要一年。全校上下要坚持以习近平新时代中国特色社会主义思想为指导，扎实开展学习贯彻习近平新时代中国特色社会主义思想主题教育，深刻领会和全面把握高等职业教育的新部署、新要求，找准方位，明确目标，积极作为。他围绕“坚持不懈用习近平新时代中国特色社会主义思想凝心铸魂”“奋力锻造堪当重任的高素质干部队伍”“守正创新全面加强基层党建工作”“固本强基有力推动学校高质量发展”“全面从严治党为学校发展提供坚强的政治保障和纪律保障”这5个方面，对学校2023年党的建设和党风廉政建设工作进行周密部署。

王洪法强调，全校上下要深入贯彻落实中央和省委、市委部署要求，坚持党建引领，提升政治站位，强化责任担当；要保持战略定力，办好高职教育，用具体、务实、富有创造性的举措，把共识转化为高质量发展的行动；要以更加严实的作风、更加有效的措施，充分发挥全面从严治党引领保障作用，突出严管厚爱结合、激励约束并重，为学校建设发展保驾护航；要锚定目标，不务虚功，打牢基础、补足短板、破解瓶颈，奋力将学校“十四五”开局之年的蓝图化为美景。

（党委组织部、党政办公室、纪检监察室）

e路向芯 聚创未来——学校举办"先进半导体专精特新产业学院"启动大会

5月6日，"先进半导体专精特新产业学院"启动大会举行，该产业学院获批工信部中小企业发展促进中心首批"先进半导体专精特新产业学院"。

工信部中小企业发展促进中心专精特新产业学院项目办主管王海超，苏州市委教育工委书记、苏州市教育局局长周志芳，苏州市工业和信息化局副局长万资平，苏州市发展和改革委员会社会发展处处长朱建清，第三代半导体产业技术创新战略联盟副秘书长冯亚东，中国教育发展战略学会产教融合专业委员会秘书长李桂云，北京师范大学职业教育与成人教育研究所原所长赵志群，江苏第三代半导体研究院有限公司、中国科学院半导体研究所、西安电子科技大学、苏州大学、南京邮电大学、江苏信息职业技术学院、上海电子信息职业技术学院等20多家科研院校领导，苏州敏芯微电子技术股份有限公司、杭州士兰微电子股份有限公司等40多家半导体领域"专精特新"企业和重点龙头企业，应邀出席活动。产业学院启动大会由学校党委委员、副院长王勇主持。

学校党委书记王洪法在大会上致辞，他表示"先进半导体专精特新产业学院"的成立，顺应国家职业教育改革总体战略部署，也标志着学校围绕第三代半导体、先进测试封装领域的集成电路专业建设又翻开崭新的一页。学校将以"全国标杆"为目标打造"专精特新产业学院"，力求为苏州集成电路产业集群发展，为中国式现代化苏州新实践做出更大的贡献。

周志芳表示，苏州工业职业技术学院"先进半导体专精特新产业学院"获批立项的建设是学校的一件大事，也是苏州职业教育的一件喜事，必将为苏州市大力推进第三代半导体产业发展注入新的活力。希望学校要用好"先进半导体专精特新产业学院"的建设机遇，聚焦高质量发展，在现代职业教育建设中争当样板；加强顶层设计，在创新人才培养方面争当示范；紧贴产业的需求，为服务地方发展提供坚强的支撑。

冯亚东对学校荣获工信部中小企业发展促进中心首批"先进半导体专精特新产业学院"表示祝贺，他希望产业学院依托苏州的产业优势和区位优势，在做好自身建设的同时，能更好地支撑当地的产业发展，同时积极发挥引领作用，对苏州各行各业的产教融合建设起到带头和示范作用。

李桂云在讲话中表示，"专精特新产业学院"是工信部中小企业发展促进中心根据国家经济社会发展需求启动的建设项目，建设"专精特新产业学院"，是深入贯彻落实党的二十大报告关于推动高质量发展和教育、科技、人才三位一体战略部署的具体实践，是落实职业教育一体两翼三大战略改革的重要突破口。期待"先进半导体专精特新产业学院"的建设为人才链与创新链和产业链的紧密耦合，优化产业发展生态环境，推动我国半导体产业高质量可持续发展贡献力量，形成一批可复制、可推广的新经验新范式，带动更多的行业主体深度参与到职业教育改革创新中。

王海超表示半导体产业是现代信息社会的基石，是支撑当前经济社会发展和保障国家安全的战略性、基础性和先导性的产业。"先进半导体专精特新产业学院"建设意义重大，期待在联盟的指导与支持下，产业学院在产教融合、人才培养模式创新以及服务苏州乃至长三角区域半导体产业方面做出更大的贡献。

现场，工信部中小企业发展促进中心专精特新产业学院项目办、苏州市教育局、苏州市工业和信息化局、苏州市发展和改革委员会、第三代半导体产业技术创新战略联盟、中国教育发展战略学会产教融合专业委员会等领导共同为"先进半导体专精特新产业学院"点亮启动手印。冯亚东和学校党委副书记、院长马延文为"先进半导体专精特新产业学院"揭牌。学校党委委员、副院长苏华，学校学术委员会主任单强，学校电子与通信工程系主任王栋共同为企业专家颁发“产业教授”聘书。

随后，专题报告、圆桌对话和产业学院建设规划研讨会先后举行。北京师范大学职业教育与成人教育研究所原所长赵志群教授和杭州士兰半导体制造事业总部副总经理李可为分别做题为“产业学院建设的‘学习工厂’方案”“先进半导体功率器件/模块产业及新能源电动汽车应用”的主题报告。与会人员就“当前半导体产业存在的人力资源问题”“如何自主培养产业所需高质量人才”“行校企研如何支撑产业人力资源开发”等议题，围绕产业学院的目标定位、建设规划、人才培养、可持续化运行路径等方面进行深入的交流研讨。

马延文指出，学校将依托工学优势、工业特点，深化产学研合作，在“科技所趋、产业所需、区域所能、院校所为”的产学研合作理念下，致力于服务苏州电子信息、制造装备等主导产业，致力于形成“精准对接，精准实施”服务产业集群发展的能力，积极破解人才培养供给侧与产业需求侧匹配度不高等问题，努力打造“苏州特色”的产学研协同创新平台和技术技能人才培养新模式。

今后，学校将进一步把握“先进半导体专精特新产业学院”建设机遇，以科学的职业教育发展理念为引领，紧紧围绕产业创新集群发展，持续深化校企合作深度、拓展产教融合广度、提升协同创新高度，打通技术技能人才协同培养，成长、成才的通道，走出一条融人才培养、科学研究、技术创新、企业服务于一体的产业学院高质量发展之路，为苏州市打造全国一流集成电路产业创新集群贡献力量。（电子与通信工程系）

学校举行“学习二十大　永远跟党走　奋进新征程”主题团日活动暨2023年“五四”表彰大会

5月10日下午，“学习二十大　永远跟党走　奋进新征程”主题团日活动暨2023年“五四”表彰大会在天一报告厅隆重举行。学校党委书记王洪法，苏州团市委副书记蒋妍，学校党委副书记、副院长吴少华，党委委员、副院长刘晓，党委委员、纪委书记魏影，党委委员、副院长苏华，党委委员、组织部部长陈艺，党委委员、宣传部部长曹瑾，学校各党群部门负责人及各系（院、部）党总支书记、副书记及团委书记，以及受表彰的团员青年共600余人参加本次大会。

大会在歌舞快闪《有理想　更青春》中拉开序幕，团员青年们用朝气蓬勃、生机盎然的青春律动展示苏工青年们“年轻充满朝气，青春孕育希望”的专属活力。本次表彰大会以“学习二十大　永远跟党走　奋进新征程”为主题，共分为“矢志不渝心向党”“踔厉奋发建新功”“挺膺担当向未来”3个篇章。音诗画《红旗飘飘》展现不同时期青年们以梦为马、不负韶华的青春印记和锤炼担当、心系家国的青春誓言；校园舞蹈《有我》伴着歌词“我的样子，就是中国的模样；当炬火，去化作那道光”声情并茂地展现青年一代不怕苦、不畏难的铮铮铁骨，跳出青春激昂的风采；“青马工程”培训班全体学员带来的主题朗诵《青春献给党》用“请党放心，强国有我”的铮铮誓言、拳拳初心，激励在校青年要用肩膀扛起如山的责任，团员青年们深情地挥动着手中的红旗，用铿锵有力的声音表达爱国爱党之情。

会上，学校党委领导班子为全国、省、市先进集体、个人获奖代表和校级“五四”表彰获奖代表进行颁奖，并为校级“学生青年讲师团”成员颁发聘书。为深入贯彻落实党的二十大精神，校团委响应共青团中央号召，在全校范围开展“青年让苏工更美好，苏工让青年更有为”——2023年共青团促进大学生就业行动，蒋妍与吴少华共同为活动启动揭幕，王洪法为“青年就业宣讲团导师”成员颁发聘书。

蒋妍对与会青年提出三点希望：一是厚植

家国情怀、涵养进取品格，做信念坚定的有志青年；二是力争以知促行、以行求知，做知行合一的有才青年；三是矢志敢想敢为、善作善成，做不负华年的有为青年。希望团员青年们紧跟苏州全力打造“青年发展型城市”的步伐，敢想敢为、善作善成，勇做走在时代前列的奋进者、开拓者、奉献者。

王洪法对学校青年们提出三点要求：一是发出“爱国”最强音，坚定“党有号召、团有行动”的政治觉悟；二是弘扬“四敢”精气神，永葆“功成有我、功成不必在我”的奋斗本色；三是吹响“奋进”新号角，彰显“向阳而生　精工笃行”的精神风貌。希望同学们用“比学赶超”的精神状态、“创优争先”的前行目标、“一往无前”的冲锋姿态，在课程学习中积累沉淀，在技能竞赛中大展拳脚，在文化活动中绽放光彩，在志愿服务中磨砺青春，在社会实践中锤炼意志，在创新创业中增长才干，用实际行动谱写属于新时代青年的光辉篇章。

大会在师生合唱《强国一代有我在》的动人歌声中落下帷幕。“学习二十大　永远跟党走　奋进新征程”，校团委将在习近平新时代中国特色社会主义思想指引下，传承“五四”精神，践行青春梦想，团结带领广大团员青年立志做有理想、敢担当、能吃苦、肯奋斗的新时代好青年，让青春在全面建设社会主义现代化国家的火热实践中绽放绚丽之花。（团委）

学校开展“凝聚‘廉’动力　赋能新发展”廉洁教育主题活动

5月24日下午，学校在丛荟报告厅开展“凝聚‘廉’动力　赋能新发展”廉洁教育主题活动，苏州市纪委监委派驻市教育局纪检监察组四级调研员浦建平，学校领导王洪法、吴少华、刘晓、魏影、苏华、王勇等出席大会。学校党委委员、纪委委员，全体中层干部，各党总支纪检委员、党风联络员、特邀监察员，教科研项目负责人，教师和学生代表等130余人参加大会。本次活动由学校纪委主办，校党委组织部协办，精密制造工程系党总支承办。

活动中，师生集体观看学习《非凡十年·特别策划丨全面从严治党永远在路上》宣传片，从我们党十年浴火淬炼，十年勇毅前行中，深刻理解把握全面从严治党战略部署。

全国教师样板党支部（精密制造工程系教师第二党支部）书记、精密制造工程系主任耿哲，国际教育学院党总支书记桂德怀，机电工程系辅导员高小涵，后勤与资产管理处副处长周红英等4名教师立足岗位谈廉洁，讲述践行清廉之风的故事；经贸管理系营销2201本王烨、机电工程系智控22C1徐史伟同学带来的《青春有为　青年有我》演讲，重温周恩来、李大钊、李宏塔等革命先辈和优秀共产党员的清廉为民故事，展现青年学生学廉知廉倡廉，勇担新时代使命的担当。

学校党委委员、纪委书记魏影宣读“守廉洁底线树清廉之风——致全校广大党员干部的廉洁倡议书”，向全校党员干部和师生发出“学思践悟，筑牢‘清廉’思想防线；牢记宗旨，践行‘清廉’为民服务；严于律己，做好‘清廉’先锋表率”的廉洁倡议。

学校党委委员、副院长刘晓、苏华、王勇向学生赠送《大学生廉洁教育读本》，浦建平与学校党委副书记、副院长吴少华一同向教师发放《警示教育案例汇编》。

活动最后，学校党委书记王洪法在讲话中对学校各级党组织、党员干部和师生提出三点要求：一要坚定理想信念，夯实廉洁根基；二要践行职业操守，强化廉洁责任；三要打造特色品牌，厚植廉洁文化。他强调，我们每一位党员干部和师生要厚植廉洁因子，立足本职岗位，向阳而生、逐光而行，奋楫致远，凝聚起磅礴“廉”动力，持续引领赋能学校事业新发展！

最后，还举行“廉风洁雨”大讲堂讲座。本次大讲堂结合学习贯彻习近平总书记在二十届中央审计委员会第一次会议上的重要讲话精神，邀请到苏州市审计局副局长、市政协常委江峰做“承担新使命实现新作为勠力同心审计高质量发展”的主题讲座。讲座由魏影主持。

江峰长期从事财政预算管理、项目资金管理和审计监督检查工作，积累丰富的审计工作和内控管理经验，他在讲座中回顾审计古史历览，重温审计红色印迹，围绕深入贯彻落实习近平总书记关于审计工作的重要讲话指示批示精神，阐述新时代（内部）审计工作新部署；从建立健全党领导内部审计工作的制度机制，将党的领导落实到内部审计工作全过程各环节；加强重大政策措施贯彻落实情况跟踪审计，推动党中央国务院重大决策部署落实落地；推进建立健全内部控制，促进组织完善治理；积极实现内部审计与国家审计优势互补，推进实现审计监督全覆盖等4个方面深入阐释新时代（内部）审计工作新要求，并对行政事业单位审计常见问题进行详细解析。

讲座通过丰富的历史文化知识、翔实的工作案例、深入精准的政策解析，进一步阐述审计的功能、作用和加强内审与内控工作的重要意义，对强化内控合规意识、加强风险管理与内控体系建设、将内控与监督并重，保障学校事业高质量发展具有很强的现实指导意义。

学校党委深入贯彻落实党的二十大精神和全面从严治党战略部署，5月在全校基层党组织中开展“服务学校高质量发展，为苏工院‘双高’建设保驾护航”廉洁主题党日，把廉洁教育融入师生工作和生活中，持续推进清廉苏工院建设。

（纪检监察室、党委组织部、审计处、精密制造工程系党总支）

青春逐梦跟党走　挺膺担当启新程——学校2023届学生毕业典礼隆重举行

千川汇海阔，风好正扬帆。6月14日上午，学校2023届学生毕业典礼在天一报告厅隆重举行。学校领导王洪法、吴少华、刘晓、魏影、苏华、王勇，学校学术委员会主任单强出席现场典礼，相关职能部门负责人、系（院、部）领导班子成员，全体毕业班辅导员及师生代表参加活动。企业代表——苏轴精密制造学院院长、苏州轴承厂股份有限公司党委书记、董事长、苏州市劳动模范张文华先生，以及家长代表——精密制造工程系机械20D1班张钰莹父亲张如君应邀参加典礼。毕业典礼由学校党委副书记、副院长吴少华主持。

学校党委书记王洪法向优秀毕业生送出一份“苏工”记忆——学校纪念币，留存专属的青春与回忆，也寄托学校对毕业生的殷切希望——“向阳而生　精工笃行”。

学校党委副书记、院长马延文，以在线视频连线的方式向2023届毕业生送来毕业赠言，他表示，2023届毕业生是特殊的一届，大家同心战“疫”，在困难中收获成长；勤学致用，在各级各类技能竞赛中大放光彩；励志成才，收获一个又一个令人惊喜的硕果。他希望大家德技并修、勤学致用，踏实工作、快乐生活，做向阳而生、精工笃行的苏工人，在未来的人生道路中担当尽责、历练成长，在拼搏奋斗中成就有意义的人生，为家庭、为国家贡献自己的一份力量。

学校党委委员、副院长苏华宣读省级和校级优秀毕业生表彰文件，参加典礼的领导为本届毕业生代表、校优秀毕业生代表和3位获得省优秀毕业生荣誉的同学颁发荣誉证书。

江苏省优秀毕业生、电子与通信工程系刘怀森同学作为毕业生代表，感慨永不褪色的青春回忆，感恩母校的悉心培育和老师们的谆谆教诲。机电工程系冯国铜博士用诙谐的语言，鼓励大家要自尊、自爱、自强、自信、自律，要面对困难不退缩，面对诱惑不动摇，努力成为一个自己喜欢的人。家长代表张如君先生给予毕业生扬帆启程前的叮咛，希望孩子们永远怀着对父母、对母校、对祖国的感恩之心。张文华先生代表企业发言，他希望未来校企双方共同助推产教融合的深度与广度，为中国式现代化苏州新实践做出应有的贡献。

毕业典礼现场，马克思主义学院张艳老师为毕业生们带来一堂特别的思政微课，通过与毕业生的现场互动问答，引导毕业生们要坚定地相信光、追逐光、靠近光、成为光、散发光！与党同心，向党而行，奔赴山海，乘风破浪！

典礼前，与会人员一同走过“时光·印记”毕业长廊，共同回顾属于2023届的专属记忆。纪念视频《我们的成长：致2023届全体毕业生》，以倒叙回忆录的方式展现同学们在校期间的欢笑与泪水、磨砺与成长。视频短片《我们的收获：2023届毕业生岗位风采》，通过展示学校优秀毕业生的岗位风采，激励我们每一位“跃入人海”的毕业生，要不负时代使命，绽放青春光彩。《我们的祝福：献给2023届的毕业寄语》中，毕业班辅导员、教师代表和保安、食堂、宿管等后勤服务人员为毕业生们送上真挚的祝福。

风劲帆满海天远，雄师阔步新征程。祝愿同学们坚定不移听党话、矢志不渝跟党走，怀抱梦想又脚踏实地，敢想敢为又善作善成，用青春的智慧和汗水打拼出一个更加美好的明天！

（学生工作部）

学校举行“技能成才　强国有我——青年的信仰”理论宣讲活动

6月14日下午，“技能成才　强国有我——青年的信仰”理论宣讲活动在天一报告厅举行。苏州市委宣传部理论处处长刘锟，苏州市教育局高教处副处长吴常歌，张家港港务集团港埠分公司特级技师、高级工程师、党的二十大代表、全国劳动模范黄强应邀出席活动。学校党委理论中心组成员，党群部门负责人，全体党总支（直属党支部）书记、副书记，辅导员代表，马克思主义学院全体教师，各系（院）团委负责人以及系（院）学生代表等600余人参加了活动。

活动分“永远跟党走——感受信仰的力量”“时代同奋进——相信信仰的力量”“改革向未来——成为信仰的力量”3个篇章。第一篇章，由马克思主义学院党总支副书记王周刚带来理论导学《让职业教育成为新征程上的最亮底色》，他从“领航掌舵，高擎真理火炬”“大有可为，江山如此多娇”“强国有我，同心逐梦未来”3个方面充分阐释，职业教育的高质量发展离不开党的二十大精神作为指引，在全面建设社会主义现代化国家新征程中，广大青年要坚持“敢”字当头，以“为有牺牲多壮志，敢教日月换新天的气概”，以“逢山开路、遇水搭桥的气魄”，以“功成不必在我，强国必先有我”的使命担当，扛起如山的青春责任。接着，校园舞蹈《有理想更青春》，生动展现苏工学子充满朝气、挺膺担当的青春风采。

张家港港务集团港埠分公司特级技师、高级工程师、党的二十大代表、全国劳动模范黄强于第二篇章为师生们带来题为“不辱使命勇挑重担——奋力书写江苏港口高质量发展新篇章”的主题报告。从业20余年来，黄强从学徒成长为行家里手，从普通工人到全国劳模，扎根于港口一线的热土之上，不断突破装卸工艺瓶颈，用平凡的力量塑造一名港口产业工人的匠心人生。

“同学们玩过抓娃娃机吗？我的工作和抓娃娃差不多。”黄强说的“抓娃娃机”，是50米高的门机，操作员需要在距离地面20多米的操作室里，仅凭操作杆和脚踏板起吊货物，难度可想而知。现场，黄强用通俗易懂、诙谐幽默的语言，讲述自己的成长经历。在30分钟的报告过程中，他金句频出，同学们掌声不断。黄强还与师生热情互动，细致、耐心地回答师生提出的问题，激励同学们要务实踏实，精技强技，成长成才。

第三篇章，马克思主义学院濮露萌老师、经贸管理系申奥同学为大家带来“青春对话”《我们的回答》。以职教人的真情实感，带来他们对时代之问的回答。

为了进一步学习宣传贯彻党的二十大精神，“贯彻二十大　奋进新征程”宣讲活动在会上启动，王洪法、刘锟、吴常歌、黄强共同为活动点亮启动。吴少华为师生宣讲团成员颁发聘书。下一步，宣讲团将在新思想联合会的指导下，面向校内以及社区、企业等开展多种形式的理论宣讲活动，持续营造浓厚的学习氛围。

最后，活动在“苏工青学社”学生讲师团带来的情境朗诵《写给2035年的我》中圆满落幕。

笃行不怠，坚定信仰之梦；沧海横流，方显英雄本色。今后，学校将持续以“信仰者”理论宣讲品牌为载体，通过精神引领、理论引领、榜样引领，持续推动学习宣传贯彻党的二十大精神走深走实，入脑入心，激发全体师生员工在学思践悟中凝聚共识，聚力讲好苏工职教故事，奋力答好“强国建设、职教何为”的时代课题。（党委宣传部）

学校召开第五次工会会员代表大会

12月6日下午，苏州工业职业技术学院第五次工会会员代表大会圆满完成各项议程顺利闭幕。全校50余名工代会代表出席大会，大会由学校党委副书记、副院长吴少华主持。

大会在雄壮的《中华人民共和国国歌》声中拉开帷幕。曹慧秋代表群团组织致贺词，向大会的召开表示热烈祝贺。学校工会负责人安婕代表第四届工会委员会向大会做题为“凝心铸魂　暖心聚力　组织动员全体教职工为开创学校高质量发展新局面团结奋斗”的工作报告，杨飞做校工会经审委员会工作报告。

会议期间，工代会各代表团进行分团讨论，代表们审议第四届工会委员会工作报告、工会经费审查委员会工作报告，并就教职工身心健康、文体活动、工会自身建设等方面提出良好的意见和建议。

大会以无记名投票方式，选举产生第五届工会委员会、工会经费审查委员会委员。大会通过《苏州工业职业技术学院第五次工会会员代表大会会议决议》。

闭幕式上，学校党委副书记、院长马延文代表学校党委和大会主席团，对大会的召开表示热烈祝贺。马延文对今后工会工作提出三点要求：一是坚持党的领导，加强思想政治引领。学校工会要持续深入学习贯彻习近平总书记重要讲话和中国工会十八大精神，始终将思想政治工作放在首位，把牢工会工作的正确方向，肩负起引导教职工听党话、跟党走的政治责任。二是坚持问题导向，更好服务师生成长。学校工会要充分发挥桥梁纽带作用，聚焦问题、群策群力、共谋良方，特别是着力解决好关系职工群众切身利益的实际问题，要用高质量的工会工作为学校高质量发展保驾护航。三是坚持自身建设，锤炼过硬工作本领。学校工会要进一步深化改革，持续夯实基层组织基础，不断加强工会队伍建设，践行群众路线，及时了解教职工所思、所想、所盼，增强服务本领，提高工会在广大教职工中的号召力、影响力和凝聚力。

大会号召学校各级工会组织要坚持以习近平新时代中国特色社会主义思想为指导，深入学习贯彻党的二十大精神和中国工会十八大精神，进一步增强工会工作政治性、先进性、群众性，强化责任担当，依法履职，发挥好党联系群众的桥梁纽带作用，团结带领全校教职工围绕学校第三次党代会确定的奋斗目标，认真贯彻党的教育方针，落实立德树人根本任务，扎实做好各项工作，为推动学校更高质量发展做出新的更大贡献！

学校第五次工会会员代表大会在高昂的《国际歌》歌声中顺利闭幕。（工会）

学校召开第五届一次教职工代表大会

12月20日下午，苏州工业职业技术学院第五届一次教职工代表大会在庄严的国歌声中开幕，学校教代会正式代表、特邀代表、列席代表110余人参加会议。学校党委副书记、副院长吴少华主持会议。

学校党委副书记、院长马延文做题为“奋力践行职业教育新使命，聚力推进事业发展高质量——加快建设工业特色鲜明的一流高职院校”的工作报告。报告对学校过去5年的工作以及近一年学校办学特色进行全面总结与分析。马延文指出，过去的5年，学校的建设发展取得突破性、跨越性的成就。但是对照苏州市委、市政府的期望和师生员工的期盼还有一些差距。作为市属院校，学校要立足苏州制造之城、创新之城、开放之城、人文之城的定位，建设专业方向更明、专业水平更高、产业支撑能力更强、科技创新活力更足、开放融合程度更深的现代化高职院校，以高质量的职业教育全面服务中国式现代化苏州新实践迈向前进。下一阶段，我们要紧紧围绕学校第三次党代会确定的奋斗目标，认真调研区域经济社会发展的新形势，科学分析高等职业教育面临的新机遇、新挑战，以更高的站位、更广的视野，加快学校顶层设计。以“聚焦苏州智能制造产业、服务智能工厂车间、培育智慧工匠人才”为建设思路，以高质量发展服务苏州产业创新集群建设和苏州制造名城建设，全面提升学校在区域经济和社会发展中的服务能力与贡献指数。

大会先后听取学校财务处处长吴玮所做的学校财务工作报告及党委委员、副院长苏华所做的《学校奖励性绩效工资分配办法（2023年修订稿）》修订说明。

随后，与会代表分5个代表团，本着主人翁精神和认真负责的态度，围绕学校工作报告、财务工作报告以及《学校奖励性绩效工资分配办法（2023年修订稿）》进行广泛深入的讨论，就统筹推进学校事业发展、加强教代会建设、提升治理能力等方面积极建言献策，提出许多有高度、有深度、有温度的建设性意见和建议。

12月22日下午，根据大会选举办法，在总监票人、监票人的监督下，举手表决通过教代会提案工作委员会；以无记名投票方式选举产生第五届教代会执委会；投票通过《学校奖励性绩效工资分配办法（2023年修订稿）》。大会还审议通过大会决议。

闭幕式上，吴少华代表学校党委和大会主席团，对大会的召开表示热烈祝贺，并对今后教代会工作提出三点要求：一是胸怀“国之大者”，提升学校治理水平。二是心系校之大计，破解学校发展难题。三是肩负时之要事，助力教师全面发展。

大会号召学校教代会全体代表更加紧密地团结在以习近平同志为核心的党中央周围，在学校党委的科学决策和坚强领导下，与学校事业发展方向一致、步调一致，同向同行，为把学校建设成为与苏州经济社会发展和城市发展相匹配的中国特色高质量高职院校而努力奋斗！

最后，苏州工业职业技术学院第五届一次教职工代表大会圆满完成各项议程，在雄壮的《国际歌》歌声中胜利闭幕。（工会）

学校召开新时代人才师资工作会议，全面推进“人才强校”工程实施

12月27日下午，学校新时代人才师资工作会议在丛荟厅举行。苏州市人才发展中心主任路瑶、学校领导、学校学术委员会主任、全体中层正职干部和各教学单位高层次青年骨干教师代表参加会议。会议由学校党委副书记、院长马延文主持。

会上，学校党委副书记、副院长吴少华宣读学校“人才强校”工程实施方案文件。学校学术委员会主任单强介绍2023年“苏工大师”的遴选过程并宣布遴选结果。学校纪委书记魏影、副院长苏华和王勇为7名获奖同志颁奖，王雪和殷铭作为获奖代表做交流发言。

最后，学校党委书记王洪法做讲话。他充分肯

定当前学校人才师资队伍建设的工作成效，并总结3个方面的良好发展态势：一是高层次人才队伍持续壮大，队伍结构不断完善；二是高层次青年骨干不断成长，成为学校发展中坚力量；三是高层次人才聚集效应初步显现，团队建设成果显著。

同时，王洪法对下一阶段加强人才师资队伍建设工作提出6个方面要求：一是坚持党管人才的原则和基调，不断加强学校党委对人才工作的全面领导；二是赓续“四有”好教师的初心和使命，不断加强人才队伍师德师风建设；三是建立“最强地级市”高校的视野和维度，谱写学校人才队伍发展的新蓝图；四是树立人才是“第一资源”的理念和主旨，构建学校人才师资队伍发展的新格局；五是保持“聚天下英才而用之”的胸襟和格局，在日趋激烈的人才争夺战中抢占先机；六是拿出“选贤任能不拘一格”的魄力和胆识，不断深化人才发展体制机制改革。

会议第二阶段，路瑶为全体参会人员做题为“苏州市人才工作探索与实践”的专题报告。

（人事师资处）

教育教学

喜报：学校获批工信部首批“专精特新产业学院”建设项目

近日，工业和信息化部中小企业发展促进中心公布首批“专精特新产业学院”建设名单，学校成功获批“专精特新产业学院”建设项目。

“先进半导体专精特新产业学院”由学校联合江苏第三代半导体研究院有限公司、中国半导体行业协会集成电路分会、苏州敏芯微电子技术股份有限公司、苏州通富超威半导体有限公司、苏州华芯微电子股份有限公司等单位合作共建，以第三代半导体为建设方向。本次申报历时半年，经过初审、线上调研、专家初评、专家会评等4轮竞争性遴选，最终，学校从800多个申报建设单位中脱颖而出，获批立项建设。

“专精特新产业学院”由工业和信息化部中小企业发展促进中心牵头组织申报，旨在于全国范围内分批遴选办学基础扎实、产业服务能力强的高校，联合“专精特新”企业、关键产业链重点龙头企业、地方（地市级以上）中小企业中心、行业协会、产业园区等单位，依托学校优势特色专业，共同建设“专精特新产业学院”，总数计划为100至150所，为相关单位同高校深化合作搭建一批融科研教学、实践实训、创业就业、社会服务等功能为一体的新型产业人才培养载体，探索构建产教深度融合的新型人才培养模式，形成可复制、能推广、见实效的示范性人才培养体系。

（电子与通信工程系、对外交流与校企合作处）

学校与苏州城市学院签署合作框架协议

4月14日上午，学校与苏州城市学院合作框架协议签约仪式在苏州城市学院综合楼三楼大会议室举行。苏州城市学院党委书记芮国强，党委常委、副校长毛小勇，党委常委、副校长黄涧秋；学校党委书记王洪法，党委委员、副院长刘晓，党委委员、副院长苏华及两校相关职能部门负责人出席本次签约仪式。仪式由黄涧秋主持。

首先，黄涧秋与苏华代表双方签署合作协议。根据协议，双方将围绕师资共建、人才联合培养、基础设施共享、优质教学资源建设等方面开展深度合作，并建立年度例会制度，共商合作事宜。

王洪法表示，苏州工业职业技术学院与苏州城市学院同为苏州市属公办高校，地域相邻，人文相亲。在学校争创职业教育本科专业建设的发展道路上，苏州城市学院给予莫大的支持和关心关爱。相信双方在人才培养、科学研究、社会服务、设施共享等方面的合作一定能够做深做实，共享共赢。

芮国强对本次签订合作框架协议表示祝贺。他表示，苏州城市学院与苏州工业职业技术学院既是地理上的“好邻居”，更是紧密合作的“好伙伴”；此次合作，是两校深入贯彻党的二十大精神的有力举措，是落实职业高等教育与普通高等教育协同创新、相互融通的具体表现，更是两校助力苏州打造中国式职业教育现代化标杆的贡献彰显。

会上，双方相关职能部门负责人就具体合作项目的顺利实施进行交流研讨。相信在双方共同努力下，各项合作项目将顺利开展。

（党政办公室）

职业教育活动周丨学校举办“未来智造”中小学生职业体验活动

为进一步做好2023年全国职业教育活动周工作，5月19日下午，学校举办“未来智造”中小学生职业体验活动，迎来新苏附小教育集团溪秀实验小学校的学生。

“未来智造”中小学生职业体验活动展示学校智能制造专业的高端数控车床实训室、增材制造技术与3D打印、智能机器人实验室、物联网创新创业产品、文化创意模型设计与制作、无人机飞行表演等项目。学生体验工业机器人编程与操作、精密制造鲁班锁的构造、智拧神枪的使用、文化创意开发与制作，观看编队无人机的前飞、后飞、悬停、平移、舞蹈和多维图形呈现表演，认识“未来智造”的职业特点，从中感受到智能技术的魅力。活动现场，江苏省劳动奖章获得者王勇和江苏省技能大师、苏州市劳动模范殷铭教师与小学生面对面交流劳模事迹和工匠精神。

新苏附小教育集团溪秀实验小学二年级雷景岫说：“我看见了很多高科技设备，感觉现在的科技很发达，智能机器人可以去探索宇宙奥秘，去深海探矿，还能帮助我们制作各种精美生活用品，以后，我要更加努力学习，上大学读机器人专业，掌握更多科学技术，建设好我的祖国。”

学校通过开展系列职业体验活动，让中小学生了解智能制造的新设备、新技术、新工艺、新流程，感受智能科技魅力，体验未来智造职业项目，为中小学生种下学习好职业技术技能，掌握一门技术，也能服务社会，为国家富强做出自己贡献的种子，起到宣传职业教育，展示职业教育创新创业成果，增强职业教育认同感的效果。（教务处）

学校学生在第十八届“挑战杯”全国大学生课外学术科技作品竞赛江苏省选拔赛中荣获佳绩

5月26—28日，第十八届“挑战杯”全国大学生课外学术科技作品竞赛江苏省选拔赛决赛在常州大学举办。大赛以“青春奋进学思想　科创报国建新功”为主题，吸引全省高校3万余个项目、23万余名青年学子踊跃参赛，共有699件作品入围决赛。学校获一等奖2项、三等奖2项，在黑科技专项赛中荣获“卫星级”作品1项。

本次决赛采用作品汇报展示和现场问辩相结合的形式进行。最终，电子与通信工程系的科技发明制作项目《智能防错拧紧枪　一种实时扭矩反馈的螺丝锁付系统》和经贸管理系的哲学社会科学类社会调查报告《基于质量屋诊断的供应链敏捷力精准提升研究——对先进材料制造商的调查分析》获一等奖，这也是学校在“挑战杯”全国大学生课外学术科技作品竞赛中获得的最好成绩。精密制造工程系的科技发明制作项目《绿色修复及3D打印激光喷头研制与产业化》和机电工程系的科技发明制作项目《城市管道守护者——地下管网多功能清淤巡检机器人》获三等奖；机电工程系的黑科技专项赛作品《自来水厂居民饮用水输送监控系统的半实物仿真》获“卫星级”荣誉。

近年来，学校高度重视大学生创新创业工作，联合多个职能部门着力整合工作资源，打造工作平台，生动营造新时代大学生创新创业育人氛围。下一步，学校团委将进一步依托“挑战杯”这一重要竞赛平台，注重培育过程、提升项目内涵，激发新时代高校青年参与科技创新的精神，为培养适应经济社会发展需求的创新型技术技能人才，为全面提升学校人才培养质量做出新的积极贡献。

（团委）

学校举行2023年“毕业生党员集中教育管理月”启动仪式

近日，学校举行2023年“毕业生党员集中教育管理月”启动仪式，教育引导毕业生党员加强理论学习、珍惜党员身份、强化组织观念，以良好的精神面貌迈入新的征程。学校党委副书记、副院长吴少华，相关党委部门负责人及毕业生党员代表参加活动。

活动在雄壮的国歌声中开始，在毕业生党员张钰莹领誓下，全体师生党员面对鲜艳的党旗，庄严地举起右拳，重温入党誓词，再一次对党庄严承诺。宣誓仪式结束后，吴少华对毕业生党员提出三点期望：一是要深刻理解“党员身份”的内涵和重要意义，党员身份体现党员对自身的定位，体现党组织对党员的要求，也体现全社会对党员的期望；二是要坚持从严要求，不断增强党员身份意识，强化自我管理，提高党员身份的认同感、责任感和荣誉感；三是要永葆先锋本色，担当新时代青年使命，做到知行合一，学以致用，多务实功，与时代同进步，共发展。随后，吴少华向毕业生党员代表赠送红色礼包。

启动仪式结束后，马克思主义学院院长马建新教授为毕业生党员做题为“传承二十大精神争做新时代青年”的专题党课。（组织部）

学校开展2023年辅导员能力提升训练营

为了深入学习贯彻习近平总书记考察江苏重要讲话精神，全面落实立德树人根本任务，进一步加强学校辅导员队伍建设，提高辅导员团队凝聚力、战斗力、奉献力，让辅导员成为学生成长成才的人生导师和健康生活的知心朋友。9月5—6日，学生工作部组织全校辅导员赴苏州东山镇进行为期2天的辅导员能力提升培训。学校党委副书记、副院长吴少华参加训练营活动。

破冰拓展，凝心聚力

训练营在素质拓展活动中拉开序幕。辅导员们以小组为单位，完成不倒森林、鼓动人心、环游世界、抢滩登陆、卡牌风云、急速60S等一系列团队PK任务，在笑声和掌声中，体会团结协作精神，激发自我专注力与风险挑战意识，丰富有趣的实践活动增强辅导员队伍的凝聚力和战斗力，提升职业认同感和幸福感。

师徒结对，青蓝传承

学校辅导员青蓝工程师徒结对仪式在活动中开展。学生工作部部长童钰祥为9位“师傅”颁发聘书，新辅导员向“师傅”赠送自制团扇，意为师徒结下“扇”缘，“师傅”将《2023版苏州工业职业技术学院学生手册》递到新辅导员手中，希望新辅导员要脚踏实地，从规章制度学起，从思想引领做起，为学生成长成才保驾护航。

内容丰富，务实有效

培训会上，江苏省2023年“最美高校辅导员”、苏州大学政治与公共管理学院辅导员董筱文老师做“高校辅导员工作的实践与思考”专题讲座。随后，学生工作部副部长田立苗、徐丽君分别就思政教育、日常管理、学生社区、资助育人、心理健康、招生工作、就业工作、辅导员队伍建设等8个板块的具体工作进行系统梳理和讲解。最后，童钰祥对辅导员工作提出要求，他指出，辅导员要讲政治、懂政治，爱学生、知学生，明事理、会说理，肯学习、会学习，有能力、具魅力，做学生的榜样，用辅导员自身的优秀成就学生明天的优秀，用辅导员今天的辛苦换取学生明天的幸福。

吴少华在培训结营仪式上讲话，并做《落实善用大思政课要求，全面推进三全育人工作》的专题辅导报告。他要求辅导员们关注学生思想动态、关注学生需求、关注重难点学生，在育人的高度、力度、效度上下功夫，把立德树人根本任务落到实处。深入推进“全员育人、全过程育人、全方位育人”，教育引导学生坚定“四个自信”，坚定拥护“两个确立”，坚决做到“两个维护”，成为堪当民族复兴重任的时代新人。（学生工作部）

“青春启航新征程，强国有我向未来”——学校举行2023级新生开学典礼暨新生军训动员大会

9月28日上午，2023级新生开学典礼暨新生军训动员大会在学校田径场举行。全体校领导，学校相关部门主要负责人，各系（院）党政主要负责人，军训教官，全体新生班级辅导员、班主任，部分教师代表和全体2023级新生共同在现场见证“青春启航 强国有我”的新征程之旅。典礼由学校党委副书记、副院长吴少华主持。

在国旗护卫队挺拔身姿的映衬下，在庄严隆重的国歌声中，五星红旗冉冉升起，开学典礼正式开始。

启航：新的开端与洗礼

田径场上营旗飘扬，全体新生精神饱满，听着号角的指挥，在秋日的初阳下姿态昂扬，准备迎接大学崭新的开始与军训的洗礼。以庄严的授旗仪式赓续精神，学校党委书记王洪法为军训团授旗，学校党委委员、纪委书记魏影宣读军训编制名单及军训纪律要求。用榜样的力量激励新生，学校党委委员、副院长苏华宣读获得2023级新生“院长奖学金”名单，主席台前排领导为2023年“院长奖学金”获奖代表颁奖。

院长寄语：“立德”“励学”“力行”

学校党委副书记、院长马延文做开学典礼致辞，他代表全体师生员工，向新同学表示热烈欢迎和诚挚问候，并以习近平总书记今年7月考察苏州为切入点，回顾学校77年来的建校发展历程和取得的丰硕成果，祝福未来在苏工新生力量的共同努力下，不断书写学校发展的新篇章。随后，马延文赠予新生3个关键词，一是“立德”，当代青年要立大志、明大德，要心怀家国，始终坚定“四个自信”，筑牢信仰之基，肩负起时代的重任，要坚守住内心的底线敬畏规则、行止有度、锤炼品格，将自己的青春和力量挥洒在实现中华民族伟大复兴的征程中。二是“励学”，在职业教育大有可为的前景下，要以励学为先，练就一身过硬本领，自觉培塑精益求精的工匠精神，努力让自己成为社会需要的高素质技术技能人才。三是“力行”，要做一个实干家，积极投身于实验实训、技能竞赛、创新创业、志愿服务等诸多实践中，用实际行动诠释青年学子的责任与担当。最后，他勉励新生们要在接下来的军训与大学生活中从严要求自己，不断塑造强健的体魄、养成良好的行为习惯、培养优秀的道德品质，练就精湛的专业技能，为今后的人生道路奠定坚实的基础。

师生代表：不忘初心，无愧时代

马克思主义学院王周刚博士作为教师代表为新生致辞，他以“新征程、新使命、新风尚”3个关键词，从古至今，由他者至学生视角，向同学们传递新时代新征程下“不负韶华不负卿，不负青春不负梦”之意，鼓励同学们以逢山开路遇水搭桥的气魄，以“功成不必在我，强国必先有我”的使命担当，踔厉奋发笃行不怠。

军训教官汤岐远代表本次军训全体教官发言，他以身为范，向同学们明确军训要求，希望全体参训人员不畏艰难、齐心协力，在军训中感悟先辈坚毅、果敢、一往无前的精神，用实际行动交出大学生涯的第一份答卷。

2023级新生代表谷开鹏回忆开学报到时热血沸腾的激荡心情、意气风发的青春活力，满怀期待在苏工院开启崭新的学习与生活，作为2023级新苏工人中的一分子，他以“牢记使命、独立自强”“明确目标，坚定前行”“勤于探索，勇于攀登”勉励自己，勉励同学们。

典礼开始前，新生辅导员代表和大学生艺术团先后带来原创诗朗诵《青春启航共向未来》、歌曲《致吾辈》。热情饱满的话语，青春洋溢的歌声，把师生的感情紧紧地联系在一起，引领着苏工青年们要风为伴，梦为马，向阳而生，共赴星辰大海，精工笃行，闪耀奋斗青春。（学生工作部）

精工笃行展风采　向阳而生立新功——学校举行2023级新生军事技能训练成果汇报暨总结表彰大会

10月20日上午，学校2023级新生军事技能训练成果汇报暨总结表彰大会在田径场举行。学校党委书记王洪法，党委副书记、院长马延文，党委副书记、副院长吴少华，党委委员、纪委书记魏影，党委委员、副院长王勇，各系（院）和相关职能部门负责人与会。大会由学校人民武装部部长汤鸿波主持。

王洪法宣布军事技能训练成果汇报暨总结表彰大会正式开始。庄严的升旗仪式后，所有参训学生精神饱满、斗志昂扬，先后进行分列式汇演和军事技能训练成果汇报展示。8个营的分列式队伍步履铿锵、军容严整、口号嘹亮、意气风发，经过军训洗礼的学生既透出军人坚毅果敢的气质，又展现出青年学子热情昂扬的精神风貌；擒敌拳、匕首操、旗语、战术表演等，精彩纷呈、掌声不断，展示出青年学子青春飞扬、蓬勃向上的英姿风采。

魏影宣读军训总结表彰决定，对本次军训过程中涌现出的3个先进营、15个先进连队、342名先进个人和29名优秀指导员（教导员）予以表彰。主席台领导为获奖代表颁奖。

吴少华做军训总结讲话，他充分肯定本次军训成果，向即将圆满完成军训任务的全体新生表示热烈祝贺，并对全体新生提出殷切希望，希望同学们巩固军训成果，增强国防观念；实现角色转变，适应大学生活；树立远大理想，健康成长成才。他勉励参训学生继续发扬军训中养成的良好作风，将军训成果转化为一种人生财富、一种精神力量，激励和鞭策自己勤奋学习、刻苦钻研、自觉砥砺、不断超越，要立大志、下大力，努力出大成果、成大事业，用实际行动回报父母，报效祖国。

最后，在全场《歌唱祖国》的歌声中，2023级新生军事技能训练成果汇报暨总结表彰大会落下帷幕。

本次军训历时14天，军训前，为提高2023级新生的国防安全意识，学校人民武装部邀请苏州市全民国防教育协会会长肖汉涛、副会长朱亚龙、特聘讲师王坚，为学校2023级学生带来系列国防专题讲座，引导学生拓宽视野，在努力学习文化知识和技术技能的同时，关心国防、热爱国防、投身国防。军训中，还举办消防疏散演练。

（人民武装部）

校团委开展2023年“青春心向党，奋进新征程”“青马工程——菁英计划”培训班开班仪式

为深入学习宣传贯彻党的二十大精神和习近平新时代中国特色社会主义思想，深化推进落实习近平总书记关于青年工作的重要论述以及党中央关于“青年马克思主义者培养工程”指示精神，11月8日下午，学校2023年“青春心向党，奋进新征程”“青马工程——菁英计划”培训班开班仪式在丛荟厅举行。

学校党委副书记、副院长吴少华，党委委员、宣传部部长曹瑾，学生工作部部长童钰祥，党委组织部副部长黄颖，校团委全体工作人员、各系（院）

团委书记、上届“青马工程——育才计划”优秀学员代表和本届“菁英计划”培训班全体学员到场参加大会。开班仪式由校团委朱楚漪老师主持。

会上，校团委挂职副书记于泽鑫介绍本次培训班内容和要求，参训学员代表杨雷宣读“学生干部承诺书”；颁发上届“青马工程——育才计划”培训班优秀学员荣誉证书，上届优秀学员代表王跃聿同学、本届学员代表张均汝同学进行表态发言，纪佳辛同学和胡翔睦同学做暑期社会实践汇报。为了让本届青马班学员更好地开展理论学习和实践活动，以更加优异的成绩完成培训学习任务，参会领导为11名同学颁发“青马领学员”聘书。吴少华为“青马工程——菁英计划”培训班授旗，标志着本届青马培训班正式开班。

授旗仪式后，吴少华对全体学员提出三点要求：一是苦练心学，在坚定理想信念上忠贞不渝，做信念坚定的“明白人”；二是勤修内功，在锤炼过硬本领上急流勇进，做只争朝夕的求学者；三是磨砺筋骨，在矢志艰苦奋斗上不胜不休，做担当有为的实干家。希望同学们要把“苦练心学”“勤修内功”“磨砺筋骨”当作一种习惯和自觉，去展现苏工青年的风采、扛起苏工青年的担当，在学校高质量发展进程中砥砺奋进、茁壮成长、建功立业，在苏州现代化建设的生动实践中放飞梦想、书写华章。

开班仪式结束后，全体学员集体学习“青年大学习”线上主题团课中团员和青年主题教育“思想旗帜”特辑。学校团委副书记曹慧秋带来“青春心向党，奋进新征程”主题团课暨信仰公开课。

在上半年的“青马工程——育才计划”培训班中，学校青年教师卢又来、王化婷、杨人杰、袁所贤、张梦丹、魏永青、王琪、庄轲、魏海婴等，围绕“微信制作和拍摄技巧”“简历制作与面试指导”“学业与职业生涯规划”等主题，为学员们带来文字表达、办公运用、社交礼仪和助力就业等系列综合能力课程。本次“菁英计划”培训班，校团委将进一步通过理论学习、综合能力和社会实践等模块化、系统化培训，引导团员青年坚定理想信念，牢固树立勤于学习、刻苦钻研的学习态度，努力成长为合格的社会主义建设者和接班人，让青春在不懈奋斗中绽放绚丽之花。（团委）

省教育厅思政课听课调研专家莅临学校开展听课调研工作

按照省教育厅《关于组织开展2023年秋季学期全省高职高专院校思政课听课调研工作的通知》要求，11月9日上午，江苏高校思政课教指委高职高专分教指委委员田洪芳教授莅临学校，开展听课调研工作，学校党委副书记、副院长吴少华，马克思主义学院院长马建新陪同调研。

吴少华陪同田洪芳深入课堂，随机听取马克思主义学院袁芳老师讲授的“毛泽东思想和中国特色社会主义理论体系概论”课程。课后，学校召开听课调研座谈会，党委宣传部、人事处、教务处、科技处等部门负责人，马克思主义学院全体班子成员及教师代表参加座谈会。吴少华在座谈会上致欢迎词，并简要介绍学校概况以及校党委加强马院建设等情况。马建新根据调研工作要求，介绍马克思主义学院近年来建设情况，并从组织管理、制度建设、师资队伍建设、科研成果、社会服务、党建与思政工作成效、存在问题及未来打算等方面做自查汇报。党委宣传部部长、马克思主义学院党总支书记曹瑾围绕党建与思政工作做交流发言，其他与会人员围绕教研室建设、职称评定等方面进行交流研讨。

座谈会上，田洪芳结合听课、资料查阅、教师访谈等情况进行反馈。她充分肯定授课教师的教学能力和基本素养，并从教学内容、教学设计、教学组织等方面进行全面深入的点评，同时也提出一些建设性意见。结合工作台账，她高度肯定学校马克思主义学院建设和思政课建设成效，并进一步从立足课堂主渠道出发，从资源建设、团队打造、教学管理等方面开展交流。马建新对田教授的肯定表示感谢，同时表示将认真对照本次调研提出的目标要求，抓好整改落实，努力推动马克思主义学院和思政课建设提质增效。

（马克思主义学院）

“向阳而生话成长，精工笃行齐奋进”——学校开展2022—2023学年“十佳班集体”风采展评活动

2023年11月29日，冬日暖阳下，学校在“一站式”学生社区广场开展“向阳而生话成长，精工笃行齐奋进”——2022—2023学年学院“十佳班集体”风采展评活动。学校党委副书记、副院长吴少华出席活动，学生工作部负责人，以及各系（院）党总支副书记，辅导员和学生代表200余人参加此次活动。

2022—2023学年，全校226个班集体秉承“向阳而生　精工笃行”的校训，求真务实、团结奋进，共推荐13个“十佳班集体”候选班级参加最终角逐。各参评班级精心准备评选材料和展评内容，将班级故事结合专业特色，创新汇报形式，穿插短视频展示、班级才艺表演等，分享收获与喜悦，展现班集体的青春活力和优异成绩。最终数控22G1、工业22C1、机器人22C2、智控22C2、通信22C2、集成电路22C2、信息22D1、信息21D1、营销2201本、环艺21C1共10个班级荣获“十佳班集体”称号。

本次活动还为师生们开设两堂微课。首先是社区微党课《把握时与势，以青春之我共筑网络安全防线》，由马克思主义学院凌晨老师以网络安全的“重”“法”“势”3个方面为重点，将网络安全严峻事态、网络安全坚强屏障、青年赋能网络安全娓娓道来，让网络安全意识深入人心。接着是学校特色思政育人品牌“辅导员开讲吧”，由精密制造工程系辅导员王琪老师带来《“一站式”学生社区：五育并举培育时代新人》微课，她分享在学生社区推进“五育并举”，促进学生全面成长成才的育人模式。活动上，领导老师为228名获得2023年度“最美劳动实践者”的学生颁发表彰证书。

学校将持续推进“一站式”学生社区建设，将学生社区作为班集体建设的物理空间和展示平台，并将班集体建设融入社区、楼宇、寝室等学生学习生活的基本单元，进一步加强学校班集体建设，增强班集体荣誉感，树立典型，发挥榜样引领作用，促进学校优良的校风、学风形成，为培养高素质技术技能人才打下扎实的基础。

（学生工作处）

科研学术

学校举办第四届大学生课外学术科技作品竞赛

3月1日，第四届大学生课外学术科技作品竞赛暨第十八届“挑战杯”全国大学生课外学术科技作品竞赛校赛在文济楼一楼举行。学校党委副书记、副院长吴少华，教务处、科技处、对外交流与校企合作处、校团委以及各系（院）的评委及师生代表参加本次活动。

比赛中，各团队通过汇报展示、实物演示以及现场答辩等环节，充分展示各自的项目特色。评委老师们在评审过程中综合考虑作品的科学性、先进性、现实意义等方面，结合现场汇报、答辩陈述及前期上交的项目评审材料综合评分。最终，精密制造工程系“卓优智能——激光万象制造核心光

头技术的领跑者”、经贸管理系“基于质量屋诊断的供应链敏捷力提升研究——以先进材料制造商为例”2个项目获评一等奖，电子与通信工程系“智‘拧’神枪——自动螺丝锁付助力智能制造”、机电工程系“市政地下管网巡检清淤机器人设计”、软件与服务外包学院“人脸与文字识别系统”3个项目获评二等奖，“助力‘一带一路’——‘黄金薄膜’进口替代产品”等5个项目获评三等奖。

本届“挑战杯”校赛自去年10月启动以来，各系（院）高度重视，积极动员筹备，经过系部培育打造及项目筛选，共遴选出11个项目参加比拼。竞赛现场，校团委举办“挑战杯”赛项解读及历年“挑战杯”获奖项目展示活动，与会师生认真聆听项目简介和作品讲解，并就项目设计、实施过程、备赛经验等方面展开交流，营造创新实践的良好氛围，助力青年创新创业。

本次大赛的成功举办，为学校大学生积极参与科技创新实践搭建互动平台，为学校备战2023年“挑战杯”江苏省大学生课外学术科技作品竞赛提供优质项目资源，更激发广大苏工青年要认真学好专业知识，响应国家号召，以更加优异的成绩和创新的思维投身科技攻关，打擂揭榜挑战，贡献青春力量。（团委）

喜报：学校荣获省职业院校技能大赛“工业设计技术”赛项一等奖

3月5日，江苏省职业院校技能大赛“工业设计技术”赛项落下帷幕，该赛项由江苏省教育厅、江苏省发展和改革委员会、江苏省工业和信息化厅等部门联合主办，来自全省高职院校的71名学生和30名教师参加此次比赛。学校精密制造工程系殷铭和季业益老师指导的牟洋和蔡飞扬同学分别斩获学生个人一等奖和二等奖，殷铭和季业益老师获得教师组团队赛二等奖。

比赛由上半场产品设计5小时和下半场产品制造3.5小时组成，选手完成零件数据扫描、逆向建模、机械结构创新设计、CNC编程及加工、3D打印、装配验证等工作环节。赛前师生共同制订详细的训练计划，认真细致分析大赛样题，研究和分解每一项操作流程和评分标准，反复讨论和优化设计方案，反复训练不断提高训练质量。通过此次比赛，考察选手工业产品设计领域关键知识和核心技能，检验选手的专业技术技能和创新实践能力。

学校已获得该赛项一等奖4次，充分展示了学校办学质量和办学水平。学校将大力推进“双高”专业群建设，扎实提升专业师资知识技能水平，培养更多高素质技术技能人才、能工巧匠和大国工匠。（精密制造工程系）

喜报：学校荣获省职业院校技能大赛“物联网技术应用项目”一等奖

3月7—10日，江苏省职业院校技能大赛高职组“物联网技术应用项目”在江苏信息职业技术学院顺利举行。学校电子与通信工程系吴冬燕、罗楠老师指导的朱友水、严凯2名同学荣获该赛项学生组一等奖，罗楠、吴振英老师获得教师组二等奖。

本次大赛内容主要涉及物联网工程设计与实施、物联网系统维护与性能优化、物联网应用开发以及AIOT等前沿专业知识、技术技能以及职业综合素养能力，全面检验物联网技术应用开发综合实践和创新能力。比赛前，师生通过实战模拟、故障排除、素养提升等综合训练努力备赛。比赛中，师生沉着冷静，操作熟练，很好地完成比赛的各个环节，两位同学获得学生组一等奖第二名，并进入国赛集训队。

近年来，学校秉承“向阳而生　精工笃行”的校训和“我在乎你”的学校精神，校领导高度重视职业技能大赛，要求项目组制订详细的集训方案，备赛期间多次探望和鼓励集训师生。同时，此次获奖也充分展现出学校物联网技术人才培养的成效。（电子与通信工程系）

喜报：学校获省职业院校技能大赛“集成电路开发及应用”赛项一等奖

3月11—13日，江苏省职业院校技能大赛高职组“集成电路开发及应用”赛项在江苏信息职业技术学院顺利举行。电子与通信工程系程磊、王勤老师指导的刘怀森、陈小强、王家根3名同学获得学生组一等奖第二名，并进入国赛集训队。

“集成电路开发及应用”赛项主要考察高职电子信息大类专业学生集成电路设计、集成电路工艺、集成电路应用以及集成电路测试等综合技能，充分考验选手面对复杂任务要求的分析处理、方案制订实施与团队协作能力。学校集成电路赛项团队在比赛前通过实战模拟、故障排除、素养提升等综合训练努力备赛，在比赛中，师生沉着冷静，操作熟练，很好地完成比赛的各个环节，充分展现学校选手的综合职业素养和创新水平。

近年来，苏州正着力提升集成电路产业自主创新能力，加快建设具有国际竞争力的集成电路产业创新集群。此次获奖充分展现出学校集成电路应用技术专业的人才培养质量，学校将继续坚持以赛促教、以赛促学，不断提高教育教学质量，提升学生的专业技能，努力培养更多高素质技术技能人才，为苏州市集成电路产业高质量发展贡献力量。

（电子与通信工程系）

学校成功承办2023江苏省职业院校技能大赛“信息安全管理与评估”赛项并荣获一等奖

3月13—15日，2023年“中国银行杯”江苏省职业院校技能大赛高职电子与信息类“信息安全管理与评估”赛项在学校成功举办。来自南京交通职业技术学院、南京信息职业技术学院等全省43所高职院校的129名师生齐聚学校，经过紧张激烈的角逐，4所院校获一等奖，9所院校获二等奖，13所院校获三等奖。学校由软件与服务外包学院时荣和刘宝莲老师指导的唐锦、梁梦茹、王书香3名同学组成的代表队获得一等奖，并进入国赛集训队。

本次比赛由江苏省教育厅、江苏省发展和改革委员会等16个部门共同主办。这是学校首次承办该赛项，学校高度重视，对赛事进行周密安排和精心部署，确保比赛赛事圆满成功。比赛期间，学校党委副书记、院长马延文，党委委员、副院长苏华陪同专家领导视察比赛现场，指导赛事有关工作。

比赛赛制全面接轨全国技能大赛赛制要求。赛项为团体赛，赛队由3名学生组成。竞赛共设3个阶段，上午8时30分至11时为第一阶段，完成网络平台搭建、网络安全设备配置与防护任务，满分计分300分；13时10分至18时，分别完成第二阶段网络安全事件响应、数字取证调查和应用程序安全与CTF夺旗任务和第三阶段分组对抗比赛任务，满分计分分别为600分、100分。全天竞赛总时长为7小时20分，本赛项总分为1000分。参赛队伍需在规定时间内完成赛程各个阶段任务。比赛综合考察选手的安全网络组建、网络系统安全策略部署、信息保护能力和网络安全运维管控的综合实践能力以及团队协作精神、沉着冷静果断应变的心理能力等多方面的综合素质。比赛成绩评判，第一阶段人工评分，第二阶段、第三阶段系统自动评分。比赛结束后，裁判们认真细致地对比赛结果进行核对、评判。整个赛程通过场外大屏实时播放竞赛现场画面，进一步保证比赛的公平性和透明度。

43所高职院校参赛队伍选手同场竞技，各展身手，充分发挥自己扎实的专业知识和娴熟技能，展示日常学习积累和刻苦训练成果。学校赛事组织工作获得专家、裁判和参赛队伍的一致好评。

此次成功承办信息安全管理与评估赛项，是学校顺应科技和产业发展的新趋势，提升信息安全服务社会、行业发展能力的综合体现；也开拓学校以赛促教、以赛促学、以赛促改、以赛促建的产教融合新格局，对于提升信息安全相关专业人才培养水平和质量具有重要意义。（教务处）

学校邀请江苏第三代半导体研究院院长徐科做学术报告

4月18日下午，中科院苏州纳米所副所长、江苏第三代半导体研究院院长徐科博士应邀到学校为相关专业师生做题为“宽禁带半导体材料与后信息时代”的学术报告。学校党委副书记、院长马延文，党委委员、副院长王勇，电子与通信工程系集成电路技术专业教师以及学生代表参加了报告会，会议由马延文主持。

报告会上，徐科院长的学术报告结合自身的实践经验和研究成果，围绕后信息时代对材料科学的挑战、宽禁带半导体材料、III族氮化物半导体材料与器件的应用、氮化物半导体材料生长和器件研究的进展等方面展开。现场，徐院长还和师生们开展交流互动，对大家提出的问题进行答疑解惑。徐科院长严谨的科学精神、渊博的知识储备、生动的语言表述，赢得师生们的阵阵掌声。通过学习，师生们对集成电路产业中国式发展有更进一步的了解，开阔学术视野，同时也对自己未来职业发展和研究方向有更加准确的定位。

报告会最后，马延文对徐科院长到学校做学术报告表示感谢，同时对在场师生提出期许，鼓励同学们增强专业自信，培养良好的学习习惯，做好未来职业生涯规划；鼓励教师们潜心钻研，营造良好的研究氛围，不断提升自身学术水平和实践能力。（科技处、电子与通信工程系）

职业教育活动周丨学校召开职业教育高质量发展暨基层教学组织负责人培训会

为进一步做好学校“双高”建设任务，助力学校高质量发展，提升基层教学组织负责人教育教学水平，学校于5月17日下午在丛荟厅召开职业教育高质量发展暨基层教学组织负责人培训会。会议特邀江西科技师范大学欧阳忠明教授为新一届基层教学组织负责人做题为“整体布局目标管理，走好高质量发展之路”的主题报告。教务处、高等职业教育研究所、继续教育学院负责人，各系（院）、体育部行政负责人、教学副主任参加会议，会议由学校党委委员、副院长苏华主持。

会上，欧阳忠明结合自身的工作和研究，从国家“双高”计划由来、国家“双高”中期检查呈现的问题与思考，以及后期建设的策略3个方面展开。他强调，高职院校打造高水平专业群应把握好“高”和“动”，即对接产业吻合度高、资源整合共享度高、人才培养产出度高，动态调整专业构成、动态升级专业内涵、动态优化评价机制。最后，欧阳忠明给出“规划一张蓝图、拉起两根标线、把握三个维度、理清四组关系、加强研究新精神”的建设策略，为顺利完成学校“双高”计划验收工作和新一轮的申报工作指明方向。

培训会最后，苏华做总结发言。他表示欧阳忠明的报告有理论的高度，有指导的意义，更具有务实的价值，并对欧阳忠明到学校做培训报告表示感谢。苏华强调，本次会议既是基层教学组织负责人的业务培训会，也是学校高质量发展的推进会，各单位要坚持整体布局，明确建设目标，全力保障学校“双高”建设任务落实，助推学校高质量发展。（教务处）

学校举办高价值专利挖掘与布局学术讲座

为推动学校知识产权高质量发展，培养教师专利挖掘和布局意识及能力，提高教师自主创新与知识产权综合运用能力，6月13日，学校邀请第五批国家知识产权局骨干人才、高级知识产权师、国家知识产权局专利局专利审查协作江苏中心流体机械室主任周建佳在天枢楼四楼会议室做“高价值专利挖掘与布局”主题讲座。学校党委委员、副院长王勇，工科系（院）专业教师参会，会议由科技处处长钱涛主持。

周建佳首先对专利挖掘的概念、类型、一般流程、辅助工具、误区等5个方面进行阐述，并结合实例重点讲述以项目和创新点为主导的专利挖掘。接着介绍专利布局的概念、要求、维度、总体类型、典型模式等，全面分享高价值专利认识、布局与运用。为便于教师理解，他侧重讲解分析具体案例，同时总结专利申请中的几个误区，特别指出在科学研究过程中，产品结构形状及方法的改进都有可能申请高价值专利。

此次讲座实践指导性和启发性强，有助于提高教师对知识产权政策和制度的认知，强化知识产权意识，提升高质量专利撰写实务能力，增强教师对专利申请、知识产权保护和成果转化的认识，促进学校专利的数量、质量实现"双提升"。

（科技处）

学校举办光子学功能材料学术报告会

9月15日，俄罗斯托木斯克理工大学先进制造技术学院芭莉萨多娃·艾琳娜·费奥多罗夫娜教授受邀到学校丛荟厅做题为*Functional Materials for Photonics*的学术报告。学校党委委员、副院长王勇主持报告会，来自工科系（院）的数百名师生现场聆听报告。

艾琳娜介绍托木斯克理工大学光子学技术的发展和应用，重点阐述半导体光子学的发展和半导体系统的局限性；深入浅出地介绍光学玻璃和陶瓷的发展应用，并讨论相关新技术、新方法；最后，艾琳娜邀请学校专业教师与她进行学术研究方面的探讨交流。报告会上，教师积极提问，艾琳娜耐心解答，现场学术交流氛围热烈融洽。

此次学术报告会，开拓了教师科研探索的思路，加深了教师对光子学功能材料前沿研究成果的了解，进一步激发教师科研积极性，同时也加强学校科学研究的国际交流与合作。（科技处）

新产业发展研究院（苏工智库）揭牌暨学术论坛举行

11月23日下午，苏州工业职业技术学院新产业发展研究院（苏工智库）揭牌暨学术论坛在天丽楼CL201会议室举行。苏州市社科联副主席王明国、东吴智库执行院长段进军、石湖智库秘书长陈洁应邀参加活动，全体校领导、新产业发展研究院（苏工智库）全体成员、各系（院）骨干教师参加活动。活动由学校党委委员、副院长王勇主持。

学校党委书记王洪法在致辞中表示，新产业发展研究院（苏工智库）的建设是顺应学校高质量发展的需求，顺应服务地方经济发展的需求，顺应政府破解难题的需求。希望通过学术论坛，加强交流分享，聚焦数字经济时代先进制造业产业发展，聚力打造为政府部门提供科学决策，为行业企业提供问题解决方案，为学校高质量发展提供智囊的新型智库。

活动中，王明国与学校党委副书记、院长马延文共同为新产业发展研究院（苏工智库）揭牌。

随后，王明国紧扣"如何围绕市委、市政府重大决策开展咨询研究"的主题，提炼决策咨询的3个明显特点，指导撰写决策咨询的3个一般要求，总结了10个"要"的方法论，为大家开展决策咨询研究提供精准辅导。段进军分别从基础建设与内部治理、咨政建言与社会服务、理论创新与舆论引导、平台建设与品牌打造4个方面，分享东吴智库的建设经验，为苏工智库的进一步建设提供可贵的参考思路。新产业发展研究院（苏工智库）院长单强围绕"优化调整职业院校专业设置　促进苏州智能制造产业健康发展"汇报苏工智库的建设情况，重点从苏州智能制造产业技术技能人才需求现状、苏州智能制造专业领域人才培养面临的挑战、促进苏州智能制造专业技能人才培养的建议3个方面进行汇报。陈洁分享石湖智库的建设成果，在智库组织建设、智库发展机制方面给予建议；在产出高质量研究成果方面给予指导；在对接地方产业发展方向、积极服务地方经济文化建设方面分享经验。与会教师聆听几位专家的学术报告和交流分享后，受益匪浅，现场开展热烈的互动交流，为今后的发展明晰目标、明确路径。

此次活动的成功举办，推动新产业发展研究院（苏工智库）的发展，今后，研究院将探索更深层次产教融合、校企合作，融合政、行、校、企四方智慧合力，促进苏州产业与职业教育融合协同发展，努力成为政府智囊，企业帮手。（科技处）

学校成功组织首期赴俄罗斯库兹巴斯国立技术大学专业研修活动

11月23日，学校组织开展专业海外研修项目，15名师生背负行囊，跨出国门，来到俄罗斯库兹巴斯国立技术大学研修“Java面向对象程序设计”全英文课程。这是学校继2022年12月与库兹巴斯国立技术大学签订校际合作协议，2023年9月共建“中俄国际交流与实践基地”以来开展的首期双向交流实践项目。

在库兹巴斯国立技术大学交流研修期间，苏工学子们不仅通过专业课的学习大幅提升自己的Java编程能力，还在文化课的学习中了解俄罗斯的风土人情，并掌握一些基本的俄语交流用语。学生们在库兹巴斯国立技术大学的实验室里通过虚拟仿真技术亲身体验巨型矿车的驾驶，又在智能制造实验室中亲眼见证智能机械臂在进行焊接作业时的动作精度。通过这些看得见摸得着的应用实例，学生们对自己在课堂上学习的理论知识又有了更深的领悟。学习之余，学生们在俄方导师的带领下还参观校属地质博物馆，领略克麦罗沃地区引以为傲的丰富矿产资源。通过参与海外专业研修项目，苏工学子们不但学到国外先进的专业知识，拓宽国际视野，还与当地师生增进友谊，为学校今后专业建设和人才培养国际化积累经验，奠定基础。

近年来，学校始终以习近平新时代中国特色社会主义思想为指导，全面学习贯彻党的二十大精神，贯彻落实党的教育方针，积极响应习近平总书记“同世界一流资源开展高水平合作办学，把质量高、符合需要的引进来”重要指示，坚持以更加关注学生成长，更加关注教师发展，更加关注内涵建设，更加关注精准管理，更加关注办学效益为出发点和着力点，开启国际合作新篇章，努力办好人民满意的职业教育，奋力开创国家“双高计划”和职业教育本科建设新局面，为中国式现代化苏州新实践做出积极贡献。

（对外交流与校企合作处）

校企合作

乔治费歇尔精密机床有限公司瑞士总部总裁到访学校

4月21日，乔治费歇尔精密机床有限公司瑞士GF加工方案的CEO（首席执行官）：Ivan Filisetti和中国市场总裁陈以祥到访学校。学校党委副书记、院长马延文介绍学校基本情况，对基地建设提出明确要求和殷切期望。

双方深入交流与推进落实教育部——瑞士GF智能制造创新实践基地培育建设项目，共同谋划基地建设发展，助力打造区域精密加工培训和人才培养高地。精密制造工程系、机电工程系相关负责人带客人参观新实训大楼，确定项目具体建设事宜。

此前，乔治费歇尔精密机床有限公司中国市

场总裁陈以祥、教育行业总监史文、医疗行业经理刘申等一行于3月10日访问学校。双方深入交流智能制造创新实践基地技术技能型人才培养合作、GF智能制造产业学院暨中国苏州地区应用技术中心规划、GF培训论证中心建设方案等。

今后，双方将加快智能制造创新实践基地项目建设，实现基地教学、研发、培训、生产和展示功能，探索高素质技术技能型人才培养新路径，为学校“双高”专业群建设和高质量发展提供有力支撑。（精密制造工程系）

访企拓岗促就业，合作共赢谋发展——苏华副院长参加经贸管理系访企拓岗洽谈会

5月31日下午，经贸管理系在文驷楼T301邀请啄木鸟财税管理（苏州）有限公司、苏州新源整合营销有限公司、江苏第三代半导体研究院有限公司、苏州三人行跨境电商产业园有限公司、明基智能科技（上海）有限公司、江苏康达检测技术股份有限公司、江苏京迅递供应链管理有限公司、科沃斯机器人股份有限公司、中国人寿财产保险股份有限公司苏州高新区支公司9家紧密合作型企业的企业代表到系洽谈交流。学校党委委员、副院长苏华出席洽谈会，经贸管理系党总支书记梁青春、主任周芳、副书记许昞南、副主任欧阳芳等参加此次会议。

洽谈会上，苏华代表学校对企业代表的到访表示热烈欢迎，并就在座企业长期以来对学校人才培养、实习就业等方面给予的大力支持表示感谢。他提出，希望校企双方深度合作，充分了解市场需求、企业需求、企业择才标准等，共同合作修订人才培养方案，精准施策，进一步加强资源共享、人才共育，实现人才供需的精准对接，达成“企业所需、学生所盼、学校所能”的目标。

各企业代表充分肯定经贸管理系毕业生的职业能力与工作态度。双方与会代表就毕业生就业总体情况、企业发展现状、需求情况、接收学生情况等进行充分交流，并分析当前数字化背景下各企业的新岗位、新技术、新要求。校企双方就后续实践实训、专业人才培养方案修订、实习就业、教师工作站等达成初步合作意向。经贸管理系将以访企拓岗为契机，持续加强校企深度合作，促进毕业生更充分更高质量就业。（经贸管理系）

学校成功举办创元学院成立十周年庆典暨“创元杯”第三批优秀专业企业学院建设成果展示汇报及表彰大会

11月22日下午，创元学院成立十周年庆典暨“创元杯”第三批优秀专业企业学院建设成果展示汇报及表彰大会在文济楼一楼大厅成功举办。苏州市发改委社会发展处处长朱建清，创元集团党委副书记、副总经理兼创元学院院长王丽丽，创元集团本部党委书记、战略发展部部长童益进及组织工作部部长尹璐等企业嘉宾，学校党委副书记、院长马延文，党委委员、副院长王勇，10家专业企业学院师生企团队等100多人参加本次活动。活动由王勇主持。

王丽丽代表创元学院致辞，她回顾创元学院成立10年来的合作历程，肯定了取得的辉煌成就，并表示，创元学院将继续围绕主责主业，更加注重政治引领、思想引航，更加注重围绕中心、服务大局，更加注重守正创新、先行先试，更加注重务实管用、解决问题，以创元学院为载体，构建“一体两翼”发展新格局，将产业链延伸到学校、将人才链延伸到企业，实现产教真正无缝对接。

活动中，创元学院今年立项建设的10家专业企业学院的校企负责人，从企业学院的组织建设、建设内容、建设成效3个方面做成果展示汇报。校企专家从制度建设、课程管理、特色影响等11个维度进行赋分。最终，苏净机电学院以总分第一的成绩获得一等奖，苏州集成电路产业学院、

英格索兰精密制造学院、汇博机器人学院获得二等奖，建研院建筑学院、新源数字营销学院、东昌汽车学院、天孚电信学院、新华三工业互联网学院、文化书香学院获得三等奖。

大会进行2022年度创元园丁奖和励志奖奖学金颁发仪式。尹璐宣读表彰决定，王丽丽给获奖师生代表颁发荣誉证书。

马延文在讲话中对获得创元园丁奖、励志奖奖学金的师生和获奖的优秀企业学院表示热烈祝贺，对创元集团长期以来大力支持学校事业发展，竭诚关爱和助力师生成长成才表示衷心感谢。他强调，创元学院是学校第一家与紧密合作企业共建的校级（一级）企业学院。10年来，在校企双方领导坚定支持和各单位不懈努力下，创元学院取得公认的、令人瞩目的成绩，发挥“头雁”“标杆”作用，示范引领成效显著。在创元学院示范引领下，学校与合作企业共建48家企业学院，逐步培育出独树一帜的“苏工”企业学院品牌，不断助力产教融合校企合作迈上新台阶。

（对外交流与校企合作处）

交流活动

家风同行守初心　廉洁共建聚合力——学校与相城区太平街道开展廉洁伙伴结对共建活动

为贯彻落实党的二十大精神，深入推进新时代廉洁文化建设，切实加强校地党风廉政建设领域的合作与交流，积极打造廉洁文化宣传教育“同心圆”，凝聚合力推动全面从严治党向纵深发展，4月19日上午，学校与相城区太平街道在太平老街三槐堂三沙王氏家风馆共同举办“廉洁伙伴　家风共建”活动。高铁新城党工委委员、太平街道党工委书记顾学新，太平街道党工委委员、纪工委书记郁梅良，学校党委书记王洪法，党委副书记、副院长吴少华，党委委员、纪委书记魏影出席活动，太平街道各村（社区）党组织书记、纪工委委员，各村（社区）纪委书记、纪检委员，学校全体纪委委员、党总支纪检委员以及师生代表等50余人参加活动。

顾学新在致辞中介绍太平街道廉洁文化建设和三槐堂三沙王氏家风馆建设情况，他表示，太平街道将以此次廉洁共建为契机，加强与学校党风廉政建设方面的学习交流，共同弘扬千古家训的精神内涵，以红色基因培养党员干部忠诚、干净、担当，以优良家风涵养清正党风、政风、民风。

王洪法在讲话中介绍学校在突出办学特色定位、创新教育教学模式、提高人才培养质量、完善协同育人机制、推进全面从严治党等方面的特色工作，他表示，学校将学习借鉴地方的先进经验和做法，探索创新党风廉政建设和廉洁宣传教育载体，通过共建共促，推动新时代廉洁文化建设走深走实。

活动上，魏影和郁梅良一起签订“廉洁伙伴”共建协议，吴少华和顾学新共同为苏州工业职业技术学院“廉政教育基地”揭牌。

签约揭牌仪式后，与会人员参观三槐堂三沙王氏家风馆，这是相城区太平街道根植优秀传统文化，充分挖掘历史文化资源打造的廉政教育基地。三槐堂三沙王氏家风馆坐落于太平老街燕翼堂，分为“三沙王氏”“家风践行”“名门谱牒”3个展厅，师生们通过参观学习，了解以“实面”为核心的家规族训、“诚实做人，踏实做事”的品格及践行的故事，感受到优秀家风家训跨越时空的力量。与会师生还参观中共苏州县工委旧址、获溪文史馆等红色阵地。参观结束后，学校纪委委员和师生代表在书香小院聆听由“江苏好人”龚仁芝讲授的廉洁家风课堂。

今后，校地双方将以廉洁文化建设为“源”，以校地合作共建为“渠”，强化优势互补和资源共享，有效加强党风廉政建设理论研究与实践探索、江南廉洁文化阵地与品牌建设、廉洁文化教育、社会服务等方面的深层次合作，不断积蓄校地合作发展“厚度”，推动新时代廉洁文化建设与业务工作同向发力、互促共进，助力双方事业高质量发展。（纪检监察室）

南京邮电大学到校调研交流

4月22日上午，南京邮电大学党委常委、副校长蒋国平率领研究生院、研究生工作部、一流学科和高水平大学建设办公室相关负责人到学校调研交流。学校党委副书记、院长马延文热情接待，党委委员、副院长苏华和王勇，以及党政办公室、教务处、学生工作部及相关系（院）负责人参加调研座谈。

会上，马延文代表学校对南京邮电大学领导的到访表示热烈欢迎，并介绍学校的办学历史、近年来的工作成效以及学校今后的发展展望。蒋国平高度肯定学校在产教融合、校企合作等方面的工作成效和特色。双方表示要进一步加强沟通交流合作，积极推进职普融通、产教融合、科教融汇。在专业建设、人才培养、师资团队建设等方面开展进一步合作，为推动两校高质量发展做出贡献。

会后，马延文陪同南京邮电大学领导参观精密制造工程系、机电工程系、电子与通信工程系部分实验实训室。（党政办公室）

新疆应用职业技术学院到校调研交流

5月30日上午，新疆应用职业技术学院党委书记陈梅兰一行到学校调研交流。学校党委书记王洪法，党委副书记、副院长吴少华，党政办公室、教务处及相关系（院）负责人参加了座谈。

会上，王洪法代表学校对新疆应用职业技术学院领导的到访表示热烈欢迎，并详细介绍学校的办学历史、近年来的工作成效以及学校今后的发展展望。陈梅兰高度评价学校在党的建设、人才培养、产教融合、师资团队建设等方面取得的一系列成绩和成效，对学校援疆工作的大力支持表示衷心感谢，并真心希望两校间继续加强全面沟通合作，不断提升各自的办学水平。双方均表示，随着合作的不断深入，在跨校教学团队组建、技能竞赛训练互培、留学生招生等方面开展进一步合作。

会后，王洪法、吴少华陪同新疆应用职业技术学院领导参观精密制造工程系、机电工程系部分实验实训室。（党政办公室）

学院与库兹巴斯国立技术大学举行合作交流会

7月21日上午，苏州工业职业技术学院—库兹巴斯国立技术大学线上合作交流会举行。库兹巴斯国立技术大学校长雅科夫列夫·阿列克谢·尼古拉耶维奇，分管教学副校长库得列娃特赫·塔季扬娜·弗拉基米罗夫娜，主管科研与国际合作副校长科斯季科夫·基里尔·谢尔盖耶维奇，主管科研与国际合作代理副校长、科技创新处处长别列耶夫斯基·罗曼·弗拉基米罗维奇，教务处主任普罗科彭科·叶夫根尼亚·维克托罗夫纳，国际合作处处长佩夫涅娃·因娜·弗拉基米罗夫娜，副校长助理胡婷婷以及信息与自动化生产系统教研室、应用信息技术教研室主任和教师代表线上参会，库兹巴斯国立技术大学中国招生代表王群益和合作专员高永强在学校天枢楼513会议室现场参会。学校党委副书记、院长马延文以视频连线的方式参会，党委委员、副院长王勇，党政办公室（外事与港澳台办公室）主任张峥、对外交流与校企合作处处长费江、软件与服务外包学院院长罗颖、对外交流与校企合作处副处长刘向等参加本次交流会。

首先，雅科夫列夫代表库兹巴斯国立技术大学致辞。他就双方前期沟通的工作情况及本次会议的主要内容进行交流，并期待双方在学生短期交流、博士联合培养等项目中进一步深化交流合作。随后，王勇代表学校致辞，他就学校的发展历史、专业建设等基本情况进行介绍，对库兹巴斯国立技术大学对学校的支持和帮助表示感谢，并发出诚挚的邀请，期待他们再次到访。

随后，双方围绕职业教育基地合作框架内开展博士生联合培养项目、短期学生交流项目、定期开设讲座、教师短期交流与培训、“3+2”专升本项目、科研合作等方面进行深入交流，在时间、人数、课程等方面初步达成共识，为两校之间的深度合作奠定良好的基础。

（对外交流与校企合作处）

学校与越南河内工业职业大专学校签署国际化智能制造人才培养项目合作备忘录

7月27日下午，越南河内工业职业大专学校党委书记、校长范氏恒和副校长阮文辉，苏州富纳艾尔科技（越南）有限公司总经理卢骏及相关校方部门负责人和企业代表一行8人到访学校，签署国际化智能制造人才培养项目合作备忘录。学校党委副书记、院长马延文，党委委员、副院长王勇，学校学术委员会主任单强及相关单位负责人参加本次签约会，会议由马延文主持。

会上，马延文代表学校对范氏恒一行的到来表示热烈欢迎，并对学校的基本情况进行介绍。马延文表示，中越两国在教育、科技和文化领域的交流日益频繁，两国高校间有着广泛的合作空间，希望能与河内工业职业大专学校深化交流，在智能制造人才培养等方面开展国际化深度合作，实现互利共赢。范氏恒介绍河内工业职业大专学校的办学历史和办学情况，真诚希望在智能制造高技能人才培养方面与苏州工业职业技术学院携手共进，依托人才培养合作项目，积极推动越南智能制造行业水平的提升。卢骏通过视频短片展示苏州富纳艾尔科技（越南）有限公司目前在越南开展技能人才培养项目的成效。

最后，马延文、范氏恒、卢骏分别代表三方共同签署国际化智能制造人才培养项目合作备忘录。三方将充分利用各自的优势资源，开展智能制造领域跨国型高技能人才的合作培养；互设自动化生产相关的培训中心，开展职业技能培训，开发新职业教育项目；在职业教育、科研、文化等多方面开展更多形式的交流。

会前，范氏恒一行参观学校精密制造工程系、机电工程系部分实验实训室，观摩学校正在开展的“印尼工业化职业培训项目”，并与培训班学生进行交流。

［党政办公室（外事与港澳台办公室）、对外交流与校企合作处］

“愤怒的小鸟”创始人彼得·韦斯特巴卡到访学校

9月21日，“愤怒的小鸟”创始人彼得·韦斯特巴卡（Peter Vesterbacka）、美好未来项目芬兰公司董事长兼总经理龙卓英、美好未来股东Bambi，上海藤享教育科技有限公司董事长李建忠、合伙人张春光等一行5人到访学校，参加学校举办的文化创新教育交流沙龙活动。学校党委副书记、院长马延文，学术委员会主任单强，党政办公室（外事办）、对外交流与校企合作处、团委、精密制造工程系等单位主要负责人及各系（院）创新创业师生代表参加沙龙活动。本次沙龙活动由单强主持。

交流会上，马延文代表学校对彼得·韦斯特巴卡一行的到访表示热烈欢迎，并就学校发展历史、文化精神、办学情况进行介绍。彼得·韦斯特巴卡分享“愤怒的小鸟”创业历程以及自己在教育领域、文化游戏领域的探索和经验，鼓励学生勇于尝试、勇于创新、勇于追求自己热爱的事业。与会学生围绕创新创业路上遇到的各种困惑和难题进行提问，彼得·韦斯特巴卡对同学们的问题进行详细解答。

会前，彼得·韦斯特巴卡一行参观了精密制造工程系和机电工程系的实验实训场所。

彼得·韦斯特巴卡因其对游戏行业的贡献以及在芬兰推动教育、创业和创新方面的努力而备受赞誉，同时，他也是欧洲地区同类型最大、规格最高、享誉国际的创新创业盛典—SLUSH国际创投大会的创始人，他被《时代》杂志评选为2011年世界最具影响力的100人之一，排名第七。下阶段，学校将与彼得·韦斯特巴卡的项目团队进一步开展互访交流，深入合作，创造优质的职业教育发展机会，积极探索创新创业培养机制，推动学校人才培养高质量发展。（团委）

俄罗斯库兹巴斯国立技术大学校长雅科夫列夫一行到访学校

9月28日上午，俄罗斯库兹巴斯国立技术大学校长雅科夫列夫·阿列克谢·尼古拉耶维奇，俄罗斯自然科学院院士、库兹巴斯国立技术大学化学与油气工程学院院长切尔卡索娃·塔季娅娜·格里戈里耶夫娜，国际合作处处长佩夫涅娃·因娜·弗拉基米罗夫娜等一行5人莅临学校交流。学校党委副书记、院长马延文，党委委员、副院长王勇，相关单位负责人及赴俄罗斯库兹巴斯国立技术大学研修班师生代表一起参加本次交流活动。

交流会上，马延文代表学校对雅科夫列夫校长一行到访交流合作表示热烈欢迎，并向来宾们介绍苏州城市概况、学校的办学发展历史，回顾两校的合作历程，并希望能与库兹巴斯国立技术大学在师资培养和国际合作等方面开展更深入的合作，进一步提高人才培养的质量水平。雅科夫列夫真诚感谢苏工院的热情接待，详细介绍库兹巴斯州社会经济发展现状和库兹巴斯国立技术大学的办学历史及科研实力。他表示，库兹巴斯国立技术大学对机器人代替方式采矿、运煤汽车的发展研究非常关注，深信两校会围绕此主题开展良好合作。同时，他也非常欢迎中国教师、学生去俄罗斯研修和留学深造，并就研修班师生代表关心的问题进行深入交流。

在双方与会领导、师生们的共同见证下，马延文和雅科夫列夫代表两校共同签署《中俄国际交流与实践基地协议》《师资博士联合培养协议》，并为中俄国际交流与实践基地揭牌。马延文还为雅科夫列夫校长、切尔卡索娃院士颁发客座教授的聘书，为库兹巴斯国立技术大学校长助理胡婷婷颁发国际合作顾问的聘书。

库兹巴斯国立技术大学是俄罗斯科学与高等教育部直属重点高校，也是中国教育部首批承认的俄罗斯172所理工类大学之一。去年，学校与库兹巴斯国立技术大学签订校际合作协议并开展双向交流活动，成为江苏省首家与该校签订合作协议的高职院校。本次交流活动，双方共签协议，共建基地，落实好师生赴俄罗斯专业研修等具体项目，为今后进一步深化两校合作，提升合作层次奠定良好的基础，有效促进学校专业建设和人才培养的国际化水平再上新台阶。

（对外交流与校企合作处、党政办公室）

党建共建聚合力　校地企融合谱新章

为进一步学习贯彻党的二十大精神，扎实推动主题教育走深走实，通过跨行业党建融合共建，以学促干，促进校地企各项事业高质量发展。11月20日下午，苏州工业职业技术学院、吴文化博物馆、创元集团三方在吴文化博物馆举行校地企党建创新联合体成立活动。学院党委副书记吴少华，吴文化博物馆馆长陈曾路，创元集团本部党委书记、集团战略发展部部长童益进出席活动，联合体三方党总支书记、支部书记、党员代表等50余人共同参加本次活动。活动共分为成立仪式、专题学习、访学交流3个环节。

活动开始，陈曾路馆长介绍该馆的基本情况，吴文化博物馆在以学术为主轴做好江南文化品牌建设的同时，积极探索拓展与社会各界交融提升的新路径，助推本地区文化、教育及经济发展。随后，校地企共建联合体的三方党支部举行了现场签约，党支部书记代表做交流发言。

党建引领聚合力，互联共建共育人，随后“苏州工业职业技术学院马克思主义学院思想政治教育实践基地”落地吴文化博物馆。吴少华、童益进先后对校地企党建创新联合体的成立表示祝贺，对三方党支部在“党建+传统文化”“党建+校企合作”的协同创新育人合作前景表达真挚祝愿与期许。吴少华指出，以党建为引领的校地企创新联合体模式，是践行为党育人、为国育才，加快建设教育强国、科技强国、人才强国的生动实践。

成立仪式结束后，党建创新联合体进行第一次主题党日，主题党日以视频学习、交流体会、实景访学的形式，通过专家解读、党员代表学习交流、参观吴文化博物馆“考古探吴中”“风雅颂吴中”等陈列和特展，寻访国保单位宝带桥的历史故事等，深入了解吴文化的历史与魅力，进一步深刻领悟习近平文化思想内涵。

校地企党建创新联合体是学校在新时代背景下积极探索党建模式创新的有益尝试。在习近平新时代中国特色社会主义思想的指导下，三方将在推动高质量发展的征程中携手并进，共同打造政治功能硬、引领作用强、服务师生好的党建共建平台，努力开创“共建互促、资源共享、优势互补、协调发展”的党建工作新局面，为中国式现代化苏州新实践做出更大贡献！（机关党总支）

团学活动

守护生命“救”在身边——校团委组织开展“初级救护员”培训

在全国上下学习贯彻习近平总书记对深入开展学雷锋活动做出重要指示之际，为进一步提升在校青年的应急救护技能和知识水平，2月26日下午，“初级救护员”培训在学校晓光厅组织开展，50名在校学生参加培训活动。本次活动由校团委主办，国际教育学院团委承办。

苏州市吴中区红十字会关宏磊、王玲两位老师担任讲师，从红十字会运动的相关知识讲起，分评估现场环境做好自我防护、判断意识、检查呼吸、迅速呼救、胸外按压、人工呼吸等6个环节详细讲解心肺复苏技术的操作步骤，还就止血、包扎、固定、搬运创伤急救4大技术等方面进行详细介绍。

通过学习，同学们依次上台进行心肺复苏技术实操训练，环形包扎、螺旋包扎等绷带包扎现场演示。通过培训前关于AED（自动体外除颤器）的使用、心肺复苏、创伤包扎、气道异物梗阻等救护知识的网课系统学习，所有参训学员均顺利完成现场理论考试，并获得“初级救护员”证书。

下一步校团委将联合各系（院）团委，以三月学雷锋志愿服务活动月为契机，将应急救护知识带到社区、企业及更多的师生中间，为建设和谐校园、平安社会、健康中国贡献青春力量，让雷锋精神在新时代绽放更加璀璨的光芒。（团委）

“新征程：以青春之名书写光荣与梦想”——学校开展2023年春季学期“开学第一课”

3月1日下午，学校在天一报告厅举行“新征程：以青春之名书写光荣与梦想”2023年春季学期“开学第一课”。学校党委副书记、副院长吴少华走上讲台，通过线上线下结合的方式为全校学生奉上一堂主题鲜明、生动深刻的“开学第一课”。

吴少华从“理解：中国式现代化的‘科学内涵’”“读懂：疫情防控中的‘中国答卷’”和“践行：新时代青年的‘青春誓言’”3个方面进行授课。他运用翔实数据和丰富案例，深入浅出地阐述中国式现代化的时代价值和本质要求，并对伟大复兴进程中的历史性成就和变革以及国内外环境深刻变化中的机遇与挑战等内容进行详细地解读。

结合国家宏观防疫政策、学校具体防疫举措，吴少华带领同学们回顾抗疫时光，他指出，抗疫斗争是伟大的，其间，我国因时、因势优化调整防控措施，不仅有效保护了人民群众生命安全和身体健康，并为全球抗疫做出巨大贡献，取得疫情防控重大决定性胜利。

2023年是全面贯彻落实党的二十大精神的开局之年，是实施“十四五”规划承前启后的关键一年。新学期、新开始、新风貌，吴少华对同学们今后的学习生活提出了三点希望：一是把爱党、爱国和爱校融为一体，做厚植情怀的奋斗者；二是把匠心、实干和理想统一起来，做知行合一的践行者；三是把健康、快乐和学习进行到底，做校园生活的主人翁。最后，针对校园医疗保障、教学服务、校园文化、就业创业及校园生活等同学们关注的具体问题和困惑，吴少华进行详细解答，他希望同学们牢牢把握学校创造的良好学习环境和条件，认真学习贯彻党的二十大精神，坚定不移听党话、跟党走，立志做有理想、敢担当、能吃苦、肯奋斗的新时代好青年！

此次春季学期开学，还有一群特殊的同学，他们因疫情原因，一直在家乡线上上课，未能到校报到，经过180多天的漫长等待，终于迎来这场期待已久的双向奔赴，学校为他们精心准备了开学暖心大礼包。授课前，吴少华为他们赠送礼包，祝福这几位“新”同学在苏工院新的大家庭里开启健康、幸福、奋进的新篇章。

学校高度重视2023年春季学期开学学生思政教育工作，除了科学谋划“开学第一课”，学校还积极组织开展“开学第一次主题班会课”，做好思政教育、健康教育、安全教育等一系列有针对性的新学期开学学生教育引导工作。学校将以“开学第一课”为契机，坚持为党育人、为国育才，助推学校高质量发展，努力开创学校国家“双高计划”和职业教育本科建设的新局面，为新征程上全面推进中国式现代化苏州新实践做出新的更大贡献。

（学生工作处）

汲取榜样力量　争做有为青年——学校开展党的二十大精神学习宣讲暨2022年大学生年度人物风采展评

3月7日下午，学校在丛荟厅举办党的二十大精神学习宣讲暨2022年大学生年度人物风采展评活动，学生工作部负责人、各系（院）党组织副书记、全体辅导员以及学生代表参加本次活动。

机电工程系罗玛老师以“当我们的二十岁遇上党的二十大”为主题，围绕举什么旗走什么路、贯彻什么指导思想、具备什么精神状态、实现什么奋斗目标4个问题，阐述党和国家事业的未来前进方向，号召同学们要坚定不移听党话、跟党走，怀抱梦想又脚踏实地，敢想敢为又善作善成，立志做有理想、敢担当、能吃苦、肯奋斗的新时代好青年，以昂扬青春之名、赓续时代华章，以踔厉奋进之势、奔赴美好未来。

青年强，则国家强。汽车工程系叶倩辉老师聚焦“青春”“奋斗”与“担当”，以黄文秀等青年模范为例，号召新时代青年拒当“躺平族”，争做追梦人，把自己的“小我”融入祖国的“大我”、人民的“大我”之中，不惧风雨，勇挑重担，让青春在党和人民最需要的地方绽放绚丽之花。

宣讲现场，8名苏工学子优秀代表通过PPT演讲、视频等形式进行风采展示，分享自己在勤奋学习、自强不息、学术科研、志愿服务、文体活动等方面的事迹。他们用自己的奋斗故事现身说法，生动诠释苏工学子爱党、爱国、爱校和成人、成长、成才的价值追求，同学们听后备受鼓舞，深受启发。

奋斗是青春最亮丽的底色，行动是青年最有效的磨砺。学校将进一步加强学生思想政治教育工作，充分发挥先进典型的示范引领作用，促进学生成长成才和全面发展。（学生工作部）

学校开展“书香润泽校园　阅读启迪人生”主题阅读周活动

在第二十八个世界读书日、苏州市第十八届阅读节来临之际，校团委开展面向大学生社团的“书香润泽校园　阅读启迪人生”主题阅读周活动，进一步聚焦思想引领主责主业，活跃社团氛围，营造书香气息，繁荣校园文化，引领学校青年博览群书，增长见识，走好成长成才之路。

本次活动，学校大学生社团全部参与，形式活泼、内容丰富。各社团结合各自特色，寻找学校最美阅读角，包含专业课实训室、图书馆、操场、湖心亭、青年学习社阵地等；同学们精选一本推荐书籍，通过好书分享会与社团成员分享阅读感悟、交流学习心得；分享后，各社团评选出一名得到社员们广泛认可的阅读推荐官。综合本次活动，各社团还分别推荐了一些青年阅读物，向学校图书馆进行图书拓充推荐，扩充同学们的知识库。荒木摄影社团推荐的《摄影美学：构图、用光、色彩三大摄影语言实战精解》，帮助摄影新手从入门开始循序渐进地学习摄影美学知识，培养美学能力；“先锋军团”革命精神学习社推荐的《红日》，描绘了解放战争时期波澜壮阔的战斗场面和可歌可泣的英勇事迹；纵横辩论社推荐的《普通逻辑（第五版）》，能够让读者蜕变成他人眼中的逻辑怪咖；风信子禁毒社推荐的《他在云之南》能够让读者了解到禁毒警察的无私奉献；阳光心理协会推荐的《柔软的刺猬》是一本能够带来无限勇气，帮助疗愈自我的超暖心书籍……

未来，校团委将持续推进社团阅读活动，把学习宣传贯彻党的二十大精神持续引向深入，打造书香校园，让阅读“活起来”，推动苏工青年阅读活动走深走实、形成风尚。（团委）

传承红廉薪火　铿锵奋进脚步——学校开展“红色廉洁故事”主题演讲比赛

为深入贯彻落实学校《关于加强新时代廉洁文化建设打造“廉风洁雨”廉洁文化品牌的实施意见》要求，培养青年大学生崇廉尚洁的价值观，活跃校园廉洁文化氛围，4月20日晚，党委宣传部、纪检监察室、校团委共同举办“红色廉洁故事”主题演讲比赛决赛。党委副书记、副院长吴少华，党委委员、纪委书记魏影，党委委员、宣传部部长曹瑾出席活动，校纪委委员、党总支纪检委员、各系（院）党总支副书记、团委书记、学生代表共90余人参加活动。

经过初赛、复赛层层筛选，本次演讲比赛共有来自8个系（院）的10名选手进入决赛。选手们紧紧围绕主题，借助PPT、视频等形式，结合自身生活实际、亲身经历与感受，以古往今来的事例，讲述各自心中的廉洁故事，有的选手联系自己的家庭、身边的亲人长辈讲述廉洁家风故事；有的选手则推荐老一辈无产阶级革命家的感人家风故事，周恩来、李大钊、焦裕禄、孔繁森……既有民族脊梁，也有时代楷模，既弘扬廉洁主旋律，又突出传承好家风。选手们个个精神饱满，真挚的情感流露不时赢得在场观众的阵阵掌声，充分展示苏工院学生崇尚廉洁、奋发向上的新时代风貌。

吴少华在最后的点评中指出，要落实落细新时代廉洁文化建设要求，深入开展主题学习，系统加强廉洁苏工院建设。要联合整合校园资源，讲好苏工廉洁故事，为落实立德树人根本任务提供风清气正的校园文化环境。要用好用活廉洁文化宣传教育阵地，以学习促提升，以实践促工作，为学校的人才培养工作和高质量发展保驾护航。

最终，本次比赛评选出一等奖2名，二等奖3名，三等奖5名。来自经贸管理系营销2201本王烨、机电工程系智控22C1徐史伟荣获一等奖。

今年以来，学校纪委牵头推进构建组织、宣传、学工、团委以及各基层党组织共同参与的廉洁文化建设大格局，深入挖掘红色革命文化、社会主义先进文化、中华优秀传统文化的廉洁因子，以“1+N”模式做实廉洁文化教育，积极打造“一园、一桥、一平台、一课堂、一专栏”的“五个一”主题廉洁文化阵地建设，着力健全多层次、立体化、全方位的廉洁文化宣传教育体系，营造出崇廉尚廉、思廉践廉的浓厚氛围，为推进学校全面从严治党向纵深发展提供重要支撑。

（党委宣传部、纪检监察室、团委）

校团委开展2023年“学习二十大　永远跟党走　奋进新征程”“青马工程——育才计划”培训班开班仪式

4月21日下午，“学习二十大　永远跟党走　奋进新征程”“青马工程——育才计划”培训班开班仪式在天一报告厅举行。学校党委副书记、副院长吴少华，党委委员、宣传部部长曹瑾，学生工作部部长童钰祥，党委组织部副部长黄颖，各系（院）团委书记以及上届“青马工程——菁英计划”80名参训学员和本届“育才计划”300名学员参加开班仪式。开班仪式由校团委王晓翠老师主持。

会上，校团委曹慧秋老师向全体学员介绍本次培训班的培训内容和要求；参训学员代表何梦钰宣读“学生干部培训承诺书”；陈紫怡代表参训学员进行表态发言；与会领导为上届“青马工程——菁英计划”优秀学员颁发荣誉证书；优秀学员代表申奥进行发言，充分展现青马学员的成长、历练和蝶变，为本届青马学员树立示范和榜样。

为了让本届青马学员更好地开展理论学习和实践活动，以更加优异的成绩完成培训学习任务，会上，与会领导为学生代表颁发“青马领学员”聘书，吴少华为本届青马班授旗，标志着本届青马培训班正式开班。授旗仪式结束后，吴少华在会上讲话，他从“强化理论武装，筑牢理想信念之基；练就过硬本领，铸就守正创新之魂；矢志艰苦奋斗，培固服务大局之本”等3个方面对参训学员提出明确的要求，勉励青马学员在矛盾面前不回避、困难面前不退缩、责任面前不推诿，以不畏艰险、知难而进的气概，勇做走在时代前列的奋进者、开拓者和奉献者。

据悉，本次青马培训班设有理论学习、综合能力和社会实践3个部分，内含文字表达、办公运用、社交礼仪、助力就业等模块课程，希望通过此次集中培训，学校青年学生干部能够坚持学在前、学在先，做到学、思、用贯通，知、信、行统一，以“有理想”远眺前路，以“敢担当”拓宽天地，以“能吃苦”披荆斩棘，在奋斗中与祖国同行，以有理想、敢担当、能吃苦、肯奋斗的精神面貌，成就闪耀青春。

（团委）

“心向阳光，悦动悦乐”——学生工作部开展第四届校园心理趣味挑战运动会

5月10日下午，“心向阳光，悦动悦乐”第四届校园心理趣味挑战运动会在苏工校园内激情开赛。活动由学生工作部主办，机电工程系和电子与通信工程系承办，学生工作部（处）部长童钰祥、副处长田立苗，派驻教师李晓莲，心理健康教育中心教师，各系（院）副书记、辅导员代表等，

以及全校60组共计300余名学生参与本次活动。

活动以校园团体趣味挑战为主要内容，设置“我们是搬砖人”“五人六足”“同舟共济”“荒岛求生”等8个项目，“我在乎你”校园主题景观、心理中心、图书馆、宿舍广场、众创空间、廉政之园等挑战打卡点，同学们通过团队协商确定闯关路线，共同完成各个项目。挑战中失败的挫败感、排队的烦躁感、成功的渴望感……这些类似于人生各阶段的情绪体验点将在活动中被触动，团队坚韧不拔、踔厉奋发的精神将有效地被激发。挑战赛旨在引导同学们积极构建健康和谐的身心秩序，以阳光心态、强健体魄，踏上青春筑梦的新征程。

汽销22C1阿迪力江·艾麦尔江在活动采访中表示：“今天活动很有趣，活动氛围非常棒，我们小组同心协力完成挑战，我深深体会到了团队协同作战的快乐。”恰逢民族团结教育月，本次比赛还有很多来自不同民族的学生组队参加。活动最后，在田径场的大草坪上，完赛优胜团队代表席地而坐，各民族同学其乐融融，分享获胜经验、在校生活以及家乡的风俗美食，师生共谈“齐心协力”“民族团结”，将“铸牢中华民族共同体意识”的理念根植思想灵魂深处。

学校秉承“我在乎你”的学校精神，坚持把学生心理健康教育作为人才培养的重要抓手，2023年，学校持续推进“润心”行动，开展“悦健康、悦青春”青春健康大讲堂、“妙笔绘心，自我悦纳”曼陀罗绘画等“重塑心秩序　青春再启航——大学生心理健康教育江苏行”系列主题教育。下一阶段，学校将进一步推动心理健康教育和生命教育、理想信念教育相结合，让心理健康教育“润物细无声”。

（学生工作部）

学校举办“缤纷初夏　音你而来”草地音乐节

为营造积极向上、和谐健康的校园文化氛围，进一步促进社团文化品牌建设，展现学校学生的青春风采和精神风貌，以音乐传递心声，用音符表达快乐，让同学们沉浸在这场炽热一“夏”的狂欢中，6月7日晚，学校在足球场举办“缤纷初夏　音你而来”草地音乐节。本次活动由校团委主办，校学生会承办，大学生艺术团协办，苏工青年们积极参与，现场气氛热烈。

在星光闪烁的夜空下，大家分散坐在草地上，欣赏着同学们带来的精彩演出。本次音乐节由天台音乐社带来的《再飞行》拉开序幕，聚光灯下的他们点燃了整个夏天的激情。从甜蜜的《给你呀》到浪漫的《这，就是爱》，从深情演唱的《就让这大雨全部落下》到回忆满满的《勿忘心安》，从炫酷的RAP《暴雨&雪Distance》到律动的舞蹈《Fighting》，从蕴含古典韵律的古筝演奏《大鱼》到极具悠远国风的《大鱼海棠》，在动人的旋律中，青春的故事娓娓道来，台下同学们手中的荧光棒仿佛夜空中的繁星点点，为夜幕下的音乐舞台加上最浪漫的滤镜。

盛夏如期而至，毕业如约而来，“有我最珍惜的朋友”大合唱《凤凰花开的路口》，以青春之歌为全体毕业生送上一份特殊的礼物，祝福即将毕业的苏工青年满载理想的行囊，奔赴人生下一站旅程。真情融化成音符，倾诉着青春的美好，这是热烈的青春，是独属于同学们的激情岁月。本次草地音乐节活动不仅丰富了同学们的课余生活，还进一步增添了校园的艺术风采，充分展现学校学生的青春活力，为学校营造了积极、良好的校园氛围。

（团委）

学校举行2023年“学习二十大　永远跟党走　奋进新征程”暑期志愿服务项目出征仪式

6月28日，2023年“学习二十大　永远跟党走　奋进新征程”暑期志愿服务项目出征仪式在丛荟厅举行。苏州市红十字会党组书记、常务副会长刘文伟，苏州市红十字会组织宣传部副部长韩永健，苏州市红十字会省级救护培训师马永红，城南街道团工委副书记张群哲，越溪街道团干部陆文静应邀出席活动。学校党委副书记、副院长吴少华，学生工作部部长童钰祥，各系（院）党总支副书记、辅导员，“博爱青春”暑期志愿服务项目组成员，以及“青马工程——育才计划”培训班学员代表等200余人参加活动。

今年，苏州市红十字会和学校继续深化合作，决定联合共建“苏州市红十字生命安全与健康教育实践基地”。会上，刘文伟和吴少华共同为基地揭牌。韩永健和童钰祥为学校2个2023年高校红十字会“博爱青春”暑期志愿服务市级支持项目授旗。

曹慧秋、汤岐远分别就“博爱青春”暑期志愿服务项目做动员令，志愿者代表张均汝同学发出活动倡议。学校精密制造工程系团委、汽车工程系团委分别与越溪街道团工委、城南街道团工委签订校地共建大学生社会实践基地协议书。

活动最后，吴少华提出三点要求：一是提高站位，周密部署，聚焦主责主业；二是加强指导，做好宣传，推进成果转化；三是遵循规律，强化保障，守牢风险底线。希望广大师生更加紧密地团结在以习近平同志为核心的党中央周围，追随信仰之光、扛起历史之责、不负时代之望，发扬革命加拼命的精神，拿出实干加苦干的行动，团结带领广大青年踔厉奋发、勇毅前行！

仪式结束后，马永红为学校师生带来“生命安全与健康教育”专题讲座，重点普及心肺复苏、AED机器操作、呼吸道梗阻急救、防溺水等方面的安全知识。

下一步，学校将进一步深化与苏州市红十字会的交流合作，以“苏州市红十字生命安全与健康教育实践基地”为载体，开展覆盖更广、内容更实、成效更多的生命健康安全教育，着力打造更具辐射效应，更具推广价值的示范共建基地。同时，校团委也将主动与相关部门联动联合，将生命安全与健康教育融入社会实践、主题宣讲等多种形式的教育实践活动中，引领学生在与现实相结合的“大思政课”中“受教育、长才干、做贡献”，立志做有理想、敢担当、能吃苦、肯奋斗的新时代好青年！

（团委）

聚众力“融”社区，汇真情“联”邻里：“苏小能”积极开展2023年暑期志愿服务活动

近年来，学校“苏小能”志愿服务团每年暑期都深入基层一线，引领在校青年在社会实践中认识国情、体察民意、服务社会，在实践活动中提升素养、锤炼品德。今年暑期，“苏小能”再次集结出征，走进越溪街道小石湖社区、珠村社区、溪江社区、溪韵社区，面向基层社区的留守老人和儿童等，以结对帮扶方式，立足家庭、面向社会、线上线下等形式全方位开展科普、健康、急救、陪伴等活动。

学思践悟二十大，红会知识进社区

为深入学习宣传贯彻党的二十大精神，“苏小能”依托校青协、马克思主义青年社、校师生宣讲团，开设“学思践悟二十大，红会知识微宣传”课堂，将“文件话”转化成“家常话”，让“冒热气”的理论以“接地气”的方式深入人心。

同时，开设“流感预防小知识，健康普及你我他”课堂，介绍红十字会相关知识，宣传推广“三献”知识，即无偿献血、造血干细胞捐献、遗体和人体器官捐献。此外，“苏小能”通过PPT、视频、互动小话剧、宣传单页等形式讲解流感相关知识，引导社区居民养成良好的个人卫生和生活习惯。

集思广益谋科普，救护反诈为居民

在“手机使用小妙招，救护知识微科普”环节中，“苏小能”提前录制好教学视频，在现场对照视频手把手指导社区居民使用手机电子医保，并做心肺复苏演练，同时为社区居民进行健康体检，测量血压、体重、体脂等。校青协会长团周钰

铭同学表示，希望能将自己掌握的救护基本知识和技能，有效传授给居民们，让大家在生活中如遇类似突发状况，都能出一份力，甚至挽救他人的生命。

在“反诈防骗小教室，普法宣传微声音”课堂里，“苏小能”为社区居民进行反诈与防范非法集资宣传，帮助广大社区居民提高反诈安全意识以及对诈骗骗术的甄别能力和自我保护能力。珠村社区居民王阿姨由衷地说：“通过同学们的宣传，我才知道，现如今的诈骗手段简直层出不穷，以后我肯定要多增强一些防范意识，提高警惕，守好自己的‘钱袋子’！”

老幼共融促和谐，维修制作益生活

“苏小能”积极推进“义务维修小家电，手工科技小制作”民生项目，携手苏州市“百佳文明职工”“苏州好青年”陈建辉老师，为社区老弱群体免费修理小家电，用技术回馈社会，用爱心服务社区。他们借助随身“百宝箱”让小家电“起死回生”，犹如一张张苏工院的鲜活名片，让真心出真力，真情暖人心。

另一边，“苏小能”成员们预先采购科技小制作的半成品，每名队员都熟练制作出成品并录制好教学视频。在现场，社区小朋友们每人领取一份材料包，并在“苏小能”老师的指导下“一对一”结对，悉心拼装、接线、安装、通电。在引导孩子们“爱科学、学科学、用科学”的过程中，“科技小达人”们的制作逐渐成形，现场其乐融融，到处都回荡着小朋友和志愿者的欢声笑语。这一场小小的互动制作，为孩子们培养科技创新意识，增强他们的动手实践能力，又丰富他们的业余生活。

据悉，近期学校各系（院）团委也正火热开展暑期志愿服务活动。机电工程系团委负责人魏海婴引领学生将课堂学习与乡村实践紧密结合，积极开展家乡实地走访调研，并借助网络平台宣传家乡，助力家乡发展。建筑工程与艺术设计系团委负责人王化婷组织在校大学生围绕“红色基地参观”“红色人物寻访”“党史学习宣讲”3个方面开展志愿服务，聆听红色事迹故事，深挖党史学习素材，了解乡色、乡音、乡情。（团委）

“奋斗青春，薪火相传”——学校开展2023年校级学生组织及社团招新暨迎新生文艺汇演

9月20日，校团委在“一站式”学生社区广场组织开展校级学生组织及社团招新工作，千名新生参与此次招新活动。

各组织各骋所长，新生们积极踊跃，现场热闹非凡。本次招新采用特色摊位展与现场才艺表演相结合的方式，全方位、多角度展现学生组织及社团风采。校艺术团用歌声与舞蹈展现青春活力，校级学生组织和32个社团通过海报宣传、成果展示、互动交流、发送趣味小奖品等方式吸引大批新生前来驻足。校关工委倪瑞红老师也来到现场，关心了解各团学组织、社团招新工作，并为现场参与知识问答活动的获奖学生颁发奖品。

活动现场，以“奋斗青春，薪火相传”为主题的迎新生文艺汇演也在热闹地进行着，苏工青年用精心准备的节目表达对2023级新同学的欢迎。其中《舞动青春》《热烈》《生于理想　战胜现实》等节目展现出他们阳光自信、昂扬向上的青年风貌，引起现场观众深刻的情感共鸣。不少新生纷纷加入文艺表演，尽显闪亮青春的新时代青年风貌，为迎新工作增添浓墨重彩的一笔。

此次招新为各校级组织和社团增添新力量，让新生们初步感受到大学校园生活的多姿多彩。同学们通过加入心仪的组织或社团进一步施展自身才干，进而有更明确的目标与方向。期待新一批苏工青年为学校高质量发展添砖加瓦，展现新时代青年的活力与担当。（团委）

以奋斗的姿态激扬青春——学校举办“马克思主义·青年说”主题演讲比赛暨信仰公开课

10月31日，由党委宣传部、校团委联合举办的“马克思主义·青年说”主题演讲比赛暨信仰公开课在学校丛荟厅举行。来自各系（院）的200余名学生代表现场观摩比赛。

本次比赛设“何以中国听我说”和“我说校训100秒”2个演讲主题。活动自发布以来，得到全校同学的广泛报名和积极参与，经过前期各系（院）的初赛遴选，学校复赛选拔，最终各10名选手入围决赛。决赛现场，选手们表达流利，演讲内容精彩丰富，金句频出。同学们认真倾听着演讲，情绪纷纷被感染，阵阵掌声将现场的气氛带向高潮。在“何以中国听我说”演讲比赛环节，选手们或讲传统文化之美，或感乡村振兴之变，或颂城市发展之速，生动展现党领导中国特色社会主义伟大事业的光辉历程和重大成就。在“我说校训100秒”演讲比赛环节，苏工青年们以校为荣，饱含情感、温度和力量演讲，围绕校训的来历和含义，深刻解读“向阳而生　精工笃行”的内涵，生动展现新时代青年大学生奋进新征程、建功新时代的心声和行动。在马克思主义学院高珊、刘晨、丁雷3位老师的现场打分和精彩点评后，来自工网应用23C1的陈岬、数媒23C1的孔露晨、人工智能23C2的江成强以及商英23D1的丁琳鑫4名同学获得此次比赛一等奖。

学校连续多年组织开展“马克思主义·青年说”系列活动，相关部门联合联动，活动形式创新多样，品牌特色不断彰显，进一步为师生讲师团培育、精品微课打造、青春榜样宣传等搭建互动交流平台。今后，学校相关部门将进一步联合马克思主义学院，持续打造“马克思主义·青年说”品牌活动，积极为构建学校“大思政”育人格局赋能添彩。

（团委）

学校举行共青团第七次代表大会和第十一次学生代表大会

11月22日下午，共青团苏州工业职业技术学院第七次代表大会和第十一次学生代表大会在丛荟厅召开。苏州团市委副书记蒋妍，学校党委副书记、副院长吴少华，学生工作部部长童钰祥，学校工会主席安婕，兄弟院校团委书记、副书记及学生干部代表，系（院）党总支书记、副书记和团委书记以及学校200名团学代表出席本次大会开幕式。

开幕式上，于泽鑫致大会开幕词，苏州大学团委副书记杨浩代表兄弟院校团委致辞，安婕代表学校工会致辞。会上，蒋妍和吴少华分别做讲话。

蒋妍在讲话中对学校各级团学组织提出四点希望：一是以“任尔东西南北风”的正气铸根塑魂，涵养如磐信念，凝聚青春力量；二是以“直挂云帆济沧海”的胸怀修身律己，强化使命担当，激发青春动能；三是以“会当水击三千里”的志气勤学笃行，练就过硬本领，展现青春风采；四是以“咬定青山不放松”的毅力改革攻坚，勇于自我革命，注入青春动力。

吴少华在讲话中对学校全体团员青年提出四点希望：一是筑心筑魂筑根本，做理想远大、信念坚定的新时代有志青年；二是务学务实务勤奋，做勤学善思、锐意进取的新时代有才青年；三是用心用情又用力，做崇德向善、引领风尚的新时代有德青年；四是敢想敢干敢拼搏，做艰苦奋斗、开拓创新的新时代有为青年。

在第一次全体会议上，曹慧秋代表共青团第六届委员会向大会做题为“矢志为党育人　勇担青春使命——为建设国内有重要影响的中国特色高水平高职院校贡献青春力量”的工作报告；纪佳辛同学代表第十届学生会委员会委员向大会做题为“凝心聚力担使命　奋楫扬帆新征程——为谱写新时代的青春之歌而矢志奋斗”的报告；王伟杰同学代表第十届学生会主席团做题为“青春

启航新征程　强国有我向未来——为葳蕤蓬勃的学生会组织续写新的篇章奋斗拼搏”的报告。于泽鑫介绍委员候选人情况，学生会主席团成员候选人依次在会上进行自我介绍。

分组讨论期间，各代表团围绕大会工作报告展开深入讨论，为学校共青团和学生会未来的发展提出建议和意见。

在第二次全体会议上，大会表决通过《大会工作报告决议》。随后按照大会选举办法，通过无记名投票方式，差额选举产生共青团第七届委员会委员13名、第十一届学生会委员会委员15名和学生会主席团成员5名。闭幕式上，总监票人王晓翠宣读选举结果，曹慧秋介绍新一届委员会委员、新当选学生会主席团成员。

本次大会通过全体代表的共同努力，圆满完成大会预定的各项任务，总结学校团委和学生会取得的工作成绩，明确今后工作的总体思路和工作目标。“党有号召，团有行动。”在学校党委和上级团委的坚强领导下，校团委将团结带领全校广大青年不忘初心、牢记使命，抢抓时代机遇，奋勇改革创新，为全面贯彻落实学校第三次党代会精神，为学校建设成为与苏州城市地位相匹配、国内有重要影响的高水平高职院校注入青春智慧与力量！（团委）

“唱响青春旋律，绽放少年风采”——校团委举办校园青春歌会文艺汇演

为了进一步活跃校园文化氛围，促进社团文化品牌建设，丰富第二课堂生活，为同学们创造更好的展示平台，11月27日，校团委在天一报告厅举行“唱响青春旋律，绽放少年风采”校园青春歌会文艺汇演，600余名同学齐聚在这里，欣赏这场视听盛宴。

历经数月的精心准备，本场汇演精彩纷呈，分为“红日初升　青春正好”“热血青春　永葆初心”“青春有梦　勇敢前行”3个篇章。开场，艺术团舞蹈部带来的动感舞蹈和天台音乐社带来的歌曲《迷恋》《你永远是我的宝贝》拉开晚会的序幕；紧接着便是《匆匆那年》《一生有你》《没有明天》等青春歌曲、舞曲串烧，聚光灯下的他们点燃整个冬日的激情；韶华汉韵社带来极具悠远国风的乐器表演《浮光》，在动人的旋律中传递出浓浓的中华传统文化气息；艺术团综艺部的小品《少爷与小姐》逗得全场捧腹大笑，活动现场充满活跃轻松的气氛。最终在校艺术团声乐部唯美呈现的大合唱《夜空中最亮的星》中，本场汇演圆满结束，观众们热情挥舞手中的荧光棒，仿佛夜空中的繁星点点，与舞台上的歌曲遥相呼应，彰显苏工青年的活力与热情。

唱响青春旋律，绽放少年风采，本次汇演推动各学生组织的互访交流，为学生干部更好发挥主观能动性搭建互动平台，更是对同学们开启无悔青春、演绎大学精彩生活的美好祝愿，汇演的成功举办激发同学们对校园文化活动的参与热情，为学校营造积极、良好的校园氛围。（团委）

“青春心向党，奋进新征程”——学校举行2024年迎新年文艺汇演

12月27日下午，“青春心向党，奋进新征程”2024年迎新年文艺汇演在天一报告厅举行。学校党委书记王洪法，党委副书记、院长马延文，党委副书记、副院长吴少华，党委委员、纪委书记魏影，党委委员、副院长苏华，党委委员、副院长王勇，以及相关职能部门负责人，各系（院）党总支书记、副书记和团委书记，师生代表600余人一同观看演出。

在团委年度回顾视频《2023“团”聚青春力量》和气势恢宏的开场舞《象工行》中，迎新年文艺汇演拉开序幕。本次汇演以“青春心向党，奋进新征程”为主题，共分为“自信·文化的力量”“致敬·心中的信仰”“奋进·青春的号角”3个篇章。歌舞《声声慢》吴侬软语诉缱绻，唱出

江南烟雨袅袅，曼妙舞姿显风情，舞出古典优雅；相声《歌王养成记》幽默的对话、诙谐的语言、新颖的表演，充满惊喜与感动，赢得现场观众的阵阵掌声；歌曲联唱《名士曲四首》，师生同台，演绎生于华夏的每一个中国人独特的浪漫，唱出每位苏工学子的意气风发、少年气概。在第二篇章中，当代舞《热血军魂》以军人用忠诚与信仰守护祖国的故事，号召当代青年们以坚强的意志战胜困难，勇于前行；话剧《我在乎你》再现一名低收入家庭学生在学校领导、老师和同学们的关怀与帮助下，成长成才的真实故事；紧接着，同学们为10位第四届“我最喜爱的老师”送上鲜花和拥抱，深情表达他们对老师的感恩之心。在第三篇章中，教师代表以一首《光阴的故事》回顾学校20年来的办学掠影，激励学校青年初心不改，接续奋斗，共创苏工未来新辉煌；大学生艺术团带来的当代舞《勋章》彰显苏工学子永不放弃、成就梦想的蓬勃力量。最后，文艺汇演在情景合唱《夜空中最亮的星》中落下帷幕。

此次迎新年文艺汇演弘扬文化自信、高扬理想信念、吹响奋进号角，展现新时代苏工青年的独特风采与炙热梦想。下一步，校团委将深入学习贯彻习近平新时代中国特色社会主义思想，坚持立德树人，推进以文化人，团结带领全校团员青年“青春心向党，奋进新征程”，在谱写苏工美好明天的新篇章中成长成才、建功立业。（团委）

文艺体育

学校顺利承办江苏省第二十届运动会高校部足球（乙组女子）比赛

7月17日下午，江苏省第二十届运动会高校部足球（乙组女子）比赛闭幕式暨颁奖仪式在学校足球场举行，至此，为期6天的女足决赛阶段比赛圆满落幕。常州纺织服装职业技术学院党委副书记、院长洪霄，学校党委委员、副院长刘晓出席闭幕式并为获奖队伍颁发奖牌、奖杯和获奖证书。

本次比赛由江苏省教育厅、江苏省体育局主办，12—17日，共有来自江苏省各高职院校的8支代表队，200余名教练员、运动员到学校参赛。比赛期间天气炎热，运动员们秉承“友谊第一，比赛第二”的竞赛精神，不畏艰辛、奋勇拼搏，呈现出一场场精彩纷呈的比赛，充分展现当代大学生积极进取的精神风貌。经过18场比赛的激烈角逐，南京交通职业技术学院、常州纺织服装职业技术学院、苏州工业职业技术学院分别获得冠、亚、季军。

在本项赛事的组织和服务工作中，学校领导高度重视，体育部、后勤处等部门团结协作，克服困难，圆满完成赛事安排、后勤保障、志愿服务等工作，得到大赛组委会和参赛高校的一致好评。学校代表队也在比赛中顽强拼搏，取得第三名的好成绩，展现优良的体育风貌。

足球乙组男子比赛将于7月19日在学校足球场再次打响，学校将继续做好组织和服务工作，为比赛的成功举办提供有力保障。（体育部）

喜报：学校学生在2023江苏省无线电测向锦标赛中勇夺桂冠

近日，由江苏省体育局、江苏省教育厅等单位联合主办，苏州市吴中区文化体育和旅游局、江苏省无线电和定向运动协会等单位共同承办的2023江苏省无线电测向锦标赛开赛。学校学生在比赛中发挥出色，夺得第一名4项、第二名1项。

此次比赛共吸引来自全省的85支代表队约

900余名选手，进行短距离2米、80米波段测向个人计时赛，短距离2米波段测向接力赛，无线电制作等项目的比拼，参赛人数达历届之最。在3天紧张、艰苦的角逐中，学校运动健儿发挥团结协作、不畏强敌的顽强拼搏精神，勇夺多项桂冠。团体赛中，来自国际教育学院旅游22C1的张佳杰、机电工程系智控22C1的张瑞、电子与通信工程系嵌入式21C1的杜京响3名同学夺得大学男子组144MHz波段接力第一名；来自电子与通信工程系物联网22C1的蒙暖之、物联网22C1的程慧娣和国际教育学院旅游22C1的张婷婷3名同学夺得大学女子组144MHz波段接力赛第一名。个人赛中，来自国际教育学院旅游22C1的张婷婷和机电工程系智控22C1的张瑞，分获大学女子组144MHz个人赛第一名和大学男子组3.5MHz个人赛第一名；来自电子与通信工程系物联网22C1的程慧娣夺得大学女子组3.5MHz个人赛第二名。

无线电测向运动是竞技体育项目之一，集知识性、趣味性、竞技性为一体，主要考验参赛者的测向技术与识图能力、耐力与速度、路径决策力与意志品质。学校无线电测向队队员们备赛以来，克服重重困难，利用课余时间，坚持规律性的高强度训练。学校已连续8年组队参加省级比赛，并多次取得优异成绩，充分展现出学校学生的风采，提升学校无线电测向运动在省级赛事中的影响力、知名度。（体育部）

学校第十五届体育运动会顺利举行

11月2日上午，学校第十五届体育运动会在田径场拉开帷幕。全体校领导，相关职能部门主要负责人，各系（院）党总支书记、副书记和全体辅导员、班主任出席本次运动会开幕式。开幕式由学校党委委员、副院长刘晓主持。

迎着11月的暖阳，伴随着激昂的音乐，国旗、校旗和各系（院）代表队逐一入场。队员们身着统一服装，迈着矫健的步伐，依次经过主席台接受领导检阅，展现出苏工学子团结奋进的精神风貌。

学校党委副书记、院长马延文致开幕词，他指出，要始终坚持健康第一的教育理念，贯彻“五育并举”的教育方针，不断加强学校体育工作，推动青年文化学习和体育锻炼协调发展，帮助学生在体育锻炼中享受乐趣、增强体质、健全人格、锻炼意志，推进体育强国和健康中国建设。随后，学校党委书记王洪法宣布运动会开幕。

开幕式上进行新生广播操比赛和拔河预赛，各系（院）参赛选手精神饱满，气势恢宏，充分体现学校全民健身的浓烈氛围。

赛场上，运动健儿们挥洒汗水、展现矫健身姿，他们突破自我极限，向着“更快、更高、更强、更团结”的目标迈进。他们不畏艰辛，不惧炎热，显示出饱满的热情，赛出风格，赛出水平。

运动场上，工作人员和志愿者各司其职，忠于职守，热情服务；裁判员力求客观、公开、公平、公正；看台上的啦啦队热情洋溢，为选手们鼓劲加油；赛场内外充满团结与友爱的氛围。

本届体育运动会于11月3日下午顺利闭幕。闭幕式上，由学生团队带来的排舞、舞龙和彩带龙表演，配合默契，色彩交融，成为赛场上一道亮丽的风景。

校领导刘晓、魏影、王勇参加闭幕式，并为获奖运动员颁奖，闭幕式由体育部副主任（主持工作）陈建辉主持，体育部副主任石茗茗宣布本届比赛获奖名单。经过2天激烈的角逐，精密制造工程系、电子与通信工程系、建筑工程与艺术设计系分获男子团体总分第一、二、三名，建筑工程与艺术设计系、经贸管理系、电子与通信工程系分获女子团体总分第一、二、三名，建筑工程与艺术设计系、精密制造工程系、经贸管理系分获男女团体总分第一、二、三名。汽车工程系被授予体育道德风尚奖。建筑工程与艺术设计系的张雨翔、张诗埼2名同学分别打破男子400米人工计时纪录和女子跳高纪录。

本届运动会是全体师生体育素质和精神风貌的一次集中展示，以热烈的氛围、拼搏的激情带动更多苏工人积极参加体育锻炼，以健康的体魄和良好的精神状态为学校的发展贡献力量。

（体育部）

招生就业

“职”在等你，“职”在乎你：苏工院开展“520”大型现场招聘会

为积极响应教育部开展2023届高校毕业生就业“百日冲刺”行动的号召，抓住高校毕业生就业工作关键期，全力促进毕业生高质量就业，5月20日，学校举行“万企进校园——‘职’在等你，‘职’在乎你”大型现场招聘会。

“520”，岗位齐备，“职”在等你

“520”当天，学校为求职的学子准备了一场与企业“双向奔赴”的约会。本次大型招聘会应邀而到的企业数量达240余家，提供职位650余个，近3000个工作岗位，聚焦苏州六区四市重点领域与重点行业。

招聘会现场人流涌动。企业人事们摆开阵势，吸引学生；同学们带着精心制作的简历穿梭于展位之间，或仔细阅读企业名称和岗位，或与企业人事进行交流，现场不时传来阵阵笑声。吴中人力资源管理中心在现场开启直播带岗。

一个上午，学生将自己的简历投给心仪的企业，既充满期待又有些忐忑；企业人事收获不少简历，满载而归，笑容满满。

“520”，我在乎你，“职”在乎你

“我在乎你”体现学校以生为本的理念，学生的需求就是学校的行动导向。

做好高校毕业生就业工作责任重大，使命光荣。为了促进2023届毕业生高质量就业，学校上下齐心，全员联动。学校领导聚焦当前就业工作重点难点，开展书记、校长访企拓岗促就业行动；学工处加强与苏州六区四市的人力资源和社会保障部门沟通联系，邀请企业进校园招贤纳才；各系（院）深入开展校企合作，拓展用人单位和岗位。

“520”，双向选择，共赴前程

在招聘会现场，来了些面孔熟悉的企业人员，原来他们是学校毕业生，既是学长又是企业员工，听说母校今天开招聘会，主动请缨代表企业来招聘，学长们的亲身经历，成为企业吸引员工的“闪亮名片”。

值得一提的是，现场还有8家学校紧密合作的企业，于当天和来自学校的“准员工”签订就业协议。学校特意为同学们安排签约台，双方当场签订劳动合同，仪式感满满。（学生工作部）

“职”在等你，“职”在乎你”——电子与通信工程系成功举办2023年校园专场招聘会

5月17日下午，经过精心组织和认真谋划，电子与通信工程系2023年校园专场招聘会在天波楼二楼招聘大厅如期举行。

一直以来，学校高度重视就业工作，学校党委书记王洪法深入招聘会现场指导工作，详细询问招聘会情况和系部毕业生就业工作进展情况并与现场应聘学生亲切交流。

到场的24家单位提供电子信息类及系部相关专业的就业和实习岗位近300个，招聘会现场人头攒动、气氛热烈。同学们携带精心准备的个人简历，细心研读企业招聘信息，主动与招聘人员沟

通咨询，积极投递简历。各招聘单位通过海报、宣传册详细向学生介绍企业概况、发展前景、晋升通道、薪资福利等情况，并耐心为同学们答疑解惑。热烈的氛围还吸引了不少在校低年级同学前来学习观摩，以提前了解就业市场，早做求职规划。

系部党政领导班子、校企合作专员、辅导员等也来到招聘会现场，他们一方面跟用人单位交谈沟通，了解企业需求，以期和企业加深合作；另一方面关注现场求职学生，对于学生提出的问题，及时给予指导和帮助。

风劲帆满，扬波踏浪。电子与通信工程系将继续积极落实党中央、国务院“稳就业”“保就业”决策部署，聚焦当下就业工作重点难点，做实做细就业指导服务，加快推进就业工作进程，全力保障毕业生更充分更高质量就业。

（电子与通信工程系）

以“双高”建设新思维，创苏工系招新模式——机电工程系举办2023年校园专场招聘活动

在“双高”专业群建设过程中，机电工程系主动适应产业经济结构调整带来的人才需求变化，遵循“便捷、便利、共享”的原则，联动教育产业链条上的关联者，努力构建用人单位便捷、学生便利、各相关系（院）共享的校园专场招聘活动新模式。5月31日下午，机电工程系在学校体育馆举办2023届毕业生暨2024届实习生“送岗直通车”机电专场招聘活动。

多系联动，搭建对口平台。机电工程系高度重视本次招聘活动，通过借助学生工作部微信推送及与精密制造工程系、电子与通信工程系等建立合作，以重点推介的方式促成艾默生环境优化技术（苏州）有限公司、莱克电气股份有限公司、欧普照明股份有限公司等50余家用人单位现场进校揽才，为各系（院）毕业生、实习生带来就业岗位1300余个，有力助推学校高质量就业工作。

多点发力，提高就业质量。机电工程系通过主题教育、集中指导、个性辅导等形式加强就业指导，为学生提供简历问诊、生涯指导服务、求职技巧等各类指导，务求将各专业就业实际与就业市场需求和学生讲清讲透。活动当天，系部党政班子、就业专员、辅导员、专业教师进驻现场，为学生分析岗位情况，指导和鼓励毕业生抓住春季招聘机会，引导学生积极和企业代表进行交流，充分推动人才供需对接。

学校党委委员、纪委书记魏影参加本次活动，详细了解用人单位发展状况、岗位需求等情况，询问毕业生求职准备及就业意向，听取用人单位对学校人才培养的建议，对机电工程系专场招聘会的新尝试给予肯定。同时希望机电工程系以“双高”专业群建设为契机，在工作中继续创新思维，进一步构建好系（院）专场招聘工作新模式，为苏工学子就业、实习保驾护航。

（机电工程系）

表彰奖励

喜报：周芳教授获苏州市三八红旗手荣誉称号

3月8日，苏州市妇联举办“巾帼心向党·奋进新征程”——苏州市纪念“三八”国际劳动妇女节113周年主题活动，对荣获苏州市三八红旗手标兵、苏州市三八红旗手（集体）进行表彰，学校经贸管理系周芳教授获苏州市三八红旗手荣誉称号。

周芳从事教学管理工作16年，主编教材2部，被评为省“青蓝工程”骨干教师、市优秀教育工作者、市“三新四创”好青年，获省教学大赛一等奖，获省教学成果二等奖。她先后指导学生参加省“挑战杯”课外学术作品大赛、省“互联网+”创新创业大赛、省本专科毕业设计评比获一、二等奖5次。她主持完成省部级项目2项、市厅级项目20余项；出版著作1部；发表论文50余篇，其中，SCI一区4篇，CSSCI、EI、北大核心20余篇；科研成果获省、市一等奖2次、二等奖7次；被评为省“青蓝工程”中青年学术带头人。她热心社会公益服务，积极参与农村电商帮扶、爱心捐赠、抗疫志愿服务，发挥先锋模范作用。

此项荣誉是苏州市妇联对学校妇女同志建功新时代工作的充分肯定。校妇联将继续团结带领妇女同志找准工作切入点、结合点、着力点，做伟大事业的建设者，在推进中国式现代化上多做贡献；做文明风尚的倡导者，在推进文化自信自强上多做贡献；做敢于追梦的奋斗者，在推动学校高质量发展上多做贡献。 （妇联）

喜报：沈茜老师荣获“江苏省技术能手”称号

近日，学校软件与服务外包学院沈茜老师赴盐城参加江苏省“中慧杯”软件开发职业技能竞赛网站设计与开发赛项的比赛，成绩排名第二，荣获“江苏省技术能手”称号。

此次竞赛由江苏省人力资源和社会保障厅主办，江苏省盐城技师学院承办，有来自南京科技职业学院、江苏建筑职业技术学院、扬州技师学院等11所省内高职、技师院校的16支队伍报名参赛，该赛项前六名获江苏省人力资源和社会保障厅颁发的“江苏省技术能手”称号。

作为国家首批“双高计划”建设单位，学校十分重视师资队伍建设，大力倡导教师参加各项教学类、技术类竞赛，夯实基础，以赛促教，全面提升教师的工程实践能力和专业教学水平，为学校在专业人才培养上赋能，服务地方应用型人才培养。

（软件与服务外包学院）

学校荣获江苏省“马克思主义·青年说”系列活动优秀组织奖

6月30日，由中共江苏省委宣传部、中共江苏省委省级机关工委、中共江苏省委教育工委、共青团江苏省委、新华报业传媒集团共同主办，“学习强国”江苏学习平台、新江苏客户端·中国江苏网承办的第六届“马克思主义·青年说”颁奖仪式及第七届“马克思主义·青年说”开幕式在南京工业大学举行。学校荣获第六届“马克思主义·青年说”系列活动优秀组织奖，学校党委宣传部卢又来老师作品《“峥嵘岁月”的见证：一枚淮海战役纪念章》在系列活动之“我是革命文物守护人——革命文物青年说”视频展播活动获评“优秀作品”。

自2017年第一届“马克思主义·青年说”系列活动在全省范围内启动以来，学校师生积极响应、踊跃参与，以青年人喜爱的方式讲好马克思主义，特别是用习近平新时代中国特色社会主义思想武装头脑，创新宣传马克思主义科学理论，深入实施“青年马克思主义者培养工程”，让马克思主义在青年中入耳入脑入心，全面加强对青年的思想政治引领，进一步促进学校思政课堂教学与实践教学深度融通，助推思政育人取得新实效。

据悉，第七届“马克思主义·青年说”系列活动将举办“我读马列经典”学习沙龙活动、“何以中国听我说”微视作品展示等系列活动，并广泛征集“我说校训100秒”视频和“青绘蓝图”视觉作品等，激励江苏广大青年深入学习贯彻习近平新时代中国特色社会主义思想和党的二十大精神，在推进强国建设、民族复兴伟业中展现青春的朝气、锐气。 （党委宣传部）

第四章 专题活动

第五届教职工代表大会专题

一、第五届教职工代表大会代表选举产生

根据教育部《学校教职工代表大会规定》和《江苏省高等学校教职工代表大会实施办法》《苏州工业职业技术学院教职工代表大会实施办法》等有关文件规定，学校11个选区先后召开教职工大会，经民主推荐、差额投票，选举产生苏州工业职业技术学院第五届教职工代表大会代表。经学院第五届教代会筹备工作领导小组审查，以下109名同志当选第五届教职工代表大会代表。

（一）精密制造工程系选区（共12人）

丁倩倩、王洪法、王琪、王惠琴、孔茗、沈小强、周瑾、耿哲、顾涛、殷铭、黄晓华、崔勇。

（二）机电工程系选区（共12人）

马延文、王文琦、王英、史飞飞、石皋莲、张大圣、陈晓华、罗玛、周薇、徐敏（01106）、章猛华、覃恩伟。

（三）电子与通信工程系选区（共11人）

王昕昀、王栋、王勤、许秀芝、吴少华、吴冬燕、吴振英、张明玉、荣雪琴、胡渠、戴丽华。

（四）软件与服务外包学院选区（共10人）

朱东、刘晓、李文俊、李芷璇、李春华、时荣、沈茜、张佳磊、陈希、罗颖。

（五）经贸管理系选区（共9人）

许斌、苏华、张君延、张璟、张琦英、周芳、俞芳、梁青春、盛晓兰。

（六）建筑工程与艺术设计系选区（共8人）

李明、王宛平、陆娴、王迪、孙启新、张贺鹏、倪碧君、许艾珍。

（七）国际教育学院选区（共11人）

丁金珠、王勇（00896）、叶文红、任峰、吴丽琴、佟岳雯、陈海彬、周俭、耿欣、桂德怀、诸莉雅。

（八）汽车工程系选区（共5人）

马俊、王瑾（00606）、张宇峰、金昱、臧华东。

（九）马克思主义学院选区（共5人）

马建新、何卫星、夏安、高珊、曹瑾。

（十）体育部选区（共3人）

石茗茗、陈建辉、周斌。

（十一）机关选区（共23人）

计翼倩、朱建荣、朱理想、刘向、刘绪军、汤鸿波、安婕、孙若颖、肖洁瑾、吴玮、何福男、张峥、陈艺、陈荔、范莉萍、姚闻华、贾虹、钱涛、徐敏（00144）、曹慧秋、童钰祥、雷冰、魏影。

二、第五届一次教职工代表大会举行预备会议和主席团第一次会议

12月20日下午，苏州工业职业技术学院第五届一次教职工代表大会预备会议在丛荟报告厅举行，全体代表参加会议，学校党委副书记、副院长吴少华主持会议。

会议听取并通过安婕代表大会筹备工作领导小组所做的大会筹备工作报告。安婕从成立筹备工作机构、代表选举和组团情况、各委员会委员候选人的产生、提案的征集和处理以及会议材料的起草情况等5个方面介绍大会的筹备情况。

会议听取并通过陈艺所做的代表资格审查组关于代表资格审查的报告。代表资格审查组认为各选举单位认真贯彻民主集中制原则，充分酝酿，广泛征求各方面意见。代表选举办法和产生程序符合要求。109名代表符合代表条件，具备代表资格。

会议以举手表决的方式通过大会主席团成员、大会秘书长名单和大会主席团会议主持人名

单。会议还通过第五届一次教职工代表大会主要议程。

预备会议后召开主席团第一次会议。会议讨论通过各代表团组成及团长名单、第五届一次教职工代表大会日程、大会选举办法(草案)、第五届教职工代表大会执委会委员候选人建议名单和提案工作委员会组成人员建议名单,会议还通过大会选举总监票人、监票人建议名单,确定总计票人、计票人建议名单。

根据日程安排,大会将于12月20日下午开幕,12月22日下午闭幕。

三、第五届一次教职工代表大会开幕

12月20日下午,苏州工业职业技术学院第五届一次教职工代表大会在丛荟报告厅开幕。本次大会的主题是:高举习近平新时代中国特色社会主义思想伟大旗帜,全面贯彻党的二十大和群团工作会议精神,坚持依法治校、民主管理,全心全意依靠教职工共谋学校发展大业。凝心聚力,团结奋进,团结带领广大教职工努力完成学校第三次党代会确定的各项任务,为学校高水平建设、高质量发展、全面开创本科教育新局面而努力奋斗。会议主要任务是:听取审议院长工作报告,听取审议学校财务工作报告,审议通过学校奖励性绩效工资分配修订方案,选举产生校第五届教职工代表大会执行委员会、提案工作委员会。

学校党委副书记、院长马延文向大会做题为“奋力践行职业教育新使命,聚力推进事业发展高质量——加快建设工业特色鲜明的一流高职院校”的工作报告。

报告共分为3个部分。第一部分全面回顾学校过去5年的工作,总结分析近一年来学校办学特色成果。马延文指出,在党的十九大、二十大精神指引下,在市委、市政府的关心支持下,在学校党委的正确领导下,全校上下紧密团结在以习近平同志为核心的党中央周围,踔厉奋发,稳中求进,学校各项事业取得显著成绩,开创学校发展史上的全新阶段。

报告第二部分明确学校下一阶段的工作目标。马延文指出,作为市属院校,学校要立足苏州制造之城、创新之城、开放之城、人文之城的定位,建设专业方向更明、专业水平更高、产业支撑能力更强、科技创新活力更足、开放融合程度更深的现代化高职院校,以高质量的职业教育全面服务中国式现代化苏州新实践迈向前进。下一阶段,要紧紧围绕学校第三次党代会确定的奋斗目标,认真调研区域经济社会发展的新形势,科学分析高等职业教育面临的新机遇、新挑战,以更高的站位、更广的视野,加快学校顶层设计。以“聚焦苏州智能制造产业、服务智能工厂车间、培育智慧工匠人才”为建设思路,以高质量发展服务苏州产业创新集群建设和苏州“制造名城”建设,全面提升学校在区域经济和社会发展中的服务能力与贡献指数。

未来一段时期,学校要分阶段推进的工作目标是:

第一阶段(2023—2024年):全面完成首轮“双高计划”建设任务并通过验收,争先进位获批新一轮“双高计划”专业群建设项目;

第二阶段(2025—2030年):瞄准苏州优势产业,聚焦产教深度融合,深化教育改革和品牌建设,建成国内知名区域领先的高职院校;

第三阶段(2031—2035年):做精做强职教本科专业,深入推进国际高教合作,建设工业特色鲜明的一流高职院校。

报告第三部分概括学校下一阶段的重点工作。一是坚持党的全面领导,提升学校治理能力;二是构建三全育人体系,推进铸魂育人工程;三是强化师德师风建设,实施人才强校工程;四是持续建强专业集群,支撑产业创新发展;五是培养现代“智慧工匠”,打造苏工人才样板;六是建设现代科技创新体系,助力产业转型升级;七是持续深化校企合作，拓展多元办学新模式；八是拓展国际职教市场，打开国际合作新局面；九是推动继续教育转型，打响社会服务新品牌；十是优化改善办学条件，持续增进师生福祉。

最后，马延文要求坚持以习近平新时代中国特色社会主义思想为指引，奋力践行服务经济社会发展、推动职业教育高质量发展和实现学生全面发展的光荣使命，着力推进专业链、人才链、创新链与苏州智能制造产业链的有效对接，加快建设成为与苏州经济社会发展和城市地位相匹配的中国特色高水平高职院校。

本次会议上，学校财务处处长吴玮做学校财务工作报告。党委委员、副院长苏华做《学校奖励性绩效工资分配办法（2023年修订稿）》的修订说明。

会后，召开主席团第二、第三次会议，研究确定大会相关工作事项。各代表团召开分团会议，对院长工作报告、学校财务工作报告、《学校奖励性绩效工资分配办法（2023年修订稿）》进行讨论审议。代表们还讨论审议《大会选举办法（草案）》、第五届教职工代表大会执委会委员候选人和提案工作委员会委员组成人员建议名单，以及大会选举总监票人、监票人、总计票人、计票人建议名单。

四、第五届一次教职工代表大会胜利闭幕

12月22日下午，苏州工业职业技术学院第五届一次教职工代表大会圆满完成各项任务，胜利闭幕。

大会表决通过《苏州工业职业技术学院第五届教职工代表大会第一次会议的决议》。吴少华致闭幕词，他代表学校党委和大会主席团，对大会的圆满召开表示热烈祝贺，并对今后教职工代表大会工作提出三点要求：一是胸怀国之大者，提升学校治理水平；二是心系校之大计，破解学校发展难题；三是肩负时之要事，助力教师全面发展。

大会号召学校教职工代表大会全体代表更加紧密地团结在以习近平同志为核心的党中央周围，在学校党委的科学决策和坚强领导下，与学校事业发展方向一致、步调一致，同向同行，为把学校建设成为与苏州经济社会发展和城市发展相匹配的中国特色高质量高职院校而努力奋斗！大会在雄壮的《国际歌》歌声中胜利闭幕。

闭幕式前，举行苏州工业职业技术学院第五届一次教职工代表大会第二次全体会议，代表以无记名投票方式选举产生第五届教职工代表大会执行委员会和提案工作委员会，投票通过《学校奖励性绩效工资分配办法（2023年修订稿）》。

闭幕式后，苏州工业职业技术学院第五届教职工代表大会执行委员会召开第一次全体会议，选举产生主任、副主任；提案工作委员会召开第一次全体会议，选举产生主任、副主任。

第四届“我最喜爱的老师”评选活动

为深入学习宣传贯彻党的二十大精神，落实立德树人根本任务，进一步弘扬爱岗敬业精神，营造尊师重教的氛围，由校团委和教师工作部联合举办的第四届“我最喜爱的老师”评选活动圆满收官。

“他恪尽职守、勇挑重担”“她春风化雨，温暖每一位同学的心灵”“他引导学生树立正确的世界观、人生观、价值观”“她尽职尽责做好宿舍管理每一项工作……”评选活动自启动以来，得到全校师生的积极响应，同学们纷纷在线上为自己最喜爱的老师投票。在评选活动现场，20名学生推荐人通过PPT现场演讲，声情并茂地向观众们介绍他们心中最喜爱的老师。经过现场同学们的认真评选，于泽鑫、王化婷、王周刚、石红梅、刘慧、芮文艳、沈建英（宿管）、张梦丹、张馨仪、郦雨琪等10位老师荣获学校第四届“我最喜爱的老师”称号；王逸群、王熙雏、尹玖红、许岚、芮科、张苏银、张贺鹏、张素敏、陈园园、殷勤等10位老师获得第四届“我最喜爱的老师”入围奖。

“我最喜爱的老师”评选活动不仅体现学生对老师教学能力和人格魅力的高度认可，更体现学生和教师之间的深厚情谊，生动诠释“我在乎你”的学校精神。今后，校团委将联合各职能部门以校园文化活动为平台，进一步搭建好学生与老师沟通交流的桥梁纽带，为学校的师德师风建设、和谐校园建设贡献更多的青春力量。

第四届“我最喜爱的老师”

（以下名单按姓氏笔画排序）

于泽鑫

岗位格言：教育本是一场用心浇灌的坚守，一场守望花开的等待，平凡的时光里流淌着的是爱与尊重。由心、从心、向心，动人以言、动人以行，绽放光芒，为他人照亮前行之路。

学生感言：于老师不仅是我们的班主任，很多时候更像我们的朋友，疫情时期初入大学，我们对一切都感到新奇与疑惑，于老师耐心地给我们介绍学校周边的一切，我们得以快速地熟悉校园的环境。在日常的学习生活中，于老师会不时地督促我们学习，为我们的学习敲响警钟，在学习的早期阶段，就为我们提供今后的发展方向，无论是就业还是升学，使我们心中都有了明确的目标。当遇到宿舍矛盾时，于老师也会细心地从中调解，努力地优化学生关系，在老师润物细无声的关心与督促下，我们都在向着更好的方向努力着。

——胡啸天

王化婷

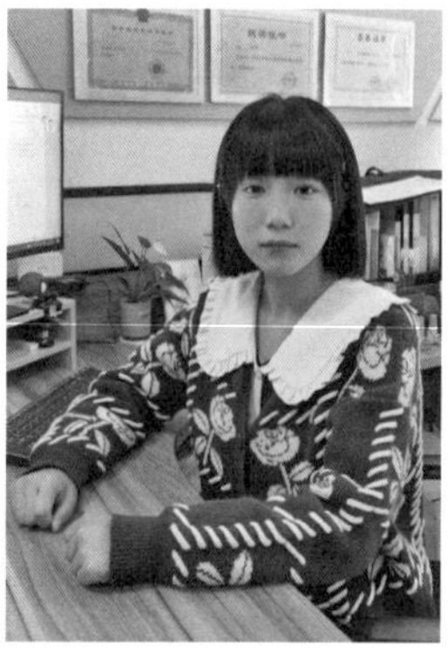

岗位格言：辅以学生成长，导以学生成才，圆以学生梦想，作为一名辅导员，同时兼任系团委书记，指导系部三大团学组织开展学生服务工作，始终怀揣“为学生负责”的初心，用青年话语讲好中国故事，用青春姿态贴近学生群体，与学生共成长、同进步。

学生感言：王化婷老师为人正直，热爱学生工作，关心关爱学生，理解学生，走近学生。课堂上，她是良师益友，传仁爱思政之道，鼓励我们积极发言，以自己严谨治学的教学态度影响我们树立起正确的理想信念。生活中，她是知心姐姐，主动了解学生所思所想，以无微不至的关怀融入学生生活中，积极解决学生实际问题和困难，组织多种活动来提升我们的综合素质，我们有快乐的事愿意和她分享，有困惑有苦恼愿意向她倾诉。

——黄强强

王周刚

岗位格言：教育不是灌输，而是点燃火焰。愿做一束微光，去照亮身边的每一位学生，用自己的力量去影响无数青年，厚植家国情怀，用心感悟生命的神奇和精彩。

学生感言：上课时，王老师能够从学生实际出发，适当活跃课堂气氛，充分调动学生学习的用心性。王老师授课时生动形象，极具幽默感，十分能调动课堂气氛，寓教于乐，激发学生无限兴趣。这也是他的课到课率极高的原因之一。他上课条理清晰、容量大，让同学能真正感兴趣，有目的地集中精力听两节课，学到知识。

——刘志阳

石红梅

岗位格言：师者如光，微以致远。

学生感言：石红梅老师热爱学生，心系学生，情系学生。她工作兢兢业业，耐心细致，恪尽职守，并结合工作实际进行探索，积极运用新的工作形式和载体，形成了一套行之有效的方法。她公平对待每一位同学，不会因为成绩不好或者其他方面有欠缺而对同学区别看待。工作中始终贯彻以学生为本的服务宗旨，经常与同学沟通和交流，随时了解同学的思想动态和现状。认真帮助学生做好职业生涯规划，积极提供就业信息和政策指导。政治立场坚定，思想品德高，作风正派，工作态度认真，注意工作方法，坚守工作岗位，通过日常琐碎的事务，成为学生信任、依赖的老师。

——王跃聿

刘　慧

岗位格言：师者，所以传道受业解惑也。

学生感言：刘慧老师看似古板、老套的外表下有一副温柔、善解人意的内心。在教书育人、教学研究等方面，取得了一定的成绩。刘老师真诚地对待每一位学生，透过她那尽责的工作风格，让人感受到的是爱心、热心和真心；她用爱心与责任书写着平凡岗位的动人篇章，以执着、坚忍的意志描绘着与同学们共成长的美丽画卷。

——李利泽

芮文艳

岗位格言：作为一名教师，我深感教育的崇高和责任重大。面对着充满活力和个性的学生们，我始终保持敬业和热情，努力传授专业知识，引导他们树立正确的人生观和价值观。教学中，我不断探索有效的教学方法和手段，注重培养学生的实践能力和创新思维。看到学生们茁壮成长和取得进步，我备感欣慰和自豪。

学生感言：在我们眼中，芮文艳老师不仅在学习中教导我们，督促我们，会让我们按时完成作业，她还在生活中照顾我们，在降温时会提醒我们，会关心每一个生病的同学，她有的时候还会组织其他活动让同学们放松心情，让同学们劳逸结合。这些话不仅是我一个的感言，更是班级的感言，芮老师真的是一个考虑周到、称职的老师。

——雷越

沈建英

岗位格言：自从来到这个学校担任宿管后，看着这些孩子们，第一次远离家乡、离开父母来到苏工院求学，我十分心疼，所以我对于这份工作有了不一样的看法，这份工作看起来轻松但责任重大，我关注着学生们的进出就寝情况，为了学生们的安全，每天认真地对未归寝的同学问询情况。

学生感言：宿管阿姨平时工作尽心尽责，她负责维持宿舍的秩序，提供安全和舒适的生活环境。有同学生活上遇到小困难，她都会及时给予力所能及的帮助。

阿姨默默地为同学们提供了许多帮助。她将同学们的需求放在第一位，为了同学们的利益，付出了很大的努力。

因此，我十分尊重和感激宿管阿姨的辛勤付出，作为学生，我们也需要积极配合宿管阿姨的工作，保持宿舍的卫生和秩序，共同维护好大家学习和生活的环境。

——陈炳旭

张梦丹

岗位格言：尽管入职已有1年，要成为一名优秀的辅导员道阻且长，只有不断地学习才能保持好的工作状态，贴近学生才能深入开展教育引领。

学生感言：张梦丹老师具备高尚的思想品质和良好的职业道德，始终以身作则，为人师表。她时刻关注学生的学习、生活和思想动态，及时发现问题并解决问题，是学生的良师益友，始终为学生提供帮助和支持。她具备敏锐的洞察力，能够及时发现学生的问题并给出正确的引导。她善于倾听学生的心声，理解学生的需求，给予学生及时的指导和帮助。

——高宇琨

张馨仪

岗位格言：作为一名教师，既感到光荣，也深深地感受到一种责任，工作2年来，我努力做到：学习新知识适应新形势，不忘初心教书育人。“我最喜爱的老师”称号是对我的鼓励，也是一种压力，我将不断学习，努力工作，提升个人的能力和修为，站好讲台，敬畏课堂，教出底气，教出魅力。

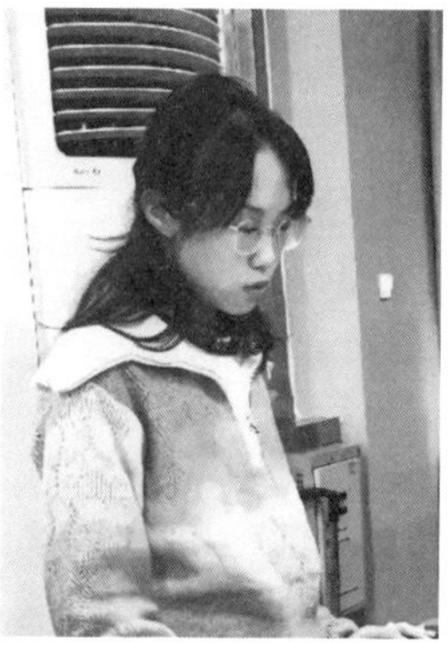

学生感言：张老师为人和蔼可亲，教学有法，教学水平高，严格中不失温柔，课堂上散发着教学风采。张老师很尽责，很关心学生，关心学生生活和心理方面的很多小事，让学生感受到无微不至的关怀。

——王薇

郦雨琪

岗位格言：教育无他，唯爱与榜样而已。作为新时代辅导员，我愿用青春护航青春，用心灵引领心灵，用爱与责任走近学生、了解学生、服务学生，继续保持追梦人的初心，做好莘莘学子的筑梦人。

学生感言：大学时期是我们成长的关键阶段，而在这段宝贵的时光里，我们的大学辅导员往往扮演着重要的角色。她不仅在学术上引导我们，还在生活中关心我们，成为我们大学生活中最亲近的人之一。她是学生们成长道路上的指路明灯，她的付出和奉献理应得到我们的认可和感激。我想对我的大学辅导员郦雨琪老师表达深深的感谢。

——周映羽

第四届“我最喜爱的老师”入围奖

（以下名单按姓氏笔画排序）

王逸群

岗位格言：师以德为本，心以爱为源，用心从教，用爱育人。

学生感言：王老师幽默风趣，能和学生打成一片，并且细心、耐心地帮助学生分析问题、解决问题。她对待工作认真负责，一丝不苟，是一位真正关心学生的辅导员。王老师像对待朋友一样对待我们，大家都非常喜欢她！

——叶峰

王熙雒

岗位格言：有一位伟人曾经说过：“教师是太阳底下最神圣的职业。”作为一名专任教师与班主任，我深知要有责任心与使命感，付出自己的汗水，收获学生的成长。

学生感言：王老师作为任课老师，时常找我们谈心、与我们交朋友，并经常深入学生宿舍，关心学生的生活情况，及时给予学生指导和帮助。她对工作讲求实效，对学生因材施教，作为任课教师，她认真备课，不断充电，让45分钟的课堂保质保量，让每一位学生能有所收获。虽然教师是一种很平凡的职业，但王老师凭着她的热情与坚持、爱心与奉献，一定能在平凡的岗位上实现自身的生命价值。

——陈锡文

尹玖红

岗位格言：学生是我掌心的宝，每一块宝石都值得花费心血好好打磨。凡事尽心尽力，但求无愧于心，无愧于太阳底下最光辉的职业。

学生感言：尹老师始终营造着互动、合作与探究的课堂教学氛围，师生互动、生生互动、生本互动的课堂探究意识浓。教学活动本来就是一种创造性活动，正是通过师生之间、生生之间的不断互动，创设一种和谐的教学环境，从而创生出一节优秀的课。她的教学有宽松和谐的学习气氛，使学生能在探索和学习过程中产生丰富的情感体验。在这过程中，学生受益了，教师也在教学相长中获益。

——刘子叶

许 岚

岗位格言：从教之路，辛苦与快乐同行，我始终秉承严谨求实、一丝不苟的工作态度，以“立德树人”为指导，在平凡的岗位上用真诚和热情、爱心和宽容助力学生腾飞。“十年树木，百年树人”，我将不忘初心、牢记使命，继续努力！

学生感言：许老师为人和蔼可亲，像是学生的知心朋友，能很好体谅学生，能站在学生的角度和立场为学生考虑，她坚守着一腔热诚一腔爱，让班上的同学生活在自强、愉快的班级大家庭里。许老师教学有法，教学水平高，严格中不失温柔，展现出新时代的教师风采。许老师的课堂气氛轻松温暖，在巩固课本的基础知识的前提下，适度地让学生了解课外知识，增长学生见识。许老师时常站在我们的角度考虑问题，为我们着想，特别是她平易近人，和同学们关系融洽，与同学们亦师亦友，为同学所喜爱。

——刘海翔

芮　科

岗位格言：用心上好每一门课，关心每位学生的成长，关注每位学生的进步。让每位学生都能学有所得，精技致能。

学生感言：芮老师通过对课本的独到深入的讲解，达到了很好的教学效果，能结合多种教学手段，使学生对知识的掌握更深刻。教学内容重点突出，教学目的十分明确，老师具有极高的专业技能。授课方式新颖别致，能激起同学们的兴趣。芮老师很注重互动，课堂学习氛围轻松愉快，真正达到了教学的目的。此外，芮老师十分注重学生们课后的学习情况，能够实时了解学生对知识的掌握程度，课后对学生的不解之处能够很好地答疑。

——张瀚升

张苏银

岗位格言：作为新时代的辅导员，我们要把教育、引导学生与服务、关心学生结合起来，贯彻“学生工作无小事”的理念，贴近学生的实际做工作，尊重、信任、理解学生，在潜移默化中用坚定的信仰、良好的师德影响学生，培养出“德才兼备、品德高尚”的高素质人才。

学生感言：张苏银老师是一位非常负责认真的老师，她的班级管理风格细腻却又不乏严格，尽心尽力地照顾每一位学生。她工作态度端正，学生有问题时，从学生的角度出发，十分耐心地解答，让学生们不断进步。

——徐雪

张贺鹏

岗位格言：作为一名专任教师，我希望将专业技能传授给学生，让每一位学生都能掌握扎实的技能，成就小我，技能成才，同时我也希望将正确的理想信念传递给学生，让每一位学生能够将个人梦和中国梦相结合，点亮他们“技能报国梦想”。

学生感言：张贺鹏老师讲课十分认真投入，内容纲举目分，条理性很强，而且特别善于举例，把理论和实际相结合，让同学们学习起来十分轻松，而且印象深刻，他的课也能收到良好的效果。老师为人和蔼，课堂上能与同学们互动，营造温馨的课堂气氛。

——张瀚升

张素敏

岗位格言：作为一名辅导员，我有幸见证了无数学生的成长，并且深感自己的工作对于他们的未来有着深远的影响。希望通过自己的努力，帮助学生们建立正确的价值观，

培养他们的综合素质，为他们未来的发展打下坚实的基础。我期待着在未来的日子里，继续陪伴学生们成长，见证他们的进步，支持他们的梦想。

学生感言：张素敏老师本着不怕吃苦多付出，多努力的精神，跟学生们关系融洽，多次指导学生开展有意义的社会实践和文体等大型活动。工作中爱岗敬业，乐于奉献，勤于思考，开拓创新，有较好的组织协调能力和政策理论水平。平时严于律己，关心集体，人际关系融洽。工作踏实负责，有全局观念，成绩显著。有强烈的事业心和责任感，关爱学生，不断总结学生工作规律，创新学生工作方法，以学生党建和学生活动为载体，加强大学生思想政治教育，指导学生在目标规划、学风建设、心理教育、社会实践和创新创业教育等方面取得了一定的成绩，为学生搭建了成长、成人、成才的有效平台。

——程慧娣

陈园园

岗位格言：作为一名教师，我始终坚信教育的力量，也始终在努力追求教育的理想。上好每一节课，教好每一位学生，踏踏实实耕耘三尺讲台，勤勤恳恳传道授业解惑，用实际行动践行教书育人的初心。

学生感言：陈园园老师上课时能够从学生实际出发，帮助学生，讲课突出重点，语言生动，内容详细，条理清晰，细致入微，对课程解释得通俗易懂并且见解独到深入；她认真负责，治学严谨；她要求严格又平易近人，不厌其烦，认真讲解，批改作业认真及时并注意讲解学生易犯的错误。

——朱珠

殷　勤

岗位格言：英语不仅仅是一种工具，更是认识世界的一扇窗户。希望在我的课堂上，学生不仅能学习到英语知识，更能体验到英语背后的文化与思想，建立积极向上的价值观，获得跨文化交流的能力。期待在未来的日子里，与学生们共同进步，共同成长。

学生感言：很荣幸能够作为殷老师的推荐人，殷老师教我英语，她不仅教我们知识，还帮助我们解决了一些生活中的问题，给了我们很多宝贵的建议，让我们受益匪浅。

殷老师的课也非常有趣，在这之前我不太爱英语，但是上了殷老师的课之后，我积极发言、认真回答问题，认识到了英语的乐趣。她关心我们每个学生的学习情况，总是针对每个人的不同情况进行指导和帮助。

殷老师是一位非常值得尊重和受人爱戴的老师，我一定会把她的教诲铭记在心。

——徐逸

"双高"建设专题

2023年是"双高"建设计划的收官之年，学校持续聚焦苏州新型工业化建设，以苏州"工业立市、工业强市"城市发展为契机，以高质量服务数字经济时代苏州产业创新集群建设和苏州"制造名城"建设为重点，奋力提升学校在区域经济和社会发展中的服务能力与贡献指数，聚力打造与苏州经济发展水平匹配的高职院校。经过5年建设，学校70%的专业服务苏州装备制造、电子信息等万亿级产业，技术技能人才培养增长30%，毕业生薪资增长20%，高水平的教师创新团队翻一番，产出一批国家级教学创新团队、教学成果奖、资源库等标志性成果，形成一批可借鉴、可复制、可推广的典型案例、经验和模式。

一、总体情况

学校坚持以习近平新时代中国特色社会主义思想为指导，全面贯彻党的教育方针，落实立德树人根本任务，围绕区域经济和社会发展需求，推动学校高质量发展。学校立足建设与苏州城市发展水平相匹配的高职院校，始终坚持"聚焦智能制造产业、服务智能工厂车间、培育智慧工匠人才"建设思路，加强"双高计划"项目管理，有序推进学校整体和智能控制技术专业群项目建设，圆满完成建设任务，取得显著成效。

——产教融合育人特色彰显。以人才培养为核心，以教育部示范性职教集团为支点，建成全国领先的GF智能制造创新实践基地、华芯微先进半导体生产性基地及5G全链接产教融合创新实训基地，形成"学校+领军企业""人才+未来市场""人才+尖端产品""人才+先进技术"的产教融合育人"苏工模式"。

——关键办学能力显著提升。实施"课岗融通"改善课程体系与标准，"德技融汇"改良课程内容与教材，"知行融合"改进教学方法与评价，形成高职"三融育人"课改模式，再获国家级职业教育教学成果一等奖，获评全国优秀教材一等奖1项，建成国家级专业教学资源库1个、新立项4个，获评国家精品在线开放课程6门次，获评职业教育国家规划教材22部次，获得全国职业院校技能大赛一等奖5项。

——教学创新团队再攀新高。紧扣"机制改革高效化、队伍建设优质化、人才服务科学化"目标，培养理实一体、知行合一、德才兼备的"双师型"教师队伍，入选全国高校黄大年式教师团队1个，先后入选国家教师教学创新团队2个，形成一支紧跟苏州新型工业化发展，深入服务地方产业经济发展的"苏工团队"。

——社会服务能力持续增强。坚持"科技所趋、产业所需、区域所能、院校所为"的产教融合理念，聚焦区域智能制造企业"智改数转网联"需求，产出一批高水平原创科教成果。"双高"专业群负责人石皋莲教授带领团队，助力企业研发新产品、技术改造近100项，研发成果获长征五号运载火箭办公室致信感谢；专任教师王雪创办国内唯一同时攻克动压和静压两种气悬浮技术并都实现产业化的高新技术企业。

——携手苏州企业出海扬帆。学校贯彻落实"一带一路"倡议，坚持"引进来"与"走出去"双向发力，为专业国际化架桥，为企业走出去铺路。联合京东方高创开展"南非班留学生项目"，与苏州富纳艾尔科技（越南）有限公司共建富纳—苏工院越南"郑和学院"，承接国家发展和改革委员会与印尼海洋与投资统筹部联合主办的工业化职业培训项目“物联网与机械工程”，共培训南非、越南等国员工4000人次。

一体化高质量推进学校建设任务和高水平专业群建设任务，累计获得国家级标志性成果137项，其中“双高”专业群国家级标志性成果67项，全面高质高效完成预期建设任务。学校层面设二级建设任务36项，预设任务点总数286个，新增任务点7个，绩效指标248个；高水平专业群设二级任务22项，预设任务点总数98个，新增任务点7个，绩效指标120个，全部高质量完成。

在“金平果”高职专业群及专业排行榜中，学校国家双高专业群在所属装备制造大类中全国排名第23位，工业机器人技术专业排名全国第二，智能控制技术专业位列全国第三，机电一体化技术专业排名第10。“金平果”2023年中国高职高专院校综合竞争力排行榜中，理工类全国排名第107位。学校深度参与部省共建苏锡常都市圈职业教育改革样板建设，先后在《光明日报》《中国教育报》、中国教育电视台等国家级媒体报道52篇。

二、特色经验与做法

学校深度贯彻落实《关于加快推进现代职业教育体系建设改革重点任务的通知》，遵循职业教育教学规律和技术技能人才成长规律，创新产教融合、校企合作机制，形成系统构建“学校+领军企业、人才+未来市场、人才+尖端产品、人才+先进技术”的产教融合育人模式；全面培育一批紧跟苏州新型工业化发展，深入服务地方产业经济发展的“双师”团队；系统创构“课岗融通、德技融汇、知行融合”的课程改革实践；深入打造打通科研开发、技术创新、成果转化链条，服务企业技术升级的科技服务平台；创新形成服务“一带一路”发展的宝贵经验，提升人才供给的精准度和社会服务的贡献度，为职业教育高质量发展提供可借鉴、可复制、可推广的典型案例。

（一）携手共育，培育智能制造工匠的“苏工模式”

学校瞄准长三角一体化智能制造产业转型升级，紧扣区域智能制造企业“智改数转”急需庞大的高素质技术技能人才，提出“聚焦智能制造产业、服务智能工厂车间、培养智慧工匠人才”的建设思路，实施专业提档升级，打造智能制造专业集群，以服务产业高端和高端产业为出发点，创新产教融合、校企合作育人机制，在育人主体、育人动力、育人体系、育人资源建设上持续深耕，构建“学校+领军企业”“人才+未来市场”“人才+尖端产品”“人才+先进技术”的产教融合育人“苏工模式”。形成1个国家“双高”建设专业群、4个省级高水平专业群、1个校级高水平专业群的集群建设新格局。

1. “学校+领军企业”，服务产业高端，构建产教融合育人双主体

学校瞄准制造业高端，主动牵手技术领先、设备高端、市场占有率高、生产力足，且对苏州工业生产具有重要影响力的领军企业，共同开展专业建设，推进产教融合育人。先后与中国联通、乔治费歇尔、博世、卡尔蔡司、德马吉、华芯微、浪潮信息等企业签订合作协议，共同开展专业建设。

通过长期合作，领军企业不仅捐赠工业传感检测、工业互联算力、工业机器人、高精密检测、

教师在校内实训基地为学生上虚拟仿真课程

高精密加工、高智能生产装备等智能制造领域先进装备，同时带来先进的关键领域技术。各专业以各种形式参与合作企业的融合育人项目，2个典型项目先后获得教育部现代学徒制和江苏省教育厅现场工程师项目立项。

2. "人才+未来市场"，着眼产业升级，形成产教融合育人新动力

紧扣区域高端装备产业转型升级，有效解决区域高端产业的下游企业新技术、新工艺、新设备应用的人才供给不足问题，学校与领军企业开展深度合作，抢占企业未来潜在的海量市场，共同创建人才与市场共育的人才培养新模式和商业新模式，构建"人才+未来市场"校企长期合作的动力机制。

学校对标合作企业高端装备的先进技术，专门开发智能制造类新课程86门，共同培养一批服务高端装备产业发展的智慧工匠人才。与企业共同攻关一批关键核心技术，研发一批企业急需的高端设备，为设备客户培养能熟练使用高端装备的技术技能人才，产生"以一当百"的效应，产能效益成倍提升。

学校推动企业实现从"卖产品就是卖服务"的通用商品市场商业模式到"卖产品也是供人才"的尖端先进产品市场商业模式的转变，各领军企业纷纷将最先进的技术、装备引入学校。中国联通将全国首家5G全链接工厂人才培训基地建在学校，华芯微与学校共建工信部首批"先进半导体专精特新产业学院"，乔治费歇尔中国总部将价值4000多万元的最先进的Laser S 1200 U、ML-5（5 Axis）等一批设备捐赠给学校。

苏州市劳模殷铭在实训室指导学生技能训练

3. "人才+尖端产品"，紧贴企业需求，形成产教融合育人新体系

针对企业尖端设备市场供不应求、企业尖端设备应用人才匮乏等难题，学校深化国家教学成果一等奖"'五教合一'的产教融合人才培养模式"的创新与实践，与区域高端装备制造企业联手，探索"人才+尖端产品"共育、共享高精尖技术技能人才的新路径。

学校选取企业最紧缺的高端产品应用工程师为样本，厘定培养目标，提取培养人才需要的知识、能力和素养。实施围绕产品应用的技术链重组模块化课程体系，生成技术交叉、能力递进的学生成长地图。依托校企共建生产性实训基地，打造"专任教师+工程师"的结构化教学团队、"真项目活知识"的数字化教学资源、"真实设备移动黑板"的生产性教学现场、"真产品分模块"的项目化教学方法、"职业素养与教育规范融合"的教风学风，将教学要素与生产要素有机融为一体，用真实生产任务考核学生能力达成，培养一批服务产业高端的现场应用工程师。

学校成立10支校级教学创新团队，开展专业群新型人才培养改革，3支队伍被评为国家首批教学创新团队、第二批全国高校黄大年式教师团队和第三批教学创新团队。

4. "人才+先进技术"，走进生产一线，形成产教融合育人新课程

紧扣科技创新推动产业转型升级，聚焦高端产业需要大量掌握先进技术的高素质技术技能人才，学校以课程改革为重要抓手，创新"三融"育人课改模式，推动教师团队深入企业一线服务"智改数转网联"，系统构建"挑企业—选岗位—找任务—理能力—定体系—写标准—常更新"课

程改革七步流程，动态融入新方法、新技术、新工艺、新标准，实现课岗融通；设计一条教师“进企业—做项目—挖资源—建课程”的课改路线，同时融入工匠精神、劳模精神等职业素养，形成课程思政系统化设计与实施方法，育人与育才相结合，实现德技融汇；开展工作过程系统化课堂改革，推行基于“团组互动”的结果导向式项目化教学，实现知行融合。获评国家级教学成果一等奖、省级教学成果特等奖，建成国家级专业教学资源库1个、省级3个，课程与教材获国家级荣誉27个、省级27个。

新模式提高了技术技能人才培育质量，缩短人才成长周期，培养了一大批适应企业“智改数转网联”的技术技能人才，学校成为区域企业的“人才库”。教师参加教学比赛获国家级奖项1项、省级42项。学生在职业技能大赛、互联网+创新创业、金砖国家、“一带一路”国家技能大赛等比赛中获国际、国家级奖项40多项，省级获奖150多项。

教师带学生到企业分组上实践课

（二）强教先行，全面打造高水平双师型“苏工团队”

学校紧紧围绕区域新产业集群发展需要，遵循职业教育规律和技术技能人才成长规律，紧扣“机制改革高效化、队伍建设优质化、人才服务科学化”的建设目标，培养一支理实一体，知行合一，德才兼备的“双师型”教师队伍，全面构建校级、省级和国家级教师团队建设格局，打造一批紧跟苏州新型工业化发展，深入服务地方产业经济发展的“苏工团队”。

1.聚焦服务区域产业，培育三支“国家队”

（1）坚持初心筑梦匠心，入选第二批全国高校黄大年式教师团队

学校“匠心筑梦·铸魂报国”工业机器人与智能装备教师团队以习近平新时代中国特色社会主义思想为引领，践行“树人报国、科技报国、服务报国”之志，以为党育人、为国育才为目标，以落实立德树人的根本任务，以培养适应工业机器人与智能制造领域的生产、管理、服务岗位需要的高素质技术技能人才为己任，建成在高质量发展和为人民服务的实践中争当表率、争做示范、走在前列的新时代教师团队，于2022年入选第二批全国高校黄大年式教师团队。

（2）精准服务“智改数转”，国家首批教师教学创新团队顺利验收

学校工业机器人专业的教师团队以名师领衔、教授领航、博士协同为主线，搭平台聚人才，做项目出成果，助力企业“智改数转”，一体化高质量推进专业建设、人才培养、“三教”改革、科学研究和社会服务。立项国家级职业教育首批教师教学创新团队以来，成果丰硕，“‘三融育人’高职课程改革创新与实践”成果获国家职业教育教学成果一等奖，团队授权发明专利32项，成果转化35项；横向到账经费1000多万元，间接经济效益超亿元，于2023年顺利验收。

（3）锚准万亿级新产业，第三批国家教师创新团队再上新征程

学校智能控制技术专业坚持产教融合、科教融汇，依托智能制造核心技术模块，实施“七个一”成长计划提升教师双师能力，改革“五教合一”的人才培养模式，深入实施“多基双环，三师协同”行动，组建“双师型”教学创新团队。团队瞄准苏州万亿级智能制造新产业，着

力打造具有国际竞争力的先进制造业基地。团队于2023年获批第三批国家级职业教育教师创新团队。

2.聚魂传承大国匠心，培养一批“领军者”

（1）做产教融合育人的“践行者”

作为国家首批教师教学创新团队主要领衔者，机电工程系教授石皋莲是一名把产教融合实践视作自己“浪漫事业”的“大先生”。她从事职业教育30余载，先后获江苏省教学名师、全国职业院校技能大赛优秀指导教师、三八红旗手等40多项荣誉，技术研发成果曾获长征五号运载火箭办公室致信感谢；获得主持国家在线精品课程、主编出版国家规划教材等省部级以上成果29项；她带领团队助力企业研发新产品、技术改造近100项，获江苏省材料学会科学技术一等奖，产生较好的经济效益和社会影响。

（2）受中小企业追粉的“大工匠”

在苏州中小企业圈子里，王勇教授被赞为数控设备维修领域的“大工匠”，他累计为企业维修达6000次，培养的专业学生遍布长三角地区50余家中小企业，他将数控铣床成功升级为自动换刀加工中心，保障企业生产稳定，获市场赞誉。作为省智能制造装备技术技艺技能传承创新平台领衔人，同时也是第二批全国高校黄大年式教师团队的骨干成员，他凭借精湛技艺和丰富经验，积极致力于自动化生产系统、专用装配设备和数控设备的升级改造，助力中小企业发展，为企业带来效益上的飞跃。

（3）有职业教育情怀的“企业家”

第三批国家级职业教育教师创新团队主要成员王雪老师，是一名怀揣教育梦想到“职教中去”的女性企业家，现为学校精密制造工程系专任教师，同时也是精效悬浮（苏州）科技有限公司董事长。她曾获评“姑苏领军人才”、江苏省“创客”50强，曾获江苏省女性创业大赛第二名、苏州女性创业大赛第一名。她的企业致力于气体轴承及高速旋转流体机械研发及生产，拥有国内领先的航空超精密加工技术核心技术团队，创办国内唯一同时攻克动压和静压两种气悬浮技术并都实现产业化的高新技术企业。2021年入职学校成为一名专任教师，她立志在三尺讲台和实训车间，把本领传授给更多立志投身于超精密加工行业的学生们，把“工匠精神”深种于学生的心里并用一生将其发扬光大。

3.聚力厚植人才沃土，打好一套“组合拳”

（1）实施“人才强校”工程，一张蓝图绘制群英谱

学校精心擘画新时期人才工作全新蓝图，出台“人才强校”工程实施方案，以师德引领计划、人才荟萃计划、专业赋能计划和强师助力计划助推人才自身发展，助力人才服务学校。学校紧扣高质量发展中人才队伍建设的任务目标，突出问题导向、聚焦重点项目，细化发展指标和建设周期，为每一位高层次人才制订成长计划，让专业骨干人才从“大有可为”的期待转向“大有作为”的实践。“双高”建设以来，学校有28人获得省级以上人才项目培养，获批省级以上课题31项，教学能力比赛省级以上获奖43项，指导学生参加竞赛省级以上获奖174项。

（2）制定“人才发展”汇编，一组政策搭建成长梯

学校高度重视人才引育，通过政策支持拓宽渠道、培养扶持、严管厚爱、服务保障，为人才发展搭建成长阶梯。出台《“苏工大师”人才计划实施办法》《教师团队建设实施办法》《教师实践管理办法》《教师在职攻读博士学位管理办法》《柔性引进人才管理办法》《教师行为规范》等文件，修订《教师专业技术资格条件》，制定《校级特聘岗位实施办法》《关于加强新教师综合业务能力提升的实施意见》等办法，坚持发展导向，为教师创造“挑大梁”“唱主角”的平台，丰富人才评价维度，破除发展后顾之忧，激发成长动力和潜力，

促进人才快速成长，能力全面提升。

（3）建立“人才服务”系统，一个平台服务全周期

学校以“数字服务、智慧管理”为目标，建立以SAAS管理平台为数字底座、使用API融通多平台多网站的“阳光人事”智慧系统，形成覆盖全校的网络化、数字化、智能化、个性化、终身化新型人事管理服务体系。搭建“招聘系统”“人员管理”“绩效管理”“项目管理”等8大类40多个“互联网+”人才服务应用，同时针对教职工考勤、入转调离、工资查询、个人事项填报等日常业务，依托“企业微信+简道云+OA”的融通电脑端、手机端模式，开发数字流程，实现全业务全流程的“一网通办”，为提升人才发展服务品质奠定数字基础。

（三）德技并修，创构“三融育人”课程改革“苏工实践”

针对学校课程与学生核心技能和职业素养提升不够契合，企业对学生的岗位技能和职业素养不够满意，课程随动技术迭代不够充分等问题，提出“德技并修”的课程改革总思路：通过“课岗融通”改善课程体系与标准，“德技融汇”改良课程内容与教材，“知行融合”改进教学方法与评价，形成“三融育人”课程改革“苏工实践”。获国家级职业教育教学成果一等奖，主持建成国家级职业教育教学资源库1个、国家在线精品课程3门、国家课程思政示范课程1门，获全国优秀教材一等奖、国家“十四五”规划教材等5部。

1.三新三化，研制课岗“融通的课程”体系与标准

（1）调研岗位要求，梳理人才素养要点

基于工作过程，设计“挑标杆企业→选典型岗位→找工作任务→理职业能力素养→定课程体系→写课程标准→论证与更新”七步流程。对接标杆企业亨通集团，根据智能化生产对设备开发工程师等岗位新要求，梳理出系统集成应用、系统仿真等技术新要点，工业机器人编程、调试等技能新要点和工程思维方式、创新意识等素养新要点。

（2）随动岗位任务，同步更新课程标准

基于岗位任务迭代，将“新素养、新技术、新技能”课程化，在原有课程体系中开设“工业机器人基础”等技术认知课程、“工业机器人离线编程”等技能训练课程、“创新思维与方法”等素养提升课程，在原有“机电一体化系统设计”课程中增设虚拟仿真技术等新内容。根据岗位新要求动态调整课程、课时、课序，同步升级项目、任务和资源，完善课程标准。

（3）基于项目流程，完善课程资源体系

基于项目实施流程，按照“技术能力与素质素养”双螺旋递进的思路，挖掘与再造课程与教材典型项目，重构“聚焦1个典型岗位—开发N个课程模块资源—形成1条技术技能与素质素养螺旋递进的培养主线”的“1-N-1”模块化课程资源体系。

2.三螺旋递进，开发“德技融汇”的课程内容与教材

（1）精选典型产线，确立课程内容

对照专业课标准，选择一条企业生产线，设计“典型岗位→典型项目→典型任务→典型活动”四步流程，针对AW的1条轮毂生产线上关键岗位，开发“PLC应用与实践”等课程。优选工作流程编排程序设计、硬件选型、编程调试的典型项目按难易程度编入课程，同时梳理精益求精、质量标准、绿色环保等素养要点嵌入编入课程与教材。

（2）构建素养主线，挖掘思政元素

设计“报国情怀—时代风尚—工程伦理—工匠精神”4个维度，以报国情怀为统领、时代风尚为指引、工程伦理为重点、工匠精神为核心；挖掘制造强国、产业报国、工匠精神等体现专业特色的12个素养要点；构建素养与技术内容的“三螺

旋递进”培养主线，将素养元素—案例—项目融于课程，针对每一任务环节，编排电气识图、小组讨论等活动，同步融入安全识记、规范操练等素养活动。

（3）设计课改路线，提升教研能力

组建结构化教师团队，实施能力素质提升“七个一”基本任务，实行人人过关机制，教师能课改；国家级教学创新团队引领，教师在教学岗与企业实践岗定期轮动，享受双薪待遇，随动岗位需求，承担1门课程系统改革和1项教改课题研究，科研反哺教学，“双岗双薪双课”培养机制，教师会课改；教师业务考核与师德师风考核并重，职称评审、梯队建设、骨干培养破学历、破资格，“双考核双突破”评价机制，教师想课改。

3.三互协同，实施“知行融合”的课程实践与评价

（1）师生互动，连接行动导向的教与学

按照项目编排，构建“资讯—计划—决策—实施—检查—评估—提升”的七步教学流程，开展行动导向教学。实施“双岗双薪双课、双考核双突破”机制，激发教师课改动力；推动教师追踪1个技术前沿、开发1套科学教案等能力“七个一”提升工程，提升教师课改能力；邀请产业教授、企业工程师加入结构化教学团队，提升课改整体实力。开展做1个5S整理标兵、完成1次科普活动等学生“十个一”实践活动，组建项目化学习小组。

（2）场景互通，连接校企线上线下教育

基于职业情景的行动导向项目化教学，安排大于50%学时任务在生产车间完成，连接企业生产现场，实现企业与教学场景实时切换；建立线上资源的配置、使用和评价机制，利用好国家教学资源库和国家在线精品课程等线上资源。

（3）学分互认，贯通第一、第二课堂

建立师生企多元参与、“岗课赛证”多维度的评价模型，将“识记素养要求、操练素养行为、反思素养心得”等活动融于课堂教学，对课内知识、技能、素养进行形成性评价，对课外素养实践活动进行过程性评价，并通过学分认定和有限互换，激发学生第一、第二课堂学习的积极性、主动性和有效性。

课改成果在全校装备制造类专业中推广应用，受益学生2500余人。学生入党积极分子比例由5%增长为15%，毕业生雇主满意度提高7.6%、专业对口率增加13.17%，毕业生平均起薪增长1623元，学生对母校满意度达到99.58%。学生获全国职业院校技能大赛一等奖3项，省技能大赛一等奖等23项，“挑战杯”全国职业学校创新创效创业大赛银奖等2项、省金奖等3项。学生毕业设计获省一等奖和团队优秀奖等21项，申报专利92项（其中发明专利5项），师生共同发表论文32篇。

（四）互利共生，打造服务企业技术升级的“苏工平台”

学校聚焦区域新型工业化发展，聚力区域智能制造企业“智改数转网联”需求，产出一批高水平原创科技成果，攻关多项企业急需的关键技术，转化成一套服务技术技能人才培养的典型教学案例，有效提升人才培养质量。着力发挥协同创新平台的辐射带动作用，打通科研开发、技术创新、成果转化链条，为企业提供技术服务，服务区域经济社会发展。

1.研发“工业网联”创新平台，助力企业“智改数转”

（1）聚力创新平台构建，强化科研创新能力

在数字化浪潮背景下，刘文军博士团队开发具有自主知识产权，安全可靠、便捷高效的工业互联网平台，以平台为支撑赋能中小企业数字化转型，并作为科技创新、产教融合和高质量人才培养载体。在服务企业的过程中不断提升团队创新能力，立项教育部产教联合基金1项、江苏省自然科学基金1项、江苏省高校自然科学基金4项、江苏省未来网络基金项目1项。授权发明专利15

项，实用新型专利21项，软件著作权105项。SCI收录论文13篇。

（2）深掘“智转数改”潜能，打造转型升级标杆

刘文军博士团队围绕“精准小投入、企业大产出”原则，依托工业互联网平台，服务长三角企业“智改数转网联”。与杭州新华三集团紧密合作，助力浙江祥邦科技等企业打造千万量级的智能工厂，同时开发新华三认证考试平台；与安徽大昌科技股份有限公司合作，打造汽车零部件数字化产线；与苏州协同智能制造科技有限公司合作，研发工业互联网标识解析运营平台，目前平台接入上海、杭州、苏州等企业节点3000余家，解析总量130亿以上，为企业获得经济效益达上亿元。

（3）深化数字化成果转化，把握科教融汇内涵

团队积极参加工业互联网教学标准建设，参编中国工业互联网研究院与中国电子学会的《工业互联网专业实训教学条件建设指南》团体标准，参编工业互联网应用专业系列教材，为江苏、浙江等10余所职业院校的工业互联网实训室和课程建设提供支持。遵循“企业出题、科研解题、成果助教改”的开发思路，致力于科研成果转化为教学资源的开发与实践，累计将科研成果转化为教学案例35个，建成科研成果转化为教学资源典型案例库1个，指导学生申报专利40项、发表论文36篇。

团队负责人刘文军在“苏州智造”数字化创新峰会上做主题报告

2.组建“先进制造”创新平台，攻关企业“关键技术”

（1）产学研深度融合，共建先进工程技术研究中心

面向国家“碳达峰、碳中和”战略和新能源产业发展，学校“新能源材料与器件制造技术”科技创新团队强化科研对产业的支撑，发挥团队协同和科创融汇优势，与苏州胜利精密制造科技股份有限公司合作共建“先进制造工程技术研究中心”，获批江苏高等职业院校工程技术研究开发中心。

（2）核心技术突破，有力支撑复合铜箔生产线建设

创新团队围绕锂离子电池集流体等关键技术与胜利精密开展联合攻关，先后攻克公司在聚合物复合铜箔制备中遇到的技术难题，包括真空镀膜结合力弱和后续水电镀工艺不均匀等问题，为8.5亿元的15条生产线建设的有序推进提供技术支撑，助力企业抢占复合铜箔制造领域的领先地位。团队2023年立项苏州市首批基础研究计划（前沿技术研究）项目（苏州高职校唯一）。

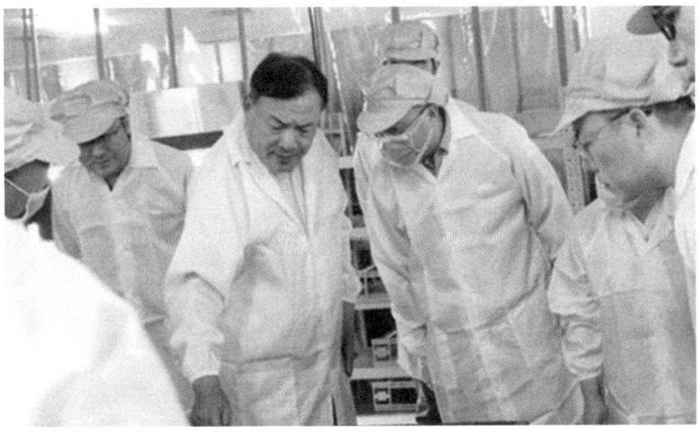

团队在企业开展技术研发

（3）全流程研发创新，助推新能源产业链升级发展

创新团队研制出具有自主知识产权的卷对卷真空镀膜设备，成功开发多弧离子、磁控溅射等高质量复合铜膜制备工艺，研发出新一代铜电

镀液等，形成从原理、技术、装备、工艺到材料的全流程研发能力，以及从功能薄膜材料制备、结构分析、性能检测的完整技术链服务能力。实现产—研的精准对接，助推新能源材料、器件与装备等产业发展，同时也为当地企业新材料研制和应用提供有力支持。

3.打造“技能传承”创新平台，携手企业“合作共赢”

（1）产教融合赋能，引领企业智能革新

作为江苏省职业教育智能制造装备技术技艺技能传承创新平台的领军人物，王勇教授率领团队凭借卓越技能和丰富经验，在打造自动化生产系统、专用装配设备、数控设备的升级改造等方面助力企业实现技术提升，为企业创造显著的经济效益。成功将数控铣床升级为自动换刀加工中心，大幅提升生产效率；成功升级改造数控设备82台次，累计维修次数高达6000次，为企业创造近580万元的价值，总经济效益超过千万元。

（2）科研创新引领，提升平台研发实力

立足服务长三角先进制造业，聚焦中高档数控装备的制造及应用，团队在高档数控装备与工业机器人安装、调试、技术升级改造及维修保养等方面提供专业技术服务，推动中小企业的智能制造转型。在实践中团队不断提升研发能力，立项江苏省高校自然科学基金3项，获得授权实用新型专利32项、发明专利10项，发表论文被北大核心收录11篇、SCI收录7篇。团队多名成员获评江苏省“333”高层次人才和“青蓝工程”培养对象。

（3）科教融汇先行，助力校企育才共赢

聚焦智能制造关键技术，推动科技成果转化，为校企人才培养提供有力支持。已累计培训企业技术人才640人次。科研项目转化为学生的毕业设计，获得江苏省优秀毕业设计论文一等奖2项、二等奖4项；指导学生授权6项专利转化为教学实践典型案例，有效提高创新人才培养质量，赋能新兴产业的高质量发展。

团队开展数控车床故障诊断与维修服务

（五）架桥铺路，形成服务“一带一路”发展的“苏工经验”

学校立足苏州，抢抓国家实施“一带一路”倡议发展机遇，坚持“引进来”与“走出去”双向发力，为专业国际化架桥，为企业走出去铺路，打造校企共建共管命运共同体，形成服务“一带一路”发展的“苏工经验”。

1.扩大育人平台，国际合作“出圈”

学校持续打造和扩大国际化育人平台，携手紧密合作企业共建共享，共同打造“师生企命运共同体”。2019年学校携手战略合作伙伴京东方集团（BOE）及其旗下的高创（苏州）电子有限公司（K-tronics），立足学校高水平专业国际化建设需要，面向京东方南非销售公司基地和非洲中资机构人才培养储备的战略需求，校企联合招收和订单式培养国际学生，共同组建独立建制的“高创南非学徒班”。校企双方共同定制教学和实习（训）等人才培养方案，共同推行校企双带头人和校企双班主任制度，共同组建校企混合式教学与管理团队，共同实施联合培养计划。学徒班的学成回国后服务在非的中资企业，传播中华文明、传承中非友谊、传习中国技术，传播BOE等中国名企及其优质产品、企业文化，为传承中非友谊和融入中非命运共同体建设而贡献一份光和热。

南非学生在校学习

作为“江苏高职院校一带一路人才培养合作联盟”成员，学校以国家战略需求为导向，积极响应国家教育对外开放号召，落实习近平主席宣布的《中非合作2035年愿景》规划，积极投身援助非洲国家的实际行动，开发具有非洲国家地区特色和国际规格的职业标准并取得新突破。2022年10月至2023年8月，学校参与“非洲国家职业标准开发项目——冈比亚”项目，牵头研制机电一体化技术员NTA-7和智能物联网技术员NTA-5职业标准。两项标准均获得冈比亚国家认证和质量保障局颁发的认证证书并在该国3所院校推广使用。该标准对包括冈比亚在内的非洲国家产业转型升级将起到支撑作用，是中国职业标准走出去的积极探索和具体实践。

2.打通双向通道，校企携手“出海”

学校与越南河内工业职业大专学校、苏州富纳艾尔科技（越南）有限公司三方共同签署国际化智能制造人才培养项目合作备忘录。三方充分利用各自的优势资源，开展智能制造领域跨国型高技能人才的合作培养；互设自动化生产相关的培训中心，开展职业技能培训，开发新职业教育项目；在职业教育、科研、文化等多方面开展更多形式的双向交流。2023年，学校与苏州富纳艾尔科技（越南）有限公司签订共建富纳—苏工院越南“郑和学院”合作协议，共同开展海内外培训项目，培训企业海内外员工4000人次，助力走出去

学校与越南河内工业职业大专学校、苏州富纳艾尔科技（越南）有限公司签署合作备忘录

企业和国际化专业“出海”。

学校承接国家发展和改革委员会与印尼海洋与投资统筹部联合主办的印尼工业化职业培训项目，该项目面向印尼职业教育教师和技术工人，分两期开展短期在华实地培训，内容涉及11个专业领域，其中“物联网与机械工程”专业领域的培训由学校承担。2023年7月27日，“物联网与机械工程”培训班正式组建开班，65名学员参加为期20天的集中培训，最终全部通过考核。该项目充分发挥学校办学优势和师资优势，旨在通过互学互鉴助力印尼工业人才技能提升，开放共享引领共建“一带一路”新未来，持续打造职业教育对外开放新高地。

印尼工业化职业培训项目开班

3.育训技能工匠，人才培养出彩

依托教育部中外人文交流中心“未来技术技

能与人文交流人才国际训练基地”建设项目，育训技能工匠，勇攀世界技能高峰。学校连续5年组织师生参加“一带一路”暨金砖国家技能发展技术创新大赛等专业国际化赛项目共计30余项，获得一等奖（金牌、金奖）15项、其余奖项20多项。专业建设和人才培养的国际化水平有效提升，学校的国际影响力持续增强。

学校与俄罗斯库兹巴斯国立技术大学签订合作协议，共建中俄国际交流与实践基地，互聘兼职教授、合作顾问，开展师生“双向”交流互访。2023年11月，学校组织实施专业海外研修项目，15名师生背负行囊，跨出国门，来到俄罗斯库兹巴斯国立技术大学研修“Java面向对象程序设计”全英文课程。这是学校继2022年12月与库兹巴斯国立技术大学签订校际合作协议，2023年9月共建“中俄国际交流与实践基地”以来开展的首期双向交流实践项目，也是学校20年来首次成功实施的国外研修项目，是学校专业国际化发展的重要突破。

师生参加“一带一路”暨金砖国家技能发展技术创新大赛现场

师生赴俄罗斯库兹巴斯国立技术大学参加专业研修

第五章 组织机构与人员

管理机构

2023年苏州工业职业技术学院管理机构一览表

序号	部门名称	内设机构
1	党政办公室（外事与港澳台办公室）	秘书与信息科
		档案中心（保密科）
		接待与外事科
2	党委组织部（党委统战部）	组织与干部管理科
		统战科
3	党委宣传部	宣传科（网信办）
		思政教育科
4	纪检监察室	综合科
5	人事师资处（教师工作部）	师资管理科
		人事档案与劳动工资科
6	教务处	教务科
		教学科
		实践教学与设备管理中心
7	学生工作部（学生工作处、招生办公室）	思想政治与心理健康教育科
		学生管理科
		学生公寓管理中心
		招生就业科
8	科技处	科技服务中心
9	对外交流与校企合作处	校企合作与创业科
		对外交流与校友中心
10	财务处（审计处）	会计核算科
		财务管理科
		审计科
11	后勤与资产管理处	综合管理科
		资产管理科
		后勤服务中心
		基建科
12	保卫处（人民武装部）	综合管理与治安消防管理科（军事理论教研室）
13	工会	工会办公室
14	团委	团委办公室

教辅机构

2023年苏州工业职业技术学院教辅单位一览表

序号	部门名称	内设机构
1	高等职业教育研究所（学报编辑部、质量保证中心）	高职研究室
		质量保证科
2	数字化校园与图文信息中心	信息化管理科
		图文管理科
3	继续教育学院（培训管理中心）	综合办公室
		教务科

中层以上干部名单

2023年苏州工业职业技术学院中层以上干部名单

1.校党委

书　记：王洪法
副书记：马延文
　　　　吴少华
委　员：刘　晓
　　　　魏　影
　　　　苏　华
　　　　王　勇
　　　　陈　艺
　　　　曹　瑾

2.校行政

院　长：马延文
副院长：吴少华
　　　　刘　晓
　　　　苏　华
　　　　王　勇

3.纪律检查委员会

书　记：魏　影

副书记：计翼倩

4.党政办公室（外事与港澳台办公室）

主　任：张　峥（2023年3月任　苏工院党委〔2023〕11号）

　　　　安　婕（2023年3月免　苏工院党委〔2023〕11号）

副主任：张　琰

　　　　马小燕（2023年3月任　苏工院党委〔2023〕11号）

　　　　许舰南（2023年3月免　苏工院党委〔2023〕11号）

5.党委组织部（党委统战部）

部　长：陈　艺

副部长：沈涵颖（2023年3月任　苏工院党委〔2023〕11号）

　　　　黄　颖

6.党委宣传部

部　长：曹　瑾

副部长：陈　荔（2023年3月任　苏工院党委〔2023〕12号）

　　　　周　瑾（2023年3月免　苏工院党委〔2023〕12号）

7.纪检监察室

主　任：计翼倩

副主任：刘　玲

8.机关党总支

书　记：贾　虹（2023年3月任　苏工院党委〔2023〕11号）

9.工会

主　席：安　婕（2023年3月任　苏工院党委〔2023〕11号）

　　　　徐　立（2023年3月免　苏工院党委〔2023〕10号）

副主席：贾　虹（2023年3月任　苏工院党委〔2023〕11号）

　　　　陆　布（2023年3月免　苏工院党委〔2023〕10号）

10.团委

书　记：曹　瑾（2023年3月免　苏工院党委〔2023〕10号）

副书记：田立苗（2023年3月免　苏工院党委〔2023〕11号）

11.人事师资处（教师工作部）

处　长：陈　艺

副处长：沈涵颖（兼）（2023年3月任　苏工院党委〔2023〕11号）

　　　　孙若颖

　　　　许秀芝（2023年3月免　苏工院党委〔2023〕12号）

12.教务处

处　长：何福男

副处长：张璠争（2023年3月任　苏工院党委〔2023〕12号）

丁云鹏（2023年12月任　苏工院党委〔2023〕61号）
郝敬锋（2023年12月任　苏工院党委〔2023〕61号）
李　明（2023年3月免　苏工院党委〔2023〕12号）
沈涵颖（2023年3月免　苏工院党委〔2023〕11号）
刘绪军（2023年3月免　苏工院党委〔2023〕11号）

13.学生工作部（学生工作处、招生办公室）

部　长：童钰祥（2023年3月任　苏工院党委〔2023〕11号）
贾　虹（2023年3月免　苏工院党委〔2023〕11号）
副部长：徐丽君（2023年3月任　苏工院党委〔2023〕11号）
田立苗（2023年3月任　苏工院党委〔2023〕11号）
蔡葳葳（2023年3月免　苏工院党委〔2023〕12号）
汪　宁（2023年3月免　苏工院党委〔2023〕11号）

14.科技处

处　长：钱　涛（2023年3月任　苏工院党委〔2023〕11号）
副处长：祝清兰

15.对外交流与校企合作处

处　长：费　江（2023年3月任　苏工院党委〔2023〕11号）
唐祥金（2023年3月免　苏工院党委〔2023〕10号）
副处长：刘　向

16.财务处（审计处）

处　长：吴　玮
副处长：杨　飞

17.后勤与资产管理处

处　长：雷　冰（2023年3月任　苏工院党委〔2023〕11号）
张大圣（2023年3月免　苏工院党委〔2023〕11号）
副处长：周红英
李春明（2023年3月任　苏工院党委〔2023〕12号）
陈建辉（2023年3月免　苏工院党委〔2023〕11号）

18.保卫处（人民武装部）

处　长：汤鸿波（2023年3月任　苏工院党委〔2023〕11号）
陈　希（2023年3月免　苏工院党委〔2023〕11号）
副处长：林　洁（2023年3月任　苏工院党委〔2023〕11号）
金　昱（2023年3月免　苏工院党委〔2023〕11号）

19.质量保证中心（高等职业教育研究所、学报编辑部）

所　长（主　任）：桂德怀（2023年3月免　苏工院党委〔2023〕10号）
副所长（副主任）：刘绪军（主持工作）（2023年3月任　苏工院党委〔2023〕11号）

王　瑾

20.数字化校园与图文信息中心

主　任：方一新（2023年3月任　苏工院党委〔2023〕11号）
　　　　张　峥（兼）（2023年3月免　苏工院党委〔2023〕11号）
副主任：罗　颖（兼）（2023年3月任　苏工院党委〔2023〕12号）
　　　　徐　敏
　　　　丁永尚（2023年3月任　苏工院党委〔2023〕11号）
　　　　丁永尚（主持日常工作）（2023年3月免　苏工院党委〔2023〕11号）

21.继续教育学院（培训管理中心）

院　长（主　任）：蔡葳葳（2023年3月任　苏工院党委〔2023〕12号）
　　　　　　　　　廖文杰（2023年3月免　苏工院党委〔2023〕10号）
副院长（副主任）：肖洁瑾（2023年3月任　苏工院党委〔2023〕12号）

22.教学教辅机构党总支（2023年6月基层党组织换届撤销）

书　记：汤鸿波（2023年3月免　苏工院党委〔2023〕11号）

23.离退休教职工直属第一党支部

书　记：陈伟根（2023年6月基层党组织换届选举任职）
　　　　姚开麟（2023年6月基层党组织换届选举免职）

24.离退休教职工直属第二党支部

书　记：王　竑（2023年6月基层党组织换届选举任职）
　　　　黄莉萍（2023年6月基层党组织换届选举免职）

25.精密制造工程系

主　任：耿　哲（2023年3月任　苏工院党委〔2023〕12号）
副主任：薛迎春
　　　　殷　铭（2023年3月任　苏工院党委〔2023〕12号）
　　　　耿　哲（主持工作）（2023年3月免　苏工院党委〔2023〕12号）
　　　　丁云鹏（2023年12月免　苏工院党委〔2023〕61号）

党总支

书　记：周　瑾（2023年3月任　苏工院党委〔2023〕12号）
　　　　童钰祥（2023年3月免　苏工院党委〔2023〕11号）
副书记：汪　宁（2023年3月任　苏工院党委〔2023〕11号）
　　　　徐丽君（2023年3月免　苏工院党委〔2023〕11号）

26.机电工程系

主　任：石皋莲
副主任：于　霜
　　　　吕亚男（2023年3月任　苏工院党委〔2023〕12号）

党总支

书　记：张大圣（2023年3月任　苏工院党委〔2023〕11号）

　　　　张　峥（2023年3月免　苏工院党委〔2023〕11号）

副书记：徐云飞（2023年3月任　苏工院党委〔2023〕11号）

　　　　马小燕（2023年3月免　苏工院党委〔2023〕11号）

27.电子与通信工程系

主　任：王　栋（2023年3月任　苏工院党委〔2023〕12号）

副主任：王　栋（主持工作）（2023年3月免　苏工院党委〔2023〕12号）

　　　　林　洁（2023年3月免　苏工院党委〔2023〕12号）

　　　　吴冬燕

党总支

书　记：许秀芝（2023年3月任　苏工院党委〔2023〕12号）

　　　　钱　涛（2023年3月免　苏工院党委〔2023〕11号）

副书记：胡　渠（2023年3月任　苏工院党委〔2023〕12号）

　　　　徐云飞（2023年3月免　苏工院党委〔2023〕11号）

28.软件与服务外包学院

院　长：罗　颖（2023年3月任　苏工院党委〔2023〕12号）

　　　　方一新（2023年3月免　苏工院党委〔2023〕11号）

副院长：王　喜

　　　　何　亮（2023年3月任　苏工院党委〔2023〕12号）

　　　　罗　颖（2023年3月免　苏工院党委〔2023〕12号）

党总支

书　记：陈　希（2023年3月任　苏工院党委〔2023〕11号）

　　　　王　晓（2023年3月免　苏工院党委〔2023〕10号）

副书记：张艳艳（2023年3月任　苏工院党委〔2023〕11号）

　　　　彭　薇（2023年3月免　苏工院党委〔2023〕11号）

29.经贸管理系

主　任：周　芳（2023年3月任　苏工院党委〔2023〕12号）

　　　　苏　华（2023年3月免　苏工院党委〔2023〕10号）

副主任：欧阳芳

　　　　王亚男（2023年3月任　苏工院党委〔2023〕12号）

　　　　周　芳（2023年3月免　苏工院党委〔2023〕12号）

党总支

书　记：梁青春（2023年3月任　苏工院党委〔2023〕12号）

　　　　费　江（2023年3月免　苏工院党委〔2023〕11号）

副书记：许觊南（2023年3月任　苏工院党委〔2023〕11号）

梁青春（2023年3月免　苏工院党委〔2023〕12号）

30.建筑工程与艺术设计系

主　任：王　迪（2023年3月任　苏工院党委〔2023〕12号）

副主任：田建冬（2023年3月任　苏工院党委〔2023〕12号）

郝敬锋（2023年12月免　苏工院党委〔2023〕61号）

党总支

书　记：李　明（2023年3月任　苏工院党委〔2023〕12号）

雷　冰（2023年3月免　苏工院党委〔2023〕11号）

副书记：王宛平

31.国际教育学院

院　长：叶文红

副院长：耿　欣

党总支

书　记：桂德怀（2023年3月任　苏工院党委〔2023〕11号）

王　震（2023年3月免　苏工院党委〔2023〕10号）

副书记：吴丽琴（2023年3月任　苏工院党委〔2023〕11号）

张艳艳（2023年3月免　苏工院党委〔2023〕11号）

32.汽车工程系

主　任：马　俊

副主任：张宇峰

党总支

书　记：马　俊（2023年3月免　苏工院党委〔2023〕11号）

副书记：金　昱（主持工作）（2023年3月任　苏工院党委〔2023〕11号）

彭　薇（2023年3月任　苏工院党委〔2023〕11号）

吴丽琴（2023年3月免　苏工院党委〔2023〕11号）

33.马克思主义学院

主　任：马建新（2023年3月任　苏工院党委〔2023〕12号）

副主任：赵永兵（2023年3月任　苏工院党委〔2023〕11号）

赵永兵（主持工作）（2023年3月免　苏工院党委〔2023〕11号）

党总支

书　记：曹　瑾（兼）（2023年3月任　苏工院党委〔2023〕10号）

34.体育部

主　任：汤鸿波（2023年3月免　苏工院党委〔2023〕11号）

副主任：陈建辉（主持工作）（2023年3月任　苏工院党委〔2023〕11号）

石茗茗（2023年3月任　苏工院党委〔2023〕12号）

黄月勤（2023年3月免　苏工院党委〔2023〕10号）

直属党支部
书　记：陈建辉（2023年3月任　苏工院党委〔2023〕11号）

校工会委员会及各分工会主席名单

苏州工业职业技术学院第五届工会委员会

主　席：安　婕
副主席：贾　虹
委　员：王文琦　王　勤　沈小强　张佳磊　陆志伟　诸莉雅　盛晓兰

苏州工业职业技术学院第五届工会经费审查委员会

主　任：计翼倩
委　员：罗　洁　臧华东

苏州工业职业技术学院第五届工会女职工委员会

主　任：安　婕
副主任：贾　虹
委　员：于　霜　邓　霞　许　岚　纪莉萍　张伟华　张译匀　陆　娴　居敏花　夏　安　徐小丽
蒋　樱

苏州工业职业技术学院第二届工会劳动法律监督委员会

主　任：贾　虹
委　员：田　婷　冯永堂　陆逸菁　周　斌

苏州工业职业技术学院第五届教职工代表大会执行委员会

主　任：吴少华
副主任：安　婕（兼秘书长）
委　员：陈　艺　张　峥　范莉萍

苏州工业职业技术学院第五届教职工代表大会提案工作委员会

主　任：张　峥
副主任：安　婕
委　员：丁云鹏　刘　玲　李春明　沈涵颖　潘　黎

校团委及各系（院）团委书记名单

共青团苏州工业职业技术学院委员会组成人员名单

副书记：曹慧秋（主持工作）

于泽鑫　申　奥

办公室科员：朱楚漪

委　员（按姓氏笔画排序）：

于泽鑫　王　琪　王化婷　申　奥　冯铖智　朱楚漪　汤岐远　李木石　张君延　张梦丹　曹慧秋　薛惠敏　魏海婴

苏州工业职业技术学院各系（院）团委书记名单

精密制造工程系：王　琪

机电工程系：魏海婴

电子与通信工程系：薛惠敏

软件与服务外包学院：冯铖智

经贸管理系：张君延

建筑工程与艺术设计系：王化婷

国际教育学院：张梦丹

汽车工程系：汤岐远

各类议事机构人员名单

苏州工业职业技术学院第三届学术委员会成员（调整）

主任委员：单　强

副主任委员：苏　华　王　勇

委　员（按姓氏笔画排序）：

于　霜　马　俊　马延文　马建新　王　迪　王　栋　王洪法　石皋莲　叶文红　何福男　陈　艺　陈建辉　罗　颖　周　芳　费　江　耿　哲　钱　涛　殷　铭

苏州工业职业技术学院“双高”建设工作领导小组（调整）

组　长：王洪法　马延文

副组长：吴少华　刘　晓　魏　影　苏　华　王　勇　单　强
成　员：各部门党政负责人

领导小组下设办公室（办公室设在教务处）

主　任：苏　华
副主任：何福男　曹　瑾　吴　玮　计翼倩
委　员（按姓氏笔画排序）：
丁云鹏　方一新　计翼倩　石皋莲　刘绪军　陈　艺　张　峥　费　江　耿　哲　钱　涛
曹慧秋　童钰祥　蔡葳葳

苏州工业职业技术学院招生工作领导小组（调整）

组　长：王洪法　马延文
常务副组长：吴少华
副组长：刘　晓　魏　影　苏　华　王　勇
成　员：张　峥　曹　瑾　计翼倩　何福男　童钰祥　方一新

苏州工业职业技术学院就业工作领导小组（调整）

组　长：王洪法　马延文
常务副组长：吴少华
副组长：刘　晓　魏　影　苏　华　王　勇
委　员（按姓氏笔画排序）：
马　俊　王　迪　王　栋　石皋莲　叶文红　许秀芝　李　明　何福男　张　峥　张大圣
陈　希　罗　颖　金　昱　周　芳　周　瑾　费　江　耿　哲　桂德怀　曹慧秋　梁青春
童钰祥

领导小组办公室设在学生工作部（处），童钰祥兼任办公室主任。

苏州工业职业技术学院成立配合市委巡察工作领导小组

组　长：王洪法
副组长：马延文　吴少华　魏　影
成　员：刘　晓　苏　华　王　勇　陈　艺　曹　瑾

领导小组下设办公室，吴少华、魏影兼任办公室主任。

办公室下设联络组、材料组、保障组3个工作组。

苏州工业职业技术学院成立“一站式”学生社区综合管理模式建设工作领导小组

组　长：王洪法　马延文
副组长：吴少华　刘　晓　苏　华
成　员：学生工作部（处）、党委组织部、党委宣传部、教师工作部、保卫处（人武部）、教务

处、科技处、财务处、后勤与资产管理处、数字校园与图文信息中心、工会、团委、马克思主义学院等部门负责人

领导小组下设办公室，办公室挂靠学生工作部。

苏州工业职业技术学院关心下一代工作委员会（调整）

主　任：王洪法　马延文

副主任：曹建东（常务）　吴少华

委　员（按姓氏笔画排序）：

邢文芝　闫丽华　许秀芝　李　明　李丛如　吴　玮　何福男　张　峥　张大圣　陈　艺　陈　希　陈伟根　金　昱　周　瑾　钟江静　费　江　桂德怀　贾　虹　倪瑞红　殷庆纵　曹　瑾　曹慧秋　龚肖新　梁青春　童钰祥

下设秘书处，秘书处设在校工会，负责主持日常事务，秘书长由贾虹兼任。

苏州工业职业技术学院学生工作领导小组（调整）

组　长：分管学生工作校领导

副组长：分管教学、后勤、保卫工作校领导

成　员：党委宣传部、教务处、学生工作部（处）、保卫处、后勤与资产管理处、校团委等部门负责人，各系（院）党总支分管学生工作负责人

领导小组下设办公室在学生工作部（处），学生工作部（处）部长兼任办公室主任。

苏州工业职业技术学院党委国家安全工作领导小组

组　长：王洪法　马延文

副组长：吴少华　刘　晓　魏　影　苏　华　王　勇

成　员：陈　艺　曹　瑾　张　峥　汤鸿波　雷　冰　何福男　钱　涛　童钰祥　方一新

领导小组下设党委国家安全工作领导小组办公室，办公室设在党政办公室。

中共苏州工业职业技术学院委员会
学习贯彻习近平新时代中国特色社会主义思想主题教育领导小组

组　长：王洪法

副组长：马延文　吴少华　魏　影

成　员：党政办公室、党委组织部、党委统战部、党委宣传部、纪检监察室、教师工作部、学生工作部等部门主要负责人，以及各党总支、直属党支部负责人

领导小组下设办公室，办公室设在党委组织部，办公室主任由党委组织部部长兼任，办公室副主任由党政办公室主任、党委宣传部部长、纪检监察室主任兼任。办公室下设组织协调组、秘书会务组、宣传引导组、督促检查组。各组成员名单如下：

组织协调组组长：陈　艺

秘书会务组组长：张　峥
宣传引导组组长：曹　瑾
督促检查组组长：计翼倩

苏州工业职业技术学院巡察整改工作领导小组

组　长：王洪法
副组长：马延文　吴少华　魏　影
成　员：刘　晓　苏　华　王　勇　陈　艺　曹　瑾　张　峥　计翼倩　贾　虹　周　瑾　张大圣
　　　　许秀芝　陈　希　梁青春　李　明　桂德怀　金　昱　陈建辉

领导小组下设办公室，办公室设在党政办公室。办公室主任张峥，副主任计翼倩、张琰、马小燕。

苏州工业职业技术学院人才工作领导小组（调整）

组　长：王洪法　马延文
副组长：吴少华　刘　晓　魏　影　苏　华　王　勇
成　员：各职能部门、教辅单位和教学单位主要负责人

领导小组下设办公室，办公室设在党委组织部，具体负责人才工作日常事务。组织部部长兼任办公室主任，人事师资处处长兼任办公室副主任。今后领导小组成员及办公室主任、副主任职务如有变动，由相应岗位人员自然替补，不再另行发文。

苏州工业职业技术学院职业技能等级认定领导小组和监督小组（调整）

一、领导小组

组　长：苏　华　副院长
副组长：蔡葳葳　继续教育学院院长
组　员（按姓氏笔画排序）：
　　　　马　俊　汽车工程系主任
　　　　王　迪　建筑工程与艺术设计系主任
　　　　王　栋　电子与通信工程系主任
　　　　石皋莲　机电工程系主任
　　　　叶文红　国际教育学院院长
　　　　罗　颖　软件与服务外包学院院长
　　　　周　芳　经贸管理系主任
　　　　耿　哲　精密制造工程系主任

下设职业技能等级认定评价办公室及题库室，均设在继续教育学院，由组长苏华兼任职业技能等级认定评价办公室主任，蔡葳葳兼任常务副主任。

二、监督小组

组　长：计翼倩　纪检监察室主任

组　员（按姓氏笔画排序）：

吴　玮　财务处（审计处）处长

何福男　教务处处长

贾　虹　机关党总支书记

苏州工业职业技术学院学校“双高”建设工作组成员（调整）

一、学校建设工作组

（一）“加强党的建设”项目组

组　长：王洪法　吴少华

副组长：陈　艺　曹　瑾

成　员：张　峥　计翼倩　曹慧秋　王　瑾　黄　颖　王惠琴　赵永兵

（二）“打造技术技能人才培养高地”项目组

组　长：吴少华　苏　华

副组长：何福男　童钰祥　曹慧秋

成　员：丁云鹏　郝敬锋　张璠争　徐丽君　田立苗　各系（院）负责人

（三）“打造技术技能创新服务平台”项目组

组　长：王　勇

副组长：钱　涛

成　员：祝清兰　吕亚男　殷　铭　王　喜　吴冬燕　周　信

（四）“打造高水平专业群”项目组

组　长：苏　华

副组长：何福男

成　员：丁云鹏　各系（院）负责人

（五）“打造高水平双师队伍”项目组

组　长：马延文

副组长：陈　艺

成　员：沈涵颖　孙若颖　各系（院）负责人

（六）“提升校企合作水平”项目组

组　长：王　勇

副组长：费　江

成　员：刘　向　殷　铭　吕亚男　吴冬燕　王　喜　欧阳芳　王　迪　耿　欣　张宇峰

（七）“提升服务发展水平”项目组

组　长：苏　华

副组长：蔡葳葳　单　强

成　员：肖洁瑾　曹　瑾　钱　涛　陈　艺　方一新　各系（院）负责人

（八）“提升学校治理水平”项目组
组　长：王洪法　马延文
副组长：张　峥
成　员：陈　艺　计翼倩　安　婕　钱　涛　刘绪军　何福男　童钰祥　费　江
各系（院）党政负责人
（九）“提升信息化水平”项目组
组　长：王　勇
副组长：方一新
成　员：丁永尚　林　洁　张璠争
（十）“提升国际化水平”项目组
组　长：王　勇
副组长：费　江
成　员：刘　向　殷　铭　吕亚男　吴冬燕　王　喜　张宇峰

二、专业群建设工作组

组　长：苏　华
副组长：石皋莲　耿　哲
成　员：于　霜　薛迎春　吕亚男　殷　铭
机电工程系各专业带头人、专业主任
精密制造工程系各专业带头人、专业主任

苏州工业职业技术学院档案工作领导小组（调整）

组　长：马延文
副组长：吴少华
成　员（按姓氏笔画排序）：
马　俊　马建新　王　迪　王　栋　方一新　计翼倩　石皋莲　叶文红　刘绪军　汤鸿波
安　婕　许秀芝　李　明　吴　玮　何福男　张　峥　张大圣　陈　艺　陈　希　陈建辉
罗　颖　金　昱　周　芳　周　瑾　费　江　耿　哲　桂德怀　贾　虹　钱　涛　曹　瑾
曹慧秋　梁青春　童钰祥　雷　冰　蔡葳葳

档案工作领导小组下设办公室，办公室设在党政办公室。
主　任：张　峥
副主任：张　琰　马小燕
成　员（按姓氏笔画排序）：
王　瑾　王昕昀　王惠琴　王智会　邓　霞　叶倩辉　田　宏　吉中云　朱楚漪　任　峰
庄　轲　刘　玲　李梦瑶　杨人杰　张　丽　张雪红　张鑫淼　陆　娴　陆志伟　陆逸菁
陈海丽　单人杰　项永芳　赵　超　袁洪秀　顾　虹　徐小丽　高　慧　蒋澄灿

苏州工业职业技术学院内部控制领导小组（调整）

组　长：马延文

副组长：吴少华　刘　晓　魏　影　苏　华　王　勇

成　员（按姓氏笔画排序）：

马　俊　马建新　王　迪　王　栋　方一新　计翼倩　石皋莲　叶文红　刘绪军　汤鸿波　安　婕　吴　玮　何福男　张　峥　陈　艺　陈建辉　罗　颖　周　芳　费　江　耿　哲　钱　涛　曹　瑾　曹慧秋　童钰祥　雷　冰　蔡葳葳

领导小组下设工作组，具体成员为：

组　长：张　峥

副组长：吴　玮　计翼倩　雷　冰　陈　艺

成　员：马小燕　杨　飞　周红英　刘　玲　沈涵颖　吴咏涛

在各级人大、政协、各民主党派担任代表、委员名单

2023年苏州工业职业技术学院教职工在各级人大任职情况一览表

类别	姓名	性别	所在部门	职务／职称	时间
苏州市人大代表	王洪法	男	校党委	党委书记	2022（第十七届）

2023年苏州工业职业技术学院教职工在各级政协任职情况一览表

类别	姓名	性别	所在部门	职务／职称	时间
吴中区政协委员	张红梅	女	马克思主义学院	教师/副教授	2017（第四届） 2022（第五届）

在校外学术机构（团体）任职名单

2023年苏州工业职业技术学院教职工在校外学术机构（团体）任职名单

序号	隶属部门	姓名	任职机构	职务
1	院长室	马延文	江苏省材料学会	副理事长
2		吴少华	全国机械职业教育教学指导委员会模具设计与制造专业指导委员会	委员
3		刘　晓	江苏省高职高专院校体育教学指导委员会	副主任委员
4			江苏省体育科学学会高校体育学专业委员会	副理事长
5			江苏省高教学会体育研究会	副理事
6		苏　华	苏州市商业经济学会	理事
7			江苏省职业技术教育学会	常务理事

续表

序号	隶属部门	姓名	任职机构	职务
8	院长室	苏　华	苏州市经济学会	会员
9		王　勇	江苏省高等学校管理研究会	理事
10			江苏机电职业教育集团	副理事长
11			苏州市现代装备制造职业教育集团	副理事长
12			江苏省职业技术教育学会	理事
13	精密制造工程系	耿　哲	全国机械职业教育教学工业数字化技术专业指导委员会	委员
14				
15			苏州市青年科技人才协会	会员
16		殷　铭	基础制造技术专业指导委员会	委员
17		屠春娟	全国机械职业教育教学指导委员会信息化专业指导委员会	委员
18	机电工程系	石皋莲	江苏省机械行业协会	理事
19			全国金属切削机床标准化技术委员会仪表机床分技术委员会（SAC/TC22/SC8）	委员
20			江苏省机械职业教育行业指导委员会工程应用专业指导委员会	副主任
21			江苏省机械职业教育行业指导委员会智能设计专业指导委员会	副主任委员
22			江苏省高校金属工艺教学研究会	理事
23			江苏省职业技术教育学会	会员
24			中国机械工业教育协会	常务理事
25			机械行业数字化设计与增材制造职业教育集团	副秘书长
26		于　霜	全国机械行业工业机器人与智能装备职业教育集团	理事
27			全国机器人与智能装备行业产教融合共同体	副理事长
28		葛晓忠	全国机械职业教育教学指导委员会	委员
29		周　信	苏州市机械工程学会	理事
30			江苏省计算机学会嵌入式分委会	委员
31		覃恩伟	苏州市焊接学会	副秘书长
32	电子与通信工程系	朱祥贤	苏州市人工智能学会	理事
33		王　栋	苏州市电子学会	理事
34	软件与服务外包学院	罗　颖	苏州市计算机学会	副理事长
35			苏州市人工智能学会	理事
36			中国计算机学会苏州会员活动中心	监事
37		王　喜	中国计算机学会	高级会员
38			苏州市人工智能学会	理事
39	汽车工程系	马　俊	苏州市汽车工程学会	监事
40			江苏省交通运输职业教育行业指导委员会	委员
41		张宇峰	苏州市汽车工程学会	理事
42		金　昱	苏州博物馆志愿社	主任委员
43		刘　慧	中国物流学会	会员
44	经贸管理系	欧阳芳	苏州市物流协会	常务理事
45			全国物流行指委校企合作与成果转化专委会	委员
46		周　芳	苏州市商业经济学会	理事
47		肖坤梅	苏州市电子商务协会	理事
48	经贸管理系	廖晨竹	吴中区电子商务协会	理事

续表

<table>
<tr><th>序号</th><th>隶属部门</th><th>姓名</th><th>任职机构</th><th>职务</th></tr>
<tr><td>49</td><td>保卫处</td><td>汤鸿波</td><td>苏州市足协裁委会</td><td>委员</td></tr>
<tr><td>50</td><td>对外交流与校企合作处</td><td>唐祥金</td><td>江苏省职业教育文化旅游行业指导委员会</td><td>委员</td></tr>
<tr><td>51</td><td rowspan="4">数字化校园与图文信息中心</td><td rowspan="4">方一新</td><td>全国工业和信息化职业教育教学指导委员会工业互联会分委会</td><td>委员</td></tr>
<tr><td>52</td><td>苏州市中文信息学会</td><td>副理事长</td></tr>
<tr><td>53</td><td>苏州市人工智能学会</td><td>副理事长</td></tr>
<tr><td>54</td><td>苏州市计算机学会</td><td>副理事长</td></tr>
<tr><td>55</td><td rowspan="5">继续教育学院</td><td rowspan="5">廖文杰</td><td>中国现场统计研究会统计综合评价研究分会</td><td>常务理事</td></tr>
<tr><td>56</td><td>江苏省文化产业学会</td><td>常务理事</td></tr>
<tr><td>57</td><td>江苏省职业教育创新创业教科研中心组</td><td>副组长</td></tr>
<tr><td>58</td><td>苏州市政协专家咨询委员会</td><td>成员</td></tr>
<tr><td>59</td><td>苏州市人民政府研究室</td><td>特约研究员</td></tr>
</table>

第六章 系（院、部）简介

精密制造工程系

概　况

精密制造工程系是学院师资力量、科研能力和人才培养实力最强，最具吸引力的系（院）之一。教学科研成绩斐然，毕业生遍布苏州乃至长三角地区，成为精密制造领域和地方经济建设的中坚力量，以高技能和高素质在社会上享有盛誉，毕业生就业率多年保持在97%以上。

精密制造工程系设有数控技术、模具设计与制造、机械制造及自动化、工业工程技术和智能制造装备技术5个专业。拥有中国特色“双高计划”专业群核心专业、江苏省高等职业院校高水平专业群、江苏高校品牌专业建设工程一期项目、江苏省高水平骨干专业、江苏省重点专业群、江苏省特色专业、苏州市品牌专业和优秀新专业等，是全国机械职业教育教学指导委员会数控技术类专业、模具设计与制造类专业、材料工程类、资源建设类等专指委成员单位，也是中国模具工业协会会员单位、智能制造产教联盟副理事长单位，牵头成立机械行业精密制造与智能化产教协同创新联盟、机械行业数字化设计与增材制造职教集团。

精密制造工程系现有在职教师60人，其中，专任教师49人，党员41人，教授1人、副教授20人，博士15人，“双师”素质教师49人。拥有江苏省优秀教学团队（数控技术专业、智能制造装备技术专业）2个，江苏省科技创新团队（金属增材制造与工程应用）1个，江苏省“333”高层次人才、江苏省高校“青蓝工程”中青年学术带头人、江苏省高校“青蓝工程”优秀青年骨干教师、全国职业院校技能大赛优秀指导教师、江苏省五一劳动奖章获得者、江苏省技术能手、苏州市劳动模范、姑苏高技能重点紧缺人才、学院教学名师、师德模范等31人次；拥有SIEMENS大中华区授权认证教员6名；拥有中国技能大赛智能制造技能大赛专家、全国数控大赛副裁判长、全国职业院校技能大赛等各类竞赛裁判6人次；还有来自世界知名企业的多名技术总监受聘担任江苏省产业教授、兼职教师等。精密制造工程系智能制造教工党支部是“全国党建工作样板支部”创建单位。

精密制造工程系现有实验实训场所1万多平方米，专业实验实训室近30个，仪器设备总值达5200万元。拥有江苏省数字化智能制造与精密检测技术产教深度融合实训平台、江苏省数控技术实训基地，2017—2018年承办全国职业院校技能大赛“工业产品数字化设计与制造”赛项，2019年承办江苏省职业院校技能大赛“工业产品数字化设计与制造”赛项，2020—2021年承办江苏省职业院校技能大赛“数控加工综合应用技术”赛项，2023年新建智能制造柔性自动化生产线项目（二期）和数字化工厂等虚拟仿真资源建设。

精密制造工程系拥有国家精品在线开放课程2门、省在线开放课程1门、省职业教育一流核心（线下）课程1门，出版规划教材14部，《NX10.0多轴数控编程典型案例教程》等2部教材获评省“十四五”规划教材，4部教材获评江苏省重点建设教材，获评全国机械行业职业教育精品教材1部、优秀教材2部；引进国际认证标准，开发“德国AHK机械切削工认证实训”课程、“西门子NX CAD/CAM中级工程师认证实训”课程、“海克斯康PC-DIMS初级工程师资格认证实训”课程等；新开发智能制造特色新课程6门；2019—2023年教师获江苏省职业院校教师教学能力大赛一等奖等8项；以数控技术专业为典型案例的“五典五教”

教学改革先后荣获江苏省教学成果奖一等奖、全国机械行业职业教育教学成果奖一等奖等奖项。

精密制造工程系注重人才培养，学生连续3年获全国职业院校技能大赛“工业产品数字化设计与制造”赛项一等奖第一名。近5年，共获全国职业院校技能大赛一等奖6项、二等奖3项，江苏省职业院校技能大赛一等奖4项；获“挑战杯”大学生创业计划竞赛全国决赛银奖1项、铜奖1项和省金奖2项，“挑战杯——彩虹人生”全国职业学校创新创效创业大赛团体一等奖和省一等奖3项、三等奖2项，机械创新设计大赛一等奖等17项；获江苏省毕业设计一等奖4项、二等奖7项、团队优秀奖4项；学生创新项目参加台湾彰化国际青少年发明竞赛获金奖2项、银奖1项等82项奖项。学生马庆斋荣获中国大学生自强之星称号，学生伏中玉入围江苏省大学生年度人物，培养月薪过万的高睿杰等大批优秀学生。《新华日报》《光明日报》《中国教育报》等10多家媒体，30多次从不同侧面报道系部校企协同育人模式创新的典型经验。

精密制造工程系拥有苏州市精密检测技术重点实验室和苏州高职高专院校产学研合作示范基地，近年来，主持省级教改课题9项，主持国家自然科学青年基金1项、江苏省自然科学青年基金2项、江苏省高校自然科学研究重大项目1项、面上项目5项，主持江苏高校哲学社会科学研究一般项目6项，结题江苏省自然科学基金面上项目1项和江苏省自然科学青年基金项目1项，获授权发明专利64项、实用新型专利256项，在SCI、EI、中文核心期刊发表论文128篇，科研和技术服务到账经费906.85万元，完成知识产权转化31项，到账金额27.8万元。团队对外开展技术服务与技术培训，为苏州30余家中小企业维修保养数控机床2000余次，创造价值近500万元。

教学工作

办学特色

秉承“我在乎你”的学校精神，坚持“向阳而生　精工笃行”的校训，以培养拥护党的基本路线，德、智、体、美、劳全面发展，适应产业转型升级的高素质、复合型、创新型技术技能人才为目标，围绕先进技术和职业素养，打造基于双师混编的教学团队，开发项目化的课程教材，实施学做一体的教学教案，建设训练、生产、研发、创新的产教深度融合实训平台，培育“精益求精、密益加密”的学院文化，实现精密制造工程系在人才培养、科学研究、社会服务、文化传承等方面的全面协调发展。

专业设置

2023年苏州工业职业技术学院精密制造工程系专业设置一览表

序号	专业名称	负责人	职称	学历（位）
1	数控技术	石皋莲	教授	研究生（硕士）
2	模具设计与制造	黄晓华	副教授	研究生（硕士）
3	智能制造装备技术	薛迎春	副教授	研究生（硕士）
4	机械制造及自动化	丁云鹏	副教授	研究生（博士）
5	工业工程技术	耿　哲	副教授	研究生（博士）

专业介绍

◎数控技术专业——中国特色高职院校高水平专业群建设核心专业、江苏高校品牌专业建设工程一期项目、江苏省特色专业、江苏省高水平院校建设专业、江苏省示范高职院校重点建设专业、江苏省“十二五”高等学校重点建设专业

群（数控装备应用技术）核心专业、教育部“DMG MS数控专业领域第二期校企合作院校试点专业

数控技术专业是学院开设最早的工科专业，自2003年至今已为社会培养19届3000多名高职毕业生，就业率达98%以上。2016年与南京工程学院联合开展高职院校与应用型本科教育的“3+2”分段培养项目——专科数控技术专业对接本科自动化专业，至今已招收8届300多名学生，已有近200名学生顺利进入南京工程学院自动化专业学习。

数控技术专业获评江苏省优秀教学团队、江苏省科技创新团队、江苏省职业教育增材制造技术“双师型”名师工作室，专业带头人受聘教育部职业院校技能大赛（高职组）数控多轴加工技术赛项专家组组长，团队拥有江苏省教学名师、全国技能大赛优秀指导教师、省巾帼建功标兵、省五一创新能手、省“青蓝工程”骨干教师、省第五批产业教授、省技术能手、苏州市劳动模范、苏州市“五一”巾帼标兵、苏州市三八红旗手、苏州市“四创”好青年、苏州市优秀党员、姑苏高技能重点人才等20多人次。

数控技术专业依托教育部虚拟仿真实训基地、教育部GF智能制造创新实践基地、江苏省数字化智能制造与精密检测技术产教深度融合实训平台、江苏省校企“双主体”数控技术高技能人才培养模式创新实验基地、江苏省数控技术实训基地等国家、省级平台，建成全国领先的“一基地六中心”智能制造创新实践基地，即GF智能制造中心、DMG多轴数控加工与仿真中心、西门子NX授权培训认证中心、蔡司精密检测技术中心、零点夹具和自动化集成技术创新中心、增材制造与3D打印技术中心，为培养拥有一技之长的高素质技术技能人才提供基本保障。与英格索兰、力源液压、苏州轴承厂等企业联合开展高精密加工技术研究和高技能人才培养，校企共建90多家实习就业基地（其中紧密型校外实训就业基地26个）。

培养方向：以习近平新时代中国特色社会主义思想为指导，培养拥护党的基本路线，德、智、体、美、劳全面发展，具有一定的科学文化水平、良好的职业道德和工匠精神，掌握产品数字化设计、数控加工工艺、CAM编程、精密制造与检测等专业知识，面向苏州及长三角地区的工程机械制造、汽车制造、航空零部件制造等领域，能够从事数控设备操作、数控程序编制、产品质量检测等智能加工关键岗位工作，具有多轴数控加工、CAD/CAM、三坐标精测量等方面技能，能适应产业转型升级的高素质、复合型、创新型技术技能人才。

专业特色：专业聚焦于高端装备制造产业精密零部件的数字化设计与制造，形成以在造产品为教学载体，以生产流程为教学过程，以产品案例为活页教材，以编程设计为服务重点的专业特色，创新“五典五教”人才培养模式，获全国机械行业教学成果一等奖、江苏省教学成果一等奖和苏州市教学成果特等奖、一等奖等。引进博士、海外留学等人才，实施教师培养“六个一”工程，校企“双岗双聘双薪”，共同申获国家、省自然科学基金，共同解决企业技术难题，将研究成果转化为课程、教材、教案等教学资源，获国家精品在线开放课程、江苏省高等学校课程思政示范项目等。按照分层次、分类别、分兴趣原则对学生实施个性化培养，构建“多轴加工技术链、能力递进逻辑链及价值思政链”的“三链”项目化模块化课程体系，学生曾连续3年获全国职业院校技能大赛一等奖第一名、江苏省技能大赛一等奖和“挑战杯”国赛银奖、省金奖等。

职业定位和人才流向：本专业的年终就业率为99%。毕业生主要面向机械工程、汽车、航空、医疗器械、机器人等高端装备制造领域，从事数控机床操作、数控工艺与程序编制、产品数字化设计、零部件质量检测、生产现场技术管理、数控设备及附件的营销等方面的工作，每年向苏州及

周边地区的现代高端制造类企业输送大量合格人才。

◎模具设计与制造专业——2021年江苏省高水平专业群“机械制造及自动化专业群”重点建设专业

模具设计与制造专业开设于2004年，至今已为社会培养18届高职毕业生，平均就业率达96%以上。2013年与太仓中等专业学校，2015年起新增与吴江中等专业学校联合开展江苏省现代职教体系“3+3”中高职衔接分段培养项目，至今已联合培养500多名学生。

模具设计与制造专业拥有全国技能大赛优秀指导教师1名、江苏省技术能手3名、江苏省高校“青蓝工程”优秀青年教师1名、苏州市青年岗位能手2名、华东区大学生CAD应用技能大赛优秀指导教师1名。

模具设计与制造专业被列为中国模具工业协会人才培训基地，是苏州市模具行业协会先进单位。拥有GF智能生产产线、精密磨削加工、高速铣加工、模具装配与调试、模具注塑等先进设备，本专业注重对学生综合素质、创新能力和高端模具数控设备操作、模具数字化设计、模具先进制造技术应用能力的培养。历届模具设计与制造专业学生参加全国技能大赛获一等奖，参加台湾彰化国际青少年发明竞赛获金奖，2022—2023年连续两年获江苏省职业院校模具数字化设计与制造大赛二等奖，学生毕业论文（设计）获省级二等奖1项。学生在校学习期间可获得三维模具设计应用工程师证书、西门子NX CAD/CAM证书、“1+X”增材制造模型设计（初级）、制图员（四级）等技能证书。

培养方向：以习近平新时代中国特色社会主义思想为指导，培养拥护党的基本路线，思想政治坚定、德技并修，德、智、体、美、劳等方面全面发展，具有一定的科学文化水平、良好的职业道德和工匠精神，掌握汽车塑料/冲压模具及其成型制品的工艺优化、模具结构设计、模具加工数控编程等专业技能，具备认知能力、合作能力、创新能力、职业能力等支撑终身发展、适应时代要求的关键能力，具有较强的就业创新创业能力，面向苏州及长三角地区的汽车塑料/冲压零部件模具制造与设计领域，能够从事模具设计、模具加工、模具检测、模具装配与调试等模具关键岗位工作，具有塑料/冲压模具数字化设计、塑料/冲压模具智能制造等方面技能，能适应产业转型升级的高素质、复合型、创新型技术技能人才。

专业特色：依托省产教融合实训平台、省产教融合型企业建设等项目，将企业典型模具生产过程引入教学过程，以“精密模具在造产品”为载体，构建模具设计与制造“技术链”、能力递进“逻辑链”及工程意识“价值引领链”的课程思政项目化课程，改革教学内容。以苏州市现代学徒制、企业学院、企业冠名班、订单班为平台，加大教师、企业、学生的合作力度，推进“学做创合一”人才培养模式改革，通过校企共同制订人才培养方案、共同开发课程体系与内容、共同建设实训基地、共同承担教学任务、共同培养“双师型”教师、共同建设科技服务平台、共同评价人才培养质量、共同促进学生就业实习等“八个共同”，培养高素质技术技能型人才。

职业定位和人才流向：学生毕业后可在企业从事塑料模具和冲压模具的数字化设计、模具零部件制造，产品研发与销售、管理等方面的工作。本专业与米巴精密零部件（苏州）有限公司、苏州轴承厂股份有限公司、苏州佳世达电通有限公司、赫比（苏州）精密模具有限公司、苏州新森精密科技有限公司、英格索兰（中国）工业设备制造有限公司、苏州欧普精密模具科技有限公司和富泰克精密注塑（苏州）有限公司等知名企业建立稳定的顶岗实习基地，每年向苏州及周边地区的校企合作企业输送大量合格人才。

◎智能制造装备技术专业

在职业教育专业目录（2021年）中，数控设备应用与维护专业更新为智能制造装备技术专业。

智能制造装备技术专业拥有江苏高校“青蓝工程”优秀教学团队、江苏省职业教育智能制造装备技术技艺技能传承创新平台，是全国高校黄大年式教师团队、首批国家职业教育教师教学创新团队、教育部课程思政教学名师和团队骨干成员。教师个人获批江苏省“333高层次人才培养工程”第三层次培养对象、江苏省高等学校“青蓝工程”中青年学术带头人、江苏省高等学校“青蓝工程”优秀青年骨干教师培养对象、江苏省优秀教育工作者、江苏省教育科技工会劳模和工匠人才讲师团讲师、江苏省五一劳动奖章获得者、江苏省高职院校国内高级访问学者、苏州市劳动模范、苏州市优秀教育工作者、姑苏高技能重点人才等13人次。

智能制造装备技术专业建有校内数控机床机械部件拆装实训室、数控机床电气装调维修实训室、高端数控设备维修实训室、大师劳模工作室等，拥有与企业生产接轨的数控车、数控铣、德西数控机床调试维修实验台和XS-PX-31i四轴联动数控机床综合实训系统、XS-PX-840DSL五轴联动数控机床综合实训系统、MCV380-5五轴加工中心等先进设备，拥有纽威数控装备（苏州）有限公司、苏州珈玛自动化科技有限公司等紧密型的校外实训基地22个，为培养拥有一技之长的高素质技术技能人才提供基本保障。

培养方向：以习近平新时代中国特色社会主义思想为指导，培养拥护党的基本路线，思想政治坚定、德技并修，德、智、体、美、劳等方面全面发展，具有一定的科学文化水平、良好的职业道德和工匠精神，掌握智能制造单元的编程、操作、装配、调试和维修保养等专业技术技能，具备认知能力、合作能力、创新能力、职业能力等支撑终身发展、适应时代要求的关键能力，具有较强的就业创新创业能力，面向苏州及长三角地区的机床制造、机器人制造、汽车制造、航空零部件制造等领域，能够从事智能制造设备的装配与调试、智能制造单元应用、智能制造单元维修保养等岗位工作，具有智能制造单元应用、智能制造单元维护、智能制造产线调试等技能的高素质、复合型、创新型技术技能人才。

专业特色：注重学生综合素质、创新能力和智能制造装备操作、装调与维护、故障诊断与维修能力的培养，对接企业岗位新需求，以岗定课，课岗融通。实施行动导向教学，以行求知，知行融合，依托社会实践基地、劳模工匠学堂，将职业素养、工匠精神从课内延伸到课外，开发“德技并修”课程和教材项目。学生参加国家、省各类技能大赛取得可喜成绩：获得全国职业院校技能大赛高职组“数控机床装调、维修与升级改造”团体二等奖，全国职业院校“数控机床装调与技术改造”团体二等奖，连续多年参加江苏省职业院校技能大赛并在装备制造大类“数控机床装调维修与智能化改造”领域多次获得团队二等奖，获“挑战杯”江苏省大学生创业计划竞赛金奖、江苏省普通高等学校本科优秀毕业设计（论文）一等奖等。人才培养案例获得全国教学成果一等奖、江苏省教学成果特等奖和苏州市教学成果特等奖等。

职业定位和人才流向：近3年本专业的年终就业率均为100%。毕业生主要面向高端数控机床、航空、机器人等高端装备制造领域，从事智能制造装备机械安装与调试、电气安装与调试、设备测试、数控加工、维修保养等方面工作。每年持续向苏州及周边地区的校企合作企业输送大量合格技术技能人才。

◎机械制造及自动化专业——江苏省高水平专业群核心专业、苏州市品牌专业

机械制造及自动化专业成立5年有余，自2016年至今已为社会培养3届260多名高职毕业生，就业率达98%以上。机械制造与自动化专业于2020年立项苏州市第三批品牌专业并获苏州市

教学成果奖特等奖，2020年牵头机械制造与自动化专业群申获江苏省高水平专业群。

机械制造及自动化专业团队拥有全国高校黄大年式教师团队成员、江苏省“青蓝工程”骨干教师3人、江苏省产业教授1人，团队成员参与完成并获江苏省教学成果特等奖。2022年团队教师参与全国职业院校教学能力比赛并获三等奖，实现学校首次国奖零的突破，教师曾获江苏省教学能力大赛三等奖、苏州市教学能力比赛三等奖、省微课比赛二等奖。

培养方向：以习近平新时代中国特色社会主义思想为指导，培养拥护党的基本路线，思想政治坚定、德技并修，具有一定的科学文化水平、良好的职业道德和工匠精神，掌握产品设计、零件加工工艺编制、数控设备操作与维护、PLC编程、增材制造设备操作等专业技术技能，具备认知能力、合作能力、创新能力、职业能力等支撑终身发展、适应时代要求的关键能力，具有较强的就业创新创业能力，面向苏州及长三角地区的机器人制造、汽车制造、航空航天零部件制造等领域，能够从事产品设计、零件加工工艺编制、数控设备操作、PLC编程与系统集成、增材制造设备操作等智能加工关键岗位工作，具有智能加工单元设计、制造、开发与调试技能，零部件优化设计、制造、后处理与检验检测技能，能适应产业转型升级的高素质、复合型、创新型技术技能人才。

专业特色：专业注重对学生综合素质、创新能力和产品工艺设计、自动化夹具设计、数控设备操作、零件检测技术应用能力，增材零部件设计、工艺优化、设备操作、零件后处理能力的培养。学生在校学习期间可取得西门子NX CAD/CAM证书中的一种技能证书，学生获江苏省优秀毕业论文二等奖，华东区CAD应用竞赛奖，苏州教育园“互联网+”创新创业大赛二等奖，江苏省挑战杯创新创业大赛金奖、银奖等。

职业定位和人才流向：毕业生主要面向区域内航空航天、汽车、模具等高端装备制造领域。学生毕业后可在机械制造企业从事产品研发、增减材零件工艺设计、增减材设备操作及维护、产品质量检测、生产现场技术管理、设备售后及营销等方面工作。

◎工业工程技术专业——江苏省高水平专业群核心专业

工业工程技术专业开设于2019年，是服务智能制造的新专业，努力培养既懂工程技术又掌握管理知识的高素质人才，适应现代企业对智能制造执行系统、精益生产等人才和技术技能需求。本专业在“金平果”2023高职专业及专业群排行榜中名列全国第一位。

工业工程技术专业教师团队拥有全国高校黄大年式教师团队成员、江苏省“青蓝工程”中青年学术带头人、江苏省产业教授等，团队成员参与完成并获苏州市教学成果一等奖，曾获江苏省教学能力大赛三等奖、省微课比赛二等奖。

培养方向：本专业以习近平新时代中国特色社会主义思想为指导，培养拥护党的基本路线，思想政治坚定、德技并修，德、智、体、美、劳等方面全面发展，具有一定的科学文化水平、良好的职业道德和工匠精神，掌握工业工程导论、质量管理与控制、MES系统的应用与调试、数控工艺编制与数控加工等专业技术技能，具备认知能力、合作能力、创新能力、职业能力等支撑终身发展、适应时代要求的关键能力，具有较强的就业创新创业能力，面向苏州及长三角地区的高端装备制造领域，能够从事企业设施规划与布局、产品质量监控、生产制造系统改善等关键岗位工作，具有企业制造执行系统应用和数控车铣加工等技能的高素质、复合型、创新型技术技能人才。

专业特色：本专业注重对学生综合素质、创新能力和产品工艺设计、智能制造执行系统应用、质量管理与控制、精益生产能力的培养。学生在校学习期间可取得西门子NX CAD/CAM证书。

职业定位和人才流向：毕业生主要面向区域内航空航天、高铁、汽车、轴承等高端装备制造领域，从事企业制造执行系统应用、产品质量管控、精益生产、设施规划与布局、数控工艺编制与机床操作等岗位。

师资介绍

耿哲，男，1985年6月生，江苏宝应人。2014年毕业于中国科学院金属研究所，获材料学博士学位，2014—2016年在清华大学机械工程系从事博士后研究工作。现任苏州工业职业技术学院精密制造工程系院长，副教授。研究方向为特殊工况条件下的材料摩擦学行为和材料表面工程。主持江苏省青年自然科学基金、江苏省高校自然科学研究重大项目和面上项目、江苏省教育教改课题，在SCI发表论文8篇，在EI发表论文4篇。作为骨干参加国家"双高"专业群和江苏省高水平专业群建设。江苏高校"青蓝工程"优秀青年骨干教师，江苏高校优秀教学团队和科技创新团队成员，所撰写的论文获苏州市自然科学优秀学术论文二等奖。

周瑾，1981年1月生，现任精密制造工程系党总支书记，法学硕士，主要研究方向为思想政治教育的理论与实践。主持并完成江苏省教育厅高校哲学社会科学研究项目等课题，参与市级以上课题多项，发表论文10余篇，指导完成江苏省大学生实践创新训练设计项目1项。江苏省大中专学生志愿者暑期"三下乡"社会实践活动优秀指导教师，被中共苏州市委教育工作委员会评为优秀党员，被学校评为"担当作为好干部""优秀党务工作者"，获苏州海外联谊会周氏德育奖励金等。近年来从事高校党建、宣传思想、文明校园创建工作等。

汪宁，女，1977年11月生，理学学士，教育学硕士，精密制造工程系党总支副书记，副研究员，研究方向为学生教育管理。2000年参加工作，担任过校学生工作处副处长、学院学生党支部书记、综合办主任、辅导员等。本人获校辅导员素质能力比赛一等奖、工作案例评比一等奖、"优秀辅导员""优秀思政教育工作者""就业工作先进个人"等称号，撰写的事迹材料获省级表彰1次、发表于"学习强国"2次，获评省"优秀育人好故事"指导老师，3次获"在苏高校家庭经济困难大学生优秀资助育人项目"二等奖，2次获评校"优秀党务工作者"。所带3个班级获评"江苏省先进班集体"，所带4名学生获"江苏省三好学生""优秀学生干部"等称号。指导学生参加"苏乡永助"比赛获省级三等奖，指导学生在校职业规划比赛中获一等奖，受聘为2名青年教师的导师。担任支部书记的党支部获评校"优秀基层党组织"。

薛迎春，女，1981年5月生，现任精密制造工程系副主任，副教授。江苏高校"青蓝工程"智能装备控制系统集成与开发优秀教学团队负责人、苏州市课程思政创新教学团队负责人、"青蓝工程"优秀青年骨干教师、苏州市优秀教育工作者、苏州市中级职称评审委员会专家。参与国家级课程思政示范课程团队、全国高校黄大年式教师团队、国家首批工业机器人教师教学团队。主持学院智能制造装备技术专业的建设和改革，主持江苏省教改课题2项，参与国家级教学团队专项课题2项；

参与并获国家级教学成果奖一等奖2项、省级教学成果奖特等奖1项；参与国家精品在线开放课程建设，主编省级重点建设教材1部，参编教材3部，获评全国优秀教材一等奖1项；获得江苏省教学大赛二等奖；指导江苏省大学生实践创新项目1项，指导学生论文获得江苏省优秀论文评比一等奖，指导学生获省级技能大赛三等奖1项；参与江苏省自然科学基金面上项目1项；获授权实用新型专利4项；发表论文11篇，为企业提供技术开发和技改服务8项。

殷铭，男，1979年12月生，江苏江阴人。2003年毕业于天津职业技术师范学院机械制造工艺教育专业，工程硕士。副教授，高级技师。研究方向为先进制造技术。获苏州市劳动模范、教育部技术技能大师、江苏省技术能手、全国职业院校技能大赛优秀指导教师等荣誉称号。领衔江苏省职业教育“双师型”名师工作室、苏州市技能大师工作室等项目。指导学生获全国职业院校技能大赛一等奖4次、二等奖1次，江苏省高等学校优秀毕业论文一等奖3次等奖项。

丁云鹏，男，1988年1月生，2016年毕业于哈尔滨理工大学，获机械制造及其自动化专业工学博士学位。现任苏州工业职业技术学院教务处副处长、精密制造工程系机械制造及自动化专业带头人，副教授，全国高校黄大年式教师团队成员，教育部教师教学创新团队成员。主要研究方向为数字化精密加工与检测技术。主持江苏省高校自然科学基金面上项目2项，参与国家863计划重点项目、国家科技重大专项、国家自然科学基金重点项目等国家项目6项，参与国家级职业教育教师教学创新团队课题2项，发表学术论文18篇。江苏省一流核心课程（线下）主持人，国家精品在线开放课程《多轴数控编程与仿真加工》主要建设人员之一，参与建设国家课程思政示范课程1项，主持校级智能制造新课程建设1项，参编教材2部。

季业益，男，1980年2月生，2004年毕业于东南大学机械设计制造及自动化专业，硕士。现任精密制造工程系模具设计与制造教研室主任，副教授，工程师。主要从事CAD/CAM的教学与研究工作。全国职业院校技能大赛优秀指导教师，江苏省技术能手，江苏省优秀青年骨干教师，西门子NX CAD认证教员。编写国家规划、省规划、省重点教材等5部，主持国家、省精品课程2门，发表论文40余篇，获授权发明专利6项。指导学生参加技能竞赛获全国、省级一等奖等40余项奖项。

孔茗，男，1977年12月生，硕士，副教授，工程师，技师。现任精密制造工程系实训中心主任。完成近20个实验室的改扩建工作，完成10个实验室的信息化改造任务。主要从事加工中心实训、金工实训等课程的教学工作。主编教材2部，副主编教材1部，参编教材3部。近年来撰写并公开发表教科研论文20余篇（核心期刊11篇）。获授权发明专利3项、实用新型专利11项。参与多个省、市级科研课题，完成企业横向课题9项，到账经费近20万元。指导学生撰写毕业论文，获得省优秀团队论文1项。指导学生参加2018全国“大学生创新创效创业”大赛，获得团体一等奖。2020年、2021年指导学生获江苏省职业院校技能大赛“复杂部件数控多轴联动加工技术”赛项一等奖，个人获得优秀指导教师奖。

黄晓华，女，1981年7月生，江苏常州人，精密制造工程系教师第一党支部书记，模具设计与制造专业带头人，副教授。江苏省社会实践活动先进工作者、苏州市青年岗位能手，发表论文20余篇，获授权发明专利2项、实用新型专利4项。指导学生参加台湾彰化国际青少年发明竞赛获金奖1项，指导学生获江苏省高校优秀毕业设计一等奖1项、华东地区工程图绘制比赛二等奖1项，主持江苏省信息化课堂教学大赛获二等奖1项，获学院首届教师课堂教学大赛一等奖1项，主持各级教科研课题12项，参与省级课题2项，主持苏州市教改课题1项，主持企业技术项目8项。

崔勇，男，1984年7月生，2016年毕业于北京林业大学，获工学博士学位。现任精密制造工程系智能制造装备技术教研室主任，副教授。擅长机械设计及其自动化，具有5年企业技术研发工作经历。获第二届、第三届机械行业职业院校教育教学创新大赛一等奖2项，江苏省高等学校微课教学比赛一等奖1项、三等奖1项，江苏省职业院校教学能力比赛三等奖1项。主持江苏省高等学校自然科学研究面上项目、江苏省高校哲学社会科学项目；近3年，作为第一作者发表论文8篇，其中SCI收录4篇、CSCD收录3篇、中文核心期刊收录1篇，获授权专利10项。

王帆，男，1989年8月生，2018年6月毕业于中国矿业大学机电工程学院，获机械设计及理论专业博士学位。现任精密制造工程系数控技术专业主任，讲师。擅长机械设计及理论、液压传动与控制方法领域的研究，拥有车铣复合加工的技术技能。参与国家自然科学基金研究项目1项，企业合作项目4项。获授权发明专利2项，公开发表科研论文6篇（其中SCI收录2篇、北大中文核心期刊收录4篇）、教改论文2篇，国内外会议做报告2次；主持横向课题2项，引入资金近7万元。主要承担液压与气压传动控制技术、AutoCAD制图、多轴数控编程与仿真加工、车铣复合技术综合实训、毕业论文写作方法等课程的教授任务。

丁倩倩，女，1989年生，中国科学技术大学材料科学与工程系工学博士，中共党员。现任精密制造工程系机械制造及自动化专业教研室主任。主要研究方向为激光加工技术。指导学生参加技能大赛获省级以上奖项4项，教学能力比赛获奖2项，主持市厅级以上项目5项，主持并完成企业横向课题4项，参与3项国家自然科学基金，作为第一作者在SCI发表论文10篇，作为第一作者申获发明专利1项、实用新型专利2项。

韩念梅，女，1980年6月生，中南大学材料加工工程专业博士，中共党员。现任精密制造工程系工业工程技术专业教研室主任，江苏省科技副总。主要研究方向为铝合金开发，铝合金加工工艺对组织、性能及缺陷的影响。

指导学生参加第十二届“挑战杯”江苏省大学生创业计划竞赛获银奖1项，江苏省教学能力比赛获奖1项，江苏省材料学会科学技术一等奖1项。主持江苏省产学研项目1项、苏州市社会发展科技创新项目1项，主持企业横向课题13项。

作为第一作者发表论文14篇，其中SCI收录7篇、EI收录4篇；获授权专利5项。

校企合作

精密制造工程系重视校企合作与产教融合工作，以提高人才培养质量为核心目标，以增强专业特色为工作重点，以产学研多维结合协同发展的办学方针，进行校企合作的创新和探索，提高教育教学质量。

企业全程参与学院各专业人才培养工作。2023级人才培养方案修订过程中，各专业带头人进行多次紧密合作研讨，完成行业企业需求调研，了解行业企业岗位情况，苏州轴承厂股份有限公司、纽威数控装备（苏州）股份有限公司、英格索兰（中国）工业设备制造有限公司、米巴精密零部件（中国）有限公司等多家企业给予宝贵意见和帮助。校企合作成功申报完成系列课程和教材的开发工作。开展学生国际认证项目，获得Siemens NX CAM证书73人、PC-DIMS证书16人。

持续推进校企“双师型”教师培养，与杭州万维镜像科技有限公司联合举办江苏省职业院校教师素质提高计划，完成全省60名教师虚拟仿真实训基地建设能力培训。与英格索兰（中国）工业设备制造有限公司合作进行空气压缩机螺旋滚子的精密磨削和车铣复合加工零件生成和工艺优化。

优化冠名班工作，提升校企培养效果，完成2023级13个班级全部企业冠名，设计更新教学楼冠名班教室的企业文化墙、企业信息栏，让学生在学习的同时及时了解冠名企业的基本信息与动态，本年度开展冠名班活动60余次。8家2022级冠名班获评五星冠名班。2022级米巴学徒班12名学生通过面试，经过校企合作培训，进入企业开展顶岗学习。米巴继续捐赠奖学金1万元。英格索兰（中国）工业设备制造有限公司参加学校“创元杯”第三批校产教融和型企业共建成果评比，获二等奖。和苏州轴承厂股份有限公司共同申报苏州市职业院校优秀产业（企业）学院并获批。

深化建设产教深度融合实训平台。2023年成功获批江苏省智能制造装备技术技艺技能传承创新平台。与乔治费歇尔精密机床（GF）完成校企合作协议，企业主投6000余万元的设备共建GF加工方案苏州应用技术中心，将瑞士职业教育资源引入学校。与德国卡尔蔡司达成战略合作，完成苏州工业职业技术学院—蔡司智能检测学院一期建设，引入德国认证标准和行业标准促进国内工业品测量培训认证。

学生工作

精密制造工程系始终以生为本，坚持立德树人根本任务，以理想信念教育为核心，将关心、关爱工作做细落实，深度聚焦学生发展需求，提升思想政治教育工作实效。

推进思政教育。组织学习贯彻党的二十大精神，通过学生升旗仪式、志愿服务主题月启动仪式、学习宣讲、主题团日等活动，深化学习；通过走访红色教育基地、红色观影、国庆庆祝主题活动等开展爱国主义教育；通过“马克思主义·青年说”系列活动、入党积极分子培训、新生入党启蒙教育等做好思政教育。

健全日常管理。做好开学及毕业教育，开展“花式宠新生，暖心护启航”迎新工作，开展“春光为序　逐梦起航”开学第一课、学校党委书记王洪法为2023级新生讲授“开学第一课，2023级完成爱国爱校、理想信念、法治安全等16项新生入学教育工作；开展“怀精密之心　赴时代之约”毕业季主题教育系列活动，服务144名学生专转本送考。高质量完成学院2023届484名毕业生归档及2023级569名新生入学登记工作。

重视心理健康。紧扣“润心行动”要求，实施“亲密伙伴”计划，关爱重点关注学生的动态，做好重点关注新生心理测评回访工作，完善重点关注学生档案。加强对有心理问题学生的关爱力度和温度，组织开展系列健康主题活动。开展拔河比赛、健康主题班会，参与校园心理趣味挑战运动会、新生健康大讲堂活动。学院全年无重大心理问题学生事件发生。

精准资助教育。精准开展家庭经济困难学生认定及完善工作，家庭经济困难学生春季学期232名，秋季学期219名。100%资助建档立卡学生。组织开展资助政策宣传4次。组织开展资助主题教育，启动"苏乡永助"资助主题教育，开展"温情关怀，扶智暖心"家庭经济困难学生走访活动。

评奖评优工作。严格组织各项评奖评优工作，完成国家奖学金（2名）、国家励志奖学金（42名）、学院奖学金（125名）、三好优干（87名）、先进班集体（8个）等各项评奖评优的评审工作，2个班级获"校十佳班集体"称号。推进"榜样的力量"品牌建设，开展国家奖学金、国家励志奖学金获得者和校优秀毕业生优秀事迹展示，形成良好示范引领。

做好安全防范。以"人人讲安全、个个会应急"为核心，通过安全生产线下年级大会"大讲堂"、线上宣讲等活动，开展防范非法集资、防诈骗、财产安全、出行安全、保密安全、网络安全、顶岗实习、宿舍安全、心理安全、考试安全、归寝安全、消防安全等方面安全教育，共计开展8场安全教育线下教育和2期线上宣讲，共计2020人次参加主题教育。

提升学干队伍建设。依托"青苗计划"，开展"修身明德　守正笃行"学生干部廉洁教育大会、学生干部培训会、学生干部述职会等共计6场，强化廉洁自律意识，提升工作水平。完成学生组织换届竞聘，形成30名同学组成的新任学生组织。组织学雷锋主题系列志愿活动，在养老院、学生社区等开展服务，传承雷锋精神。数控20C1关浩伟被评为江苏省优秀学生干部，机械21C1被评为2023年度江苏省先进班集体。

促进学生就业。创新开展高质量就业，建立"职引向未来"就业品牌项目，开展职业规划大赛、校园招聘活动10场，校企活动53场，开展15家企业"访企拓岗"活动，走访慰问2021级实习学生，指导13名学生开展"工学交替"实践，做好就业指导；精准帮扶8名就业困难学生，建立"一生一策"，提供就业帮扶；做好2023届495名毕业生就业材料收取、就业确认、就业调查等跟踪管理。截至12月31日，学院就业率达到97.98%，位于学校第一方阵。2名学生在校职业规划大赛中获奖，1名学生入选省职业规划大赛复赛。

精密制造工程系始终坚持以学生为中心，从学生根本需求出发，聚焦主责主业，服务学生发展、引领学生成长，不断推动学生工作高质量发展。

科研服务

精密制造工程系2016年依托省教育厅、省财政厅"江苏省产教深度融合实训平台建设项目"，建成数字化智能制造与精密检测技术研究团队。2017年，获批江苏省优秀教学团队，并参与获批江苏省科技创新团队和江苏省高校哲学社会科学创新团队。2018年，获批立项苏州市精密检测技术重点实验室。2019年，获批立项智能制造与精密检测产学研合作示范基地。2021年，立项江苏省金属增材制造与工程应用科技创新团队。经过发展，精密制造工程系逐渐形成以智能加工和精密检测技术为主要研究领域的科技创新团队，开展工业产品数字设计与增材制造、材料结构与性能检测和非标自动化设备设计与开发等研究。

精密制造工程系拥有先进的智能加工和精密检测设备和技术，围绕高端装备的研发和测试，开展智能加工、材料检测、尺寸测量等方面的科研工作，已建立中国标准化动车组座椅研发基地、苏州市精密检测技术重点实验室和三坐标测量技术研究中心等科研机构，具备数字化设计、工艺编制、减材加工、激光加工、增材制造、材料分析、尺寸测量和性能检测完整技术链的研发优势，能完成非标自动化设备设计、机械产品打样、零部件尺寸精密测量、材料组织结构与性能测试分析服务，具有产教深度融合和产学研技术创新特色。

精密制造工程系与企业合作研发动车组座椅相关部件，已获授权专利10项，研发的动车组座椅系列产品已被中国中车集团使用并配属各铁路局的动车组上；开发的涡轮增压器压壳自动铆压系列装配机，为无锡蠡湖叶轮制造有限公司创造经济价值达到30万—35万元/年；开发的汽车胎压传感器测试机，为太仓伟速达汽车零部件制造企业创造经济价值达到40万—45万元/年；开发的汽车尾车锁安全性能测试机，为上海为彪汽车零部件制造企业创造经济价值达到50万—60万元；为苏州地区中小企业数控设备维保2139次。科研案例转化为教学资源，开发“多轴数控编程与仿真加工（NX CAM）”等国家精品在线开放课程、江苏省在线开放课程、苏州市优秀新课程、全国机械行业精品课程等；出版江苏省重点建设教材6部。

精密制造工程系近5年来，获国家、省级自然科学基金、社科基金项目6项，在核刊以上级别刊物发表论文100余篇，获授权发明专利66项；企业横向课题经济效益超百万元/年。2023年，精密制造工程系教师共在核心以上期刊发表学术论文9篇，其中SCI/SCIE收录4篇；获授权发明专利14项、实用新型专利11项；立项江苏省高等学校基础科学（自然科学）研究重大项目1项、面上项目1项，省教育厅高校哲学社会科学研究课题2项；承担企业横向课题50项，到账金额205万元，完成知识产权转化10项，到账金额6.6万元。

机电工程系

概　况

机电工程系是学校成立最早的系（院）之一，也是国家“双高计划”高水平专业群（智能控制技术）、江苏省重点建设专业群建设单位。多年来，机电工程系为苏州乃至长三角地区输送7000余名高素质技术技能人才，毕业生就业率一直保持在99%以上。

机电工程系主要包括智能控制技术、工业机器人技术、机电一体化技术、电气自动化技术、工业互联网应用等5个专业，其中，机电一体化技术专业为中央财政重点支持建设专业、全国职业院校装备制造类示范专业点；机电一体化技术、工业机器人技术、智能控制技术专业为江苏省高水平院校建设骨干专业；电气自动化技术专业为中央财政重点支持建设基地依托专业。

机电工程系现有教职工61人，其中专任教师51人，教授1人、副教授11人，博士20人，“双师型”教师45人。拥有首批国家级职业教育教师教学创新团队（工业机器人技术）、全国高校黄大年式教师团队、江苏省优秀教学团队、江苏高校“青蓝工程”科技创新团队等6个，江苏省教学名师、江苏省“333高层次人才培养工程”第三层次培养对象、“六大人才高峰”人才、江苏高校“青蓝工程”中青年学术带头人培养对象、江苏高校“青蓝工程”优秀青年骨干教师培养对象等11人，江苏省产业教授5人。

机电工程系获评国家级职业教育教学成果一等奖2项、省教学成果特等奖2项。拥有国家职业教育智能制造装备技术专业教学资源库、国家在线精品课程3门、国家课程思政示范课1门、省课程思政示范课3门、省在线精品课程2门。国家教材建设一等奖1项、国家“十四五”职业教育规划教材3部、省教材建设奖1项、省“十四五”职业教育规划教材1部等。

机电工程系获批教育部第三批现代学徒试点项目、教育部中德先进职业教育（SGAVE）合作项目、江苏省第一批现场工程师专项培养计划项目和教育部第一批现场工程师专项培养计划江苏推荐项目等，建成教育部工业机器人应用人才培养中心、科技部工业机器人国家级众创空间、江苏省工业机器人与智能装备制造业创新中心、江苏省工业机器人与智能装备产教融合平台、江苏省“智能车间”装备集成与应用技术产教融合集成平台、江苏省工业机器人工程研发中心等平台。

本年度，机电工程系完成首批国家教师教学创新团队项目、国家级智能制造装备技术专业教学资源库项目以及江苏省产教融合集成平台项目的验收，获批江苏省职业教育专业教学资源库“工业互联网应用”项目。教师团队荣获江苏省职业院校教学能力大赛三等奖1项，荣获江苏省高职院校职业技能竞赛现代电气安装与调试项目（教师组）三等奖1项，承担苏州市软科学项目等3项。机器人21C2获2023年度江苏省普通高校省级先进班集体荣誉，学生获江苏省“互联网+”职业院校创新创业大赛二等奖1项，获第十八届“挑战杯”全国大学生课外学术科技作品竞赛江苏省选拔赛三等奖1项，获第十八届“挑战杯”全国大学生课外学术科技作品竞赛“黑科技”专项赛江苏省选拔赛三等奖1项，获2023年江苏省职业院校技能大赛高职赛项——现代电气安装与调试二等奖1项，获2023年江苏省职业院校技能大赛高职赛项——工业机器人技术与应用三等奖1项，获2023年江苏省职业院校技能大赛高职赛项——机器视觉系统应用三等奖1项，获2022年度普通高等学校优秀本专科毕业论文（设计）二等奖2项，获2023金砖国家职业技能大赛智能视觉感知与控制技术赛项三等奖1项；获国家奖学金2人，江苏省三好学生1人，江苏省优秀毕业生1人。

教学工作

办学特色

机电工程系坚持为党育人、为国育才初心，落实立德树人根本任务，聚焦苏州及长三角一体化发展战略需求，聚力团组融合技术技能人才培养模式的创新与实践，打造建设集人才培养、技术服务于一体，资源共享、机制灵活、产出高效的人才培养与技术服务国家级教学创新团队，持续建设智能装备技术国家职业教育专业资源库。以企业真实项目为载体，以关键技术为核心，以结构化技术团队为引领，以项目组为实施主体，实施以学习者为中心的智能车间产业学院和师生团组的人才培养模式，高质量形成“搭平台聚人才、组团队做项目、建资源促服务”专业群跨区协同创新的“苏工方案”。

专业设置

2023年苏州工业职业技术学院机电工程系专业设置一览表

序号	专业名称	负责人	职称	学历（位）
1	机电一体化技术	覃恩伟	正高级工程师	研究生（博士）
2	工业机器人技术	于　霜	副教授	研究生（博士）
3	电气自动化技术	冯国铜	讲师	研究生（硕士）
4	智能控制技术	周　薇	讲师	研究生（博士）
5	工业互联网应用	吕亚男	副教授	研究生（博士）

专业介绍

◎机电一体化技术专业——中国特色高水平专业群建设专业、教育部全国职业院校装备制造类示范专业点、中央财政重点支持建设专业、江苏省高水平院校建设专业、江苏省“机电一体化技术专业群”核心专业、江苏省高水平骨干专业

专业背景：机电一体化技术专业是学校开设最早、最热门的工科专业，2003年至今已招收19届4300余名学生。本专业拥有省级优秀教学团队1个，获得国家级教学成果奖一等奖、全国机械行业和省级教学成果奖特等奖。本专业与卡特彼勒、艾默生、百得等世界500强企业，以及汇川、亨通、苏净等地方知名企业，联合建立近百家实习就业基地，共建省级智能制造装备技术实训基地及产教融合实训平台7个。与博世汽车部件（苏州）有限公司合作成立的“博世学徒班”项目，获批教育部第三批现代学徒制试点项目。学生参加各类技能竞赛和毕业设计获一等奖20余项，毕业生就业率近100%，学生的就业竞争力、可持续发展能力名列全省同类院校前茅。

培养目标：以习近平新时代中国特色社会主义思想为指导，深入贯彻党的二十大精神，培养拥护党的基本路线，思想政治坚定、德技并修，德、智、体、美、劳等方面全面发展，具有一定的科学文化水平、良好的职业道德和工匠精神，掌握机、电、液、气、光、磁基本原理，机电产品集成与装调、PLC编程与控制等专业技术技能，具备认知能力、合作能力、创新能力、职业能力等支撑终身发展、适应时代要求的关键能力，具有较强的就业创业能力，面向机电行业及智能制造领域，能够从事自动化生产线的运行和维护、生产现场管理和产品辅助设计等工作，立足智能制造装备机

械—传感—控制—执行全链条技术，服务“智改数转”产业升级，具有机电一体化设备的操作运行、安装调试、维护维修、辅助设计技能的高综合素质、复合型、创新型技术技能人才。

主要课程：机械制图、电工电子应用技术、电机与电气控制、机械设计基础、液压传动与气动系统、PLC应用与实践、工业传感与检测、自动化生产线安装与调试、工业机器人编程与控制、智能制造生产与管控、工业视觉系统运维、电工实训、机械制图与计算机绘图、智能控制程序设计与应用、金属材料与热处理、智能生产线集成技术。

职业前景：通用设备制造、智能制造与自动化生产领域，机电一体化设备的安装调试、维护维修、机电产品生产现场管理及售后服务、机电产品辅助设计、机电一体化设备销售、技改等技术岗位。

◎工业机器人技术专业——“双高计划”智能控制技术专业群核心专业、江苏省高水平建设骨干专业，获批国家级“苏州工业机器人”众创空间、教育部工业机器人领域职业教育人才培养中心、江苏省智能机器人及成套装备创新中心、江苏省工业机器人工程研究中心、江苏省工业机器人与智能装备产教融合实训平台等

专业背景：工业机器人技术专业开设于2014年，学校是国内最早开设工业机器人技术专业的院校之一。本专业有专任教师8名，全部具有硕士及以上学历，其中博士5名，具有副高职称1名，100%为“双师型”教师，企业兼职教师5名。与上海ABB工程中心有限公司共建“ABB工业机器人实训室”，与江苏汇博机器人技术股份有限公司共建“工业机器人应用编程实训室”，与江苏科伯瑞工业技术有限公司共建“科伯瑞工业自动化实训室”，等等。校企共建工业机器人技术应用基础训练、专项训练和综合训练实训室8间，配备工业领域应用广泛的30多台（套）机器人装配、码垛、焊接、双机器人装配系统、视觉检测系统、快速分拣系统等。可满足工业机器人操作、调试、维护等课程的教学和实训。

培养目标：以习近平新时代中国特色社会主义思想为指导，深入贯彻党的二十大精神，培养拥护党的基本路线，思想政治坚定、德技并修，德、智、体、美、劳等方面全面发展，具有一定的科学文化水平、良好的职业道德和工匠精神，掌握工业机器人操作、编程与调试等专业技术技能，具备认知能力、合作能力、创新能力、职业能力等支撑终身发展、适应时代要求的关键能力，具有较强的就业创新创业能力，面向智能制造领域，能够从事工业机器人系统安装与操作、系统集成与维护等智能产线工业机器人应用岗位工作，具有工业机器人工作站搭建、工业机器人现场操作与编程、工业机器人工作站系统运行与维护技能的高素质、复合型、创新型技术技能人才。

主要课程：机械设计基础、液压传动与气动技术、工业传感与检测、电机与电气控制、电工电子应用技术、电工实训、PLC应用与实践、机械产品数字化设计、工业视觉系统运维、工业机器人应用编程、机器人工装夹具技术、工业机器人离线编程、工业机器人工作站集成与运维等。

职业前景：面向智能制造行业的工业机器人本体制造、系统集成、系统应用企业的工业机器人安装与操作、编程与调试、运行与维护及售前售后和技术支持等技术岗位。

◎电气自动化技术专业——“中央财政重点支持建设基地”依托专业、江苏省“机电一体化技术专业群”骨干专业

专业背景：电气自动化技术专业于2006年开设，是招生高分聚集的工科专业，从2006年至今已招收17届1700余名学生。电气自动化技术专业教研室现有专业教师11名，其中，副教授3名，博士3名，硕士以上学历11名，江苏省“青蓝工程”骨干教师2名，高级技师9名；获江苏省优秀教学成果二等奖1项，全国职业院校技能大赛

教学能力比赛三等奖1项，江苏省职业院校教学能力比赛一等奖1项、三等奖2项。

本专业与莱克、卡特彼勒、施耐德、亚智、友达光电等知名企业联合建立识岗、习岗、顶岗实习就业基地。与莱克电气股份有限公司、卡特彼勒（苏州）有限公司等多家企业以订单班、冠名班等形式合作，为企业定向培养电气自动化专业技术人才。2023年，毕业生就业率达100%，学生的可持续发展具有较大发展空间。

培养目标：以习近平新时代中国特色社会主义思想为指导，培养拥护党的基本路线，思想政治坚定、德技并修，德、智、体、美、劳全面发展，具有一定的科学文化水平、良好的职业道德和工匠精神，掌握电气自动化设备安装调试、维护维修、控制运行、技术改造等专业技术技能，具备认知能力、合作能力、创新能力、职业能力等支撑终身发展、适应时代要求的关键能力，具有较强的就业创新创业能力，面向智能制造领域，能够从事电气设备调试与维护、电气自动化设备操作运行、电气设备制造与生产、供配电系统运行与维护、电气控制设备技术改造等职业岗位工作，具有电气安装与调试、智能检测、运动控制、电气故障诊断与维修等技能的高素质复合型技术技能人才。

主要课程：PLC应用与实践、MES系统的应用与调试、自动化设备编程与控制、智能装备运动控制技术、电控系统装配与调试、工业机器人现场编程、工业视觉系统运维（1+X证书）系统。

职业前景：面向苏州及长三角区域"智能制造"领域从事电气自动化设备的运行操作、电气设备制造与生产、电气设备安装与调试、电气设备维护维修、电气控制运行及技术改造、电气自动化设备销售及售后技术服务等技术岗位。

◎智能控制技术专业——中国特色高水平专业群建设专业、江苏省高水平院校建设专业、江苏省"机电一体化技术专业群"核心专业

专业背景：智能控制技术专业开设于2018年，并于同年开始招生，目前在校学生220余人。专业拥有传感与检测技术实训室、智能控制技术实训室、工业机器人运动控制技术实训室、制造单元综合应用、智能视觉感知技术等实训室，配备工业传感、智能控制、西门子PLC、工业机器人等智能控制技术实训设备20余台（套）。与华航唯实、富纳艾尔等多家企业合作以冠名班等形式，为社会和企业培养智能控制技术人才。

培养目标：以习近平新时代中国特色社会主义思想为指导，深入贯彻党的二十大精神，培养拥护党的基本路线，思想政治坚定、德技并修，德、智、体、美、劳全面发展，具有一定的科学文化水平、良好的职业道德和工匠精神，掌握PLC控制系统编程与调试、工业机器人技术应用、智能控制系统集成、工业视觉系统运维等专业技术技能，具备认知能力、合作能力、创新能力、职业能力等支撑终身发展、适应时代要求的关键能力，具有较强的就业创新创业能力，面向智能制造领域，能够从事智能控制系统设计、智能控制系统编程、智能控制系统集成等智能控制关键岗位工作，具有控制系统安装与调试、控制系统设计与编程、控制系统集成应用及售前售后服务等工作技能的高素质复合型技术技能人才。

主要课程：机械设计基础、机械制图、电工电子应用技术、电机与电气控制、液压传动与气动技术、工业传感与检测、PLC应用与实践（西门子）、工业运动控制技术、工业视觉系统运维、智能制造单元改造与集成应用、电控系统装配与调试、智能制造生产与管控。

职业前景：本专业毕业生具备西门子PLC控制与编程、工业机器人系统集成与维护技术等核心工作能力，可从事面向智能制造行业的智能制造控制系统的集成应用，智能制造控制系统的装调、维护维修，智能制造控制系统的售前、售后服务等技术岗位。

◎工业互联网应用专业——江苏省"工业互

联网应用专业”资源库依托专业

专业背景：工业互联网应用专业开设于2023年，并于同年开始招生，目前在校学生44人。现有专业教师7名，其中，副教授1名，博士6名，江苏省“青蓝工程”学术带头人1名。专业拥有智能制造生产与管控等实训室。与江苏苏净集团有限公司等多家企业合作，为企业培养复合型高素质技术技能型人才。

培养目标：本专业面向智能制造领域，培养拥护党的基本路线，思想政治坚定、德技并修，德、智、体、美、劳等方面全面发展，具有一定的科学文化水平、良好的职业道德和工匠精神，掌握扎实的科学文化基础和工业网络、制造系统、运营管理系统、工业互联网等知识，具备智能控制系统集成、数据采集分析、工业互联网平台应用等专业技术技能的高素质、复合型、创新型技术技能人才。

主要课程：工业传感与检测、电工电子应用技术、液压传动与气动技术、电机与电气控制、C语言程序设计、工业互联网基础、PLC应用与实践、智能制造生产与管控、工业互联网标识解析应用技术、工业互联网平台应用、工业控制系统安全。

职业前景：面向苏州及长三角地区高端装备制造自动化领域，从事工业网络系统集成与运维、工业数据采集、工业边缘计算应用、工业互联网平台应用、工业网络安全实施等技术岗位。

师资介绍

石皋莲，女，1967年4月生。现任机电工程系主任，教授（三级），工程师。先后荣获江苏省教学名师、全国职业院校技能大赛优秀指导教师、江苏省优秀教学团队带头人、江苏省科技创新团队带头人、苏州市“五一”巾帼标兵、苏州市三八红旗手等21项国家级、35项省级、11项市级标志性荣誉奖励与成果。主要从事智能制造相关专业领域的教学与科研工作。兼任中国机械工业教育协会常务理事、江苏省机械行业协会理事、全国标委会仪表机床分会委员等，牵头承担全国机械行业机械产品数字化设计人才评价等标准研制工作；受邀担任2023年教育部职业院校技能大赛专家组组长；第八届、第九届全国数控技能大赛专家组副组长、副裁判长；中国技能大赛第二、三、四届全国智能制造大赛专家组副组长、安全督导组副组长、裁判长；吉林省、陕西省、江西省职业院校技能大赛多轴加工技术赛项专家组组长、裁判长；苏州市工信局、苏州市科技局智能制造类项目评审专家等。

主持国家“双高计划”专业群、江苏高等职业教育高水平专业群、江苏高校品牌建设工程一期项目、江苏省产教融合集成平台等省部级项目13项，主持课程获评国家在线精品课程、国家精品在线开放课程、江苏省课程思政示范课程等省部级以上荣誉7项，主编出版新形态一体化教材7部，获“十四五”国规教材、首批省规教材、省优秀教材、省重点建设教材等荣誉7项。指导学生获全国技能竞赛一等奖和“挑战杯”国赛银奖、省赛金奖等省级以上奖9项；主持或核心参与国家、省自然科学基金和省重点实验室、省工程技术应用中心等项目15项，横向项目25项，以第一发明人获授权发明专利15件、实用新型专利34件，专利成果转化9项，发表论文89篇，其中核心期刊收录23篇，成果获江苏省材料学会科学技术一等奖。开展长征五号B运载火箭伺服机构相关可靠性验证实验，收到长征五号运载火箭型号办公室的感谢信。

张大圣，男，1980年3月生，汉语言文学学士，物流工程与管理硕士。现任机电工程系党总支书记，讲师，研究方向为汉语言文学教育、高校后勤

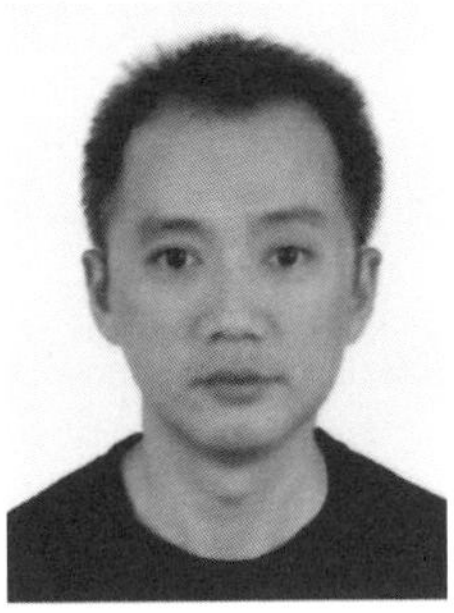

管理、党建工作、大学生思想政治教育及群团组织工作。2002年参加工作，先后担任学校党政办公室副主任，后勤与资产管理处副处长、处长。参与国家样板党支部、江苏省绿色学校等项目的建设任务。获得省级高职院校后勤先进个人，市级后勤优秀管理人员，以及校级“优秀教育工作者”“优秀党务工作者”“优秀团干”等荣誉称号。

于霜，女，1981年11月生。现任机电工程系副主任，副教授，研究方向为工业机器人与智能装备集成技术。江苏省“青蓝工程”优秀骨干教师培养对象、江苏省“双创计划”科技副总、江苏省“333高层次人才培养工程”第三层次培养对象。

主要参与智能制造装备技术国家职业教育专业资源库、省工业互联网应用省级职业教育专业资源库建设任务，参与申报并获国家教学成果奖一等奖2项、江苏省教学成果奖特等奖2项、苏州市教学成果奖特等奖1项；获江苏省职业院校教师信息化教学大赛二等奖1项、江苏省职业院校教师教学大赛二等奖2项；指导学生获全国职业院校技能比赛二等奖1项、江苏省高职院校技能比赛三等奖2项；主持江苏省高校基础科学研究重大项目，发表高质量论文18篇；获授权实用新型专利7项。近年来主要从事工业机器人与智能装备集成技术研究。

吕亚男，女，1983年10月生。现任机电工程系副主任，副教授，江苏省“青蓝工程”中青年学术带头人，研究方向为工业互联网应用。参与国家双高专业群、省产教融合平台、中德先进合作教学项目等，获得省教学能力大赛二等奖2次；发表论文23篇，其中，核心期刊收录9篇，SCI收录8篇；获授权发明专利1项，指导学生授权实用新型专利2项；主编教材2部，主持省、市级课题5项。近年来从事工业机器人控制和新型强化材料的研究。

徐云飞，男，1981年5月生，硕士。现任机电工程系党总支副书记，讲师。2003年参加工作，全球生涯规划师（GCDF）、高校生涯课程导师，先后担任专业教师、机电工程系党务秘书、精密制造工程系综合办主任、院办接待与外事科科长、电子与通信工程系党总支副书记等，主要研究方向为大学生思想政治理论。主讲“军事理论”“就业创业指导”等课程；主持、参与省、市级课题3项，发表论文4篇；多次获“学校优秀党务工作者”“优秀教育工作者”等荣誉。

覃恩伟，中科院金属研究所材料学博士，正高级工程师，德国莱布尼兹新材料研究所助理研究员。

全国机械职教工程材料专职委委员；苏州市焊接学会副秘书长；学校二级学院学术委员会主任，机电一体化技术专业带头人。研究方向为先进制造装备技术与工艺，具体包括：（1）基于涂层技术的表面改性与再制造修复；（2）选区激光熔化、激光冲击强化、激光熔覆等激光制造技术与工程应用；（3）相应智能装备设计、零部件逆向数字化设计、基于视觉的在线监控与工业大数据分析。主持和参与省部级及中广核集团项目6项，省、市级平台建设项目2项，承担的国拨总经费超过2300万元；横向工程应用课题多项，经费超过200万元。以第一作者或通讯作者发表论文20余篇，以第一起草人主编国家/行业标准2项，代表性发明专利10余项。

冯国铜，1989年生，吉林长春人。南京理工大学兵器科学与技术专业博士，2018年入职。现任机电工程系教师第二党支部书记，电气自动化技术专业带头人，教务处挂职副处长。研究方向为电气自动化技术、工程热物理、机械制造及自动化技术等。

江苏省“青蓝工程”骨干教师。建成国家党建工作样板支部1项，获教学能力大赛国家级三等奖1项和省级一等奖1项、三等奖2项，获微课比赛省一等奖1项、三等奖1项等奖项；指导学生获“发明杯”国家级一等奖1项，江苏省大创项目1项，江苏省优秀毕业论文团队奖1项，华东区CAD大赛二等奖1项、三等奖3项等奖项；是第三批国家级职业教育教师创新团队、江苏省“青蓝工程”优秀教学团队、省级一流核心（线下）课程等核心成员。发表论文9篇，其中SCI收录2篇；申报发明专利13项，获授权6项。

周薇，智能控制技术专业带头人，主要研究方向为智能装备感知及控制技术集成与应用。主持建设智能视觉感知技术实训室，担任“工业视觉系统运维”课程负责人。指导学生参加江苏省职业院校技能大赛“现代电气控制系统安装与调试”赛项获二等奖，参加“挑战杯”全国大学生课外学术科技作品竞赛“黑科技”专项江苏省选拔赛获三等奖2项，参加金砖国家职业技能大赛“智能视觉感知与控制技术”赛项区域选拔赛获二等奖。参加江苏省职业院校技能大赛教师组“现代电气控制系统安装与调试”赛项获三等奖，参加全国高校青年教师电气类专业实践教学设计创新大赛“电气自动化系统综合应用”赛项获一等奖。参与江苏省高等学校基础科学（自然科学）研究重大项目、江苏省高校哲学社会科学研究一般项目，入选江苏省科技副总。参与国家职业教育教师创新团队、江苏省“青蓝工程”优秀教学团队建设。

王英，女，1985年8月生。现任机电工程系机电一体化技术专业主任、机电工程系教师第一党支部书记，讲师，研究方向为先进材料力学性能、结构设计与优化等。江苏省“青蓝工程”优秀青年骨干教师培养对象，主持2022年江苏省职业教育教学改革研究课题1项，主持2023年苏州市软科学课题1项，获2020年、2023年江苏省高职院校教师教学能力大赛三等奖。指导学生获2020年江苏省高职院校职业技能大赛“制造单元智能化改造与集成”赛项二等奖，获江苏省第十七届“挑战杯”全国大学生课外学术科技作品竞赛“黑科技”专项三等奖。发表论文8篇，其中，SCI收录5篇，核心期刊收录1篇；发表教改论文5篇；获授权实用新型专利4项、发明专利1项。近年来从事先进材料的力学性能和结构与优化、非标设备设计与优化以及系统集成等方面的研究，主持相关横向课题4项，与多个企业保持良好的合作关系。主持江苏省大学生创新创业项目1项，参与多个国家级、省级课题研究项目。

陈晓华，燕山大学机械工程学院工学博士，现任机电工程系电气自动化专业主任。在教学方面，主讲国家“双高计划”智能控制技术专业群课程“PLC应用与实践（西门子）”和精品在线开放

课程“PLC应用与实践（西门子）”，出版教材《智能产线PLC通信技术应用》。主持2023年学校教育教改研究课题青年专项研究项目，发表教改论文3篇。在科研方面，完成企业横向课题7项，经费80余万元。同时，还注重科研成果的转化和应用，多次与企业合作开展技术攻关和新产品开发，已获授权发明专利3项、实用新型专利18项。在学科建设方面，已主持完成PLC实训室升级改造和工业机器人技术应用竞赛设备升级2个实训室建设工作。

宋冬萍，女，1980年12月生。现任机电工程系工业机器人技术专业主任、机电工程系教师第二党支部副书记，讲师，维修电工高级技师，研究方向为智能控制。

主要任教“PLC应用与实践”“电工电子应用技术”“电机与电气控制”等课程。教学勤耕不辍，主持完成“双高”建设课程“电工电子应用技术”，被评为先进工作者，多次教学质量考核优秀。工作以来，主持教科研及横向课题21项，其中市厅级以上课题3项，累计横向到账经费31.8万；主编教材1部，参编教材3部；发表论文21篇，其中，核心期刊收录3篇，EI收录1篇；授权实用新型专利6项，科技成果转让2项；主持科研成果转化为教学资源典型案例3项；指导江苏省大学生创新创业训练计划项目2项；指导学生参加江苏省职业技能大赛获三等奖3项；参加江苏省多媒体课件比赛获二等奖1项；近5年，4次年度考核优秀；第三轮岗位聘任考核优秀。

王占山，男，1986年6月生。现任智能控制技术专业教研室主任，讲师，研究方向为特种移动机器人、非标装备设计研制与摩擦磨损试验机设计。发表科研论文5篇，教改论文2篇；获授权实用新型专利10项，完成专利转化3项；主持江苏省高等学校自然科学研究面上项目1项；主持参与横向课题17项，到账资金95.8万元；指导学生参加各项比赛，累计获得江苏省一等奖1项、三等奖4项，行业赛二等奖1项；指导学生获得2022年度普通高等学校优秀本专科毕业论文二等奖1项；带队参加2023年江苏省职业院校教学能力比赛，获得江苏省三等奖1项。

章猛华，男，1990年生，南京理工大学博士，苏州大学博士后，讲师，江苏省科技副总，江苏技术能手，现任机电工程系工业互联网应用专业主任。主持江苏省产学研合作项目1项，参与多项国家级及省部级科技项目，授权专利3项，以第一作者发表论文9篇，其中SCI/EI收录4篇，中文核心期刊收录5篇。获2022年江苏省职业院校教学能力大赛二等奖“江苏工匠”岗位练兵职业技能竞赛一等奖。“工业机器人应用编程”及“工业运动控制技术”课程负责人。主持建设“智能生产线集成应用”实训室及改造“工业机器人集成应用”实训室。

王文琦，女，中共党员，1981年12月生。机电工程系分工会主席，讲师/工程师，电工高级技师，研究方向为电气自动化。获评学院优秀工会主席和“我最喜爱的老师”；多次获事业单位年度考核优秀。作为副主编参与出版《工业传感与视觉检测》教材1部；参与“电机与电气控制”学院校级课程建设，完成该课程中国大学慕课在线开放平台建设；发表论文10余篇，发表发明专利、实用新型专利多项，主持及参与企业技术开发横向课题多项。

魏海婴，女，1997年7月生，江苏科技大学硕士研究生。现任机电工程系团委书记，学生第二党支部副书记，助教，研究方向为噪声与振动控制。参与2023年江苏省教育系统关工委“社会主义核心价值观‘精品教育项目’案例”并获评二等奖，在2023年“廉风洁雨”校园廉洁文化系列活动中荣获单项二等奖，在学院2022级学生军训中荣获优秀指导员称号。所在学生第二党支部获批第三批“全国党建工作样板支部”培育创建单位，所带班级和学生获学校先进班集体、五四红旗团支部、学院三好学生等荣誉。

校企合作

机电工程系加强与区域智能制造产业龙头企业汇川技术、博众精工、亨通线缆等企业合作，持续建设“苏工—汇川机电学院”省级产教融合校企合作示范组合，促进人才培养的供需对接。建设汇川、汇博、博众等企业教师实践工作站，构建“高精博强”结构化师资团队；打造做真项目、学真技术的校企一体化课堂，开发产教融合课程体系及教学资源库；建设“训产研创”融合的协同创新服务平台；融合“追求卓越”企业价值观和“精工笃行”学校文化，创新“可复制、可推广”校企合作良性发展机制。为苏州高端装备制造业“数转智改”提供智力和人才支撑。

持续开展专业企业学院建设。深化校企合作、产教融合育人模式，系部与苏净集团、江苏汇博机器人公司合作，依托机电一体化技术和工业机器人技术专业建设，成立并获学院立项建设“苏净机电学院”“汇博机器人学院”。校企联合开展党团建设、课程与教材建设、学生技能比拼等活动，在第三批优秀企业学院建设成果展示汇报中，获一等奖和二等奖的好成绩。

持续推进产教融合育人模式实践。与博世力士乐、苏州富纳、苏州汇川、莱克电气、赛腾菱欧等紧密合作企业持续开展冠名班、订单班等学生培养。2023级12个新生班全部完成企业冠名，2022级汇川机电、汇博机器人等5个冠名班获评五星冠名班。校企联合开展企业文化班级布置、企业新技术和岗位认知、企业车间产线体验、职业素养进课堂等丰富多彩的活动。

推进对外交流与国际化项目建设。多路径积极探索国际交流与项目合作，依托机电一体化技术国际化品牌建设，骨干教师指导学生获2023金砖国家职业技能大赛智能视觉感知与控制技术区域选拔赛二等奖，承办学院与苏州工业园区职业技术学院开展的印尼工业化职业培训项目“物联网与机械工程”专业培训，完成非洲国家职业标准——冈比亚机电一体化技术员NTA7项目开发。

学生工作

机电工程系在籍学生1391人，33个班级。辅导员6人，均为中共党员，22名专业教师任班主任。机电工程系学生工作以习近平新时代中国特色社会主义思想为指导，深入贯彻党的二十大精神、全国全省高校思想政治教育大会精神，始终抓住学生思想政治教育这根主线，落实“一核四全”育人工作理念，以“强身、健心、精技、博爱”人才素质培养目标为驱动，抓队伍、强内涵、打特色、创品牌，系统化开展学生思想政治教育，有效推进优良学风建设，着力提升学生素养，助推学校高质量发展，为新征程上全面推进中国式现代化苏州新实践做出新的更大贡献。

（1）加强思政引领，提升育人水平。坚持以培育和践行社会主义核心价值观为主线，围绕学习宣传贯彻党的二十大精神等主题，以学生党建、团建为抓手，加强学生思想政治教育工作。全年通过多种形式举办专题教育系列活动50余次，以多种形式对学生进行爱国主义和理想信念教育、社会责任和感恩意识教育、法治意识和道德观念教育、生命健康和心理健康教育、舆情引导和网络素养教育、学业指导和生涯规划教育，加强学生的思想理论教育、意识形态教育和价值引领，帮助学生树立正确的世界观、人生观、价值观。尤其是开展“青春建功新时代，学习雷锋志愿行”“学思践悟二十大，缅怀先烈忆初心”“苏工新应云团聚，薪火相传谱华章”“浓情中秋，喜迎国庆”“愿以吾辈青春，守护盛世中华”“燃奋斗青春　做时代新人”“访廉洁基地　品传统文化”“薪火相传，绘梦未来”等特色活动20余次，不断加强学生理想信念教育。在意识形态工作中，以问题为导向，加强学生舆情监控和问题研判。

（2）加强学风建设，助力学生成长。组织辅导员、班主任深入教室、宿舍调研实际问题，通过学生工作坊“议事堂”平台对学风建设方案进行专题研讨。有针对性地加强学生学习的考勤管理，对旷课较多的同学及时给予相应处分，有效提升学生出勤率；针对上课低头，晚自习、早锻炼迟到早退、旷课等现象，辅导员、班主任与任课教师及时沟通，对问题学生进行批评教育，取得一定成效；开展禁烟宣传教育活动，学生吸游烟、宿舍乱扔烟头现象有所减少；举办第二届“学风建设攒积分，书香机电共创建”主题系列活动，召开“凝‘新’聚力，奋发笃行”学风建设年级大会、“以诚立信，以信致远”诚信主题教育，营造风清气正的文化氛围。

（3）加强心理服务，情系困难学生。开展心理健康状况摸排，通过新生心理测试对全体学生心理健康进行全面摸查，建立重点学生心理档案。通过举办疫情后学生健康自我防护专题讲座、青春健康润心大讲堂、心理健康教育讲座等活动推动学生健康成长，通过开展“妙笔绘心，自我悦纳”曼陀罗绘画和“学贵有恒，书香润心”“粽叶飘香，共话端午”“向阳而生，从‘心’开始”“知艾防艾　健康有我”等活动维护校园和谐稳定。根据学院学生资助中心的布置，按时完成2023届毕业生生源地贷款确认、资助诚信教育主题活动、生源地助学贷款申请及审核、学生学费减免申请、贫困生认定、助学金评审等涉及学生资助的重点工作。通过走访宿舍、谈心交流、座谈会、一对一帮扶等形式关心、帮助少数民族学生、边远地区学生、贫困学生和学习困难学生。2023年，256名学生按国家政策办理国家助学金；3名学生获创元励志帮困助学金，6名学生获苏州市“海棠花红”励志助学金。

（4）加强实习管理，促进高质量就业。加强学生的实习管理，根据工作安排组织实习学生返校、毕业生文明离校等活动，91名学生通过专转本考试转入本科学校继续学业，9名学生应征义务兵报效祖国，2023届毕业生年终就业率近97%。在精准摸排调研基础上，系部领导根据学生所想所求走访紧密合作企业，洽谈实习就业岗位；系部组织召开2020级顶岗实习动员及安全教育大会；辅导员通过主题教育、集中指导、个性辅导等形式加强实习就业指导，为学生提供简历问诊、生涯指导服务、求职技巧等指导。举办大型校园专场招聘，50余家用人单位现场进校揽才，带来1300余个岗位。做好创新创业宣传和指导工作，积极组织学生参加“挑战杯”“互联网+”等多个科创比赛；开展系职业规划大赛，组织推荐参加院第十六届大学生职业规划大赛，其中徐史伟等4人获三等奖。

（5）加强新生教育，引航青春航程。机电工程系精心谋划，统筹部署，开展丰富多彩的新生入学教育系列活动，帮助2023级新生更好地适应大学生活，领航学生的健康成长和全面发展。马延文院长带来的“开学第一课”，帮助学生树立坚定理想信念；专业讲座、参观实验实训室、竞赛宣传，强化专业引领，聚力学风建设；国防教育讲座、“意识防”反诈宣讲等活动，强化学生身心健康，筑牢校园安全屏障；"新起点，'心'起点"专题讲座、"谈性、说艾、话健康"预防艾滋病知识专题讲座，强化学生情感教育，提升人际关系处理技巧；入党启蒙教育、"马克思主义·青年说"演讲等党团活动，强化学生担当意识；通过班会、年级大会、军训、学生手册考试，帮助2023级新生全面了解学院的学生教育管理服务工作，强化日常管理，树牢规矩意识。

（6）加强普法宣传，筑牢安全防线。在开学初、离校前和"4·15国家安全教育日""职业教育活动周""防范非法集资宣传月""宪法宣传周""119全国消防安全日"等重要节点，开展专题宣传、民警脱口秀、律师进校园、主题班会、反诈宣传志愿服务、作品征集、宿舍安全卫生大检查等形式多样的活动，多措并举增强学生的防范意识和安全意识，引导学生将安全记于心、践于行，共同筑牢校园安全防线。

科研服务

围绕工业机器人与智能装备关键技术，与苏州地区智能制造龙头企业共建智能控制技术服务平台，与汇川技术、江苏汇博等骨干企业合作开展工业机器人及成套装备的应用基础研究、产业共性关键核心技术研发、通用产品开发以及成果转化，服务企业技术、设备及产线的升级。在研江苏省高等学校基础科学（自然科学）研究重大项目，建设江苏省智能装备集成与应用工程技术研究开发中心。开展创业活动讲座、博士教授创新创业论坛、孵化学生创业项目，建设智能车间装备集成与应用关键技术试验基地，开展样品生产、技术鉴定、技术转移等服务。

积极组织申报各级各类纵向课题。组织系部博士、副高以上职称及科研骨干教师申获江苏省高职院校智能装备集成与应用工程技术研究开发中心建设，获立项苏州市软科学3项，完成苏州市科技发展规划项目、苏州市第二批产学研示范基地验收，获立项院级科研课题8项，完成院级智能成套装备集成技术科技创新团队、智能装备关键技术服务平台验收。

面向区域智能制造领域相关企业，紧密对接苏州及周边地区典型企业，开展工业视觉系统开发、自动化产线设计、机器人机构设计与集成等企业设备及产线改造技术服务。2023年开展45项企业技术服务与开发课题，到账经费202.04万元。完成专利转化17项。

推进校内学生职业技能证书培训与鉴定、校外企业员工与社会人员的技术培训服务工作，校企联合承办苏州市"吴地工匠"职业技能系列竞赛工业机器人赛项、承办亨通集团第十一届员工职业技能大赛智能机器人赛项，针对学生和企业员工，开展2次西门子PLC编程综合应用及维护技术培训。

构建智能装备系统集成机构设计、电气控制、工业机器人、视觉检测、工业互联网技术模块科研团组，开展科研与技术攻关。2023年，发表高质量教科研论文26篇，其中，SCI论文1篇，核心期刊及以上级别论文3篇；申请专利20项，获授权发明专利9项、实用新型专利11项。

电子与通信工程系

概　况

电子与通信工程系创建于2004年，不断改革创新，锐意进取。多年来为苏州乃至长三角的新一代电子信息技术产业培超过10000名高素质高技能型专门人才。电子与通信工程系拥有江苏省高职院校高水平建设专业群。下设电子信息工程技术（江苏省高水平专业群重点专业）、集成电路技术（江苏省高水平骨干专业）、物联网应用技术（江苏省高水平高等职业院校建设重点专业）、现代通信技术（中央财政支持的重点专业）、智能产品开发与应用（江苏省高水平专业群重点专业）和嵌入式技术与应用等专业，服务于苏州新一代电子信息技术领域的5个千亿级产业集群。系部秉承"向阳而生　精工笃行"的校训，坚持"地方性""应用性"和"职业性"的办学理念，围绕"政行校联袂、师生企联合、教研用联动、学做创联贯"的办学思路，旨在培养新一代电子信息领域的高素质技术技能人才、能工巧匠、大国工匠。

现有在校生1404人，教职工56人，专任教师44名，其中，教授2名、副教授17名、博士7名，双师比例达到89.1%。拥有第三批国家级职业教育教师创新团队1个，江苏省高等学校优秀教学团队1个，苏州市劳动创新团队1个，江苏省"333"高层次人才培养工程培养对象1名，江苏省高校"青蓝工程"中青年学术带头人2名，江苏省高校"青蓝工程"优秀青年骨干教师4名，国家级职业院校技能大赛优秀指导教师3名，国家技术能手1名，江苏省级职业院校技能大赛优秀指导教师10名，江苏省普通高校优秀毕业设计评比获奖指导教师3名，江苏省产业教授3名。

电子与通信工程系拥有央财支持的国家级电工电子实训基地，工信部"先进半导体专精特新产业学院"，以及教育部未来技术技能国际训练基地、江苏省网络电视工程研发中心、苏州市工信局集成电路人才培训基地、苏州市嵌入式技术公共服务平台，建有30余间实验实训场所和师生创新实验室，设备总值4000余万元，可实施电子信息类10余个工种的中、高级工的国家技能人才培训与鉴定。建有爱智客、磁力线等5个创新研究工作室，为师生提供个性化发展空间。与苏州市以及长三角电子信息领域的科研院所、产业园区、龙头企业、专精特新"小巨人"企业等开展深度合作，共建校外实训基地23个，开展专业建设、课程建设、校外实训、顶岗实习订单培养、实习就业等全方位合作。

近年来，系部推行电子信息类现代工匠人才培养。树匠心、铸匠艺、精匠术，通过社团、技能训练工作室、创新工作室、职业技能大赛、创新创业大赛等，不断强化和锻炼学生专业能力和创新能力。每年省级以上专业技能大赛获奖超过50项。系部还通过专转本、专接本等多种方式为成绩优异、有志于继续提升学历的同学提供进一步深造的机会。学生转本率超过22.9%，毕业生就业率达到97%。

教学工作

办学特色

电子与通信工程系主动适应区域经济，构建符合地方社会经济发展要求的专业群体系标准。专业群服务于苏州智能制造的数字化转型升级，对接新一代信息技术产业。专业群人才培养对接岗位群需求，育人过程渗透企业文化、课程思政、劳动教育，教学过程贯穿信息化和虚实融合，形成岗课赛证融通的综合育人体系。

专业群建设在校企合作平台、校企协同育人和实践教学体系等方面取得显著成效。开发面向移动学习和碎片学习的“互联网+信息化”实训资源；对接职业标准与行业规范，构建模块化、多阶段、动态替换和量化考核的柔性适应、产教课程体系；依托政府、行业、企业联动，培养校企互兼互聘、教学与生产相融合的“双师型”教学队伍。

以社团、创新工作室、创意工坊构成创新能力培养主体。以专业技能竞赛、创新课程、大学生创新项目和社会服务项目作为创新能力培养的多途径支撑载体。通过技术研修、头脑风暴、创新创业指导、项目孵化和竞赛参与等多种手段培养学生的创新和创业能力。

系部主动开拓，实现校企产教融合双元育人。坚持走产学合作人才培养的道路，通过企业学院、订单班、苏州现代电子信息职教集团合等多种模式，实现“益在学生、利在企业、誉在学校”的多方共赢。

专业设置

2023年苏州工业职业技术学院电子与通信工程系专业设置一览表

序号	专业名称	负责人	职称	学历（位）
1	集成电路技术	戴丽华	副教授	研究生（博士）
2	电子信息工程技术	罗　楠	讲师	研究生（硕士）
3	现代通信技术	张明玉	讲师	研究生（博士）
4	智能产品开发与应用	吴振英	副教授	研究生（硕士）
5	物联网应用技术	陈　丽	副教授	研究生（博士）

专业介绍

◎集成电路技术

专业背景：集成电路产业是信息技术产业的核心，是国家重要的基础性、先导性和战略性产业，是引领新一轮科技革命和产业变革的关键力量。集成电路技术人才结构性矛盾突出，高端人才和技能型人才“两头缺”，制约产业发展。抓住地方集成电路产业发展的难得机遇，开设集成电路技术应用专业，为集成电路产业培养设计人才，为区域经济发展添砖加瓦。本专业与苏州华芯微电子股份有限公司进一步深化校企合作，共谋苏工院—华芯微合作模式，建立“人才共育、专业共建、资源共享、科研共促、师资共培”机制。依托共建先进半导体生产性实训基地成功获批工信部中小企业发展促进中心专精特新产业学院、工信部教育与考试中心的电子信息产业重点领域人才培养专项行动计划、首批苏州市高等院校骨干专业、苏州市工信局集成电路产业人才实训基地、中国半导体行业协会集成电路分会人才储备基地。专业师资力量雄厚，专任教师9名，其中副教授4名、博士3名，团队获得江苏省高等学校优秀科技创新团队1项，苏州市教师劳动创新团队1项，江苏省“青蓝工程”培养对象青年骨干教师1名、中青年学术带头人1名、苏州市（杰出）青年岗位能手1名。学生在省毕业设计评优和各类技能大赛中取得优秀成绩。在江苏省职业院校技能大赛中获得江苏省一等奖1项、三等奖1项。

培养目标：本专业主要面向半导体制造、集成电路设计和其他电子设备智能制造业等领域，能够从事集成电路辅助逻辑设计、版图设计和系统应用等方面工作，具有新一代电子设备和信息系统的研究、设计、制造技能的高素质复合型技术技能人才。

主要课程：电路分析基础、电子元器件的焊

接工艺、C51单片机编程与应用、模拟电子技术、数字电子技术、EDA技术及应用（Protel）、毕业设计与顶岗实习指导、集成电路技术导论、虚拟仪器测试技术、项目化版图设计与验证、电子产品的品质管控、集成电路测试与验证、VerilogHDL与FPGA设计、半导体厂务项目工程管理等。

职业前景：在半导体产业和其他电子设备智能制造业等行业，从事集成电路版图设计工程师、验证工程师、成品测试工程师、厂务工程师等岗位，完成集成电路后端的版图设计和功能验证，能使用通用开发工具进行芯片功能和性能分析，会进行质量管控、制程管控、风险评估等工作。

◎电子信息工程技术——江苏省高水平专业群重点建设专业、江苏省高水平院校重点建设专业、（苏州城市学院）“3+2”分段培养专业

专业背景：面向智能制造，重点服务苏州以及长三角地区的电子信息行业集群，围绕工业特色背景下的智能硬件系统开发、智能电子产品系统集成，培养具备扎实专业知识和良好职业素养的复合型技术技能人才。专业挑选优质的师资力量组建教学团队，共有专业教师11名，其中教授1名、副教授4名，博士2名，国家级职业教育教师创新团队成员2名，全国技术能手1名，江苏省技术能手1名，江苏省“333”高层次人才1名，江苏省“青蓝工程”中青年学术带头人1名、优秀青年骨干教师2名。教师队伍有丰富的职教及企业一线实践经验，主编国家级职业教育“十三五”“十四五”规划教材2部。专业与苏州华兴源创、苏州易德龙、德凯认证（苏州）等企业深度合作，通过精准对接市场需求，实施针对性强的人才培养方案，重视学生创新创业能力培养，在国家级、省级职业院校技能大赛、创新创业大赛、“挑战杯”等赛项中多次获奖。

培养目标：以习近平新时代中国特色社会主义思想为指导，培养理想信念坚定，德、智、体、美、劳全面发展，具有良好的职业道德和人文社会科学素养，掌握专业必需的科学文化基础和电子技术、智能硬件设计开发、电子信息系统集成等基础理论和专业知识，具备电子电路设计开发、电子设备装配调试、电子信息工程实施与系统运维等能力和从事实际工作的综合职业能力、创新能力和可持续发展能力，能够从事智能硬件系统开发、智能电子产品系统集成等工作岗位的高素质技术技能人才。

主要课程：电路分析基础、模拟电子技术、数字电子技术、高频电子技术、EDA技术及应用、电子元器件的焊接工艺、C51单片机编程与应用、智能电子电路设计与实践、智能硬件系统开发与创新应用、Python编程与应用、LiteOS应用开发实践、工业数据采集与边缘服务、智能工厂传感网应用技术等。

职业前景：面向计算机、通信和其他电子设备智能制造业、信息技术服务业等领域，服务智能化改造与数字化转型，能够从事电子设备装配调试、电子产品检测认证、电子产品生产管理、电子装备维护维修，智能硬件设计开发，以及智能应用系统集成等岗位。

◎现代通信技术——中央财政支持重点建设专业、江苏省高水平专业群重点建设专业

专业背景：建有网络系统建设与运维技能实训室、通信线路实训室、综合通信实训室、数据通信实训室、窄带通信实训窐及学术创新创业工程训练中心。与南京十方通信苏州分公司、苏州嘉环智能科技有限公司、苏州天孚光通信股份有限公司、江苏亨通光电股份有限公司、苏州景昱医疗器械公司、深圳市讯方技术股份有限公司等建立良好校企合作关系。专业教学团队为江苏省优秀教学团队，有专业教师8名，其中副教授1名、博士1名，大部分教师具有多年的企业一线实践经验，重视培养学生创新创业能力，学生在省“挑战杯”、创新创业等大赛中屡获佳绩。

培养目标：本专业主要服务苏州，面向长三

角地区通信行业，培养具备良好综合素质，掌握通信网络和通信系统基本知识，具备通信设备运行维护与优化的能力，适应电子通信产品测试、终端维修、设备安装维护优化等职业岗位任职要求的，具有职业生涯发展基础的高素质技术技能人才。

主要课程：电路分析基础、模拟电子技术、数字电子技术、高频电子技术、数字通信技术、EDA技术及应用（Protel）、电子元器件的焊接工艺、通信系统基础运维、通信网络规划与配置、移动通信网规网优、通信系统仿真实训、通信线路工程、通信工程项目管理等。

职业前景：在通信和其他电子设备智能制造业、软件和信息技术服务业等行业，从事通信设备的安装、调试、维护和网络优化等工作。

◎智能产品开发与应用——江苏省高水平专业群重点建设专业、江苏省高水平院校重点建设专业

专业背景：本专业设立于2017年，是江苏省较早成立的智能产品开发专业。现建有嵌入式开发、智能产品移动互联、智能服务机器人AI及综合测试等专业实训室。与江苏省智能制造行业领先企业莱克电气股份有限公司建立校企三级学院、教师企业实践工作站等良好合作。专业教学团队有专任教师9名，其中，教授1名、副教授4名，博士1名，江苏省“青蓝工程”培养对象青年骨干教师1名，江苏省技术能手1名，全国职业院校技能竞赛优秀指导教师2名，大部分教师具有多年的教学和企业实践经验。智能产品开发与应用专业校企合作产教融合促进名才培养，与智能产品开发行业领先企业建立深度合作，引进企业典型产品作为教学载体开设课程，培养学生岗位意识。

培养目标：本专业以习近平新时代中国特色社会主义思想为指导，培养理想信念坚定，德、智、体、美、劳全面发展，具有良好的职业道德和人文社会科学素养，掌握专业必需的科学文化基础和智能产品设计、开发、调试与维修等基础理论和专业知识，具备认知能力、合作能力、创新能力、职业能力和从事实际工作的综合职业能力、创新能力和可持续发展能力，能够从事智能产品设计与开发、智能产品调试与维修等工作岗位的高素质技术技能人才。

主要课程：电路分析基础、模拟电子技术、数字电子技术、EDA技术及应用（Protel）、智能产品移动互联技术、无线传感网络技术与应用、STM32单片机应用技术、Python编程与应用、智能产品辅助设计与开发、智能产品外观设计开发、智能产品前端设计开发、电子元器件的焊接工艺、智能电子电路设计与实践等。

职业前景：本专业就业的主要企业包括智能制造以及新一代电子信息类制造企业。毕业生所从事的岗位主要有智能产品设计与开发、智能产品调试与维修、智能产品生产管理以及企业的相关工程技术工作。

◎物联网应用技术——江苏省高水平院校重点建设专业

专业背景：本专业扎根苏州，面向长三角地区，服务智能制造行业，围绕工业物联网技术及应用，培养具备良好的职业素质和职业道德的高技能人才。专业建有工业物联网生产性实训基地、物联网综合应用实训室等专业实训室，挑选优质的师资力量组建教学团队，有专业教师8名，其中，副教授3名，博士2名，江苏省“青蓝工程”中青年骨干教师1名，江苏省产业教授1名，姑苏高技能重点人才1名，大部分教师具有多年的企业一线实践经验及教学经验，重视培养学生创新创业能力，曾指导学生在中国国际大学生创新大赛、职业技能大赛等比赛中取得亮眼成绩。专业与中移物联网、易泰勒电子等企业进行深度合作，充分发挥校企合作优势，针对性地培养满足市场需求的人才。

培养目标：主要培养可以从事物联网系统集成方案设计、工程实施、设备维护、质量管理、技术支持、市场营销等工作的高素质技术技能型人才。在培养职业技能的同时，进一步加大学生创新创业能力培养力度。

主要课程：工业传感器检测与控制、嵌入式技术与应用、C51单片机编程与应用、智能识别技术、传感网技术与应用、物联网智能终端应用开发、物联网云平台应用开发、物联网整体解决方案设计与开发。

职业前景：面向物联网、智能制造、新一代电子信息等行业，从事物联网系统集成、项目规划及物联网设备安装与调试、物联网设备检测与维修、物联网系统集成、物联网工程方案辅助设计等技术岗位工作，也可从事该领域产品销售、技术支持等工作，具有职业生涯发展基础的高素质技术技能人才。

师资介绍

王栋，男，1981年11月生。现任电子与通信工程系主任，教授，主要研究方向为嵌入式及智能产品开发技术。第三批国家级职业教育教师创新团队主要成员，江苏省高校“青蓝工程”青年骨干教师；获得职业技能大赛国家级一等奖2项、二等奖2项，江苏省教学能力大赛一等奖2项；主持省部级课题10项；发表论文20余篇，其中高水平论文6篇；获授权实用新型专利10项、发明专利3项；获得省教学成果奖二等奖、江苏省“十四五”规划教材等省级以上质量工程项目10余项；主持工信部中小企业发展促进中心“专精特新产业学院”、工信部教育考试中心电子信息产才融合公共实训基地、江苏省高水平专业群、江苏省示范性虚拟仿真实训基地等省部级平台项目建设。

吴冬燕，男，1980年11月生。电子与通信工程系副院长，教授，主要研究方向为电子信息工程技术。获评全国技术能手，江苏省高校“青蓝工程”中青年学术带头人、青年骨干教师培养对象，苏州市姑苏高技能重点人才等。主持省级项目2项、市厅级课题7项；发表论文20余篇，其中SCI/EI及核心期刊收录8篇；获授权发明专利4项、软件著作权3项；参与4项国家电子行业标准编制工作；编写教材4部，其中国家“十四五”规划教材2部。

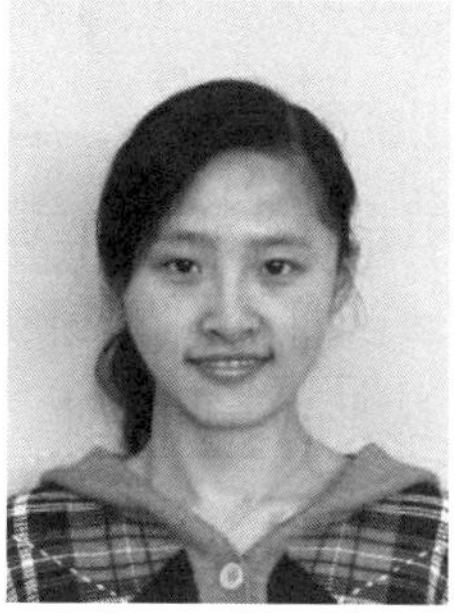

戴丽华，女，1986年2月生。2013年7月毕业于南京师范大学物科院物理电子学专业，获工学博士学位；2013年8月进入苏州工业职业技术学院电子与通信工程系工作。现为电子与通信工程系集成电路技术专业带头人，主要研究方向为嵌入式技术开发及传感测量技术。发表论文10余篇，其中SCI收录1篇、EI收录2篇、中文核心期刊收录2篇；主持省级课题1项、市厅级课题2项、院级课题3项，参与市厅级以上科研项目5项；获授权发明专利1项、实用新型专利3项。

陈丽，女，1983年7月生。2013年3月毕业于东南大学电子科学与工程学院物理电子学专业，获工学博士学位；2013—2017年任职于中国科学技术大学；2017年2月进入苏州工业职业技术学院电子与通信工程系工作。现任电子与通信工程系物联网应用技术专业带头人，主要研究方向为显示技术、颜色特性算法、物联网通信技术。发表论文20多篇，其中SCI收录1篇、EI收录3篇、核心期刊收录5篇；主持省、市级课题8项；获授权发明专利8项、实用新型专利10项、软件著作权3项、外观专利1项。获省职业院校教学大赛一等奖，主持省“十四五”精品在线课程1门，指导江苏省大学生创新创业训练计划项目4项。

张明玉，男，1987年4月生。2016年3月毕业于哈尔滨理工大学材料学专业，获工学博士学位；4月，进入深圳光启高等理工研究院从事高温复合材料研发工作；10月，进入苏州工业职业技术学院工作并于2018年11月进入江苏省企业博士后工作站。现任电子与通信工程系现代通信技术专业带头人，主要研究方向为高性能绝缘材料的制备。承担耐电晕聚酰亚胺复合薄膜的制备与应用研究课题。参与国家自然科学基金面上项目1项、黑龙江省自然科学基金3项，负责4项复合材料类科技项目；发表论文20余篇，其中SCI、EI收录8篇；获授权发明专利3项。

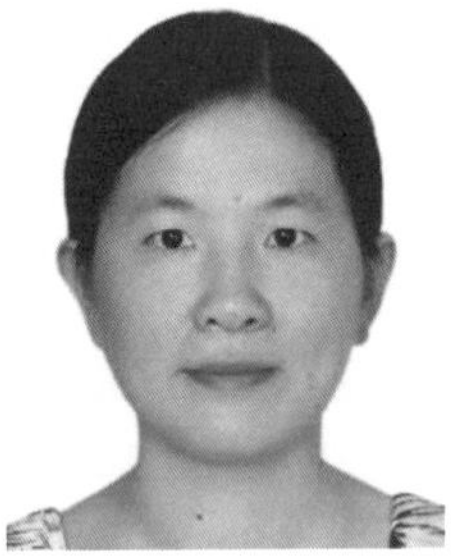

吴振英，女，1979年5月生，江苏苏州人。现任电子与通信工程系智能产品开发与应用专业带头人，副教授。主要研究方向为嵌入式及智能产品开发与应用。主持市厅级课题5项，参与省级、市厅级课题多项，主持苏州市教育局重点课题1项；获授权发明专利2项；发表论文被核心期刊收录4篇、被EI收录篇；指导学生参加竞赛获得国家级二等奖1项，省级一等奖1项、二等奖6项；指导江苏省大学生创新项目5项、省毕业设计团队项目1项；作为负责人完成江苏省高校在线开放课程“嵌入式基础”建设；作为主编出版教材1部，作为副主编出版教材2部。

罗楠，男，1983年12月生，中共党员，博士，现任电子与通信工程系电子信息工程技术专业带头人。江苏省高校“青蓝工程”优秀青年骨干教师培养对象、江苏省技术能手、江苏省科技副总。主持省级、市厅级科研项目4项；主持横向课题5项，到账经费40余万元；发表论文10余篇；获授权专利2项、软件著作权2项；指导学生参加职业院校技能大赛获国赛二等奖1项、省赛一等奖1项，指导江苏省大学生创新创业项目1项；获江苏省职业院校技能大赛教师组二等奖2项、江苏省教学能力大赛三等奖1项。

蔡成炜，男，1980年6月生。现任电子与通信工程系物联网应用技术专业教研室主任，副教授，主要研究方向为嵌入式技术应用。2015年入选姑苏高技能重点人才。主持或重点参与多个省、市级教科研项目；主持完成横向课题4项，到账经费20余万元；发表论文12篇，其中中文核心期刊收录6篇；获授权发明专利2项、实用新型专利7项、软件著作权4项；指导学生参加竞赛获得省级一等奖5项、二等奖6项；指导江苏省大学生创新创业训练计划项目3项、省毕业设计团队项目2项。

陈晓磊，男，1981年6月生。现任电子与通信工程系现代通信技术教研室主任，主要研究方向为物联网通信技术。2014—2015年在中兴通讯有限公司实践，负责4G网络的建设与维护。主持省级教育规划课题1项，市厅级课题4项，院级科研课题6项，横向课题6项；发表论文10余篇，其中中文核心期刊收录2篇、SCI收录1篇；获授权发明专利1项并进行成果转化，实用新型专利4项；指导学生获中国国际大学生创新大赛国赛铜奖1项，省赛一等奖1项、三等奖多项；获江苏省“挑战杯”一等奖2项、二等奖1项，三等奖1项；获江苏省教学能力大赛二等奖和三等奖各1项；指导江苏省大学生创新创业训练计划项目2项。

刘勇，男，1978年8月生。现任苏州工业职业技术学院电子与通信工程系智能产品开发与应用教研室主任，副教授，主要研究方向为电子信息技术。省教改课题1项，院教改课题1项，市厅级科研课题2项，院科研课题2项，横向课题5项，发表论文18篇，其中中文核心期刊3篇，参与市厅级以上课题4项；获授权发明专利1项、实用新型专利17项；作为主编和副主编编写教材《EDA技术及应用》和《电子EDA技术Multisim》；指导大学生毕业论文获省优秀团队奖，指导江苏省大学生创新创业训练计划项目5项。

罗红艳，女，1978年12月生。现任电子与通信工程系专任教师，电子信息工程技术专业教研室主任，主要研究方向为电子信息技术与通信技术。2013年2—5月，赴美国弗吉尼亚大学参加双语教学进修；2018年2—8月，在中兴克拉科技（苏州）公司企业实践。主持省级课题1项，主持完成横向课题9项，主持学院精品在线课程“1+X传感网应用开发”建设；省在线精品课程“工业数据采集与边缘服务”建设骨干；发表论文9篇，其中，中文核心期刊收录1篇，EI收录1篇，SCIE收录1篇；获授权发明专利1项。

程磊，男，1979年12月生。从教22年，对教学工作高度负责，授课量饱满，教学成果出众。坚持以学生为中心，指导学生在众多创新创业和技能大赛中屡获佳绩，指导学生参加江苏省职业院校技能大赛获一等奖1项，参加“互联网+”大学生创新创业大赛获二等奖4项等。获江苏省职业院校教学大赛二、三等奖。科研成果丰硕，近5年主持完成市级教科研项目4项，发表学术论文多篇，获授权专利30余项。

姜颖韬，男，1977年7月生。现任苏州电子与通信工程系实训中心主任，主要研究方向为电子与通讯技术。获评省教育厅—中兴通讯企业实践优秀教师、学院年度优秀工作者及个人嘉奖等荣誉。主持市厅级纵向课题2项，院级纵向课题4项；作为骨干参与省级纵向课题1项、市厅级课题研究4项；主持完成横向课题5项，到账经费13万元。发表论文10余篇，其中中文核心期刊收录2篇；获授权发明专利1项、实用新型专利2项。担任江苏省职业技能鉴定中心电工项目高级考评员、苏州市职业技能鉴定中心PLC程序设计考评员。2022—2023全国职业技能大赛（高职组）裁判，2023江苏省职业技能大赛（中职组）裁判，2023金砖国家职业技能大赛国赛优秀指导专家。

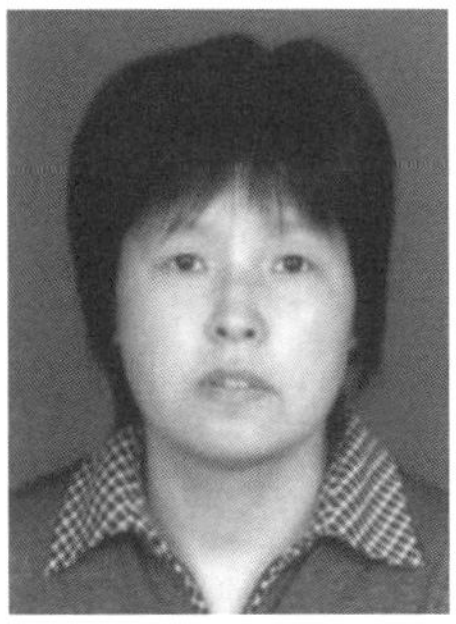

邵利群，女，1966年2月生。现任电子与通信工程系集成电路技术专业，副教授，主要研究方向为应用电子技术。获评苏州市电子学科带头人、学院科研先进等。主持市厅级课题9项；主持横向课题5项，到账经费20多万元；发表论文30余篇；完成校企合作研究项目1项；获各类教学成果奖2项；主持“十四五”江苏省职业教育首批在线精品课程“数字电子技术”建设；主编教材《电子元器件的焊接工艺项目教程》《数字电子技术项目教程》《模拟电子技术项目式教程》等3部，其中1部获评江苏省“十二五”高等学校重点建设教材，2部获评江苏省“十三五”高等学校重点建设教材，《数字电子技术项目教程》（第2版）被评为“十四五”国家职业教育规划教材、江苏省“十四五”首批职业教育规划教材。指导江苏省高校大学生创新创业训练计划项目2项，其中1项入选江苏省大学生创新创业成果展示会，并获“最具潜力创业奖”。

金薇，女，1974年10月生，现任电子与通信工程系物联网应用技术专业副教授，主要研究方向为物联网应用技术。2010年9月至2011年2月在苏州新安电子科技有限公司企业实践。主持省、市级课题5项；主持横向课题5项，共到账经费10余万元；发表论文20余篇，其中中文核心期刊收录3篇；获授权发明专利1项、实用新型专利6项；主编教材《模拟电子技术项目教程》《电子测量与仪器》，副主编教材《嵌入式技术项目教程》，其中《模拟电子技术项目教程》《电子测量与仪器》获评江苏省重点教材。指导学生参加江苏省职业院校技能大赛获一等奖、二等奖；指导学生参加江苏省大学生电子设计竞赛（TI杯）获一等奖、二等奖。获得学院“先进个人”“优秀教育工作者”“教师进企业实践先进个人”等称号。

程雪敏，女，1976年8月生。现任电子与通信工程系集成电路技术专业副教授，主要研究方向为嵌入式及虚拟仪器技术。多次获评院“优秀教育工作者”，2次获省信息化教学大赛一等奖，

带领学生参加海峡两岸产业核心技能素养大赛获一等奖和银奖。主持省级项目2项、市级课题1项；主持完成横向课题6项，到账经费20余万元；发表论文10余篇，其中核心期刊收录1篇；获授权实用新型专利1项；编写教材《虚拟仪器技术》《单片机原理与应用》，其中《单片机原理与应用》获评江苏省精品教材。

黄璟，女，1971年2月生，现任电子与通信工程系智能工程教研室专任教师，副教授，主要研究方向为智能仪器应用和电子制程教学。主编教材4部，其中1部为“十三五”江苏省高等学校重点教材；副主编教材3部，其中1部为首批“十四五”职业教育国家规划教材和“十三五”江苏省高等学校重点教材。主持建设和参与建设省级在线精品课程各1门。在省级以上刊物发表论文20余篇。以第一发明人授权发明专利1项、实用新型专利5项，转化发明专利1项和实用新型专利2项。主持苏州市教育科学课题1项，主持横向课题8项，参与省级教研课题若干，主持江苏省示范性院校实验室建设。指导学生参加海峡两岸产业核心技能素养大赛获二等奖2项。

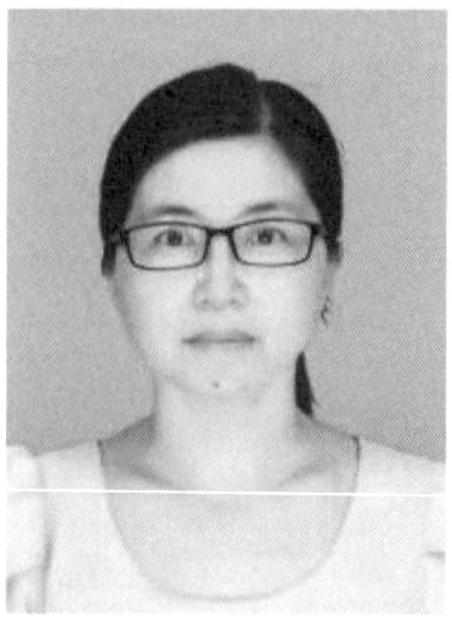

荣雪琴，女，1979年1月生。现为电子与通信工程系副教授，主要研究方向为电子信息技术及自动化。主持市厅级课题1项，参与省、市级课题10项；主持完成横向课题7项，共到账经费18.5万元；主持“数电与PLD”“电子技术”等课程建设，作为主编或副主编编写教材《电子产品组装

调试与维修》《EDA技术及应用》《电子EDA技术Multisim》；发表论文16篇，其中核心期刊收录4篇；获授权发明专利1项、实用新型专利18项。

赵展，男，1979年9月生。现任电子与通信工程系智能产品开发与应用专业专任教师，副教授，主要研究方向为嵌入式技术及电力电子技术应用。2015年赴台湾交流访问4个月。获2017年度创元园丁奖、ARM中国认证讲师、学院个人考核优秀等荣誉。主持省级教研项目3项、市厅级课题7项；主持完成横向课题4项，到账经费8万元；发表论文20篇，其中中文核心期刊收录2篇、EI收录1篇；获授权实用新型专利15项；编写教材2部，其中《模拟电子技术项目教程》为江苏省重点建设教材。指导学生获全国职业院校技能大赛一等奖，江苏省职业院校技能大赛一等奖2项，全国大学生电子设计竞赛江苏赛区二等奖4项，“蓝桥杯”省赛二等奖2项；指导学生团队完成江苏省大学生创新创业训练项目4项。

季梅，女，1982年2月生，2010年7月至2013年3月就职于世界五百强企业美国丹纳赫集团旗下的泰克北京科技有限公司，职位为研发部工程师，2013年7月至2016年9月进入南京大学现代工学院博士后流动站从事科研工作，2016年9月进入苏州工业职业技术学院从事教学工作。现任电子与通信工程系智能产品开发与应用专业专任教师，主要研究方向为智能产品开发及人工智能。发表论文10余篇，其中SCI收录3篇、EI收录3篇；获授权发明专利1项。获得2019年苏州现代电信职教集团微课教学比赛三等奖，参与江苏省电子制造技术与设备专业建设“电子产品品质管控”课程资源库建设，参与国际留学生培养项目并负责“单片机考证”双语课程和教材建设及相关教学工作，多次组织并完成“台湾单片机能力认证（实用级）”培训及考证工作，学生考试通过率达85%以上。完成横向课题2项。

袁宇丹，女，1986年11月生，中共党员，讲师，复旦大学微电子学与固体电子学硕士，西安交通大学电子科学与技术博士。2022年10月进入苏州工业职业技术学院工作。入选江苏省科技副总项目，主持省产学研合作项目1项、横向课题1项。发表论文10余篇，其中，SCI收录5篇，EI收录3篇；获授权发明专利4项。指导学生获得金砖全国总决赛一等奖1项，江苏省职业院校技能大赛一等奖1项，集创赛全国总决赛二等奖、三等奖各1项。

沈晓宇，女，1995年6月生。2022年7月毕业于中国地震局地球物理研究所固体地球物理学专业，获理学博士学位；2023年3月进入苏州工业职业技术学院电子与通信工程系工作。现任电子与通信工程系集成电路技术专业专任教师，讲师，主要研究方向为半导体厂务工程管理及地磁仪器传感技术。发表论文多篇，其中，中文核心期刊收录2篇，SCI收录3篇。主持校级教材《半导体厂务项目工程管理》建设1项。

校企合作

电子与通信工程系以服务发展为宗旨、以促进就业为导向，以建设现代职业教育体系为引领，以提高技术技能型人才培养质量为核心，以深化“产教融合、校企合作”为重点，充分发挥行业企业推动和主流市场引导作用，努力构建适合专业建设、人才培养、教师发展、课程建设的校企合作新模式，加强专业企业学院建设，积极探索校企合作新模式，进一步深化产教融合、校企合作。

成立2023级企业冠名班12个、订单班1个，2022级荣获五星冠名班8个；年度开展冠名班、订单班活动30余次；苏州华芯微电子股份有限公司投资先进半导体测试生产性实训基地的相关设备1333.88万元，举办电子与通信工程系专场招聘会1场，企业宣讲会3场；苏州集成电路产业学院和天孚电信学院在“创元杯”优秀企业学院共建成果验收中分别荣获二、三等奖，3名教师获评2023年度“创元杯”优秀企业学院建设先进个人；2名教师荣获2023年度“创元园丁奖”，3名学生荣获2023年度“创元励志帮困助学金”；新增合作企业5家，签订合作协议4份。

2023年3月获批建设“第三代半导体器件专精特新产业学院”。学院联合“专精特新”企业——苏州敏芯微电子技术股份有限公司、关键产业链重点龙头企业——苏州通富超威半导体有限公司、行业协会——中国半导体行业协会、科研院所——江苏第三代半导体研究院，依托学校优势特色专业，旨在建设融科研教学、实践实训、创业就业、社会服务等功能为一体的新型产业人才培养载体，探索构建产教深度融合的新型人才培养模式，形成可复制、能推广、见实效的示范性人才培养体系。

学生工作

截至2023年12月31日，电子与通信工程系共有3个年级33个班级1404名全日制在校学生。

一、思政引领。围绕学习宣传贯彻党的二十大精神、扎实推进学习习近平新时代中国特色社会主义思想第二批主题教育等，以学生党建、团建为抓手，通过不定期举办专题讲座、知识竞赛、主题班会、主题团课、团日活动等40余次内容丰富、形式多样的主题教育对学生进行思想引领和价值引导。扎实做好2023级新生入学教育工作，组织学生参加新生开学典礼暨新生第一课，开展入学适应性教育、安全法治教育、规章制度教育等系列主题教育活动。扎实开展2023级新生军训工作，获“军训先进营”荣誉称号。打造“我和老师有个约会”学生日常思政教育系列品牌活动，本年度共开展3次主题系列活动，落实下沉式服务和贴近式教育，凝聚育人合力，助力学生成长成才。

二、团学活动。严格落实“三会两制一课”、不断深化“班团一体化”制度建设，新发展团员21名，团推优31名。组织开展“学习二十大　永远跟党走　奋进新征程”“技能成才　强国有我”“青春践行二十大，雷锋精神我来扬”“红色廉洁我来讲”等主题团日活动20余次，积极开展“学思践悟二十大传承精神守初心”——清明节缅怀先烈活动、“向阳而生，感念师恩”教师节活动、“晒家规家训讲家风故事”廉洁主题情景剧评选活动、新生才艺大赛、十佳歌手大赛、“最美课堂笔记”、“我为自己写奖状”、“芯享书屋”校园捐书、“红色传承，歌声激荡”红歌比赛、“是非雄辩，且听我说”辩论赛、2024年元旦晚会等活动。积极参与苏州工业职业技术学院第十四届运动会、第九届“学生体质健康杯”新生篮球赛。与越溪街道、胥虹社区、剑鱼皮划艇俱乐部签署“共建大学生社会实践基地协议书”，常态化开展校外基地志愿服务活动。获廉洁主题情景剧评选活动三等奖；苏州工业职业技术学院第十五届运动会男子团体总分第二名，女子团体总分第三名；第九届“学生体质健康杯”新生篮球赛第一名；新生才艺大赛三等奖；江苏高校百校万名团干部思政技能大比武省级决赛三等奖；江苏省第十八届“挑战杯”一等奖等荣誉。

三、资助育人。根据学院学生资助中心的布置，按时完成2023届毕业生生源地贷款确认、提醒和指导学生完成生源地助学贷款申请及贷款的汇总。根据学工要求，假期走访慰问贫困生。做好2023—2024学年学生学费减免申请、贫困生认定、助学金评审等涉及学生资助的重点工作，并开展助学金评审自查自纠工作。2023年272名同学按国家政策办理国家助学金，资助学生89.76万元；做好退役士兵学费补偿和学费减免以及退役士兵助学金发放工作。3名学生获创元励志帮困助学金，6名学生获苏州市“海棠花红”励志奖（助）学金。线上、线下开展资助诚信教育主题活动，组织受资助学生开展感恩志愿服务，引导学生通过实际行动感恩学校，在服务中提升自我，促进困难生全面发展。

四、实习就业。做好毕业季主题教育，开展转本就业经验分享会，优秀毕业生风采展、毕业生座谈会，诚信还款确认和毕业庆祝等系列活动。2023届毕业生毕业率为96%，115名参加专转本考试学生达专转本省控线，录取110名，升学率达22.9%。开展实习就业季系列主题教育，组织2021级顶岗实习动员及安全教育大会，扎实做好2021级学生就业性顶岗实习的组织推荐工作；组织2020级和2021级学生3次返校，为实习就业和毕业工作打下坚实基础；组织开展2023年系部校园专场招聘会，到场的24家单位提供近300个电子信息类及相关专业的就业和实习岗位；2023届毕业生初次去向落实率达90.16%，年终就业率达97.39%。做好创新创业宣传和指导工作，积极组织学生参加“挑战杯”“互联网+红旅赛道”等多个科创比赛；获江苏省第十八届大学生职业规划大赛二、三等奖各1项。

五、学生成长。学生整体素质显著提升，本年度通信22C2、集成电路22C2获学院十佳班集体，集成电路22C1等7个班级被评为院先进班集体；刘怀森同学获评省三好学生，杨童晨同学获评江苏省优秀毕业生，黄志强、李淑敏2名同学获国家奖学金，王跃聿等56名同学获国家励志奖学金，刘怀森等43名同学被评为学院优秀毕业生，黄志强同学获学院三好学生标兵称号，瞿世元获学院优秀学生干部标兵称号，王跃聿等34名同学被评为学院三好学生，李淑敏等47名同学被评为学院优秀学生干部，何洋洋等74名同学分获学院综合奖学金一、二、三等奖，刘扬等47名同学获学院单项奖学金，陈晨等11名同学获新生院长奖学金，陈好等6名同学获“海棠花红”励志奖学金。

科研服务

鼓励教师申报各级各类教育和科学研究项目，申请专利等知识产权，积极开展与企业的横向合作与社会服务。2023年全年发表论文64篇，其中，核心期刊收录4篇，国外期刊收录37篇，SCIE收录2篇，EI收录1篇，CSCD收录1篇。市厅级以上项目申报23项，立项6项，结项7项；院级课题申报8项，立项8项，结项2项。申报发明专利3项、实用新型专利16项，获授权发明专利3项、实用新型专利2项、软件著作权2项。教师积极参与申报横向课题32项，到账经费176.35万元；科研成果转化9项，到账经费5.1万元。出版教材3部，其中1部获评江苏省“十四五”规划教材。获批2023年第三批江苏省产学研合作项目立项（昆山灵科传感技术有限公司）“压力传感器模组批量标定测试系统开发”。获省级及以上人才称号的校外学者开设学术讲座1次。

软件与服务外包学院

概 况

软件与服务外包学院成立于2004年7月，2012年1月由信息工程系更名为软件与服务外包学院。学院现有在职教职工48名。其中，专任教师37名，辅导员6名，行政教辅人员5名；高级职称12名，博士6名，姑苏区高技能人才1名，省“青蓝工程”骨干教师培养对象4名，中青年学术带头人1名。

学院紧扣苏州及长三角地区制造业企业需求，加强校企合作，深化产教融合，着力培养综合素质与一技之长，为苏州及长三角地区提供企业受欢迎的高素质技术技能型人才。学院注重学生可持续发展能力，强化提升学生就创业能力，建有众创空间、新媒体中心，为创新创业提供良好的软硬件平台，2023届毕业生就业率达94.7%。

学院现有计算机应用技术、软件技术、云计算技术应用、大数据技术、人工智能技术应用5个专业，学生1280余名。其中，软件技术专业为省级骨干专业、校级品牌专业、省高水平高职院校建设骨干专业；云计算技术应用专业、大数据技术专业为省高水平高职院校建设新专业；2020年云计算技术应用专业群被认定为江苏省“双高”专业群，2021年大数据技术专业立项为苏州市品牌专业，2023年云计算技术应用专业通过第二批苏州市品牌专业验收。现有国家精品在线课程1门、江苏省精品在线开放课程2门，江苏省精品教材1部，江苏省教学成果奖1项，苏州市教育教学成果特等奖1项。验收通过国家自然科学基金青年项目1项，江苏省自然科学基金项目1项。

截至2023年12月，学院校内实训场地面积12000余平方米，40余间实验实训室为教学科研、学生科技创新活动以及技能大赛、社会服务提供保障。2023年投入580万余元用于实训室建设，拥有智能制造数据中心（一、二期）、人工智能应用技术实训室、混合云实训室、大数据运维实训室、工业云计算实训室、Oracle Java实训室、云安全实训室、公有云计算实训室和移动Android开发、虚拟现实等专业实训室。

教学工作

办学特色

2023年，软件与服务外包学院主动适应苏州地方经济建设和社会发展对人才的需求，秉承“向阳而生　精工笃行”的校训，以生为本，立德树人，围绕学校高水平高职院校建设与骨干专业建设任务，以工业互联网应用领域高技术技能人才需求为依据，设定专业培养目标，着力解决苏州智能制造产业发展中数据分析、数据处理、应用软件开发等人力瓶颈。软件与服务外包学院以博士刘文军领衔的创新团队，针对苏州市制造业智能化改造数字化转型，积极服务苏州协同创新智能制造装备有限公司（简称苏州协同）。刘文军团队为企业成功研发“工业互联网标识解析二级节点可视化大屏”“主动标识终端设备管控平台”“工业互联网标识解析公共应用子系统”等多个项目，项目自2020年11月陆续上线以来，取得极强的典型示范作用。通过分析企业软件开发（数据可视化）典型岗位以及大数据分析及应用的典型能力，融入智能制造实时数据采集、数据传输、大数据处理和分析、多终端信息呈现等关键技能，根据制造业需求动态调整专业群课程体系的设置，全面提升学生的综合素质和创新实践能力。云计算技术应用专业群形成专业课程体系的“底层共享，中层分列，高层互选”结构。2020年12月，专业团队在教学上形成“工业云与大数据专业群‘三共’协同人才培养模式的探索与实践”获得苏州市教学成果一等奖。近5年来，在国家、省级各类技能大赛、创新大赛中，学生屡获佳绩。

专业设置

2023年苏州工业职业技术学院软件与服务外包学院专业设置一览表

序号	专业名称	负责人	职称	学历（位）
1	软件技术	李文俊	讲师	研究生（博士）
2	云计算技术应用	王　喜	副教授	研究生（博士）
3	大数据技术	艾旭升	副教授	研究生（博士）
4	人工智能技术应用	李春华	讲师	研究生（博士）
5	计算机应用技术	沈　茜	副教授	本科（硕士）

专业介绍

◎软件技术——省级高水平高职院校建设骨干专业

专业背景：软件技术专业为江苏省高水平骨干专业，专业与苏州西门子电器有限公司、苏州协同创新智能制造装备有限公司等企业建立良好的合作关系。专业以校企深度融合为抓手，积极对接产业需求，确立基于Java Web的后端开发、基于Vue的前端开发以及智能应用系统集成方向。专业拥有副教授4名、博士2名、讲师4名、江苏省科技副总1名、江苏省产业教授1名、企业工程师兼职讲师5名。秉承“让学生人人出彩”的理念，实现课堂、竞赛、项目等多种方式相结合的立体化育人机制，助推学生综合素养全面提升。教师参加江苏省职业院校教学能力比赛获三等奖1项；指导学生立项职业院校学生创新创业培育计划项目2项；发表论文被SCI收录3篇，被EI收录1篇；指导学生发表科技论文1篇；获授权发明专利1项，转化发明专利1项，获授权并转化软件著作权11项。

培养目标：工业化和信息化加速融合背景下，软件技术专业主要面向长三角地区，把握智能制造相关软件产业链人才需求，加强德、智、体、美、劳教育，培养掌握软件开发规范和标准，能够熟练从事智能化软件开发、测试与维护能力，能胜任Java开发、Java Web开发、前端开发、软件测试工作岗位，培养具有扎实专业基础、良好专业素养的高技术、高技能相关人才。

主要课程：专业基础课包括Web前端技术基础、Python程序设计、关系数据库基础与应用、Linux系统管理，专业核心课包括Java面向对象程序设计、JavaScript程序设计、Java Web应用开发、Web数据可视化技术、Java Web框架编程、软件质量保证与测试、工业智能软件开发与实践，专业拓展课包括大数据平台构建与应用、计算机数学、机器学习技术、Android应用程序开发、微信小程序开发等。

职业前景：合理的人才培养体系，使学生具备扎实的专业技术素养和能力素养，毕业生能够在智能制造、智能交通行业、智慧社区等行业从事Java程序开发、Web系统开发、软件测试、数据库设计、系统运维等方面工作。此外，良好的创新创业教育，为自主创业提供无限潜能。

◎云计算技术应用——省高水平高职院校建设新专业

专业背景：云计算技术应用专业开设于2017年，2018年立项建设省高水平高职院校重点建设新专业，2019—2023年专业申报立项建设苏州高职高专院校品牌专业并通过验收。专业紧跟苏州市制造业转型升级步伐，以智能制造工业云产业需求为导向设置专业方向。2017年起，与紧密型合作企业南京第五十五所技术开发有限公司、苏州浪潮云计算有限公司、苏州三六零安全科技有限公司、苏州申浪信息科技有限公司共同开展企业冠名班级活动。专业拥有博士教师3名，教师指导学生荣获云计算技术应用国赛一等奖3项、国赛二等奖1项、省赛一等奖5项，“中国软件杯”大赛二等奖1项，Web应用开发行业赛特等奖1项。专业教师承担国家自然科学基金项目、江苏省自然科学基金项目、国家博士后基金项目、江苏省高校基金面上项目、江苏省未来网络研究项目、江苏省博士后资助项目等高水平课题11项。

培养目标：以习近平新时代中国特色社会主义思想为指导，培养拥护党的基本路线，思想政治坚定、德技并修，德、智、体、美、劳等方面全面发展，具有一定的科学文化水平、良好的职业道德和工匠精神，掌握配置云服务器，收集、监控和分析云服务器数据，云服务器定期维护、评测、优化，确保云平台和应用可靠运行等专业技术技能，具备认知能力、合作能力、创新能力、职业能力等支撑终身发展、适应时代要求的关键能力，具有较强的就业创新创业能力，面向信息传输、计算机服务、智能制造领域，能够从事云计算系统的部署、管理与维护，培训教育机构的云计算教育与培训等工作，具有云平台和应用设计规划能力、云平台和应用工程实施能力及云系统安全评估与维护能力的高素质、复合型、创新型技术技能人才。

主要课程：Linux系统管理实训A、路由与交换技术、网络安全技术、云计算基础架构平台应用A、云平台运维综合实训、云计算网络技术与应用、公有云综合运维管理、Java面向对象编程A、Java Web云应用开发A、云应用开发综合实训、Linux系统管理A、计算机网络基础A等。

职业前景：毕业生可在相关企业从事云计算系统的部署、管理与维护，培训教育机构的云计算教育与培训等工作。主要就业的职业岗位：云计算系统运维工程师、云计算系统实施工程师、企业网络管理员、信息技术专员、软件测试员等。

◎大数据技术专业——省高水平高职院校建设新专业

专业背景：大数据技术专业所属专业群为人工智能专业群，专业主要方向是大数据应用开发。大数据应用开发的岗位职责是采集互联网、数据库、文件等多种数据源，经过清洗、转换、格式化、分析、可视化等环节，以直观可见形式展现海量数据蕴含的知识、规则、趋势。从事该行业的人才非常稀缺，就业前景广阔。据最新数据测算，数字化人才缺口在2500万至3000万，大数据领域人才需求量激增。大数据技术专业重视校企合作，建有二级企业学院，教师和企业工程师一起设计课程和授课，共同培养学生的动手操作能力。

培养目标：面向互联网和智能制造行业，培养掌握数据采集、数据标注、数据清洗、系统开发、数据可视化、数据库维护、系统运维等专业技术技能，能够从事大数据分析、大数据处理、系统运维等岗位工作，具有职业生涯发展基础的跨领域、创新型、高素质技术技能人才。

主要课程：Python程序设计、大数据平台搭建与应用、数据存储技术、大数据采集与预处理、数据分析和挖掘、机器学习技术、WEB数据可视化技术等。

职业前景：毕业生可在互联网或智能制造企业从事数据采集与预处理、数据分析、大数据系统运维、Hadoop应用开发、数据可视化等工作，主要的就业岗位包括Python程序员、运维工程师、Hadoop程序员、数据分析员、数据库管理员等。

◎人工智能技术应用——省高职院校高水平专业群建设专业

专业背景：学院于2020年全国首批开设人工智能技术服务专业，同年立项江苏省高等职业院校高水平专业群云计算技术与应用专业群建设专业，2021年专业名称变更为人工智能技术应用。专业面向长三角智能制造领域，培养能熟练从事人工智能技术应用开发与运维，具有计算机视觉技术特长的国际化、高素质技术技能型人才。2020年起，与紧密型合作企业苏州卓越金码电子科技有限公司、同济人工智能（苏州）研究院共同开展企业冠名班级活动。与苏州卓越金码电子科技有限公司合作成立“卓越金码人工智能学院”。专业师资团队现有教授1名，副教授1名，博士1名，讲师8名，入选江苏省科技副总1名。教师指导学生荣获国际竞赛金牌2枚、一等奖5项、二等奖1项。专业教师参加江苏省教学技能大赛获二等奖1项，承担江苏省在线开放课程建设项目1项。

培养目标：培养思想政治坚定、德技并修、全面发展，具有一定的科学文化水平、良好的职业道德和工匠精神，掌握人工智能技术应用开发、系统管理与维护等专业技术技能，具备认知能力、合作能力、创新能力、职业能力等支撑终身发展、适应时代要求的关键能力，具有较强的就业创业能力，面向人工智能及其应用领域，能够从事人工智能相关的应用开发、系统集成与运维、产品销售与咨询、售前售后技术支持等工作，具有人工智能应用产品开发与测试、数据处理、系统运维等技能的高素质、复合型、创新型技术技能人才。

主要课程：C语言程序设计、Linux系统管理、Python程序设计、人工智能技术基础、机器学习技术、深度学习与Tensorflow编程、计算机视觉应用开发、智能终端应用程序开发（Android）、数据分析与可视化、人工智能高级应用开发等专业课程。

职业前景：毕业生可在相关企业从事人工智能技术应用开发、系统集成与运维、产品销售与咨询、售前售后技术支持等工作。主要就业的职业岗位包括人工智能应用开发工程师、人工智能系统运维工程师、人工智能技术支持工程师、人工智能产品销售员等，同时具备一定自主创业能力。

◎计算机应用技术

专业背景：计算机应用技术专业开设于2003年，是学校历史最悠久的专业之一。现有专职教师7名，其中副教授3名、企业工程师兼职讲师3名、助教1名。专业紧跟互联网IT技术革命的浪潮，以用户体验和交互需求为导向设置专业方向为Web前端开发。2019年成为首批“1+X”Web前端开发证书制度试点单位。与企优托、恒赛特等多家企业合作成立冠名班及学生校外实习基地。专业制订合理的人才培养方案和前端开发课程体系，核心课程采用案例教学与项目教学相结合的线上线下混合式教学模式。专业拥有高素质的师资队伍和丰富的教学资源与实践条件，其中包括第三批国家级职业教育教师创新团队骨干成员、江苏省“青蓝工程”优秀青年骨干教师、优秀中青年学术带头人培养对象、江苏省技术能手、苏州市优秀教育工作者等。参与完成国家自然科学基金项目5项，主持省、市级科技项目5项；在国内外学术期刊和国际学术会议上发表论文40余篇，其中被SCI、EI收录30篇；获授权专利5项、实用新型专利5项、软件著作权60余项；编写教材6部，其中1部教材连续获评“十二五”“十三五”“十四五”职业教育国家规划教材；建设中国大学MOOC网络开放课1门，参加江苏省职业院校教学大赛获二等奖2项；指导学生参加江苏省职业院校技能大赛、中国大学生“软件杯”等多个赛项并获奖，其中2021年“一带一路”暨金砖国家技能发展与技术创新大赛佛山国际赛Web技术赛项荣获第一名。

培养目标：面向信息技术服务外包、互联网等行业，针对Web前端开发领域，培养具有前端新知识、新技能的学习能力和创新创业能力，网站规划与建设能力、网站响应式开发能力，移动端开发能力、数据可视化呈现能力、数据交互能力，能在软件前端设计、网站开发、网站运维、移动端开发等岗位工作，具有职业道德、合作意识、质量意识、服务意识、学习意识等职业素养的高素质技术技能人才。

主要课程：UI界面设计、Web前端技术基础、HTML5+CSS3网页设计、JavaScript程序设计、响应式网页设计、Web前端脚本框架应用、Web应用程序开发（ASP.NET/JavaWeb）、PHP程序设计、关系数据库基础与应用、Web前端开发综合实训、Web开发综合实践等课程。

职业前景：毕业生能够从事网站规划与设计、网页设计、网站编辑、网页制作、响应式页面搭建、移动网站开发、数据可视化呈现、动态网站搭建、网站运维与推广等方面的工作，也能够胜任软件测试、计算机维护、办公自动化管理等信息服务行业的工作岗位及自主创业。

师资介绍

罗颖，女，1976年12月生。现任软件与服务外包学院院长，副教授，研究方向为人工智能应用技术开发。2014年以来，主持并参与省、市厅级以上教学科研项目多项，主持江苏省在线开放课程“C语言程序设计”建设项目，主持结项苏州市科技发展规划项目课题“面向养老服务业的人体行为智能化分析技术研究与应用”。参加江苏省教学技能大赛并获二等奖，主持教学成果奖项目获苏州市一等奖，主编教材《Java Web云应用开发》，发表论文多篇。指导学生参加全国职业院校技能大赛并获二等奖，参加“一带一路”暨金砖国家技术技能创新赛获国内一等奖。历任CCF苏州会员活动中心委员、苏州人工智能学会教育专委会常务理事、苏州市计算机学会副理事长等社会职务。

王喜，男，1988年4月生，博士，副教授，苏州大学博士后。现任软件与服务外包学院副院长，云计算技术应用专业带头人，研究方向为并行与分布式系统。挂职担任苏州市科技局政策法规处副处长、创新驱动发展挂职锻炼组组长。担任CCF YOCSEF苏州主席（2022—2023年）、苏州市人工智能学会副秘书长。指导学生荣获全国职业院校技能大赛云计算赛项一等奖1项、二等奖1项，江苏省职业院校技能大赛云计算赛项一等奖3项，本人获国赛优秀指导教师奖1项、省赛优秀指导教师奖2项。获江苏高校“青蓝工程”中青年学术带头人、优秀青年骨干教师培养对象，江苏省科技副总，苏州市青年岗位能手，苏州市优秀教育工作者，苏州市“三新四创”好青年等荣誉。以第一作者或通讯作者在SCI发表论文9篇，其中CCF-B类推荐论文5篇；获授权发明专利7项、实用新型专利和软件著作权20多项。主持国家自然科学基金青年基金、中国博士后科学基金面上资助项目、江苏省产学研合作项目、江苏省高等学校自然科学研究面上项目、江苏省未来网络研究项目、江苏省博士后科研资助计划项目在内的市厅级以上课题9项。

何亮，男，1982年4月生。现任软件与服务外包学院副院长，副教授，研究方向为计算机网络安全、云计算技术。先后主讲“Linux系统管理”“云计算架构与实践”“网络安全技术”等多门课程。近年来，发表论文多篇，其中，核心期刊收录2篇，EI收录1篇；获授权实用新型专利4项；主持教改、横向课题多项。2015年，获评姑苏高技能重点人才。2017—2021年，连续5年指导学生参加省级、国家级职业院校技能大赛并获得全国一等奖3项、全国二等奖1项、江苏省一等奖5项。获评全国技能大赛优秀指导教师3次。

艾旭升，男，1974年10月生，博士，副教授。研究方向为大数据和机器学习。曾经在思科苏州研发中心工作多年，现任软件与服务外包学院大数据技术专业带头人。自任教以来，发表10多篇科研和教改论文，其中SCI收录5篇、中文核心期刊收录1篇；获授权发明专利7项、实用新型专利1项、软件著作权5项。主编教材《机器学习技术》和《网络爬虫项目实战》。指导学生获“一带一路”暨金砖国家技能发展与技术创新大赛国内总决赛一等奖、江苏省大数据技术与应用技能大赛二等奖等，获江苏省普通高校优秀毕业设计指导教师等奖项。

黄金晶，女，1984年10月生，博士，副教授，研究方向为图数据库与数据挖掘。2021年度江苏省高校“青蓝工程”优秀青年骨干教师，先后主持江苏省高校自然科学面上项目1项、江苏省教育科学“十四五”规划课题1项、江苏省现代教育技术课题1项、苏州市软课题2项。发表论文多篇，其中SCI、EI与核心期刊收录10余篇。获授权发明专利2项、实用新型专利4项、软件著作权11项。多次指导学生参加专业相关的技能竞赛，如指导学生参加全国职业技能大赛“云计算与应用”赛项并获一等奖，参加金砖国家职业技能大赛“数据分析与可视化”赛项并获二等奖，参加江苏省“互联网+”创新创业大赛并获三等奖。

李春华，女，1977年10月生，博士，研究方向为机器学习技术、计算机视觉技术。现任软件与服务外包学院人工智能技术应用专业带头人，入选2022年江苏省科技副总。从事一线教学工作，先后主讲“大数据开发基础”“Linux系统管理”“C语言程序设计”“人工智能技术基础”“机器学习技术”“Python程序设计”“计算机视觉应用开发”等课程。近年来，主持苏州市科技课题1项，主持横向课题3项，累计到账40余万元，立项江苏省产学研合作项目1项，获苏州市计算机学会科学技术奖二等奖1项，参与院市级以上教改课题多项；发表论文10余篇，其中SCIE收录2篇；获授权发明专利1项、软件著作权4项。指导学生参加国际竞赛并获金奖2项、一等奖4项。获优秀指导教师和金牌专家奖。

李文俊，男，1987年7月生，博士，研究方向为推荐算法技术。现任软件与服务外包学院软件技术专业带头人、教师党支部书记。2023年入选江苏省科技副总。先后主持江苏省自然科学基金青年项目1项、江苏省高校自然科学基金1项、横向课题2项；发表10余篇科研和教改论文，其中SCI收录4篇；获授权发明专利1项、实用新型专利3项、软件著作权3项；参编教材2部。指导学生参加职业院校技能大赛获全国一等奖1项、江苏省一等奖1项；获江苏省职业院校教学能力比赛三等奖。

刘文军，男，1981年2月生，博士，副教授，研究方向为工业互联网技术、并行与分布式系统。全国高校黄大年式教师团队（工业机器人与智能装备教师团队）成员，第三批国家级职业教育教师创新团队成员，江苏省“青蓝工程”优秀青年骨干教师、优秀中青年学术带头人培养对象，2019年苏州高新区双创领军人，2021—2022年度“苏

州市优秀教育工作者”。参与国家自然科学基金项目5项，主持省、市级科技项目5项；在国内外学术期刊和国际学术会议上发表论文40多篇，其中被SCI、EI收录30篇；获授权专利5项、软件著作权50余项；编写教材4部。

陈园园，女，1982年3月生，副教授。主持的“计算机应用基础”课程被认定为国家精品在线开放课程，负责的计算机信息管理专业在苏州市优秀新专业项目中验收为优秀；参加江苏省高职院校信息化教学大赛获一等奖。申报实用新型专利2项。作为副主编编写教材《计算机应用情境教学基础教程（Windows 7+Office 2016）（微课版）》，获评“十四五”职业教育国家规划教材。获评苏州市优秀教育工作者、苏州市教学“六认真”优秀教师、校“教坛新秀”和江苏省“青蓝工程”优秀青年骨干教师培养对象等。

郝爱语，女，1980年4月生，副教授，软件技术专业骨干教师，研究方向为软件测试。先后主讲“软件质量保证与测试”“关系数据库基础与应用”等多门课程。获得“教坛新苗”“最受学生欢迎教师”“创元园丁奖”和“先进教导员”荣誉称号。参加江苏省教学能力比赛和省微课比赛获得三等奖各1项；主持参与多项市级以上课题；主持参与完成10余项企业横向课题；发表教育、科研论文20余篇，其中核心期刊收录2篇，EI收录1篇；主编、参编教材2部；获授权软件著作权20余项。

密海英，女，1980年6月生，副教授，计算机应用技术专业骨干教师，研究方向为Web应用开发。获江苏省教学成果奖一等奖1项；主持参与市级以上课题10余项；主持参与完成多项企业

横向课题；发表教育、科研论文20余篇，其中被核心期刊收录3篇；获授权软件著作权10余项、实用新型专利1项；参加省教师教学能力大赛获二等奖3项，参加省微课比赛获三等奖1项；参与编写教材7部，其中主编的《网站设计与网页制作立体化项目教程》被评为“十二五”、“十三五”、“十四五”职业教育国家规划教材，教育部高职高专IT类专业优秀教材。

刘宝莲，副教授。2002年任教以来，担任过网络技术专业负责人、教研室主任、班主任等。教授“计算机网络基础”“路由与交换技术”“综合布线技术”“网络互联技术”等专业基础及核心课程。多次指导学生参加江苏省技能竞赛，获一等奖1项、二等奖2项、三等奖多项。2019年参加江苏省教学能力大赛，获高职教师组二等奖。主持多个横向课题，累计到账资金30余万元。编写教材1部，在省级期刊发表论文若干篇。

沈茜，女，1976年8月生，副教授，工程师，研究方向为人工智能、计算机视觉、Web前端数据可视化。现任软件与服务外包学院计算机应用技术专业带头人。近年来，发表论文10余篇，其中，核心期刊收录2篇，CPCI收录1篇；参编教材5部；主持参与省、市级课题10余项；获授权发明专利1项、实用新型专利3项、软件著作权4项。获江苏省高等学校多媒体教学课件比赛一、二等奖，江苏省职业院校教学大赛二等奖；指导学生参加全国职业院校学生技术技能创新成果赛获一、二等

奖，江苏省职业院校技能大赛获二等奖；指导学生在2021年"一带一路"暨金砖国家技能发展与技术创新大赛国际赛中获第一名。2014—2022年，连续获评学校教学质量优秀。2020年被评为"我最喜爱的老师"。2023年获江苏省人力资源和社会保障厅颁发的"江苏省技术能手"称号。

孙伟，男，1974年7月生，副教授，研究方向为智能信息处理技术，CCF会员，苏州大学访问学者。主编《Python程序设计任务驱动式教程》等教材6部，其中江苏省精品教材1部；发表论文40余篇，其中核心期刊收录4篇、CSSCI收录1篇；主持或参与省、市级科技、教改及横向课题40余项；获授权软件著作权9项；指导江苏省大创项目5项，主持院级移动应用开发科研团队1个，主持院精品课程和精品教材各1项。2011年省示范院校先进个人，多次获得学校教学考核优秀、年度考核优秀及个人嘉奖。

伊雯雯，女，1983年6月生，副教授，主要研究方向为云计算与智能信息处理。主编教材2部；获得江苏省微课大赛一等奖，江苏省高职院校信息化教学大赛二、三等奖各1项，学校教师风采大赛一等奖等。指导学生参加竞赛屡获佳绩，指导学生获得第八届"中国软件杯"大学生软件设计大赛总决赛高职组二等奖，江苏省高等职业院校技能大赛"中慧杯"Web应用软件开发项目一等奖，2020年、2021年"一带一路"暨金砖国家技能发展与技术创新大赛一等奖。发表论文多篇，其中，核心期刊收录3篇，EI收录1篇；获授权软件著作权18项；主持苏州市级课题2项、校级课题2项。

陈莉莉，女，1981年2月生，研究方向为Web前端技术。主持或参与市厅级以上课题累计13荐，横向课题9荐；获授权软件著作权5项，参与实用新型专利2项；编写、参编教材7部，其中5部获评国家级"十二五""十三五""十四五"规划教材；指导学生参加江苏省大学生创新比赛、省技能大赛、"一带一路"暨金砖国家技能发展与技术大赛、创客比赛等项目，多次获得一等奖；先后获评苏州市优秀教师、校优秀党务工作者、招生宣传先进个人、区在职党员进社区标兵、工会活动积极分子、校十佳班主任等；多次获院年度考核优秀并受嘉奖；所带班级获得2021年江苏省先进班集体、校十佳班集体等荣誉称号。

校企合作

平台建设。软件与服务外包学院与新华三工业互联网有限公司合作的二级院系企业学院"新华三工业互联网学院"签约并揭牌，与中国电信股份有限公司苏州分公司签约成立"翼云软件学院"，与苏州卓越金码电子科技有限公司签约成立"卓越金码人工智能学院"。

产教融合。软件与服务外包学院与新华三工业互联网有限公司推进二级院系企业学院"新华三工业互联网学院"建设，与苏州申浪信息科技有限公司推进二级院系企业学院"申浪工业互联网学院"建设。依托软件与服务外包学院，苏州申浪信息科技有限公司荣获江苏省产教融合型试点培育企业。软件与服务外包学院新华三工业互联网学院荣获"创元杯"第三批校优秀专业企业学院三等奖，申浪工业互联网学院开展学徒班第四期人才培养工作。软件与服务外包学院各专业组织冠名班活动30多次。软件与服务外包学院4个班级荣获五星冠名班。浙江同善人工智能技术有限公司捐赠软件与服务外包学院人工智能技术应用专业人工智能设备1台，价值10万元。无锡太湖云电商供应链管理有限公司捐赠软件与服务外包学院“ios学生俱乐部”苹果教学设备3台，价值2.1万元。仁宝、华硕科技等紧密合作企业为学院学生提供近200个优质实习和就业岗位，吸引学院2021级全体学生、2020级部分学生参加。

国际竞赛。软件与服务外包学院黄金晶博士指导信息21C1班李先勇在金砖国家职业技能大赛“数据分析与可视化”赛项荣获二等奖。在2023年金砖国家职业技能大赛“数据分析与可视化”赛项区域赛获得江苏省第二名。余艳玮博士指导云计算21C2丁思梦同学在2023年金砖国家职业技能大赛“机器学习与大数据”赛项华东区域选拔赛中获得三等奖。

国际认证。软件与服务外包学院12名学生通过红帽认证工程师（RHCE）、30名学生通过红帽认证技师（RHCSA）国际认证。

国际交流。软件与服务外包学院组织14名学生去俄罗斯库兹巴斯国立技术大学短期交流，杨瀚老师带队。

学生工作

软件与服务外包学院学生工作坚持以习近平新时代中国特色社会主义思想和党的二十大精神为指导，围绕“向阳而生　精工笃行”校训内涵，落实“立德树人”根本任务，坚持“三全育人”“五育并举”的工作理念，加强学生思想政治教育和综合素质培养，积极推进优良学风建设。

一、思政教育全面引领

学院组织开展“学习二十大　永远跟党走　奋进新征程”“光辉思想”等主题团日活动和“思想旗帜”“坚强核心”、“强国复兴”“挺膺担当”等主题教育；组织学生完成寒假“返家乡”和暑期“三下乡”社会实践活动，开展“未来工匠”读书活动、“以爱之名，感恩母亲”母亲节活动、“开卷有益　书漾计划”阅读节、“赓续红色基因，英雄永垂不朽”清明祭英烈活动、“践行青春誓言，励志扬帆起航”成人礼活动、“教师节感恩活动”、“同唱国歌，共度中秋”迎双节等主题活动；举办“我们的小家”文明宿舍评比、“青春践行二十大，奋楫扬帆新征程”软件学院菁英训练营结业仪式暨“职教生心中的二十大”主题演讲比赛、“马克思主义・青年说”系列演讲比赛、“新生活苏州”VLOG大赛和“软件未来星”第18届大学生职业规划大赛、新生才艺大赛，以及2023级迎新志愿服务、第十五届校运动会和“军训必修课”“青春锻炼场”“连队风采秀”“沙场秋点兵”“军歌嘹亮”“营连之心”“教官，请出列！”等军训系列活动。学院举行“‘预防为主、生命至上’——平安校园伴我行”和“青春践行二十大，诚实守信励学行”升旗活动，开展“保密宣传教育高校行”“防范电信网络诈骗视频集中学主题活动”“远离非法集资，提高安全意识”主题班会，开展劳模进课堂、进校园活动。学院举行欢送2023届毕业生毕业季系列活动，开展新生入学教育，包括观看红色电影《长津湖之水门桥》，开展新生廉洁第一课，进行网络安全教育，举办《学生手册》知识竞赛、大学生人际交往主题心理讲座等。

二、日常管理稳步有序

学院完成2020级学生参加江苏省专转本考试保障服务、新生军训、校运动会组织等工作。做好新学年学生转入（转专业、休学后复学）、转出（退学、休学）的对接工作，做好新疆籍学生的教育谈话、风险排查和行程报备工作，组织做好学生诚信考试教育工作，做好学生假期安全教育工作，利用系微信公众号向学生推送暑假安全告知书，组织计算机等级考试、英语等级考试报名工作，做好本年度学生的评优推荐工作。智慧团建做到应录尽录，完成pu平台团支部工作成绩单的录入和审核工作，实现基础团务、团员管理和团员信息统计网络化、规范化，按时保质完成团员信息录入、学社衔接、对标定级等常规工作；加强团支部工作培训，规范支部工作手册、支部成绩单的使用，增强基层团组织凝聚力；完成团员年度评议、团推优、团费收缴、青年大学习和新发展团员的资格审核、发展材料的指导和归档、社团年度评议和换届注册工作；顺利完成“菁英”培训班、团学干部述职大会、换届、招新工作；召开系部团代会和学代会等。

三、实习就业扎实推进

为帮助学生做好职业规划，提升职业技能和素质，学院组织“逐梦引航　筑梦成长”就业能力提升训练营，聘请中国电信苏州分公司人力资源部经理程亚琼担任职业生涯规划导师，苏州市劳模汤正博担任思想政治教育导师。两位导师分别从介绍简历制作、找到入职渠道、找准职位信息、掐准求职时间节点，以及面试、笔试的准备和简历的框架结构等6个方面为大家展开讲解求职过程中可能会遇到的问题和求职技巧，围绕“工匠精神”为同学们讲解就业、创业中的职业道德和职业素养，通过分享自身经历，鼓励同学们树立正确的职业理想，培养一丝不苟、兢兢业业的工作态度。学院开展升学就业、创业朋辈经验分享沙龙，邀请3名优秀院友，共同与学生们分享升学、就业、创业经验，交流心得。学院还定期开展毕业班实习就业指导线上主题班会、组织“送岗直通车”——软件学院2023年专场招聘会，积极服务毕业生就业推荐工作。

四、资助育人做实做细

为进一步宣传贯彻落实国家的精准资助政策，深入了解贫困生家庭的实际情况，学院组织辅导员开展新生家庭走访。为进一步了解2023届毕业生情况、倾听毕业生心声，学院举行“诚信感恩、自信自强”——2023届毕业生资助育人座谈会。为按时完成毕业生生源地贷款网上毕业确认、生源地助学贷款申请及审核、学费减免申请等涉及学生资助的重点工作，学院组织学生开展资助诚信教育主题活动，学习关于资助政策的相关文件精神，让同学们了解国家助学贷款政策的同时树立诚信观念、珍惜个人信用记录，增强法律意识，及时履行国家助学贷款合同。学院提供一定的勤工助学岗位，为获得国家各项资助的学生提供感恩实践平台，组织开展受资助学生感恩实践活动。

科研服务

优化科研环境。李文俊博士与中交简石数字科技（苏州）有限公司合作申报江苏省科技副总。紧密合作企业同济人工智能研究院（苏州）院长刘成菊博士申获2023年江苏省产业教授（兼职）。软件与服务外包学院教师结题省级课题2项、市厅级课题4项，立项市厅级课题3项。软件与服务外包学院教师立项横向课题14项，到账经费162.2万元；获授权发明专利7项、实用新型专利1项、软件著作权24项；发表论文中，SCIE收录5篇、EI收录1篇、一般论文16篇；主编校企合作教材2部。

社会服务与科研交流。软件与服务外包学院教师转化发明专利1项、软件著作权11项。承办省培项目“专业技能竞赛教练培训项目信息安全管理与评估”。承接苏州市财政局负责的全国会计职业资格（初级）考试等社会考试多场。刘文军博士团队师生为苏州西门子电器有限公司采购部门准确核定供方价格提供有力的数据支持，合作项目上线为企业整体采购周期缩短近20%，库存周转率提升15%；与新华三集团合作研发工业互联网考试平台。

经贸管理系

概　况

经贸管理系有现代物流管理、电子商务、市场营销、会计信息管理、人力资源管理5大专业。现代物流管理专业是省级示范重点建设专业和校级品牌专业，智能管理服务专业群是学校重点建设专业群。电子商务、市场营销、会计信息管理与人力资源管理专业是全国"1+X"证书试点建设专业，市场营销专业与苏州城市学院联办"4+0"本科，电子商务专业是江苏省首批面向社会人员招生专业。

全系在校生1438人，教职工44人。其中，教授3人、副教授12人，博士后1人、博士6人，江苏省高校优秀共产党员1人，江苏省高校优秀党务工作者1人，江苏省"六大人才高峰"高层次人才培养对象1人，江苏省"333高层次人才培养工程"第三层次培养对象2人，江苏高校"青蓝工程"中青年学术带头人2人，江苏高校"青蓝工程"优秀青年骨干教师培养对象2人，江苏高校"青蓝工程"优秀教学团队3个，苏州市优秀教育工作者1人。拥有电子商务综合实训室、人力资源管理数字化综合实训室、虚拟国际物流园、无人机物流创新工作室等12个实训室。师生在"振兴杯""挑战杯""互联网+"等重大赛事中获奖112人次。

教学工作

2023年，各专业进一步优化人才培养方案，完善课程体系，开发项目化教材，深化校企合作，提升专业内涵，取得一系列改革创新成果：

1.立项4+0本科：与苏州城市学院联办市场营销"4+0"高职与本科联合培养项目，现有2个年级，共74名学生入学。

2. 学生竞赛：获第十八届"振兴杯"全国青年职业技能大赛总决赛铜奖；获第十八届"挑战杯"全国大学生课外学术科技作品竞赛江苏省一等奖。

3. 课程建设："跨境电子商务实务"完成校级课程建设验收，立项并建设院级精品在线开放课程"电商数据分析与处理""财务数据管理与可视化分析"，立项并建设院级课程思政项目"大数据营销"。

4.教材建设：教材《市场营销理论与实务——基于价值共创逻辑》在科学出版社出版，重点推进教材《跨境电子商务实务》出版。

5. 教师竞赛："非遗文创品大数据营销"获2023年江苏省教师教学能力大赛三等奖。

办学特色

面对新技术、新商业，为适应苏州经济社会发展需求和产业转型升级发展趋势，系部全力推进新商科建设——服务工业及生产性服务企业，紧扣智能经营管理服务主线，建设以"人（人力资源管理）、财（会计信息管理）、物（现代物流管理）、流（电子商务、市场营销）"为架构的具有智能管理特色的专业群。

专业设置

2023年苏州工业职业技术学院经贸管理系专业设置一览表

序号	专业名称	负责人	职称	学历（位）
1	现代物流管理	欧阳芳	副教授	研究生（硕士）
2	电子商务	肖坤梅	副教授	研究生（硕士）
3	市场营销	唐德淼	教授	研究生（博士）
4	会计信息管理	张琦英	副教授	研究生（博士）
5	人力资源管理	王亚男	副教授	研究生（博士）

专业介绍

◎现代物流管理

专业背景：现代物流管理专业创建于2005年，有专任教师7名，其中，副教授3名，博士1名。获江苏省"青蓝工程"优秀教学团队，全国"振兴杯"职业技能决赛铜奖，江苏省教学成果二等奖，现代物流职业技能大赛、"挑战杯"学术科技作品大赛江苏省一等奖等多项奖项。

培养目标：培养从事采购管理、仓储管理、配送管理、货运代理、进出口报关和物流智能设备运维、物流方案设计、物流信息技术服务等工作的人才。

主要课程：仓储服务操作与管理、采购与供应管理、配送管理实务、国际货物运输实务、ERP操作实务（SAP）、智能物流技术与应用、物流成本核算与分析、企业运营管理、创新思维训练等。

职业前景：现代物流管理、智能工厂物流岗位或海关、港口、货运公司及企事业单位相关岗位。

◎市场营销

专业背景：市场营销专业创办于2006年，与苏州城市学院开展"4+0"本科联合培养项目。有专任教师8名，其中，教授2名、副教授1名，博士3名，江苏省"青蓝工程"中青年学术带头人1名、优秀青年骨干教师及省"333高层次人才培养工程"第三层次培养对象1名。学生获得江苏省普通高等学校本专科优秀毕业设计（论文）、职业技能大赛、"挑战杯"比赛一、二、三等奖等多项荣誉。

培养目标：培养具备从事市场分析、营销策划、产品销售、市场推广及客户管理等能力的人才。

主要课程：市场营销概论、市场调查与预测、消费心理学、网络营销实务、营销策划、营销数据分析与决策、品牌管理等专业课程。

职业前景：市场分析、产品销售、营销策划、运营管理及商务管理等岗位。

◎电子商务

专业背景：电子商务专业创建于2004年，现有专任教师7名，其中，副教授2名。获评江苏省"青蓝工程"跨境电子商务优秀教学团队和学术带头人2名；与苏州贝宝电商科技公司、苏州芊墨文化传媒公司等多家本地电商企业签订校企合作协议，为学生提供立方体化的专业实践与实训服务；指导学生参加江苏省高职院校电子商务技能竞赛、创新创业大赛等项目，获得多项荣誉。

培养目标：培养学生成为掌握经济、商务理论与实务知识，并能熟练运用计算机及网络技术的"三栖"人才。

主要课程：电子商务基础、网络营销、数据分析、物流管理等。

职业前景：电商平台运营、网络营销、数据分析、客户服务等岗位。

◎会计信息管理

专业背景：会计信息管理专业创建于2012年，有专任教师6名，其中，副教授4名，博士1名。与航天信息有限公司、啄木鸟财税管理（苏州）有限公司、北京正保会计科技有限公司等开展深度合作。参加"一带一路"暨金砖国家技能发展与技术创新大赛、全国大学生数智化业财融合等比赛，获得多项荣誉。

培养目标：培养面向企业出纳、会计核算、纳税申报、基础财务管理、财务数据分析、内部审计和中小企业会计主管等岗位的会计专门人才。

主要课程：基础会计、经济法基础、初级会计实务、纳税实务、财务分析、财务管理、产品成本核算与分析、财务数据分析与可视化、会计信息化综合实训等。

职业前景：中小企业、行政事业单位、财务共享服务中心和基层金融机构的会计、审计部门、财务共享中心相关岗位。

◎人力资源管理

专业背景：人力资源管理专业创建于2020年，有专任教师6名，其中，副教授1名，博士2名。立项江苏省"青蓝工程"优秀教学团队。与苏州金色未来信息咨询股份有限公司、苏州汇思人力资源有限公司等深度合作。获得全国高等院校数智人力大赛江苏省赛一等奖等奖项。

培养目标：培养具备人力资源管理专业核心能力，利用信息技术和数据分析技术解决人力资源管理问题能力的人才。

主要课程：人力资源管理、薪酬管理实务、绩效管理实务、招聘与配置实务、人员素质测评、数据分析与应用等。

职业前景：工商企业、政府部门、金融机构、社会组织等单位的人力资源服务及管理领域从事人力资源管理工作的岗位。

师资介绍

苏华，男，1978年10月生，三级教授。学校党委委员、副校长。江苏省高校优秀共产党员、江苏省"333高层次人才培养工程"培养对象、江苏高校"青蓝工程"中青年学术带头人、"青蓝工程"优秀青年骨干教师、"青蓝工程""跨境电子商务"教学团队负责人。江苏省财经商贸行指委委员、

电商专委会常务委员，苏州市商业经济学会常务理事。苏州市人民政府教育督导专家。主持完成省级课题2项、市厅级课题28项，主持完成政府委托决策咨询课题3项；在CSSCI期刊发表论文3篇，在《光明日报》发表文章3篇，在北大核心期刊发表论文12篇；出版专著3部；10篇研究报告收录于《中国苏州发展报告》《调研通报》《市情研究》《智库专报》等苏州蓝皮书。获国家级教学成果奖一等奖、全国物流职业教学成果奖一等奖、全国机械行业职业教育教学成果奖特等奖、江苏省教学成果奖二等奖、苏州市教学成果奖特等奖共6项。

梁青春，女，1970年10月生，副教授。经贸管理系党总支书记，二级职业指导师。江苏省高校思想政治教育工作先进个人，省高职高专"优秀辅导员"。在省级以上期刊发表论文近20篇，其中北大核心期刊收录4篇；参与、主编教材3部；主持省、市、院级课题6项，参与市厅级课题3项；指导学生参加省"花桥杯""武进杯"大学生职业生涯规划大赛并获得一等奖。

周芳，女，1980年6月生，博士，教授。经贸管理系主任。江苏高校"青蓝工程"中青年学术带头人、优秀青年骨干教师，苏州市优秀教育工作者，苏州市"三新四创"好青年。参加江苏省职业院校教学大赛获一等奖；指导学生参加省"挑战杯"，省优秀毕业论文评比分获一、二等奖；主持省部级课题2项、市厅级课题10余项；发表论文60余篇，其中，SCI（Q1）收录5篇，CSSCI收录1

篇，北大核心期刊收录20余篇；出版著作1部；研究报告4次被苏州蓝皮书《中国苏州发展报告》收录。

许贶南，男，1981年2月生，法学硕士。经贸管理系党总支副书记。在省级以上期刊发表论文10余篇。先后获评省优秀辅导员、市优秀学生工作个人、市优秀共青团员、市委党校优秀学员、院优秀思想教育工作者、院优秀辅导员、院就业工作先进个人、院优秀教工团干等。

唐德淼，管理学博士，复旦大学博士后，清华大学访问学者，北京大学访问学者，教授，高级经济师，高级工程师。江苏省"333高层次人才培养工程"中青年学术技术带头人，江苏省"青蓝工程"中青年学术带头人，江苏省优秀教学团队带头人，江苏省创业指导专家，太湖优秀人才（市级）。主持参与国家、省、市级课题20多项；发表论文60多篇（含CSSCI、EI等核心期刊收录），短评30多篇；出版专著、教材18部；获全国博士后论坛论文奖、全国商业精英挑战赛奖、江苏省社科应用研究精品工程奖（专著）、江苏省教学成果奖、江苏省重点规划教材（3部）等荣誉60多项。

盛晓兰，女，1981年5月生，副教授。参加江苏省职业院校教学大赛获高职组一、二等奖。指导学生获2023年江苏省职业院校技能大赛"商务数据分析"赛项三等奖。主持市厅级课题4项；在省级以上期刊发表论文12篇，其中核心期刊收录2篇。科研成果获学校论文评比一等奖2次。

张琦英，女，1981年6月生，博士，副教授。经贸管理系会计信息管理专业负责人。高级管理会计师，企业培训师。在省级及以上期刊发表论文25篇，主持省、市级课题18项。第三届全国高等院校财务数智化大赛、"一带一路"暨金砖国家技能发展与技术创新大赛"大数据财务应用与管理会计决策"赛项优秀指导教师。

肖坤梅，女，1976年4月生，副教授。经贸管理系电子商务专业负责人。主持市级课题1项，参与省、市级课题10项；主持完成江苏省大学生创新创业训练计划项目1项；指导学生参加"博导前程杯"电子商务运营技能竞赛获优秀教师奖；主编《跨境电商实务》教材。

凌彩金，女，1978年12月生。电子商务专业教研室主任。指导学生参加江苏省高等职业院校技能大赛市场营销赛项获二等奖、电子商务赛项获三等奖，江苏省高等学校毕业设计（论文）获二等奖。

欧阳芳，女，1973年4月生，副教授，高级工程师，高级物流师。经贸管理系副主任。发表论文20余篇，其中在中文核心期刊发表论文近10篇，2篇被人大复印报刊资料全文转载；主编教材1部；主持省部级课题2项、市厅级课题20余项。指导学生参加"振兴杯"创新创业大赛全国决赛获铜奖，江苏省"挑战杯"获一等奖。获第十九届中国物流学术年会学术论文一等奖。江苏省高级访问工程师，服务企业技术开发项目10项。

崔亚玲，女，1987年10月生，博士，现代物流管理教研室主任。主持和参与市厅级课题10余项，发表论文6篇。江苏省技能竞赛获一等奖，江苏省"互联网+"创新创业项目获二等奖，江苏省高等职业院校信息化教学大赛获三等奖。

王亚男，女，1978年10月生，博士后，副教授，英国伯明翰大学访问学者。经贸管理系副主任，人力资源管理专业带头人。江苏高校"青蓝工程"优秀教学团队负责人，获省教师教学能力大赛三等奖。参与完成国家社会科学基金项目1项、国家自然基金项目2项、省部级课题6项，主持市厅级课题10余项；以第一作者发表论文14篇，其中CSSCI收录8篇，核心期刊收录2篇；作为第二作者出版著作1部，主编教材1部。

夏云超，男，1983年1月生，博士。人力资源管理教研室主任。江苏省现代物流技能大赛获三等奖，江苏省教师教学能力大赛获三等奖。

校企合作

经贸管理系围绕数字化运营，推进产教融合、校企合作。一方面加强教学过程与生产过程对接，课程内容与职业标准对接，推动校企优势互补。另一方面积极助力企业"智改数转"，打造产教命运共同体。

2023级开展冠名班活动，包括企业识岗、校企合作课程建设、产教融合基地实践等；2022级京东班、伟伦班、航信班获学院五星冠名班；完成访企拓岗促就业活动10家；举办2023年校园专场招聘会，引进42家优质企业，提供覆盖5个专业涉及27类主要岗位的596个就业岗位，涵盖数字渠道专员、政保渠道专员、审计助理、运营风控管理等高端就业岗位。

2023年6月，校企合作参加"一带一路"暨金砖国家技能发展与技术创新大赛"大数据财务应用与管理会计决策"选拔赛，获得江苏省二等奖。

学生工作

2023年度经贸管理系学生工作坚持立德树人宗旨，加强学生"六个一"素质训练。

践行社会主义核心价值观。开展党史主题教育、党史知识竞赛、学风建设主题教育、红色经典分享会系列活动。组织青年大学习活动21期。

夯实学风建设。开展"7S星级宿舍"创建评比、线上线下诚信教育主题班会。3人获国家奖学金，1人获省"三好学生"，1人获江苏省"最美职校生标兵"称号，18人获2022—2023学年度院"三好学生"，45人获院"优秀学生干部"，88人获学院综合奖学金，45人获国家励志奖学金，2个班级获评院"志知行十佳班集体"，5个班级获评院"优秀团支部"。

提升学生综合素养。建立创新工作坊，实施职业生涯规划个性化指导，学生实行"六个一"训练，4人获江苏省职业院校技能大赛"企业沙盘模拟"赛项一等奖，1人获第十八届"振兴杯"全国青年职业技能大赛学生组创新创效竞赛全国决赛铜奖，1人获第十八届"挑战杯"全国大学生课外学术科技作品竞赛江苏省主体赛一等奖，1人获第十八届"挑战杯"全国大学生课外学术科技作品竞赛江苏省"红色专项"活动三等奖。

做好毕业生工作。开展毕业学生的感恩、诚

信、安全等主题教育，举办毕业生代表座谈会。落实毕业生就业政策，建立困难生就业帮扶档案，“一对一”帮扶落实就业，2023届毕业生就业率达97%以上，34人获评院“优秀毕业生”。

科研服务

经贸管理系围绕数字经济，按照“提升科研质量、整合校企资源、提升社会服务能力”工作思路提升科研服务质量。

论文发表：发表“A hybrid Approach combining AHP with TODIM for blockchain technology provider selection under the Pythagorean fuzzy scenario”（SCI Q1）1篇，在中文核心期刊发表论文1篇。

论文获奖：获江苏省社科联第17届学术大会论文二等奖3项。

课题研究：立项教育部人文社科一般项目1项；立项江苏省社科联、苏州市科技局软科学、苏州市社科联等市厅级课题14项，结项11项，其中2名青年教师首次立项；立项江苏省“十四五”教育科学规划重点课题1项、一般项目1项，结项市厅级教育研究课题2项。

服务企业：完成“中小企业仓储系统数字化改造升级”“财经大数据分析与应用培训”“智能AS WMS智能仓储管理软件系统”等企业技术服务项目，面向中小企业提供“智改数转”技术服务，到账30万元。

继续教育：完成2023级苏州大学人力资源管理专业专接本招生工作，专接本培训费用到账约20万元。

建筑工程与艺术设计系

概　况

建筑工程与艺术设计系组建于2015年，是服务于苏州地方经济发展的专业教学单位，旨在培养建筑工程技术、数字媒体设计与制作、环境艺术设计的高素质技术技能人才。

系部现有教职员工37名，专任教师33名，其中，教授1名、副教授7名，博士2名，硕士及以上学历的30名。设有建筑工程技术、工程造价、数字媒体艺术设计、环境艺术设计等4个专业，以及人文与艺术教研室、数学教研室。

建筑工程与艺术设计系现建有装饰材料展示实训室、工程项目管理实训室、工程造价实训室、建筑材料检测实训室、建筑绘图实训室、工程测量实训室、工程力学实训室、高清数字影像实训室、平面设计与模型实训室、素质训练教室和学生创新实训室及2间专用画室。系部拥有紧密合作企业20余家，在江苏通力建设工程有限公司、苏州广林建设有限责任公司、苏州市唐人营造建筑装饰工程有限公司、江苏纺织工业设计研究院有限公司（苏州分院）、诚信金泰建设管理（苏州）有限公司、苏州三川营造环境艺术有限公司、苏州润居装饰工程有限公司等10多家企业设立教师工作站和学生实习实训就业基地。

教学工作

办学特色

以培养复合型、应用型、创新型高技能人才为目标，以市场需求及行业发展趋势为导向进行专业设置。强化项目化教学的人才培养特色，建立较为完备的实践教学体系，产业教授进课堂、学生进企业学院进行项目实训，为学生提供真实的项目案例积累，取得较好成效。力求教学内容与行业专业技能无缝对接。同时，注重以赛促教、以赛促学的方式，积极参加国家级、省级以及行业内各种技能竞赛，以赛促教，切实提升教学效果。在职业素养方面，将思想政治学习内容和智能建造技术全方位融入专业课程学习，培养学生成为具有工匠精神及家国情怀的新时代社会有用之才。

专业设置

2023年苏州工业职业技术学院建筑工程与艺术设计系专业设置一览表

序号	专业名称	负责人	职称	学历（位）
1	建筑工程技术	田建冬	教授	研究生（博士）
2	工程造价	包茜虹	讲师	研究生（硕士）
3	环境艺术设计	王　迪	副教授	研究生（硕士）
4	数字媒体艺术设计	徐厚华	讲师	本科（硕士）

专业介绍

◎建筑工程技术

专业背景：建筑业作为苏州市国民经济的重要支柱产业之一，一直保持持续、快速、健康发展，在促进经济社会发展、推进城乡一体化、带动关联产业以及打造生态旅游宜居城市等方面发挥着十分重要的作用。建筑经济在国民经济发展中占有重要地位，现代建筑人才的培养也成为当前建筑业发展的当务之急。为了紧跟实现省高水平高等职业院校的发展战略，系部坚持以建筑市场为导向，注重培养在土木工程及相关领域的应用型技术及管理人才；保持与企业产教融合，通过校企合作、实习基地建设和项目研究等方式，构建建筑工程技术专业与苏州及周边城市的校企深度合作的育人体系。

培养目标：本专业注重培养思想政治坚定、德技并修、全面发展的高素质技术技能型人才，使学生能够掌握建筑业生产建设基础和综合职业技能知识，具备建筑施工、质量监督、安全管理、造价审计能力，能够从事建筑工程施工、建筑工程监理、工程造价审计、工程质量检测、工程项目管理等岗位工作。就业主要面向建筑施工、工程检测、工程监理、造价咨询等岗位群。

主要课程：建筑识图与绘图、建筑结构、平法识图、建筑施工技术、施工组织与管理、建筑工程计量与计价、建筑工程法律法规、工程资料管理、工程招投标与合同管理、BIM建模与应用、工程事故分析与处理。

职业前景：建筑工程技术专业毕业生就业范围较广，主要就业方向为：施工技术管理（施工员、技术员、测量员、材料员、资料员等），施工现场质量监控（质检员），施工现场安全监控（安全员），工程造价审计（造价员），工程监理（监理员），工程质量检测（试验员）。毕业生工作单位主要分布在苏州、无锡、南通、徐州等地区。毕业生一次就业率达98%以上，用人单位对顶岗实习学生和毕业生的满意度达95%以上。

◎工程造价

专业背景：工程造价专业始终坚持以专业核心技能培养为主线，注重手工作业及信息化操作水平同步发展，突出造价实践应用能力的培养，构建以“知识、能力、素质”三要素并重的课程体系，以造价员职业岗位能力和综合素质培养为目标的实践教学体系，以校企共建实训基地，共做实际项目的校企合作育人体系。

培养目标：本专业主要面向建筑工程中的工程造价岗位，培养具备建筑工程造价专业及相关领域必备基础理论与专业知识，具备从事建筑工程预决算、工程审计、招投标、BIM建模与应用等技术与管理工作的能力，能在造价员、施工员、资料员、BIM建模员等岗位工作，具有职业生涯发展基础的高素质技术技能人才。

主要课程：建筑识图与绘图、建筑结构、平法识图、建筑施工技术、施工组织与管理、建筑工程计量与计价、安装工程计量与计价、BIM建模与应用、工程造价软件应用、工程招投标与合同管理、工程造价的确定与控制、建筑、安装工程预算编制实训。

职业前景：学生毕业后可进入工程咨询公司、建筑施工企业（乙方）、建筑装潢装饰工程公司、工程建设监理公司、房地产开发企业、设计院、BIM技术服务公司、会计审计事务所、政府部门企事业单位基建部门（甲方）等企事业单位，从事工程造价招标代理、建设项目投融资和投资控制、工程造价确定与控制、投标报价决策、合同管理、工程预（结）决算、工程成本分析、工程咨询、工程监理以及工程造价管理相关软件的开发应用和技术支持等工作。

◎环境艺术设计

专业背景：环境艺术设计专业立足于培养具有扎实的室内外环境艺术设计、策划的基础知识，掌握环境艺术设计的基本原理，具有较强的实践能力，能够独立完成室内设计、景观设计方案、施工图的绘制，掌握效果图绘制方法。强调工学结合的教学方式，在案例教学过程中强调“假的真做”“真的实做”的理念，致力于给学生创造一个真实的项目训练环境。

培养目标：本专业培养德、智、体、美全面发展，具有扎实的室内外环境艺术设计、策划的基础知识，掌握环境艺术设计的基本原理，具有较强的实践能力，能顺利进入室内外建筑装饰设计、园林景观设计等领域相应岗位就业，从事室内外建筑装饰设计、园林景观设计及园艺设计与施工、项目管理相关的职业，具有良好的职业道德、协作意识、团队精神，能快速了解环境艺术设计行业新工艺、新技术、新的施工方法，能适应社会主义市场经济需要的可持续发展的高等技术应用型人才。学生毕业后可从事环境艺术设计、效果图制作、施工、预算与项目管理等工作。

主要课程：绘画基础、人机工程学、手绘表现技法、环艺制图与快题设计、居住区空间设计、庭院景观设计、装饰材料与工艺构造、工程招投标与合同管理、景观工程施工与管理、计算机辅助设计（效果图+VR）、计算机辅助设计AutoCAD、模型设计与制作、室内设计专题、景观设计专题。

职业前景：未来面向室内外空间艺术设计、模型设计与制作、庭院景观设计、园林景观设计、广场景观设计、室内外景观施工及相关工程管理技能岗位，能够在与环境和空间设计、景观园林设计相关的设计院、效果图公司等企业工作。

◎数字媒体艺术设计

专业背景：以沪、浙、苏为龙头的数字产业带已成为中国数字产业的领头羊，并已出台相关扶持数字产业的政策。根据苏州市政府对数字游戏产业的发展目标及相关扶持政策，发展数字游戏产业将是苏州近几年来服务业发展的重点方向。所培养的专业人才具备数字艺术制作方面的理论知识，有较高审美和艺术修养，能熟练掌握游戏设计、影视制作方法和技能，具有较强创新能力和实践能力，能在游戏开发公司、影视制作公司、广告公司等从事游戏美术设计与制作、游戏策划与开发、团队项目管理。

培养目标：本专业主要面向数字表现和广告设计行业，培养具备计算机动画设计、数字声像合成技术能力，计算机二维动画、三维广告设计及影视短片拍摄与制作能力，能够在新媒体动漫产业中胜任动画设计、互动动画设计、动态交互界面设计、游戏动画设计、游戏动画制作等岗位的高素质技术技能人才。

主要课程：素描基础、色彩、速写、漫画创作、平面设计、PhotoShop、原画设计、动画概论、Flash动画制作、三维建模、影视后期制作等。

职业前景（就业方向）：在各级电视台、影视动画制作单位、传媒与广告公司、数码艺术公司、展示设计公司、形象企划公司，多媒体与网页设计、室内装修设计、产品造型设计等热门行业就业。

师资介绍

包茜虹，女，1989年10月生，江苏苏州人，硕士研究生，讲师。现为建筑工程与艺术设计系工程造价专业负责人，主要研究方向为工程造价、BIM技术应用。连续6年学院教学质量考核优秀；连续多年指导学生参加江苏省技能竞赛“建筑工程识图”赛项，累计获得国赛二等奖1项，省赛一等奖6项、二等奖2项、三等奖1项；指导省级大学生创新创业训练计划项目2项；主持市厅级课题3项，参与市级课题3项；在省级以上期刊发表教改论文1篇、专业论文1篇；参与编写国家级行业技术标准《幼儿园室内装饰装修技术规程》1部。

朱晓蕾，女，1990年8月生，江苏张家港人，硕士研究生，讲师。现为建筑工程与艺术设计系工程造价教研室主任，主要研究方向为建筑工程。在学术期刊上发表论文5篇，主持并完成苏州市社科规划课题1项。参加江苏省职业院校教学大赛（高职组）获三等奖，连续多年指导学生参加江苏省高职院校技能竞赛“建筑工程识图”和“建筑信息模型建模与应用”赛项并获奖。

孙启新，男，1971年10月生，安徽铜陵人，副教授，高级工艺美术师，研究方向为工业设计、建筑装饰工程设计等。在国内外重要期刊发表论文20余篇；主编教材5部；主持参与省、市级相关课题10余项；主持参与别墅、景观、工装及展览展示工程设计与施工近百项；专业、教学上获奖20余项，其中2013年8月《高职院校室内设计课程教学方法》荣获全国高职院校教师优秀学术论文评选三等奖，2016年8月参加江苏省高等职业院校信息化教学大赛获二等奖。2017年7月指导学生获全国高校数字艺术作品大赛别墅室内设计一等奖。

王迪，男，1981年11月生，浙江嵊州人，副教授，研究方向为室内设计、景观设计等。现任中国图像图形学学会数字文化遗产专业委员。在国内外重要期刊发表论文15篇，其中，CSSCI收录1篇，北大核心期刊收录5篇；主持省部级项目1项，主持市厅级项目3项，主持完成横向课题5项。指导学生获中国环境艺术设计学年奖大赛二等奖。

田建冬，男，1969年10月生，江苏泰兴人，博士，教授。建筑工程技术专业负责人，主要研究方向为BIM技术应用。在核心期刊发表学术论文12篇；主持省部级课题4项，市厅级课题3项；指导省级大学生创新创业训练计划项目1项；获江苏省优质工程“扬子杯”奖3项，江苏省教学研究成果奖1项；获授权发明专利2项。

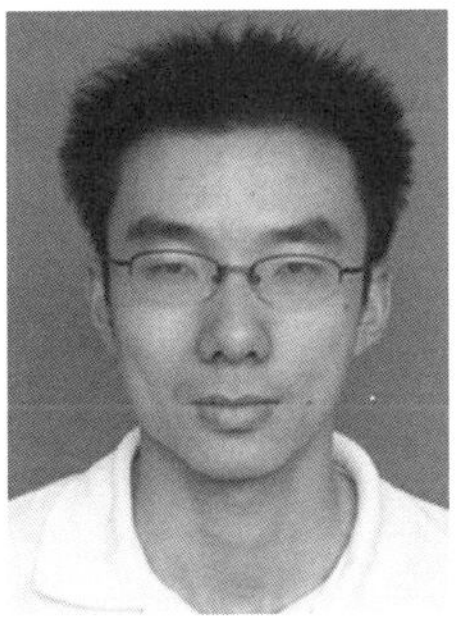

徐厚华，男，1983年4月生，江苏苏州人。毕业于南京师范大学动画专业，武汉大学数字媒体艺术硕士。发表核心论文多篇，拥有相当丰富的项目经验，在苏州恒创文化传播有限公司担任企业工程师多年。主持项目曾服务苏州市委宣传部及各区县委宣传部、苏州体育局、苏州海关、苏州联通、上海公安局、上海浦东区委组织部、苏高新集团等客户。2015年参加省技能大赛获得优秀指导老师称号。主持建设“影视后期制作”在线开放课程，主持建设“艺术衍生品实训室”“数字视觉实训工作室”等实训室。

陈月萍，女，1985年9月生，江苏苏州人，南京师范大学，硕士。现任建筑工程与艺术设计系数字媒体艺术设计教研室主任，讲师，主要研究方向为艺术设计。发表论文6篇，参与完成横向课题6项，出版图书6部。任教以来多次指导学生参加各类比赛并获得奖项。主持建设模型实训室。

校企合作

校企合作项目列表

序号	合作企业名称	面向专业	实习实训项目
1	苏州广林建设有限责任公司	工程造价（540502）、建筑工程技术（540301）	工程造价、施工管理、装饰施工、预算
2	诚信金泰建设管理（苏州）有限公司	工程造价（540502）、建筑工程技术（540301）	工程造价咨询、工程监理、建设项目管理
3	苏州工业园区恒和咨询有限责任公司	工程造价（540502）、建筑工程技术（540301）	工程造价咨询、工程监理、建设项目管理
4	苏州睿郡规划设计顾问有限公司	环境艺术设计（650112）	景观设计
5	江苏通力建设工程有限公司	工程造价（540502）、建筑工程技术（540301）	建设项目管理、土建施工
6	苏州市唐人营造建筑装饰工程有限公司	工程造价（540502）、建筑工程技术（540301）、环境艺术设计（650112）	室内设计、装饰施工、预算编制
7	圣都家居装饰有限公司	环境艺术设计（650112）、数字媒体艺术设计（650104）	室内设计、装饰品陈列
8	苏州三川营造环境艺术有限公司	环境艺术设计（650112）	景观设计、景观施工、软装设计
9	苏州恒创文化传播有限公司	数字媒体艺术设计（650104）	视频拍摄、剪辑、后期制作
10	苏州市卡梦动漫有限公司	数字媒体艺术设计（650104）	填色、背景、渲染
11	苏州印象塘韵生活服务有限公司	数字媒体艺术设计（650104）	室内设计、装饰品陈列
12	苏州启仑建筑装饰设计工程有限公司	环境艺术设计（650112）	室内设计

系部共与12家企业开展校企合作，成立广林学院、唐人学院、通力学院、诚信金泰学院4家企业学院。依托合作企业，建立教师企业实践基地、学生校外实训基地、学生实习就业基地，围绕专业建设，“双师型”师资队伍建设、学生职业能力、实践能力及创新能力培养，指导学生就业等方面不断开拓思路，紧密联系企业，实现双赢。主要合作项目包括：

1.专业规划和课程建设。专业建设初期，系部进行专业规划和课程建设探讨，从不同角度分析学生学习、就业现状，进一步修订人才培养方案，启用企业、行业职业标准调整课程计划和内容。

2.建立实习实训基地。围绕实训过程的序列性、递进性和完整性，建立与生产过程相一致的实训基地，选派有施工现场管理经验的高级技术人员通过现场演示传授，与学生零距离接触，传承工艺和工匠精神。建立大学生实习就业基地，通过招聘会为学生实习、就业提供服务，目前有数十名毕业年级学生在合作企业实习或工作，涉及工程造价、施工管理、景观设计、室内设计、视频制作等多个岗位。建立教师实践培养基地，开展教师进企业实践，系里安排专业教师到企业进行为期半年的挂职锻炼，参与企业的实际工程项目，积累工作经验。

3.提供教学资源和兼职教师。系部选派有施工现场管理经验的高级技术人员承担教学课务和开设专业讲座；出资承担建筑教学资源库的施工节点拍摄任务，作为视频教学资料供老师课堂教学时使用，补充大量的实践案例。聘用企业一线的工程技术人员、项目经理等作为兼职教师，承担“建筑材料与检测”“建筑施工技术”“建筑设备”等专业课程的教学工作。与唐人、广林、通力、三川、恒创等合作企业成立冠名班，公司安排人事经理或技术负责人担任冠名班班主任，开展专业方向介绍、就业指导、专题讲座等多项冠名班活动。

4.开展技术合作。系部利用教师和实训室资源，与企业共同开展BIM合作项目，共同申报科研项目。与唐人营造合作参加“创元杯”苏州市文化创意设计大赛，荣获优秀组织奖，作品《冰心玉壶》荣获优秀作品奖。由企业能工巧匠多次联合指导系部师生参加省紫金奖大赛，共上报参赛作品14项。最终，参赛项目《海绵南海港，生态丽家园》荣获省学生组二等奖（共20名）。此外，教师协同企业技术人员共同编制由苏州广林建设有限责任公司主编的中国建筑装饰协会CBDA标准《幼儿园室内装饰装修技术规程》，这是系部首次参与全国性行业标准的编制，有助于相关教师专业水平的提升，也有助于建工专业在行业中知名度的提升，是系部校企合作的一大标志性成果。

5.设立奖助学金。唐人营造建筑装饰工程有限公司每年出资5万元支持唐人学院的运行，在学生奖学金发放、学生活动、专业建设、师资培训、校企合作等项目给予系部资金支持。依托“唐人教育捐赠金”项目，奖励优秀学生15人，资助“唐人杯”学生风采展示等学生专项活动。广林公司领导一对一资助系部的贫困学生，在生活、学习等各方面提供帮助。

学生工作

2023年，建筑工程与艺术设计系共3个年级，23个班级，在籍学生1015人，1名副书记，3名辅导员，15名班主任。2023届毕业生243人，毕业率为97.1%，就业率为96.7%，专转本升学率达24.3%。

以习近平新时代中国特色社会主义思想和党的二十大会议精神等为指导，牢记“立德树人”使命，坚持为党育人，为国育人。带领团学条线师生参加学习、宣传、贯彻、落实党的二十大和全国两会精神，开展爱国主义教育、理想信念教育、社会主义核心价值观教育等多项主题活动。

一、重点工作保质保量完成

1.围绕学习、宣传、贯彻、执行党的二十大会议精神，开展爱国主义教育、理想信念教育、习近平新时代中国特色社会主义思想主题教育等。辅导员组织“青春践行二十大，奋楫扬帆新征程”春季开学第一课、“致青春丨勇敢拼”秋季开学第一次年级大会，系部召开“珍惜好时光　青春需奋斗”全体学生大会、2021级顶岗实习动员大会暨学生安全教育大会，系部举办“慎思笃行树学风，勤勉博学铸良才”“青春献礼二十大　砥砺奋进向未来”“培育明辨笃实学风，建设诚信文明和谐班风”3次主题升旗仪式。邀请马克思主义学院教师王晓翠、成秀萍做“中国式现代化与新时代青年使命”“中国优秀文化与生日程生活”等主题讲座。以“建功新时代，展现新作为”为主题，热议全国两会。学生党支部组织“学习贯彻党的二十大精神”主题党日，重点学习习近平总书记重要讲话《为实现党的二十大确定的目标任务而团结奋斗》，支部书记上党课“让敢为、敢闯、敢干、敢首创成为时代风尚”和“‘推动党的创新理论飞入寻常百姓家’微党课——党的奋斗历程与青年生涯发展”，学习贯彻习近平总书记参加十四届全国人大一次会议江苏代表团审议时的重要讲话精神，学习《调查研究的重要性》，学习职业教育方针政策专题，热议“加快建设教育强国，为中华民族伟大复兴提供有力支撑”话题，参加党支部、党总支换届选举，发展和转正学生党员大会，毕业生党员座谈会。

2.“走出去+请进来”，积极推进校企合作、访企拓岗、实习就业工作。参加建研院建筑学院2023年重点项目推进会，走访建研院集团、永盛建筑、圣都装饰、安得装饰、厚晟设计、广林建设等紧密合作企业，洽谈人才培养、实习就业工作。召开2场“赢未来　青春勇敢拼”建艺校园专场招聘会，参加学校大型校园招聘会，邀请40多家企业暨优秀毕业生代表参加，组织多场企业宣讲会，提供600多个实习就业岗位。聘请企业专家担任“德育讲师”，开展“大学生职业适应与职业发展”“苏州非遗文化传承”等讲座。邀请专家给实训学生做外出写生专题指导，邀请关工委老同志陈伟根参加“对话青年　助力成才”毕业生座谈会、少数民族学生座谈会，组织“启航青春　成就未来”就业领航主题团日活动，邀请优秀毕业生开展“奋力前行　勿忘初心”专题讲座和实习生经验分享讲座，为学弟学妹指引实习、就业航向。邀请优秀校友访问母校，校企双赢共促实习就业。

3.紧扣“技能成才·强国有我”主题，努力提升学生专业技能水平。组织江苏省技能大赛赛前誓师大会和“一年之计在于春，学风建设正当时”赛后交流活动；开展“以建筑之美，筑工匠之魂”安徽呈坎写生优秀作品展布展、参展活动，“共赢未来”毕业设计作品展布展、参展活动；拍摄“技能成才　强国有我”企业工程师推荐图书视频、主任说专业视频、就业学生谈工作等视频；组织“我的学习我做主”经验分享交流会，唐人企业3名实习生分享实习经历和心得；收看“2023年江苏省暨无锡市职业教育活动周启动仪式”直播，参观苏州工艺美术职业技术学院“智赢未来”毕业设计展，微信公众号展出4名学生“技能成才　强国有我”事迹风采；推选1名最美职教人、1名“大学生年度人物”风采展，撰写2名励志成才学生故事，拍摄1名资助成才学生视频；召开“奋斗青春，励志成才”大学生励志事迹演讲展示活动，用身边榜样鼓励学生提升专业技能。指导学生参加“互联网+”校园选拔赛，红旅赛道2个项目分获学校第一名、第三名，被推荐参加省赛，获省三等奖1项。开展青绘蓝图“‘强富美高’新江苏现代化建设”创意作品征集活动，收到20多幅作品，18幅获学校奖励，10幅被推荐参加省赛。

4.加强对学生组织的工作指导，在集体活动中培养、考察、选拔优秀学生干部。学生组织举办“只争朝夕　不负韶华　砥砺前行”交流培训会，“学习二十大　永远跟党走　奋进新征程”“学习习近平总书记五四重要回信精神”“学习贯彻习近平新时代中国特色社会主义思想”等主题团日活动，举办“特别的爱给特别的你”毕业歌会、组织“心向阳光，悦动悦乐”趣味心理运动会，召开学生干部述职评议大会、换届选举，召开第十一次学生代表大会、共青团第七次代表大会，组织召开班长、团支书工作调研座谈会、交流会、专转本经验分享会等，培养一批能力强、素质高、纪律严的学生干部队伍。举办苏工“十佳青年朗读者”部初赛，开展“职教生心中的二十大”校园书画文创活动，组织学风建设小打卡活动、“学贵有恒，阅读润心”小打卡活动。组织线上线下“弘扬革命精神，传承红色基因”清明节“致敬忠魂　缅怀先烈”苏州革命博物馆活动，微信推送“身边好榜样　青春正能量”五四表彰先进个人、先进集体风采展。

5.发扬“奉献　友爱　互助　进步”志愿服务精神，指导青年志愿者协会开展服务社会、走进社区活动。开展“青春返家乡，实践助发展”2023年寒假社会实践活动、“青春践行二十大　学习雷锋好榜样心”石湖之韵社区志愿服务、“爱在三月学雷锋　志愿服务暖人心”苏州市中医院“学雷锋　树新风　扬正气　比奉献”活动、“阳春三月学雷锋　暖心绿植大小手”红庄植树节活动、“三月雷锋行　温暖似春风”太湖街道融湾颐湾社区“扶芽成长　育见美好”活动、“志愿服务我先行，文明实践树新风”苏州市中医院社会服务、“五四青年行，奉献更青春”越溪街道教育园社区新时代文明社会实践活动、“用心服务，暖心敬老”——福星护理院志愿服务、“助力全民阅读，探索科学知识”——石湖之韵等社区志愿服务活动等，进行暑期“返家乡”社会实践风采展示。志愿服务累计570人次，提供2000小时以上志愿服务，培养学生奉献社会、服务他人的能力，收获“赠人玫瑰，手留余香”、助人以助己的快乐。

6.围绕“崇廉尚洁树新风，凝心铸魂担使命”开展校园廉洁文化作品征集活动，弘扬清正廉洁之风。组织师生创作“清心妙语”书法、漫画、海报、摄影、“廉心文语”校园征文、“润心话语”视频等作品，开展“红色廉洁故事”主题演讲比赛，拍摄家风家训廉洁情景剧《不忘初心——知行合一　止于至善》，参加“青年爱廉洁说”师生情景剧拍摄、演出活动，参加廉洁知识问答竞赛等，获得多个单项一、二、三等奖和优秀奖。

二、常规工作扎实有力推进

1.加强队伍建设，提升学生工作团队业务能力

围绕学校人才培养中心工作，带好辅导员、班主任、学工干部3支学工队伍，师徒结对，尽职尽责，做好学生教育管理工作。班主任5项工作职责15个分类，辅导员9项主要工作职责30多个分类，开展思想政治教育、培育优良学风、加强班风建设等工作，负责日常管理，做好就创业指导、团建党建、资助评定、心理辅导、档案管理、评先评优等工作，一学年涉及具体工作200余项。精心、暖心、贴心迎接春季报到学生，开好春季学期开学返校前“云班会”、开学第一次班会；做好新生入学教育系列活动；围绕纪律、安全、法治、防诈、诚信、感恩、文明、廉洁等不同主题，每月开展主题班会、团日活动；开展“建功新时代　艺起向未来”毕业典礼，做好毕业证书发放、就业材料收集工作。做好招生宣传、新生班主任选聘、学生助理选聘、班主任年度考核、民主测评等工作。在网页、微信公众号推送100多期学生活动新闻，在“建艺活力Q墙”新媒体上及时宣传正能量。辅导员、副书记承担“心理健康教育”“劳动教育”等课程；王化婷参加北森生涯研究院主办的“就业指导师认证培训”，被聘为2023年共青团促进大学生就业行动“青年就业宣讲团”导师，在学校“青春践行二十大，奋楫扬帆新征程”2023年春季学期“开学第一次主题班会”展评中获三等奖。

2.发挥学生党员、干部带头作用，提高党建、团建质量

党建引领，团建带头，指导团委、学生会、青协工作；推进班团一体化建设；关心青年大学习情况，做好新生、毕业生网上智慧团建转接，组织学生干部参加学校青马培训班，发展11名新团员。学校五四表彰中，获评2个优秀团支部，多名学生被评为优秀团支书、优秀团干部、优秀团员、无偿献血先进个人、优秀学生会干部、优秀社团干部、优秀社团会员、优秀青年志愿者、青年学习标兵、青马培训班优秀学员等。

3.组织学生参加学校、系、部门各项活动和比赛

组织参加国家安全教育日、职业教育周、保密宣传教育高校行、垃圾分类、诚信资助、防骗防诈等网上答题。在学校第八届学生体质健康杯女子篮球三对三比赛中获得第五名。参加“心向阳光，悦动悦乐”第四届校园心理趣味挑战运动会，获总冠军；参加大学生心理漫画大赛、“笔墨润心，书写心声”心语征集等心理健康活动；对有特殊心理情况的学生，尤其是15名心理筛查“红三”学生，做好个别心理咨询、心理辅导，及时做好家校沟通工作，充分关爱支持，完善重点关注学生心理健康档案20多份。加强“诚信在心中　质量在手中”品牌教育活动，学生诚信考试担保相互签字，巩固学风建设成果。开展“知艾防艾　同心同行”——青春健康润心大讲堂，邀请吴中“意识防”2位讲师做反诈防诈宣传讲座2次，开展“应对惊涛骇浪，加快强军备战”国防主题讲座。学校第十五届校运会中，获得团体总分第一、女子总分第一、男子总分第二的好成绩。

三、特色工作创新做亮做优

1.充分发挥辅导员作用，发挥优秀校友的“传、帮、带”榜样引领作用，开展“校友回母校”

系列活动。联系毕业校友回母校，共收集36名校友资料，编辑、印制办校20年优秀校友专辑、党员校友专辑各1册；共邀请7名校友到校，开设各项升学、就业、创业、入党、学生干部培训和新生入学教育等专题讲座，并进行校园招聘。召开3场校友座谈会；参观、访问校友企业1家；向校友颁发“素质导师”聘书1份，同步发布新闻报道。通过线上、线下交流活动，为学校、系部建设贡献力量。

2.创建“学干技能训练营”。团委老师指导、组织学生会、青协、团委，开展“冬日扬帆再启航，凝心聚力齐奋进”团学组织素质拓展活动、“新闻稿和微推”专项培训、“学生干部成长之路”与毕业优秀校友交流等活动，提高学生干部队伍工作的技能，提升其综合素质，多名学生干部获得学校各级各类荣誉称号和奖励。

3.发挥勤工助学岗的“传、帮、带”作用，鼓励同学发展能力特长，举行“青春接力棒，传递正能量”勤工助学岗交接活动。2021级学生分别围绕综合办助理、教务办助理、实验实训室助理、团学助理岗，说明各自工作岗位的职责内容、具体要求。系部根据学生的能力特长，设置“创艺工坊”3个特色小组——摄影摄像组、新闻微推组、电脑能手组，配备指导老师，提供校内实践机会和工作交流平台。学生们努力提升个人能力，培养团队精神，为师生提供优质服务，为今后就业创业、参加技能竞赛积累经验。这对引导家庭经济困难学生掌握并精通一技之长和今后成长成才具有重要指导意义。

四、树立先进典型，表扬先进集体和个人

苏州工业职业技术学院心夏乡，筑梦青春团队获评江苏省大中专学生志愿者暑期文化科技卫生“三下乡”社会实践活动优秀团队；辅导员张二玲老师获“苏乡永助”资助育人主题活动“江苏优秀资助工作者”；数媒20C1陈同威获国家奖学金和“江苏省优秀毕业生”称号，造价20C1曹庆晨获“江苏省省级三好学生”称号，造价20C1胡子慧获“江苏省省级优秀学生干部”称号，数媒21C2马望龙、数媒22C1钱蕊蕊获苏州马拉松“优秀青年志愿者”称号，数媒22C1彭诗尧获江苏省第七届大学生艺术展演活动戏剧展演集体项目甲组三等奖，环艺21C1刘贝贝、唐誉凌获江苏省“苏乡永助”资助育人主题活动学生资助短视频作品高校组三等奖，数媒22C2夏心儿获苏州市“印象@苏博”5·18国际博物馆日画信活动特等奖、三等奖，环艺22C1杜雨婷获第十四届“艺融杯”江苏艺术设计大赛学生组金奖、第15届全国大学生广告艺术大赛江苏赛区平面类优秀奖等5项专业奖励；54名学生获国家励志奖学金，多名学生获学校、企业各级各类奖助学金和荣誉称号等。

科研服务

2023年系（部）发表论文35篇，其中核心期刊论文2篇，获市厅级立项1项，结项4项；完成横向课题11项，到账经费84.5万元。

重点科研项目一览表

负责人	项目名称	项目级别
田建冬	基于数字化技术江苏推进长江经济带构建环境系统保护修复机制研究	市厅级
包茜虹	CIM赋能苏州智慧城市建设的对策研究	市厅级
朱洁冰	苏州古城历史街区街巷空间界面设计研究	市厅级
倪碧君	新型智慧城市视域下苏州城市信息模型平台构建策略研究	市厅级
郝敬锋	“三教"改革背景下高职建筑工程技术专业群建设路径研究	市厅级

国际教育学院

概　况

2023年国际教育学院拥有教职工51人。承担着全校高职英语教育教学和专业群育人工作。其中，教授1名、副教授9名，博士2名、硕士37名，省“青蓝工程”培养对象1名，“双师”占比90%。

国际教育学院设有商务英语、商务日语、旅游管理、国际经济与贸易4个专业及学校公共外语教研室。学院设有外贸模拟实训室、口语工作坊、协同协作中心、商务翻译实训室、虚拟场景实训室、导游服务技能实训中心、OPERA实训室等实验实训场所，为师生教学与实践提供优越的硬件设施。

国际教育学院与苏州创元集团、苏州太湖新天地、无锡金拱门集团、苏州石湖金陵花园酒店等企业建立广泛合作与交流关系，与企业合作共建实训基地，为培养学生实践能力打下坚实基础。

国际教育学院以“商务英语专业群”为基础，以“商务+语言+技能”人才培养模式为核心，不断提高教学质量，着重培养学生综合素质和创新能力。学生在历年的省、市级外语口语演讲、写作和翻译技能竞赛中屡获佳绩。2023年学院有69名2020级学生通过专转本考试被本科院校录取。

教学工作

办学特色

国际教育学院以人才培养为中心，把提高教学质量和培养学生的综合素质、创新精神作为主要目标。国际教育学院各专业以学生就业需求为导向，根据市场需求准确定位培养目标。以职业能力培养为主旨，创建实验实训室，同时与合作企业深度合作，通过冠名班、订单班等平台构建实践教学体系，优化实践教学模式。

商务英语、商务日语专业以“商务+语言+技能”为特色，融入电子商务软件组建专业课程体系。学生不仅提高了语言知识，了解了跨文化交际，而且还熟悉了商务操作流程。旅游管理专业（旅游观光与策划和酒店接待与营销2个方向）结合地方经济的发展，以底蕴深厚的吴文化为背景，携手苏州市地标名企苏州石湖金陵花园酒店共建企业学院“石湖金陵学院”深度合作育人，与苏州市各大旅行社和星级酒店紧密合作培养既懂实操又懂理论知识的专业人才。国际经济与贸易专业培养掌握一定外贸企业经营管理知识和外经贸业务的实际操作方法，掌握国际货物外销、国际贸易单证制作、国际货款结算、外贸跟单、跨境电子商务等知识的技术技能型人才。

国际教育学院积极推进各项赛事，通过参赛以赛促学、以赛促教、以赛促改。在系部技能节的基础上，选拔学生参加英语口语、写作、演讲、翻译等外语竞赛，大学生创新创业大赛和“互联网+”大赛；陈海彬、沈毓菁、蒋樱、叶文红团队获得省教师教学能力大赛三等奖；诸莉雅、韩婧、佟岳雯、胡敏工作室团队指导学生毛昀琪和顾鑫堃备战2023年江苏省职业院校技能大赛口语赛项，分别获得专业组、非专业组二等奖。

专业设置

2023年苏州工业职业技术学院国际教育学院专业设置及负责人一览表

序号	专业名称	负责人	职称	学历(位)
1	商务英语	丁金珠	副教授	本科(硕士)
2	商务日语	耿　欣	副教授	研究生(博士)
3	旅游管理	叶文红	副教授	本科(硕士)
4	国际经济与贸易	桂德怀	教授	研究生(博士)

专业介绍

◎商务英语

专业背景：商务英语专业于2003年开始招生，专业主要面向苏州及周边地区有涉外业务的企事业单位，培养具有良好职业道德和跨文化交际意识，掌握商务管理、外贸业务等专业技术技能，具备良好英语语言运用能力、计算机操作能力、国际商贸业务处理能力、日常办公行政管理能力，具有团队意识和协作精神的技术技能人才。主要合作企业有苏州恒润进出口有限公司、苏工美集团、乔治费歇尔汽车用品（苏州）有限公司等。

主要课程：综合英语、英语口语、商务英语听力、剑桥商务英语、外贸英语函电、国际贸易理论与操作、职场英语会话、商务口笔译等。

就业方向：从事外贸业务员、商务助理、涉外企事业单位行政文员等岗位工作。

◎旅游管理

专业背景：旅游管理专业于2012年开始招生，分为旅游观光与策划及酒店接待与营销2个方向。其中，旅游观光与策划方向主要培养具备中英文导游带团能力，中英文景区讲解能力，实体及在线旅游公司客户沟通能力、计划调度能力，能胜任中英文导游、出境游顾问等岗位群的高素质技术技能人才。酒店接待与营销方向主要培养具备涉外酒店服务能力、酒店基层管理能力，能胜任涉外酒店前厅、餐饮、客房等部门的服务员、领班、部门主管等岗位群的高素质技术技能人才。主要合作企业有创元旗下书香集团、苏州和平国旅、苏州青旅、石湖金陵酒店、太湖新天地、苏州香格里拉等。

主要课程：走进旅游、导游基础知识、旅行社管理、线路设计实训、导游讲解实训、酒店运营与管理、OPERA实训、酒店服务艺术、酒店基础技能实训等。

就业方向：面向旅行社、线上旅游电商以及高星级酒店、度假村等旅游相关企业，能够从事初级导游员（中英文）、旅行社计调、星级酒店服务员及初级管理人员等岗位。

◎商务日语

专业背景：商务日语专业于2003年招生，面向日资企业、中日合资企业等一线岗位，培养具备良好的政治素质、职业理想与职业精神及终身学习理念，具有较扎实的日语专业基础，能胜任商务助理、外贸业务类岗位工作的高素质技术技能人才。主要合作企业有丰武光电（苏州）有限公司、同程旅游、苏州恒润进出口有限公司、苏州鑫宏网络贸易有限公司、苏州泰发花线织造有限公司等。

主要课程：初级日语、中级日语、高级日语、进出口贸易操作、商务日语、外贸日语函电、日本概况、日语听说、基础会计等。

就业方向：面向日资企业、中日合资企业等一线岗位，能够从事商务助理、外贸业务员等岗位的工作。

◎国际经济与贸易专业

专业背景：国际经济与贸易专业主要面向现代服务业内外贸企业、跨境电商类企业，培养理想信念坚定，德、智、体、美、劳全面发展，具有良好的职业道德和人文社会科学素养，掌握专业必需的科学文化基础和国际贸易、外贸业务等基础理论和专业知识，具备市场开拓、单证缮制、跟单操作、行政管理、外语沟通与表达等能力和从事实际工作的综合职业能力、创新能力及可持续发展能力，能够从事外贸业务员、外贸跟单员、外贸单证员、销售员、报关员等岗位工作的高素质技术技能人才。主要合作企业有苏州恒润进出口有限公司、创元集团、苏州工艺丝绸有限公司、苏州宏茂进出口贸易有限公司、苏州乔盛进出口有限公司、苏州佳鼎工艺绣品有限公司、江苏玄通供应链股份有限公司等。

主要课程：国际贸易理论与实践、外贸函电、外贸单证实务、电子商务物流、报关与报检实务、外贸跟单实务、商务谈判等。

就业方向：现代商务服务业的外经贸企业、政府机构，从事单证员、跟单员、报关员、报检员、货代员、跨境电商专员工作，以及文秘、涉外文员、公关等岗位。

师资介绍

桂德怀，男，1970年12月生，博士，教授。现任国际教育学院党总支书记，国际经济与贸易专业带头人，主要研究方向为高等职业教育、课程与教学论、商贸与物流。全国物流行业职业教育教学指导委员会委员，江苏省职业教育教科研中心组发展战略组成员。江苏省教科研先进工作者，江苏省“六大人才高峰”培养对象，江苏省“333高层次人才”培养对象，江苏省优秀教学团队“智能工厂物流”团队负责人，教育部课程思政示范课程、名师与团队成员，全国高校黄大年式教师团队成员。主持完成市厅级以上课题20余项，出版专著3部，主编教材5部，在核心期刊发表论文20余篇，主持省级精品在线开放课程1门、省级重点教材2部；获苏州市优秀教学成果特等奖1项，江苏省教学成果特等奖1项、一等奖1项，全国物流行业职业教育教学成果一等奖1项，国家级教学成果一等奖1项。

叶文红，女，1971年生，本科学历，教育学硕士，副教授。研究方向为高职英语教学、跨文化交际。现任国际教育学院院长，苏州市中青年学科带头人，苏州市优秀教育工作者。江苏省职业院校教学大赛专家库成员，曾担任省英语口语技能大赛评委、“外教社杯”全国高校外语教学大赛江苏赛区评委、苏州市中职英语教师教学能力大赛评委等。近5年主持教育部外语教指委一般课题1项、省高校哲学社会科学项目1项、省社科联项目1项，参与市社科联项目多项。

耿欣，女，1973年3月生，博士，副教授。现任国际教育学院副院长、国际经济与贸易专业带头人，主要研究方向为日语教学、日本经济、日本高等职业技术教育。主持并完成校级及以上科研、教改项目4项，作为主要成员参与省、市级项目5项。以第一作者发表论文30余篇。主持院精品课程“初级日语”，并申报省在线开放课程。指导学生参加2016年、2017年教指委技能大赛，均获优秀奖；指导学生参加2018年江苏省大学生跨文化交际能力大赛，获得优秀指导教师奖。

尹玖红，女，1973年11月生，硕士，副教授。主要研究方向为外语教育与教学、外国语言文学。主持省级课题1

项，主持并完成校级及以上教研课题6项，作为主要研究人员参与省、市级课题4项；作为第一作者发表论文17篇，其中9篇被核心期刊收录；作为主编编写教材1部、著作1部。指导大学生创新创业训练计划项目2项并结题；指导学生获英语写作赛项国家级二等奖1项、省级特等奖1项，口语技能大赛省级一等奖2项，英语演讲赛省级一等奖1项、二等奖2项。

丁金珠，女，1975年12月生，硕士，副教授。主要研究方向为英语语言文学。主持并完成校级以上科研、教改课题8项，作为主要成员参与省、市级项目10项。作为第一作者发表省级以上论文20多篇，其中1篇被核心期刊收录；所撰写的论文获得中国职业技术教育学会论文征文比赛一等奖1项，中国教育学会优秀成果评比三等奖1项；被评为江苏省高校"青蓝工程"骨干教师培养对象、苏州市优秀教育工作者；作为指导教师参加江苏省青年教师授课竞赛获二等奖1项；参加省教学能力大赛获三等奖。

顾菁，女，1972年4月生，硕士，副教授。主要研究方向为英语教育、旅游英语。主持并完成校级科研、教改项目2项，省、市级项目2项。作为第一作者发表论文10余篇；作为副主编编写教材1部，参编教材1部。

金娴，女，1972年8月生，硕士，副教授。主要研究方向为二语习得、词汇习得、英语教学实践研究。主持并完成江苏省社科联课题1项，校级以上科研、教改项目6项，其中作为主要成员参与省级项目4项。作为第一作者发表论文10余篇，在苏州市职业教育优秀论文评比中获奖2项；作为主编编写教材1部，参编教材1部。指导学生参加全国大学生英语竞赛，江苏省高职院校学生英语写作、听说、翻译比赛等，获奖10余项。

李玲，女，1971年12月生，硕士，副教授。主要研究方向为语言与文化、高职教育。主持完成校级以上教研课题1项、横向课题2项，完成专业市场调研报告1项；参与完成省级课题1项；指导省级大学生创新实践项目1项；指导大学生英语竞赛获一等奖；被评为学校先进教育工作者、优秀班主任等；所带班级被评为江苏省先进班集体。

陆小鹿，女，1966年10月生，硕士，副教授。主要研究方向为跨文化交际、教师教育、大学英语教学。主持并完成校级及以上科研、教改项目6项，并作为主要研究人员参与项目6项。作为第一作者在省级及以上刊物发表论文13篇，其中核心刊物收录2篇。指导学生参加江苏省高职高专大学生英语竞赛获奖1项，指导学生参加江苏省高职高专英语口语比赛获奖1项，指导学生参加江苏省高职高专英语演讲比赛获奖1项。

张书健，男，1974年1月生，硕士，副教授。主要研究方向为英语教学、人机翻译对比。主持并完成校级以上科研、教改项目7项，参与7项；主编教材1部；在省级以上期刊发表论文10篇。指导学生参加江苏省职业院校技能大赛获二等奖，多次指导学生在全国大学生英语竞赛、苏州市英语写作大赛中获一、二等奖。获省优秀班主任、苏州市优秀共产党员、学校先进教育工作者等荣誉称号。

诸莉雅，女，1981年11月生，硕士，讲师。现任国际教育学院公共外语教研室主任。主要研究方向为英语口语、跨文化交际等。主持或参与校级以上课题10多项。主要负责“大学英语”省在线开放课程的建设，负责“高职英语”课程教学改革。指导学生参加江苏省高职院校技能大赛英语口语赛项，多次获二、三等奖；指导学生参加大学生英语竞赛并获一等奖，参加“LSCAT”杯江苏省笔译大赛并获一等奖；指导学生参加英语写作、翻译、词汇大赛等均成绩斐然。获校先进个人、优秀教育工作者、优秀党员、优秀工会干部等多项荣誉称号。

殷勤，女，1981年9月生，硕士，讲师。现任国际教育学院公共外语教研室副主任。主要研究方向为二语习得。参与校级教改项目1项，主持或参与江苏省社会科学应用研究精品工程外语类课题3项，作为第一作者发表论文7篇，主持或参与横向课题3项。获江苏省高职院校信息化教学大赛信息化教学设计赛项三等奖。多次指导学生参加“外研社杯”全国高职高专英语写作大赛江苏省复赛并获奖，多次指导学生参加“LSCAT”江苏省笔译大赛（英语）并获一、二等奖。

陈海彬，男，1979年10月生。现任国际教育学院商务英语教研室主任。主要研究方向为商务英语。参编教材1部，参与市级课题2项，主持或参与校级课题5项，发表论文7篇，建设校级精品课程1门。2018年江苏省高等职业院校信息化教学大赛中获三等奖。指导学生获江苏省第八届大学生职业规划大赛二等奖、第九届大学生职业规划大赛二等奖；2018年指导学生参加“LSCAT”杯江苏省翻译比赛获一等奖及江苏省翻译之星称号；指导学生获2019年“LSCAT”江苏省翻译比赛获一等奖、三等奖。2019年度获评“创元杯”首届专业企业学院建设先进个人，多次获评校优秀党员、优秀班主任。

李凌，女，1978年12月生，硕士。现任国际教育学院旅游管理教研室主任。主要研究方向为智慧旅游。发表专业科研论文10余篇；制作的微课“苏州园林之眼”获得江苏省高职院校微课大赛三等奖；主持苏州市社科规划课题1项，校级横向课题多项。指导学生毕业设计获校优秀毕业设计二等奖1项，指导学生获江苏省高职院校技能大赛英语口语（非专业组）赛项三等奖1项；指导学生申报江苏省高等学校大学生创新创业训练计划项目，3次被立项为省厅一般项目。

项梅，女，1982年2月生。现任国际教育学院商务日语教研室主任。主要研究方向为商务日语。参编教材1部，参与省哲社课题2项，主持校级课题1项，发表论文20余篇，建设校级精品课程1门。2017年、2018年均获江苏省高等职业院校信息化教学大赛三等奖。2017年获校级课堂教学大赛二等奖。2007年、2021年获得校级先进个人并获嘉奖。2022年指导学生参加CATTI杯全国翻译大赛，获复赛中日笔译一等奖（大学B组）、决赛中日笔译三等奖（大学B组）。2023年主持横向课题1

项。参加由江苏省高等教育学会指导，江苏省高等学校外国语教学研究会、上海外语教育出版社、“学习强国”江苏学习平台主办的第十四届“外教社杯”全国高校外语教学大赛微课比赛江苏省赛区比赛暨江苏省强国外语金课微课大赛，获日语组三等奖。指导学生参加第九届“LSCAT”杯江苏省笔译大赛获得二等奖和三等奖各1项，本人获优秀指导教师奖。

校企合作

国际教育学院始终秉承人才培养的地方性、应用性、职业性原则和“一本四联”办学思路，在人才培养目标的制定，课程的开设，学生的识岗、习岗、定岗等方面与行业、企业紧密合作，共同培养企业所需人才。

深化与原有合作企业的联系，拓展新的合作伙伴。联系苏州香格里拉酒店、苏州怡合酒店管理有限公司凯悦酒店、无锡金拱门食品有限公司、苏州领拓天成信息技术有限公司、苏州石湖金陵花园酒店、书香酒店投资集团有限公司建立冠名班。商英22C1香格里拉冠名班获得学院五星冠名班称号。通过冠名班的相关活动融入企业文化、深化校企合作。2023年与石湖金陵企业共建产教融合建设，在这个平台上进行企业导师进课堂、共建课程、校企党建共建等合作，增进彼此间的友谊，加深合作的广度和深度。

学生工作

学生党建：开展爱国主义教育、理想信念教育、爱党教育、诚信教育等主题教育。主要有“学习二十大　青春志愿行”学雷锋主题活动、“职教生心中的二十大”主题演讲比赛、“学习二十大　永远跟党走　奋进新征程”职教生心中的二十大主题团日活动、“诚以立身　信以立德”诚信教育主题班会，全年共举行3次主题升旗仪式——“‘书香礼赞二十大　阅读追梦正当时’主题升旗仪式暨阅读节启动仪式”、“弘扬烈士精神，奋进伟大征程”信仰公开课主题升旗仪式以及“大力弘扬宪法精神　建设社会主义法治文化”主题升旗仪式暨素养公开课。

本年度累计发展7名预备党员，转正4名党员。

团学工作：团结和带领广大团员青年紧紧围绕思想教育和校园文化，开展一系列活动，切实提高广大青年学生的素质修养。

组织学生开展“学思践悟二十大　缅怀先烈续传承”清明祭扫主题活动、“致敬先驱　薪火相传”——颜文樑纪念馆缅怀活动，举行烈士纪念日活动。2023年开展志愿服务活动20余次，参与人数达400人次。开展“青春逐梦跟党走，挺膺担当启新程”2023届毕业生毕业季主题教育，2023届毕业生中69名同学被本科院校录取，录取率为39.65%。截至12月底，2023届毕业生就业率达97.15%。开展各种安全教育主题活动，提高学生安全意识、防诈意识。认真做好学生资助工作，2023年共187人获得春季国家助学金，5人获2023年春季退役学生国家助学金，上半年5人、下半年4人获勤工助学；开展“‘书’送清凉，让爱上门”贫困生慰问走访活动；4人获2022年度创元励志帮困助学金，38人获2023年国家励志奖学金，150人获秋季助学金，3人获2023年“海棠花红”励志助学金。

积极配合校团委开展各项活动。开展“书香礼赞二十大　阅读追梦正当时”阅读节活动，对部分家庭困难毕业生进行就业帮扶，组建暑期“三下乡”社会实践活动队伍。开设女生课堂系列讲座，举办“正青春，绽光彩”主题文艺晚会，和汽车系联合举行军歌比赛、“砺行逐梦迎新季　风帆再起启新程”新生才艺大赛等文化融合创新相关的文艺活动。2023年发展团员19人，团推优16人。发布微推41条，18人获评学校“最美劳动实践者”。学校五四表彰中，3个班级获评五四红旗团支部，2人获评优秀团支书，2人获评优秀共青团干部，7人获评优秀共青团员，8人获评青年学习标兵，3人获评优秀学生会干部，4人获评优秀社团会员，13人获评优秀青年志愿者，2人获评无偿献血先进个人。2022—2023学年三好学生12人、三好学生标兵1人、优秀学生干部24人、先进班集体4个。42人获2023年学院综合奖学金，8人获单项奖学金。1人获2023年度国家奖学金。

科研服务

2023年成立系二级学术委员会，组队申报并立项科技处项目“新时代高校党建、专业建设与‘课程思政’有机融合的必要性及发展前景探析”。叶文红老师主持的江苏省社科应用研究精品工程外语类课题“中华优秀传统文化融入高职英语教学的实践研究”立项。邹静兰老师主持的苏州市社会科学基金项目“苏州数字动漫产业创新发展路径研究”立项并已结题。主持或参与横向课题6项，到账经费32.8万元，全院教师共计13篇论文发表于省、市级刊物。

汽车工程系

概　况

汽车工程系创建于2015年12月。汽车相关领域教学单位的设置是学校主动对接长三角汽车产业发展人才需求，主动服务苏州地方区域经济发展的重要举措之一。

汽车工程系现有教职工27名，其中专任教师20名。专任教师中，正高职称2名、副高职称7名、中级职称9名，博士2名、硕士17名，江苏高校“青蓝工程”优秀中青年学术带头人1名、优秀青年骨干教师1名，江苏省五一劳动奖章、江苏省技术能手、江苏省青年岗位能手、苏州市劳动模范、苏州技能状元、苏州青年岗位能手各1名，苏州市技术能手1名，苏州市高技能重点人才1名，有技师及以上职业资格的6名。教师队伍获江苏机械工业科技进步奖一等奖、江苏省第十三届哲学社会科学优秀成果三等奖、苏州市第十二次哲学社会科学优秀成果一等奖各1项，其余校级以上获奖47项；承担省、市级项目和企业产品研发项目86项；获授权发明专利25项、实用新型专利64项；在国内外期刊公开发表论文134篇，其中在中文核心期刊及以上发表高水平论文44篇。

汽车工程系设有汽车检测与维修技术、新能源汽车技术、汽车技术服务与营销（原汽车营销与服务）、汽车智能技术4个专业。教学、实践及研究与服务领域涉及汽车检测、维修、改装，新能源汽车与智能网联技术，汽车销售，保险，二手车鉴定与汽车企业管理等。建有新能源汽车实训室、新能源汽车驱动电机及控制实训室、动力电池组装调试与检测实训室、汽车底盘实训室、汽车变速器实训室、汽车电气实训室、汽车空调实训室、汽车发动机拆装实训室、汽车发动机电气实训室、汽车维修车间、车身修复实训室等11间实训室（车间），设备总值超1200万元。能满足各专业人才培养需要，可实施汽车维修中、高级工的技能人才培训与鉴定。

汽车工程系不断深化校企合作和产教融合。与苏州天丰汽车集团有限公司合作成立“天丰汽车学院”，与金龙联合汽车工业（苏州）有限公司合作成立“金龙新能源汽车学院”，与上海东昌汽车投资有限公司合作成立“东昌汽车学院”。与清华大学苏州汽车研究院、宜飞美福、广汇汽车、宝爱捷（中国）、名骏百盛、苏汽苏新、中园丰田、中迪奥迪、中捷捷豹等企业紧密合作，为苏州及长三角地区的汽车行业培养高素质技术技能型人才。汽车工程系2023届普通全日制专科毕业生203名，年终就业率达96.55%。

教学工作

办学特色

秉承“我在乎你”的学校精神，坚持人才培养的地方性、应用性和职业性，围绕现代汽车产业，构建汽车技术专业群；加强校企合作、工学结合，不断深化教育教学改革，构建“先宽后窄”“分层分类”四维“汽”质人才培养模式；以汽车产业各技术岗位必需能力为出发点，构建底层共享、中层分立、高层互选的课程体系；重视师资队伍建设，构建一支结构合理、治学严谨、素质优良、富有活力的师资队伍；培养面向汽车产业，熟悉企业现场管理，掌握汽车技术应用必备的基础理论和专业知识，能利用汽车检测设备和工具，从事汽车的生产装配与调试、性能检测与维护、故障诊断与排除及技术管理工作，具备一定的创新能力和开拓精神的高素质技术技能型人才。

专业设置

2023年苏州工业职业技术学院汽车工程系专业设置一览表

序号	专业名称	负责人	职称	学历（位）
1	汽车检测与维修技术	马　俊	教授	研究生（硕士）
2	新能源汽车技术	李洪群	副教授	研究生（硕士）
3	汽车技术服务与营销	张译匀	副教授	研究生（硕士）
4	汽车智能技术	张宇峰	副教授	研究生（硕士）

专业介绍

◎汽车检测与维修技术

专业背景：专业建有汽车发动机拆装实训室、汽车发动机电气实训室、汽车底盘实训室、汽车变速器实训室等4间实训室，以及车身修复和汽车维保2间实训车间。专任教师8名，兼职教师4名，获2022年江苏省职业院校教学能力比赛二等奖、2022年江苏省职业院校技能大赛汽车技术赛项（教师组）二等奖。注重对学生综合素质、创新能力和汽车维修技术的培养，鼓励学生积极参与各级各类比赛。获2017年中国汽车工程学会巴哈大赛职业院校年度一等奖、2018年中国汽车工程学会巴哈大赛襄阳站职业院校三等奖、2018苏州国际教育园大学生汽车维修技能比赛团体二等奖、2019江苏省高等职业院校技能大赛“汽车检测与维修”赛项团体二等奖。学生可获得“1+X”智能网联汽车检测与运维中级证书、汽车维修工四级证书、汽车驾驶证等职业技能证书。

培养目标：以习近平新时代中国特色社会主义思想为指导，培养拥护党的基本路线，思想政治坚定、德技并修，德、智、体、美、劳等方面全面发展，具有一定的科学文化水平、良好的职业道德和工匠精神，掌握汽车各总成拆装、日常维护保养、性能检测、综合故障诊断与排除、事故车损伤评估与修复等专业技术技能，具备认知能力、合作能力、创新能力、职业能力等支撑终身发展、适应时代要求的关键能力，具有较强的就业创新创业能力，面向汽车运用技术服务领域，能够从事汽车检测、维修、装调、营销服务和生产管理等岗位工作，具有一定经营管理及职业岗位拓展技能的高素质、复合型、创新型技术技能人才。

主要课程：汽车职业入门、机械制图基础、汽车机械基础、汽车电工电子技术、汽车维护与保养、汽车发动机机械构造与检修、汽车发动机电控系统检修、汽车动力传动系统检修、汽车转向及制动和行驶系统检修、汽车车身电控系统检修、汽车综合故障诊断、车身修复技术。

职业前景：主要从事汽车机电设备检测员、汽车机电维修员、汽车配件管理员、汽车装配调试员等技术岗位工作。

◎新能源汽车技术

专业背景：专业建有新能源汽车实训室、汽车空调实训室、新能源汽车驱动电机及控制实训室、动力电池组装调试与检测实训室和汽车电气实训室。专任教师4名，兼职教师6名。注重对学生综合素养、创新能力和汽车维修技术的培养，鼓励学生积极参与各级各类比赛，荣获2017年中国汽车工程学会巴哈大赛职业院校年度一等奖、2018江苏省高职院校技能大赛“新能源汽车技术与服务”赛项二等奖、2018苏州国际教育园大学生汽车维修技能比赛二等奖、2019江苏省高等职业院校技能大赛“汽车检测与维修”赛项二等奖。学生可获得“1+X”智能网联汽车检测与运维中级证书、汽车维修工四级证书、汽车驾驶证等职业技能证书。

培养目标：以习近平新时代中国特色社会主义思想为指导，培养拥护党的基本路线，思想政治坚定、德技并修，德、智、体、美、劳等方面全面发展，具有一定的科学文化水平、良好的职业道德和工匠精神、掌握扎实的现代汽车理论知识以及先进的新能源汽车技术、工艺、设备和管理知识，具有新能源汽车维护、检测、诊断和维修等专业技术技能，具备认知能力、合作能力、创新能力、职业能力等支撑终身发展、适应时代要求的关键能力，具有较强的就业创新创业能力，面向新能源汽车制造、技术服务领域，能够从事新能源汽车及零部件性能测试、检修、维护保养等技术服务性工作，具有新能源汽车维护、检测、诊断和维修技能的高素质、复合型、创新型技术技能人才。

主要课程：汽车职业入门、汽车机械基础、机械制图基础、汽车电工电子原理与实践、汽车维护与保养、汽车构造、汽车传感器识别与检测、纯电动汽车电池管理系统检修、纯电动汽车整车控制系统检修、车载网络技术、新能源汽车驱动电机及控制、汽车电气设备检修、汽车智能与网联。

职业前景：主要从事新能源汽车检修员、新能源汽车技术支持、汽车销售顾问、新能源汽车装配调试员、汽车质量检验员、车联网助理工程师等技术岗位工作。

◎汽车技术服务与营销

专业背景：专业有专任教师5名，其中教授1名、副教授3名、讲师1名，兼职教师5名；获2022年江苏省职业院校教学能力比赛二等奖。注重对学生综合素养、创新能力和汽车销售能力的培养，鼓励学生积极参与各级各类比赛，荣获2015江苏省高职院校技能大赛“汽车营销与服务”赛项三等奖、2017年中国汽车工程学会巴哈大赛职业院校年度一等奖、2018年中国汽车工程学会巴哈大赛襄阳站三等奖。学生可获得汽车维修工四级证书、二手车鉴定评估师证书、汽车驾驶证等职业技能证书。

培养目标：以习近平新时代中国特色社会主义思想为指导，培养拥护党的基本路线，思想政治坚定、德技并修，德、智、体、美、劳等方面全面发展，具有一定的科学文化水平、良好的职业道德和工匠精神，掌握汽车销售、促销策划、售后接待、保险事故勘察理赔、售后接待、汽车维护保养、二手车评估鉴定等专业技术技能，具备认知能力、合作能力、创新能力、职业能力等支撑终身发展、适应时代要求的关键能力，具有较强的就业创新创业能力，面向汽车销售和汽车维修服务领域，能够从事汽车及零配件销售、售后接待、管理、车辆鉴定、评估、保险事故勘察理赔、汽车维护保养等工作，具有一定的经营管理及业务拓展技能的高素质、复合型、创新型技术技能人才。

主要课程：汽车职业入门、管理学基础、汽车机械基础、汽车维修企业管理、汽车构造、汽车销售、汽车配件与营销、二手车鉴定评估与交易、汽车保险与理赔、汽车销售专案策划、市场营销沙盘训练、商务活动训练、商务谈判、汽车售后服务接待。

职业前景：主要从事汽车销售顾问、汽车配件管理员、汽车保险理赔员、汽车维修业务接待员、二手车鉴定评估师等技术岗位工作。

◎汽车智能技术

专业背景：专业于2021年招生，现有学生77人；专任教师4名，兼职教师5名，获2022年江苏省职业院校教学能力比赛二等奖。学生可获得“1+X”智能网联汽车检测与运维中级证书、汽车维修工四级证书、汽车驾驶证等职业技能证书。主要合作企业有苏州天丰汽车集团有限公司、金龙联合汽车工业（苏州）有限公司、上海东昌汽车投资有限公司等。

培养目标：以习近平新时代中国特色社会主义思想为指导，培养拥护党的基本路线，思想政治坚定、德技并修，德、智、体、美、劳等方面全面发展，具有一定的科学文化水平、良好的职业道德和工匠精神，掌握扎实的现代汽车理论知识以及先进的汽车智能技术、工艺、设备和管理知识，具有汽车智能仪表开发技术和汽车控制技术等专业技术技能，具备认知能力、合作能力、创新能力、职业能力等支撑终身发展、适应时代要求的关键能力，具有较强的就业创新创业能力，面向汽车智能技术领域，能够从事汽车智能化电子系统辅助研发、生产、装调、检修及测试，智能网联汽车研发、安装调试、参数标定、维修检测等工作，具有智能网联汽车维护、检测、诊断和维修技能的高素质、复合型、创新型技术技能人才。

主要课程：汽车职业入门、汽车电工电子原理与实践、汽车构造、汽车维护与保养、汽车机械基础、Python编程与应用、汽车传感器识别与检测、电动汽车结构原理与检修、汽车电气设备检修、汽车单片机技术、车载网络技术、汽车智能与网联。

职业前景：主要从事汽车售后服务工程师、汽车智能产品助理研发工程师、整车试验员、智能汽车系统应用测试员、智能网联汽车装调员、整车电器装配调试工、汽车产品检验与质量管理员等技术岗位工作。

师资介绍

马俊，男，1973年10月生，教授。现任汽车工程系主任。研究方向为机械制造与自动化及先进制造技术。担任江苏省交通运输职业教育行业指导委员会委员、江苏省力学学会教育科普工作委员会首届高职高专教学分委员会委员、江苏省力学学会创新创业指导老师，获评江苏高校“青蓝工程”优秀中青年骨干教师、江苏省高校优秀共产党员。

主持或参与市厅级以上项目15项；发表论文48篇，其中中文核心期刊收录10篇；主编并出版教材3部，其中，获评教育部“十三五”“十四五”国家规划教材1部，江苏省重点教材1部；获授权发明专利8项、实用新型专利16项；获江苏省机械行业协会机械工业科技进步奖一等奖1项。

金昱，男，1981年3月生，副研究员。现任汽车工程系党总支副书记（主持工作）。研究方向为教育管理。苏州市十四届青联委员，苏州市十一届学联副秘书长。获评江苏省社会实践先进工作者、江苏省优秀共青团干部、苏州市表现突出第一书记、苏州市青年公益领袖计划优秀指导教师、苏州市优秀青年志愿者、校优秀共产党员、校优秀教育工作者、教坛新秀，校第二批“青蓝工程”培养对象。

主持完成江苏省教育厅哲社课题1项、江苏省社科精品工程课题2项、苏州市科技局软科学研究项目1项、苏州市科协软科学课题1项、苏州市体育局课题1项，参与各级各类课题10余项，获江苏省应用研究精品工程优秀成果二等奖1项（排名第一）、江苏省学校共青团优秀研究成果二等奖1项（排名第一）、苏州市第三届社科应用研究精品工程优秀成果三等奖1项（排名第一），获授权发明专利2项、实用新型专利2项、软件著作权1项，参编教材4部。

张宇峰，男，1982年3月生，副教授。现任汽车工程系副主任。研究方向为汽车电子技术。美国北卡罗来纳州立大学访问学者。获江苏省职业院校技能大赛优秀指导教师、苏州市优秀教师称号。指导学生参加全国职业院校技能大赛获一等奖1项、二等奖1项，江苏省职业院校技能大赛获二等奖3项。获省教学成果奖二等奖1项；参编教材2部；参与省精品课程1门；结项市厅级课题1项；在核心期刊发表论文2篇，其他期刊发表论文10

余篇；获授权实用新型专利1项；主持完成横向课题5项。

陆文灏，男，1980年10月生，博士在读，副教授。现任汽车工程系汽车检测与维修技术教研室主任，研究方向为装备可靠性、职业教育，近年来在北大核心期刊发表学术论文3篇；主持省教育科学"十四五"规划课题1项、省高校哲社课题2项、苏州市高等职业教育教改重点课题1项、苏州市科技局课题1项、横向课题3项，主持省级在线开放课程1门，指导学生获得江苏省职业院校技能大赛二等奖、江苏省普通高校本专科优秀毕业设计团队优秀奖。获得江苏省职业院校教学大赛二、三等奖各1项，江苏交通运输职业教育课程思政优秀案例三等奖。

李洪群，男，1974年2月生，工程硕士，副教授。现任汽车工程系新能源汽车技术专业带头人，主要研究方向电气自动化应用、汽车电子技术。"双师型"骨干教师，全国课程思政教学名师，国家精品在线开放课程"PLC应用与实践"主讲教师。主编教材4部，其中，《PLC应用与实践（三菱）》获评首届国家优秀教材一等奖、"十四五"国家规划教材；《电子产品组装调试与维修》为省重点教材。与苏州新马净化科技、苏州扬明实业、安徽和县隆盛精密机械有限公司、佳世达电通等多家企业合作，设计开发高效过滤器滤芯自动生产线、CRH380B（L）动车组商务座椅MCU控制系统、智能物流运输车等，培训企业员工。联合申报科研课题，完成横向项目10余项。主持市级教科研项目4项，在省级以上核心刊物发表论文17篇，获授权专利10项、软件著作权2项。

张译匀，女，1981年10月生，硕士，副教授。现任汽车工程系汽车技术营销与服务专业教研室主任。获学校"先进教育工作者"称号。美国弗吉尼亚大学访问学者。围绕"科技创新与产业转型"这一研究方向，主持省、市级课题20余项，发表论文30余篇，获授权专利4项。

臧华东，男，1979年9月生，高级实验师。现任汽车工程系实训中心主任，研究方向为信号与信息处理。获苏州市技术能手、苏州市高技能重点人才称号，获校教学成果奖一等奖、省教学成果奖二等奖，主持校级精品课程"电子元器件的焊接工艺"。编写教材《可编程控制器原理与实践》，主编教材《电子元器件的焊接工艺教程》获评省级重点建设教材。主持"电子元器件的焊接工艺"校级教学资源库建设，主持品牌专业核心课程"汽车传感器与应用"建设。主持苏州市装备制造自动化技术公共服务平台课题"风光发电互补自动化控制系统的设计"，主持市级课题2项。获授权发明专利2项。

刘慧，女，1970年1月生，博士，教授。主要研究方向为区域经济管理。近年来出版学术专著1部，作为副主编编写教材1部，在北大核心期刊发表学术论文20余篇，登记软件著作权4项；主持或主要参与完成国家社科基金2项、省级科研项目6项、市厅级科研项目35项。指导学生完成江苏省教育厅大学生创新创业项目2项。作为主持人获得江苏省政府颁发的哲学社会科学优秀成果三等奖1项、江苏省教育厅优秀教学成果二等奖2项、苏州市政府颁发的哲学社会科学优秀成果一等奖和三等奖各1项、中国物流学会优秀课题三等奖6项、江苏省高教学会优秀论文三等奖1项。获评江苏省“青蓝工程”优秀中青年学术带头人，获评学院第四届“我最喜爱的老师”荣誉称号。

冯巧云，女，1968年7月生，副教授，主要研究方向为市场营销、人力资源管理。近年来在北大核心期刊发表论文3篇，在省级刊物发表学术论文和教研论文16篇；参与教材编写1部；主持完成校级及以上科研项目6项，作为主要成员参与省、市级科研项目7项，主持横向课题7项，参与横向课题若干项。2012年8月参加为期一个月的台湾修平科技大学的骨干教师培训，2014—2015年作为校级企业访问学者在苏州金龙访学一年，2017年参加省培项目“移动互联背景下市场营销骨干教师教学能力提升培训”。2017年作为主要成员参加省微课教学比赛获三等奖。2020年5月至2021年9月指导省大学生创新创业训练项目1项。

胡海侠，女，1976年9月生，副教授，主要研究方向为市场营销、汽车营销。主持并作为主要成员参与科研项目10余项，在国内核心期刊发表论文3篇，在省级期刊发表论文10余篇。指导学生获得省级优秀毕业设计团队称号，指导学生获江苏省职业院校技能大赛“汽车营销”赛项三等奖。微课作品获得省级微课大赛三等奖、学校微课比赛一等奖，获学校教师教学能力比赛二等奖，获创元园丁奖和学校优秀班主任称号。

程小荣，男，1981年10月生，博士，主要

研究方向为新能源技术。主持市厅级科研项目4项，在SCI上发表新能源材料技术论文7篇，获授权发明专利7项。指导学生获江苏省“互联网+”创新创业大赛三等奖1项。

校企合作

汽车工程系通过多种方式与多家企业合作共育共享人才。分别与苏州天丰汽车集团有限公司、金龙联合汽车工业（苏州）有限公司、泰科电子（苏州）有限公司、苏州中园丰田汽车销售服务有限公司、上海东昌汽车管理有限公司、苏州名骏百盛汽车维修服务有限公司、苏州中迪汽车销售服务有限公司等企业建立并保持紧密合作关系。与企业深度合作，产教融合，为人才培养、科研服务、学生就业提供有力的保证。

与上海东昌汽车管理有限公司成立企业学院“东昌汽车学院”，并继续与苏州天丰汽车集团有限公司、金龙联合汽车工业（苏州）有限公司等紧密合作企业开展各项活动。分别从校企党建共建、专业共建、学生识岗顶岗、专业人才培养、实训基地建设等方面深入展开。东昌汽车学院获“创元杯”第三批优秀专业企业学院建设成果展示三等奖。遴选1名企业兼职教师获批江苏省职业院校产业导师经费奖补项目。

与苏州天丰汽车集团有限公司合作开发“汽车车身修复”在线开放课程，编写教材。按照企业生产运行规范、作业流程和员工的职业标准，组织教学和实践技能训练，实现教学内容、教学过程、教学环境与生产岗位职业要求的无缝对接。

2023年，汽车工程系与合作企业在一年级新生班级组建东昌班、名骏班、中园班、天丰班、中迪班、海格班等冠名班，合作开展冠名班和企业学院主题活动，组织专场招聘会和线上招聘会，

增进学生与企业互动，了解企业需求，明确奋斗方向。

学生工作

汽车工程系深入学习贯彻习近平新时代中国特色社会主义思想和党的二十大精神，认真贯彻落实学校党委要求，落实立德树人根本任务，引导广大学生“向阳而生　精工笃行”，立志成为有理想、敢担当、能吃苦、肯奋斗的新时代好青年。

开展“爱国敬业成才”主题教育。举行“青春践行二十大，奋楫扬帆新征程”主题升旗仪式2次，开展“技能成才，强国有我”主题活动、“立身以立学为先，立学以读书为本”阅读节主题活动、“青春奋进　爱国立行　汽车学子　勇毅前行”记录我的青春五四主题活动、诚信教育活动、“保密宣传教育高校行”主题活动、消防卫生安全主题活动、“就业领航”主题活动，举办法治教育讲座等。汽车工程系号召组织青年学生在放假返乡时，走入家乡红色革命教育基地，如淮安周恩来纪念馆、徐州淮海博物馆等，号召组织留苏同学探访苏州红色革命教育基地，如苏州革命博物馆等。

系团委开展各项活动。圆满完成共青团苏州工业职业技术学院汽车工程系第七次代表大会和苏州工业职业技术学院汽车工程系第十一次学生代表大会预定的各项任务。凸显“强身、健心、精技、博爱”的素质目标，努力提升人才培养质量，全年有序推进汽车工程系分团委与城南街道团工委签订校地共建协议书。开展“汽车青年在行动”清凉一夏项目，为教职工提供免费洗车服务；在暑假期间，开展苏州市红十字会“博爱青春”、暑期“三下乡”“挑战杯红色专项”等暑期实践，汽车工程系20余名学生志愿者作为“小先生”，走进苏州市吴中区城南街道家天下社区、苏州市明基医院开展暑期志愿服务活动等。

借助新媒体的力量做好网络思政教育，大力宣传青春榜样示范作用，以典型人物、典型事迹引领学生树立正确的价值观。通过组织“开学第一课”、毕业典礼、升旗仪式、爱国敬业成才主题教育等推动思政教育，强化学生责任担当。以汽车工程系团学工作微信公众号及系官方网站为核心，展示汽车风采，讲述汽车青年故事，传播汽车声音，发挥朋辈引领力量，增强青年团员的专业自信心和归属感。全年共推出微信48篇、微推77篇，累计阅读人数5000+。

学生获奖方面：汽修21C2陈康获得2023年江苏省职业院校技能大赛高职学生组“汽车技术”赛项二等奖；汽修21C2郭铠玮获得2023年江苏省职业院校技能大赛高职学生组“汽车技术”赛项三等奖；汽销21C1姜雅菲获得首届全国大学生职业规划大赛江苏省选拔赛暨江苏省第十八届大学生职业规划大赛就业赛道职教组三等奖；汽车智能21C1贾元浩荣获第十八届“挑战杯”江苏省大学生课外学术科技作品竞赛“红色专项”活动三等奖和2022年度“苏州市优秀共青团员”、2023年度江苏省“最美职校生”称号，还荣获2022—2023学年“本专科生国家奖学金”。获评江苏省普通高校省级三好学生1人，27人获得国家励志奖学金；46人次获得学校综合奖学金和单项奖学金，校级优干、三好学生29人，优干标兵2人，优秀毕业生11人。学校五四表彰中，2个支部获评五四红旗团支部，1人获评优秀团支部书记，3人获评优秀共青团干部，6人获评优秀共青团员，7人获评青年学习标兵，3人获评优秀学生会干部，7人获评优秀青年志愿者等。

学生党建方面：规范党员发展学习教育。2022级6名入党积极分子进入学生党支部，参加汽车工程系学生党支部组织的2023年度入党积极分子培训班；2020级2名预备党员、2021级3名发展对象参加2023年度学校发展对象（新党员）培训班。做好2020级毕业生党员离校教育工作。新吸收入党积极分子6名，预备党员转正2

名，发展新党员3名。

就创业工作方面：2023届毕业生203人，年终就业率达96.55%。

科研服务

2023年，汽车工程系教师立项市厅级课题5项，结项市厅级课题4项；立项院科研项目5项，结项院科研项目3项。教师主持横向课题5项，到账经费32万元；在省级以上期刊公开发表论文15篇，其中，SCI收录1篇，外文期刊收录5篇；获授权发明专利1项、实用新型专利3项、软件著作权5项；完成科技成果转化2项。

马克思主义学院

概　况

根据苏工院党委〔2022〕33号关于成立马克思主义学院的通知，于2022年9月将思想政治教育部转为马克思主义学院，同时成立马克思主义学院党总支。马克思主义学院现有教职工26名。其中，教授3名、副教授7名，高级职称占比30.7%；讲师9名，中级职称占比34.6%；博士2名、硕士7名，硕博占比34.6%。

马克思主义学院设有3个教研室：习近平新时代中国特色社会主义思想、思想道德与法治和形势与政策教研室。习近平新时代中国特色社会主义思想教研室开设习近平新时代中国特色社会主义思想、毛泽东思想和中国特色社会主义理论体系概论。形势与政策教研室开设形势与政策、就业指导和大学生心理健康教育。

教学工作

马克思主义学院组织教师们深入学习党的二十大精神，认真领会习近平新时代中国特色社会主义思想，进一步明确思政教师的角色定位和使命担当，以“六要”标准严格要求自我，坚持为党育人、为国育才，做青年学生成长成才的领路人和护航者。

以课堂教学为主阵地，把质量作为生命工程，多措并举提升教学质量。第一，不断规范教学工作。从备课到上课、从教学制度到课堂管理等各环节做到规范有序。全体教师都能够按照教学规范的要求，上好每一堂课，做好每一项教学工作。第二，坚持定期开展教研活动。自教研室重新设立以来，3个教研室在教研室主任的带领下，坚持定期开展教育活动。教师们聚焦教学重点和难点，回应学生关注，深度剖析和研究各类教学问题，教学质量不断提高。第三，坚持集体备课制度。各教研室每学期开学初安排专人对每个章节、每个专题主备课，然后坚持集体讨论，补充完善，每个章节都以最好的课件、最好的教案、最好的讲授呈现给学生。对于习近平新时代中国特色社会主义思想概论课，坚持使用教育部规定的统一参考课件给学生讲授，保证教学质量和教学效果。第四，修订完善2023级教学计划。根据学校学生的特点和学校教学工作的总体要求，2023级思政课程的教学安排做较大修改，坚持一门课一学期修完的原则，方便教师教学和学生学习，更加符合思政课教学规律。成立马院教材委员会，完成2023—2024学年第一学期和第二学期的教材征订工作。同时，落实校领导进思政课堂的相关工作。上半年，王洪法书记和马延文院长等全体校领导带头走进课堂，为学生讲授思政课，带动了全体思政教师的教学积极性。下半年，全体校领导还带领教师和学生走进企业和社区，将思政课堂带到社会实践中，让思政课更具活力、更具创新力。

以赛促学、以赛促练、以赛强技、以赛提能。参加省职业院校教学大赛教学团队，积极备赛，参赛教师和全体教师多次进行研讨，集思广益，取得省二等奖的成绩。

师资介绍

马建新，男，1969年9月生，江苏泗阳人，本科学历，硕士学位，教授，苏州市在苏高校思想政治理论课名师工作室主持人。长期从事思想政治教育教学与研究工作，主要研究方向为传统文化

与大学生思想政治教育。先后主持完成江苏省社科基金项目1项，主持完成市、厅等各级各类项目20余项；先后在《江苏高教》《湖北社会科学》等各级各类期刊发表学术论文40余篇。2023年完成苏州市社科联重点科研项目结项工作，完成江苏省社科基金项目的结项工作。获得2023年校教学质量考核优秀、2023年度综合考核优秀。

成秀萍，女，1966年11月生，江苏泰兴人，教授，中共党员。主要研究方向为高职教育、中国现当代文学。江苏高校“青蓝工程”优秀青年骨干教师、江苏电大首批学术带头人、江苏电大优秀教师、镇江市首届教科研先进个人、镇江市优秀科技工作者、镇江市“169工程”科技骨干。主持和参与完成全国高等教育科学规划重点课题、中国职业技术教育学会、江苏省哲学社会科学、江苏省软科学、江苏省社科应用研究、江苏省教育厅高校哲学社会科学研究等项目20多项。在北大中文核心期刊和省级期刊独立发表学术论文70多篇，合著出版著作3部。2023年，完成308课时教学任务，主持江苏省社科应用研究课题1项，在《云南开放大学学报》发表论文1篇，给精密制造工程系、建筑工程与艺术设计系大一新生开设“诗说苏州：昆曲、园林、建筑、苏绣”“中华优秀传统文化与百姓日常生活”2个讲座；指导“悦读社”社团建设，学校第三届“我最喜爱的老师”入围奖。

赵永兵，女，1972年10月生，新疆石河子人，副教授，主要研究方向为大学生思想政治教育。2023年发表学术论文1篇，参与市厅级课题研究2项。

王周刚，男，1984年8月生，山东肥城人，法学博士，主要研究方向为马克思主义中国化、思想政治教育。2022年入选第二届全国高校黄大年式教学团队、国家级职业教育教师创新团队；获2022年江苏省职业院校教师教学能力大赛二等奖、学校教学成果奖一等奖1项；申报的“新时代思政课实践教学‘四维五度’模式的构建与实施”项目获在苏州高校马克思主义学院建设扶持项目；在核心期刊发表论文1篇，在省级期刊发表论文3篇；参与编撰学校劳动教育教材；结项2019年江苏省高校哲学社会科学课题、2020年江苏省社科应用研究精品工程课题、2021年苏州市社会科学基金项目等3项。2022年在吴江区江陵街道、吴江实验中学宣讲两会精神；在创元集团总部宣讲十九届六中全会精神；在高新区科技城、狮山街道、横塘街道宣讲廉政建设；在苏州水务集团宣讲基层党建实务；在高新区政法委进行信访工作专题宣讲，宣讲场30余场次，切实服务社会、服务民生。

张红梅，女，1970年3月生，江苏连云港人，副教授次主要研究方向为马克思主义理论和思想政治教育。获2023年江苏省教师教学能力大赛二等奖。指导大学生“模拟政协社团”，带领学生进行实践调研活动。

李颖华，女，1974年4月生，安徽霍邱人，副教授，主要研究方向为思想政治教育。2023年主持市级课题2项，均

已结题。

杨晔，女，1976年3月生，江苏苏州人，副教授，主要研究方向为大学生思想政治教育。主持并完成校级及以上科研、教改项目4项，作为主要成员参与省、市级项目2项。以第一作者发表论文10余篇，作为主编编写教材1部。2023年承担校内8个班级的思政课程教学工作，主持江苏高校哲学社会科学研究课题“乡村文化振兴视域下高职学生婚恋经济观念研究”，在校内开设学习二十大报告、苏州党建等讲座，带领学生到苏州刺绣研究所思政教育基地开展实践活动。

胡晓红，女，1972年10月生，重庆人，副教授，主要研究方向为大学生思想政治教育。2022年主持江苏高校哲学社会科学研究思想政治工作专题项目“高职生政治诚信教育探索”，撰写论文1篇。

袁芳，女，1981年12月生，本科学历，硕士学位，副教授，主要研究方向为马克思主义与思想政治教育。2023年，主持江苏省社科研究课题“高校思政课混合式教学实施路径研究”；获江苏省职业院校教学能力比赛二等奖，排名第一；获学校“匠心模范”称号。

刘晨，女，1988年2月生，哲学博士，主要研究方向为马克思主义理论和思想道德教育。先后在各级各类期刊发表学术论文多篇。

校企合作

2023年马克思主义学院鼓励教师“走出去，请进来”，加强与企业、学校、街道、社区等联系和合作，提高服务社会的能力和本领。以现有实践教学基地为基础，进一步以党支部为工作载体，与最美乡村、文化场馆等开展共建，依托“贯彻二十大　奋进新征程”“思源·逐梦”等宣讲活动，“职校生读党报”等校园文化活动，打造“党建+实践教学”品牌特色，为马院建设注入活力。

马院教师积极参与学校党建与思想政治教育的各项工作。每位老师都不同程度参与或组织校团委、学生处、宣传部、组织部、工会、关工委等职能部门的各项活动，得到相关部门和领导的充分肯定。组织6名青年教师参加暑假“三下乡”社会实践项目的指导，10余名教师主动报名承担“学宪法、讲宪法”演讲比赛、江苏省第一届“铸牢中华民族共同体意识·高校在行动”演讲和征文以及“马克思主义·青年说”相关演讲、视频活动的指导工作，马院教师融入“大思政”的育人氛围越发浓厚。2023年，由马院教师指导的思政类社团积极开展学生思想政治教育活动，成为校园一道亮丽风景，丰富大学生的业余文化生活，充实校园大思政课的内容。

科研服务

2023年教师积极开展科学研究和社会服务工作。教师全员共获批市厅级以上课题10项，发表论文14篇，出版专著1部。科研工作较大幅度地超过年初学校分配的科研任务。按照学校相关要求和规定，成立马院学术委员会，不断规范马院的科研管理工作。

马院教师还充分发挥马克思主义理论优势，积极参与社会服务。主动与地方政府、社区街道和各类企业联系，广泛宣传和讲授党的二十大精神，一度获得好评。

体育部

概 况

苏州工业职业技术学院体育部是学校的二级教学单位。体育部下设综合办公室、教研室、体质测试中心、场馆中心。现有教职工16名，其中，教授1名、副教授6名，副研究员1名。在职教师中，获得硕士学位的12名，另有国际级裁判员1名，国家级裁判1名，国家一级裁判员6名，其中1人参加2008年北京奥运会、2010年广州亚运会、2011年北京世界锦标赛等铁人三项裁判工作。

体育部在学校党委、行政的正确领导下，全体教师兢兢业业、积极创新，认真贯彻中共中央国务院关于“加强青少年体育增强青少年体质”的文件精神，树立以生为本、全面发展、健康第一、终身受益的体育教育理念，遵循学生的身心发展规律，以身体练习为主要手段，以增进学生身心健康和提高应职、任职能力与素养为主要目的，不断进行体育教学改革，以适应社会发展和培养高等素质人才的需要。

体育部主要承担全校体育课程教学、运动队训练、体质健康测试群体活动指导、体育竞赛等学校体育工作。开设足球、篮球、排球、乒乓球、羽毛球、网球、健美操、瑜伽、排舞、太极拳、舞龙、垒球、健身、散打、体育保健共15项选修课教学项目，设有乒乓球、篮球、羽毛球、垒球、网球、舞龙、足球7个常年训练队。成立4大类共26个体育社团。将体育运动与健康教育相结合、课内学习与课外活动相结合、竞技与健康相结合。培养学生健康的身体和健全的人格。

近年来，学校因体育工作先后被江苏省体育局、江苏省教育厅授予江苏省群众体育先进集体、江苏省体育工作先进学校、江苏省体育特色学校、公共体育课程考核优秀学校。参加江苏省第十八届运动会高校部高职高专组获定向越野团体总分第一名、羽毛球男子团体第一名、竞速舞狮第三名、舞龙规定套路第五名并以各项总分第六名获“校长杯”。2018年获江苏省高职高专足球技能体能大赛足球技能一等奖、体能一等奖。2018年“基于‘大健康’理念的高职体育教学改革与实践”项目斩获江苏省教学成果一等奖，也是唯一的体育类一等奖。获得2020年江苏省“省长杯”高职高专院校足球教学成果展示大赛团体一等奖。2021年6月获得江苏省第二十届运动会高校部足球比赛苏南分会预赛暨苏南分会大学生足球比赛（乙组）冠军。2021年11月获得江苏省大学生排舞锦标赛第一名。获得2022年江苏省“省长杯”高职高专院校足球教学成果展示大赛团体一等奖。2023年5月，获得第二届中国大学生室内自行车云上挑战赛男子团体10千米接力赛冠军。

教学工作

一、指导思想

为了进一步深化学校体育教学改革，注重以人为本、个性形成和能力培养，逐步创建具有学校鲜明特色的体育俱乐部课程体系。根据国务院批准发布实行的《学校体育工作条例》，教育部颁发的《全国普通高等学校体育课程教学指导纲要》和《国家学生体质健康标准》通知的有关精神，结合学校现有的体育师资和体育设施条件，努力实现“三个自主”（即学生自主选择上课时间、自主选择上课内容、自主选择任课教师）教学的精神，以实现运动参与、运动技能、身体健康、心理健康及社会适应5个领域的基本目标和发展目标，体现“教育为本，健康第一”的指导思想，倡导全开放式教学模式，针对学生的基础差异采用分层教学，营造出生动活泼、主动学习氛围，深化体育课教学改革，营造健康向上的校园体育文化氛围。

二、教学特色

1.促进学生从被动选择向主动选择转变

通过俱乐部制教学改革，最大限度地满足学生参加爱好运动项目的需求，打破以往班级编制统一授课的局限性。学生可以根据自己的需求，自主选择上课的时间，自主选择上课内容，自主选择任课教师，培养和激发学生参与运动的兴趣，养成自觉锻炼的习惯。

2.促进学生从被动学习向主动学习转变

俱乐部的教学理念是坚持学生为主体、教师为主导的指导思想，充分发挥学生的主观能动性，重视学生体育意识、体育能力和组织管理能力等方面的培养。在教学的过程中，学生由被动学习的角色逐渐向主动参与、主动交流、主动组织与管理等方向转变，科学地进行体育锻炼，提高身体健康水平和自身运动能力。

3.促进学生养成每天锻炼的习惯，最终养成终身锻炼意识

在俱乐部的教学过程中，学习掌握体育与健康的基本理论知识，提倡相互间的交流与沟通，积极参加各种体育活动并基本形成自觉锻炼的习惯，基本形成终身体育的意识，树立终生体育教育的观念，具有一定的体育文化欣赏能力，能独立制订适合自身需要的健身运动方案，培养具有健康第一意识和健康体魄的全面发展的合格人才。

4.促进课程教学从单纯课内向课内外一体化转变

俱乐部教学可以让学生在课余时间根据自己的爱好，选择任何俱乐部或任何运动项目参加体育锻炼。按照教育部相关文件要求，每名学生每周至少参加3次课外体育锻炼，每次不少于1小时。体育教学俱乐部实施课内外一体化的教学模式。让更多的学生在课余时间既能完成基础教学课程，又能享受体育锻炼带来的乐趣。

5.搭建四位一体的体育俱乐部课程教学平台，丰富学校文体活动

搭建体育教学、课余训练、运动竞赛、课外体育活动“四位一体”的俱乐部课程教学平台，提高学生锻炼意识、技能水平，结合俱乐部开展的比赛活动，实现自己的竞技乐趣，同时丰富学校文体活动，培养团结合作、积极进取的体育精神。

三、课程设置

一、二年级的体育课为必修课，开设4个学期，共108学时。为兴趣选修课，共开设15门选修课程，学生每个学年可以根据自己的兴趣爱好选择一门课进行学习，每学期2—4学时理论课。通过一、二年级体育课程的学习，学生基本能够熟练掌握一两项运动技能。此外，还依托体育社团，要求学生每周必须参加3次以上的课外体育锻炼，并有专门的辅导老师确保将课外体育锻炼落到实处，实现课内课外一体化。针对部分特殊学生，学校开设以指导康复和保健养生为主的体育保健课程。因伤病不能参加正常体育课学习的学生，可持县级以上医院病例和医生诊断证明，经所在系、体育部和教务处批准后，申请体育保健课。保健课考核通过者可取得体育课相应学分，并注明体育保健课程。

师资介绍

刘晓，男，1970年9月生，毕业于上海体育学院，教育学学士。现任苏州工业职业技术学院党委委员、副院长，三级教授。铁人三项国家级裁判，江苏省高职高专院校体育教学指导委员会副主任委员、江苏省体育科学学会高校体育学专业委员

会副理事长、江苏省普通高校公共体育课程考核专家组成员、江苏省体育工作先进学校评审专家组成员、全国煤炭体协高校体育工作委员会副主席。曾先后执裁北京奥运会、广州亚运会、世界锦标赛、世界杯和第十、十一、十二、十三届全国运动会铁人三项比赛，并获国际奥委会嘉奖。“基于‘大健康’理念的高职体育教学改革研究与实践”获2017年江苏省教学成果奖一等奖。在期刊发表论文10余篇，其中在体育类核心期刊发表5篇；主持各级各类课题近10项，主编教材2部，参编教材3部，出版专著3部。

桂海荣，女，1973年8月生，毕业于上海体育学院，教授，主要从事体育教学与训练工作。指导学生参加江苏省第十六、十七、十八届运动会高校部高职高专组田径比赛，获得团体总分第一名、第二名，多篇论文在体育核心期刊及省部级期刊上发表，主持完成国家社科基金项目课题《我国残疾人竞技体育科技服务的策略研究》子课题1项，主持和参与多项省级、市级及校级课题研究，在中国书籍出版社出版《大学生体育素质培养与体育教学创新》专著1部。获江苏省首届高职高专体育教师教学技能比赛一等奖，代表江苏省参加全国高职高专体育教师教学技能大赛并获一等奖。

陈建辉，2003年毕业于江苏师范大学，本科学历，2022年获得副研究员资格，现任体育部副主任（主持工作）、体育部直属党支部书记。在SSCI发表后勤管理方面论文2篇，在其他核心期刊发表论文2篇。作为副主编参编《高职体育教程》。独立完成市级课题1项、校级课题1项，参与课题6项。获批实用新型专利9项、发明专利1项。获得江苏省高校优秀共产党员、江苏省后勤协会先进个人、苏州好青年、百佳文明职工、创元园丁奖、师德模范、招生宣传先进个人等荣誉。获江苏省教学成果奖一等奖；指导学生参加全国职业院校大学生巴哈大赛获一等奖；担任模型社社团指导老师，所指导社团获得江苏省高校十佳社团称号。被聘为苏州先锋师资库特聘讲师，带领学生创新创业和学雷锋做好事，曾被《姑苏晚报》《苏州日报》《扬子晚报》和苏州电视台、江苏教育台、东方卫视等多家媒体报道。

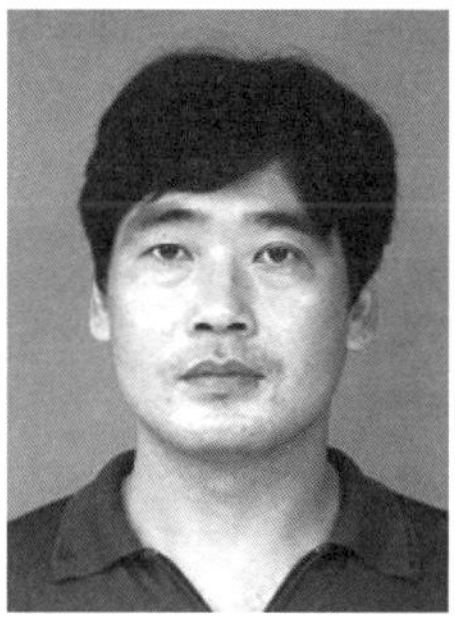

黄月勤，男，1968年6月生，江苏吴江人，毕业于苏州大学体育系，本科学历，在职研究生，副教授，从事体育教学工作。以第一作者身份发表论文30余篇；作为主编编写教材1部，参编教材3部，参编的1部教材获评省精品教材。以第一申请人身份申请发明专利6项。主持课题3项，参与课题4项。主持“体育与健康课程方案设计”获得江苏省一等奖，参与的“基于‘大健康’理念的高职体育教学改革研究与实践”获得江苏省教学成果奖一等奖，参加江苏省高职高专院校体育教师微课教学比赛获三等奖，参加江苏省首届普通高等学校体育教师教学技能竞赛获得高职高专组三等奖，获得学校师德标兵、优秀党务工作者等荣誉称号，多次获学校嘉奖。

魏金龙，男，1980年3月生，毕业于吉林师范大学，本科学历，硕士学位，副教授，研究方向为体育教学与运动训练。主持省“十二五”规划课题1项、市级社科课题3项；2017年获江苏省教学成果奖一等奖，排名第四；作为主要成员参与校级以上课题6项；发表专业论文15篇，其中2篇

发表在核心刊物上；作为副主编编写教材1部。2013年至今，指导学校定向越野队、无线电测向队参加省运会、省级锦标赛累计获得冠军60余项。个人获得校级以上表彰10余项。

沈铁，女，1976年1月生，毕业于苏州大学，本科学历，副教授，研究方向为体育教学、健身操、健美操教学、体育训练。主讲课程为“体育与健康”“健美操”。2003年起在苏州工业职业技术学院任教。曾担任教研组长、教研室副主任、体质测试中心主任。撰写并发表论文20余篇，参与2011年“体育与健康”精品课程改革，参与校级课题“对我院学生体质现状的调查研究与对策分析”。带领学生参加2011年全国啦啦操锦标赛，获大学生规定组技巧一级组第三名。

邵夏，男，1972年7月生，毕业于上海体育学院，硕士学位，副教授，农工党员，国家级健身指导员，保健气功一级裁判，研究方向为民族传统体育学、体育教学、体育训练。主讲课程“体育与健康”、“舞龙”。撰写并发表论文20余篇。参编2部专业书籍。主持校级课题“工学结合背景下高职院校武术散打教学内容与教学评价的设计与实践”，参与省教育厅课题“新标准下江苏省高职院校学生体质健康现状及对策研究”。2012年，获苏州市全民健身大比拼42式太极拳第一名；2014年，获苏州市假日体育陈氏49式太极剑第一名；2014年，带队参加省运会获江苏省第十八届运动会舞龙舞狮团体第四名。

沈贤，男，1981年1月生，毕业于首都体育学院，本科学历，在职研究生，副教授，主要研究方向为国民体质健康促进。主持市级社科课题1项、

苏州市体育局课题1项，作为主要成员参与校级以上课题4项；发表专业论文10余篇，其中2篇发表在核心刊物上；作为副主编编写教材1部。参加2014年江苏省高职高专院校体育教师微课教学比赛获得三等奖，参加江苏省第三届高职高专院校体育教师教学技能比赛获得二等奖。先后获得学校优秀共产党员、教坛新秀、优秀教育工作者等荣誉，年度考核优秀并受学校嘉奖。

石茗茗，女，1984年6月生，毕业于苏州大学，本科学历，在职研究生，副教授。现任体育部副主任，从事体育教学工作。以第一作者身份发表论文20余篇，主持省部级、市厅级课题7项，“基于”大健康’理念的高职体育教学改革研究与实践”获江苏省教学成果奖一等奖（排名第三），参加江苏省首届普通高等学校体育教师教学技能竞赛获得高职高专组三等奖。指导学生参加江苏省高职高专足球技能暨体能大赛获一等奖4项。获评优秀教练员，多次获学校嘉奖。

学生活动

体育部成立以来一直以“我在乎你”的学校精神，服务学生、服务教工、服务学校人才培养计划，秉承“向阳而生　精工笃行”的校训为学校高水平建设而奋斗。2022年，举办第四届校园足球联赛、第八届苏州工业职业技术学院“学生体质健康杯”新生篮球赛、第四届苏州工业职业技术学院“学生体质健康杯”女子篮球三对三比赛、迎新年冬季三项等学生体育比赛。承办江苏省第二十届运动会高校部足球比赛决赛，学校男女足球队在比赛中分获女子组季军、男子组第六名。

学校足球队参加2022年江苏省“省长杯”大学生足球联赛系列高职高专院校足球教学成果展示暨体能大赛获足球项目一等奖。各项比赛，既为热爱运动的同学搭建一个展示的舞台，也为学校社团活动及体育课程课内外相结合的教学模式探究出新思路、新途径。

科研工作

2023年，体育部共公开发表论文32篇，主持纵向项目2项。

第七章 数据及统计

办学条件

办学经费收支情况

2023年度苏州工业职业技术学院收入支出决算总表

单位：元

收入		支出			
项目	决算数	项目（按功能分类）	决算数	项目（按支出性质和经济分类）	决算数
一、一般公共预算财政拨款收入	305538477.34	一、一般公共服务支出	754400.00	一、基本支出	251631922.95
二、政府性基金预算财政拨款收入	19000000.00	二、外交支出	—	人员经费	215557269.28
三、国有资本经营预算财政拨款收入	—	三、国防支出	—	公用经费	36074653.67
四、上级补助收入	—	四、公共安全支出	—	二、项目支出	143869989.51
五、事业收入	50377603.88	五、教育支出	303441691.60	其中：基本建设类项目	39116651.05
六、经营收入	—	六、科学技术支出	570000.00	三、上缴上级支出	—
七、附属单位上缴收入	—	七、文化旅游体育与传媒支出	—	四、经营支出	—
八、其他收入	—	八、社会保障和就业支出	17549467.36	五、对附属单位补助支出	—
—	—	九、卫生健康支出	5300.00	—	—
—	—	十、节能环保支出	—	—	—
—	—	十一、城乡社区支出	—	经济分类支出合计	395501912.46
—	—	十二、农林水支出	—	一、工资福利支出	202736046.78
—	—	十三、交通运输支出	—	二、商品和服务支出	82337873.95
—	—	十四、资源勘探工业信息等支出	—	三、对个人和家庭的补助	25257177.00
—	—	十五、商业服务业等支出	—	四、债务利息及费用支出	—
—	—	十六、金融支出	—	五、资本性支出（基本建设）	—
—	—	十七、援助其他地区支出	—	六、资本性支出	85170814.73
—	—	十八、自然资源海洋气象等支出	—	七、对企业补助（基本建设）	—
—	—	十九、住房保障支出	54181053.50	八、对企业补助	—
—	—	二十、粮油物资储备支出	—	九、对社会保障基金补助	—
—	—	二十一、国有资本经营预算支出	—	十、其他支出	—
—	—	二十二、灾害防治及应急管理支出	—	—	—
—	—	二十三、其他支出	19000000.00	—	—
—	—	二十四、债务还本支出	—	—	—
—	—	二十五、债务付息支出	—	—	—

续表

收入		支出			
项目	决算数	项目（按功能分类）	决算数	项目（按支出性质和经济分类）	决算数
—	—	二十六、抗疫特别国债安排的支出	—	—	—
本年收入合计	374916081.22	本年支出合计			395501912.46
使用非财政拨款结余和专用结余	0.00	结余分配			0.00
年初结转和结余	25925810.96	年末结转和结余			5339979.72
总计	400841892.18	总计			400841892.18

注：本套报表金额单位转换时可能存在尾数误差。

2023年度苏州工业职业技术学院收入决算表

单位：元

项目		本年收入合计	财政拨款收入	事业收入	
支出功能分类科目编码（类 款 项）	科目名称			小计	其中：教育收费
	合计	350708796.67	300902944.07		
2010399	其他政府办公厅（室）及相关机构事务支出	750000.00	750000.00		
2290403	其他政府性基金债务收入安排的支出	19000000.00	19000000.00		
2013602	一般行政管理事务	4400.00	4400.00		
2050199	其他教育管理事务支出	310000.00	310000.00		
2050205	高等教育	22210.00	22210.00		
2050305	高等职业教育	282006350.36	242795085.34	39211265.02	39211265.02
2059999	其他教育支出	517300.00	517300.00		
2060499	其他技术研究与开发支出	560000.00	560000.00		
2060702	科普活动	10000.00	10000.00		
2080501	行政单位离退休	300000.00	300000.00		
2080502	事业单位离退休	523260.00	523260.00		
2080505	机关事业单位基本养老保险缴费支出	11142675.36	9356400.00	1786275.36	1786275.36
2080506	机关事业单位职业年金缴费支出	5537910.00	4649500.00	888410.00	888410.00
2080801	死亡抚恤	45622.00	45622.00		
2109999	其他卫生健康支出	5300.00	5300.00		
2210201	住房公积金	13719704.00	11034100.00	2685604.00	2685604.00
2210202	提租补贴	19728349.50	18462800.00	1265549.50	1265549.50
2210203	购房补贴	20733000.00	16192500.00	4540500.00	4540500.00

2023年度苏州工业职业技术学院支出决算表

单位：元

项目		本年支出合计	基本支出	项目支出
支出功能分类科目代码（类 款 项）	科目名称			
	合计	395501912.46	251631922.95	143869989.51
2050305	高等职业教育	293229536.20	179901402.09	113328134.11
2080506	机关事业单位职业年金缴费支出	5537910.00	5537910.00	

续表

项目		本年支出合计	基本支出	项目支出
支出功能分类科目代码	科目名称			
2080505	机关事业单位基本养老保险缴费支出	11142675.36	11142675.36	
2080801	死亡抚恤	45622.00	45622.00	
2080502	事业单位离退休	523260.00	523260.00	
2080501	行政单位离退休	300000.00	300000.00	
2210203	购房补贴	20733000.00	20733000.00	
2210201	住房公积金	13719704.00	13719704.00	
2210202	提租补贴	19728349.50	19728349.50	
2013602	一般行政管理事务	4400.00		4400.00
2059999	其他教育支出	517300.00		517300.00
2060499	其他技术研究与开发支出	560000.00		560000.00
2060702	科普活动	10000.00		10000.00
2010399	其他政府办公厅(室)及相关机构事务支出	750000.00		750000.00
2109999	其他卫生健康支出	5300.00		5300.00
2050999	其他教育费附加安排的支出	9362645.40		9362645.40
2290403	其他政府性基金债务收入安排的支出	19000000.00		19000000.00
2050205	高等教育	22210.00		22210.00
2050199	其他教育管理事务支出	310000.00		310000.00

2023年度苏州工业职业技术学院一般公共预算财政拨款收入支出决算表

单位：

项目				年初结转和结余	本年收入合计	本年支出			年末结转和结余
支出功能分类科目编码			科目名称			合计	基本支出	项目支出	合计
类	款	项	合计	24177245.57	305538477.34	326123751.02	221771911.04	104351839.98	3591971.8
2050305			高等职业教育	14814600.17	242795085.34	254017713.62	161207729.04	92809984.58	3591971.8
2050999			其他教育费附加安排的支出	9362645.40	0.00	9362645.40		9362645.40	0.0
2080506			机关事业单位职业年金缴费支出		4649500.00	4649500.00	4649500.00		0.0
2080505			机关事业单位基本养老保险缴费支出		9356400.00	9356400.00	9356400.00		0.0
2080801			死亡抚恤		45622.00	45622.00	45622.00		0.0
2080502			事业单位离退休		523260.00	523260.00	523260.00		0.0
2080501			行政单位离退休		300000.00	300000.00	300000.00		0.0
2210203			购房补贴		16192500.00	16192500.00	16192500.00		0.0
2210201			住房公积金		11034100.00	11034100.00	11034100.00		0.0
2210202			提租补贴		18462800.00	18462800.00	18462800.00		0.0
2013602			一般行政管理事务		4400.00	4400.00		4400.00	
2059999			其他教育支出		517300.00	517300.00		517300.00	
2060499			其他技术研究与开发支出		560000.00	560000.00		560000.00	
2060702			科普活动		10000.00	10000.00		10000.00	

续表

2010399	其他政府办公厅（室）及相关机构事务支出		750000.00	750000.00		750000.00	
2109999	其他卫生健康支出		5300.00	5300.00		5300.00	
2050205	高等教育		22210.00	22210.00		22210.00	
2050199	其他教育管理事务支出		310000.00	310000.00		310000.00	

资产情况

2023年苏州工业职业技术学院资产情况一览表

资产名称	学校产权	非学校产权
一、占地面积（平方米）	301763	107453
绿化用地面积（平方米）	161625	83128
运动场地面积（平方米）	54750	24325
二、图书（册）	335387	405300
当年新增（册）	19175	—
三、数字终端数（台）	4763	—
教师终端数（台）	696	—
学生终端数（台）	3628	—
四、教室（间）	281	—
网络多媒体教室（间）	281	—
五、固定资产总值（万元）	89119.69	—
教学科研实习仪器设备资产值（万元）	26290.50	—
当年新增（万元）	2890.50	—

信息化建设情况

2023年苏州工业职业技术学院信息化建设情况一览表

网络信息点数（个）		上网课程数（门）	电子邮件系统用户数（个）	管理信息系统数据总量（GB）	数字资源量				信息化培训人次（人次）	信息化工作人员数（人）
合计	其中：无线接入				电子图书（册）	电子期刊（册）	学位论文（册）	音视频（小时）		
6270	750	397	24751	205	1641139	151990	4667419	13379	75	10

校舍情况

2023年苏州工业职业技术学院校舍情况一览表

产权项目	建筑面积（平方米）	产权项目	建筑面积（平方米）
一、教学及辅助用房总数	127712.77	培训工作用房	1471
教室	24442	室内体育用房	4402
专业教学实训用房及场所	90638.58	大学生活动用房	3127.19
图书馆	3632	二、行政办公用房总数	7901
系及教师教研办公用房	1282	学生宿舍（公寓）	67629.53
校级办公用房	6619	食堂	8323.33
三、生活用房	77087	后勤及辅助用房	1134.14

图书馆馆藏情况

2023 年苏州工业职业技术学院图书馆馆藏资源

编号	名称	数量
1	纸质图书累积量（册）	290609
1.1	中文纸质图书累积量（册）	290450
1.2	外文纸质图书累积量（册）	159
2	纸质期刊合订本累积量（册）	43881
2.1	中文纸质期刊合订本累积量（册）	43881
2.2	外文纸质期刊合订本累积量（册）	0

2023 年苏州工业职业技术学院图书馆当年新增文献

编号	名称	数量
1	当年购置纸质图书（册）	16016
1.1	当年购置纸质中文图书（册）	16016
1.2	当年购置纸质外文图书（册）	0
2	当年购置纸质报刊（份）	736
2.1	当年购置纸质中文报刊（份）	733
2.2	当年购置纸质外文报刊（份）	3
3	当年购置数据库（个）	10

教学单位

2023 年苏州工业职业技术学院教学单位情况一览表

序号	教学单位	基层教学组织
1	精密制造工程系	数控技术教研室
		机械制造及自动化教研室
		模具设计与制造教研室
		智能制造装备技术教研室
		工业工程技术教研室
		机械工程实训中心
2	机电工程系	机电一体化技术教研室
		智能控制技术教研室
		工业机器人技术教研室
		电气自动化技术教研室
		工业互联网应用教研室
		机电实训中心
3	电子与通信工程系	电子信息工程技术教研室
		物联网应用技术教研室
		智能产品开发与应用教研室
		现代通信技术教研室
3	电子与通信工程系	集成电路技术教研室
		电子与通信实训中心
4	软件与服务外包学院	计算机应用技术教研室
		软件技术教研室
		大数据技术教研室
		云计算技术应用教研室
		人工智能技术应用教研室
		信息技术实训中心
5	经贸管理系	会计信息管理教研室
		市场营销教研室
		电子商务教研室
		现代物流管理教研室
		人力资源管理教研室
		经管实训中心
6	建筑工程与艺术设计系	建筑工程技术教研室
		工程造价教研室

续表

序号	教学单位	基层教学组织	序号	教学单位	基层教学组织
6	建筑工程与艺术设计系	数字媒体艺术设计教研室	8	汽车工程系	汽车技术服务与营销教研室
		环境艺术设计教研室			汽车检测与维修技术教研室
		数学与人文艺术教研室			汽车智能技术教研室
		建筑工程与艺术设计实训中心			汽车实训中心
7	国际教育学院	国际经济与贸易教研室	9	马克思主义学院	习近平新时代中国特色社会主义思想概论教研室
		旅游管理教研室			
		商务英语教研室			思想道德与法治教研室
		商务日语教研室			形势与政策教研室
		公共外语教研室	10	体育部	体育教研室
		国教实训中心			体育场馆中心
8	汽车工程系	新能源汽车技术教研室			体质测试中心

专业设置

普通全日制专科

2023年苏州工业职业技术学院全日制专业情况一览表

序号	系（院）	专业代码	专业名称	学制	类别	说明
1	精密制造工程系	460103	数控技术	3年	专科	
2		460103-080801	数控技术（前段）—自动化（后段）	5年	贯通培养	现代职教体系“3+2”项目
3		460104	机械制造及自动化	3年	专科	
4		460106	工业工程技术	3年	专科	
5		460113	模具设计与制造	3年	专科	
6		460201	智能制造装备技术	3年	专科	
7	机电工程系	460301	机电一体化技术	3年	专科	
8		460303	智能控制技术	3年	专科	
9		460305	工业机器人技术	3年	专科	
10		460306	电气自动化技术	3年	专科	
11		460310	工业互联网应用	3年	专科	
12		080204	机械电子工程（联合培养）	4年	本科	现代职教体系“4+0”项目
13	电子与通信工程系	510101	电子信息工程技术	3年	专科	
14		510101-080714T	电子信息工程技术（前段）—电子信息科学与技术（后段）	5年	贯通培养	现代职教体系“3+2”项目
15		510102	物联网应用技术	3年	专科	
16		510108	智能产品开发与应用	3年	专科	
17		510301	现代通信技术	3年	专科	
18		510401	集成电路技术	3年	专科	

续表

序号	系（院）	专业代码	专业名称	学制	类别	说明
19	电子与通信工程系	510210	嵌入式技术与应用	3年	专科	
20	软件与服务外包学院	510201	计算机应用技术	3年	专科	
21		510203	软件技术	3年	专科	
22		510205	大数据技术	3年	专科	
23		510206	云计算技术应用	3年	专科	
24		510209	人工智能技术应用	3年	专科	
25	经贸管理系	530304	会计信息管理	3年	专科	
26		530605	市场营销	3年	专科	
27		120202	市场营销（联合培养）	4年	本科	现代职教体系“4+0”项目
28		530701	电子商务	3年	专科	
29		530802	现代物流管理	3年	专科	
30		590202	人力资源管理	3年	专科	
31	建筑工程与艺术设计系	440301	建筑工程技术	3年	专科	
32		440501	工程造价	3年	专科	
33		550103	数字媒体艺术设计	3年	专科	
34		550106	环境艺术设计	3年	专科	
35	国际教育学院	530501	国际经济与贸易	3年	专科	
36		540101	旅游管理	3年	专科	
37		570201	商务英语	3年	专科	
38		570205	商务日语	3年	专科	
39	汽车工程系	460702	新能源汽车技术	3年	专科	
40		500210	汽车技术服务与营销	3年	专科	
41		500211	汽车检测与维修技术	3年	专科	
42		510107	汽车智能技术	3年	专科	

面向社会招生全日制专科

2023年苏州工业职业技术学院面向社会招生全日制专业情况一览表

序号	系（院）	专业名称	专业方向	学制	类别	说明
1	软件与服务外包学院	510203	软件技术	3年	专科	社招
2	汽车工程系	500211	汽车检测与维修技术	3年	专科	社招
3	国际教育学院	570201	商务英语	3年	专科	社招

成人教育专科

2023年苏州工业职业技术学院成人教育专科专业情况一览表

序号	专业名称	科类名称	层次	学习形式	学制	招生范围
1	电子商务	文史类	专科	业余	2.5年	苏州市
2	电子商务	文史类	专科	函授	2.5年	苏州市
3	现代物流管理	文史类	专科	业余	2.5年	苏州市

续表

序号	专业名称	科类名称	层次	学习形式	学制	招生范围
4	现代物流管理	文史类	专科	函授	2.5年	苏州市
5	人力资源管理	文史类	专科	业余	2.5年	苏州市
6	人力资源管理	文史类	专科	函授	2.5年	苏州市
7	机电一体化技术	理工类	专科	业余	2.5年	苏州市
8	机电一体化技术	理工类	专科	函授	2.5年	苏州市
9	汽车检测与维修技术	理工类	专科	函授	2.5年	苏州市
10	计算机网络技术	理工类	专科	函授	2.5年	苏州市

招生就业

招生录取情况

2023年在江苏招生的普通高校统招历史、物理、艺术科类专业录取情况

高校、专业名称	录取数（人）	最高分（分）	最低分（分）	平行志愿（人）	征求志愿（人）
文科类高职（专科）					
1273苏州工业职业技术学院 01专业组（历史）	90	480	410	89	1
人力资源管理	15	472	423	15	—
会计信息管理	20	460	432	20	—
电子商务	20	447	410	19	1
工程造价	30	480	416	30	—
国际经济与贸易	5	441	417	5	—
历史类高职（专科）					
1273苏州工业职业技术学院 02专业组（历史）	30	460	429	26	4
现代通信技术	5	460	446	5	—
软件技术	5	459	444	5	—
大数据技术	5	441	436	5	—
人工智能技术应用	10	459	431	10	—
建筑工程技术	5	444	429	1	4
物理类高职（专科）					
1273苏州工业职业技术学院 03专业组（物理）	345	463	425	345	—
工业工程技术	35	434	425	35	—
机械制造及自动化	40	448	431	40	—
模具设计与制造	10	433	429	10	—
数控技术	15	450	433	15	—
智能制造装备技术	5	446	430	5	—
电气自动化技术	5	446	441	5	—

续表

工业互联网应用	15	433	425	15	—
工业机器人技术	30	443	427	30	—
机电一体化技术	30	452	433	30	—
智能控制技术	25	440	428	25	—
集成电路技术	10	438	429	10	—
物联网应用技术	10	463	431	10	—
现代通信技术	15	448	429	15	—
智能产品开发与应用	25	431	425	25	—
大数据技术	15	438	429	15	—
人工智能技术应用	20	440	426	20	—
软件技术	5	448	438	5	—
建筑工程技术	25	438	425	25	—
新能源汽车技术	10	442	429	10	—
物理类高职(专科)					
1273苏州工业职业技术学院04专业组(物理)(分段培养项目)	90	472	451	90	—
数控技术(与南京工程学院分段培养项目)	45	464	451	45	—
电子信息工程技术(与苏州城市学院分段培养项目)	45	472	451	45	—
艺术历史类高职(专科)					
1273苏州工业职业技术学院05专业组(历史)	45	442	429	45	—
环境艺术设计	22	431	429	22	—
数字媒体艺术设计	23	442	430	23	—
提前高职文理兼招,高职(专科)					
1273苏州工业职业技术学院	1500	364	205.03	1500	—
工业工程技术	35	305.07	281.4	35	—
机械制造及自动化	75	324.02	292.18	75	—
模具设计与制造	25	353	292.03	25	—
数控技术	20	335.01	306.07	20	—
智能制造装备技术	25	329.02	285.28	25	—
电气自动化技术	25	355	305.16	25	—
工业互联网应用	25	337	272.16	25	—
工业机器人技术	45	329.01	288.35	45	—
机电一体化技术	45	339	303.15	45	—
智能控制技术	45	332	290.04	45	—
集成电路技术	55	313.03	272.04	55	—
物联网应用技术	46	315.08	281.23	46	—
现代通信技术	45	364	275.2	45	—
智能产品开发与应用	55	308.09	266.15	55	—
大数据技术	45	319.05	280.1	45	—
计算机应用技术	45	333.02	288.25	45	—

续表

人工智能技术应用	45	356	276.22	45	—
软件技术	45	321.04	291.39	45	—
云计算技术应用	55	307.06	264.32	55	—
电子商务	25	320.04	280.29	25	—
会计信息管理	20	321.05	297.13	20	—
人力资源管理	30	315.03	280.01	30	—
市场营销	40	315.04	265.25	40	—
现代物流管理	80	314.01	266.2	80	—
工程造价	45	342	283.13	45	—
环境艺术设计	6	256.04	205.03	6	—
建筑工程技术	45	312.05	275.15	45	—
数字媒体艺术设计	17	300.23	206	17	—
国际经济与贸易	40	326	265.13	40	—
旅游管理	55	344	266.2	55	—
商务日语	37	321.06	264.34	37	—
商务英语	44	302.06	265.01	44	—
汽车技术服务与营销	50	318.01	264.33	50	—
汽车检测与维修技术	55	328.01	270.15	55	—
汽车智能技术	32	278.11	265.07	32	—
新能源汽车技术	78	314.05	282.27	78	—
注:高职提前“最高分(最低分)”为合格性考试+校测总分。					
中职职教高考文理兼招,高职(专科)					
1273苏州工业职业技术学院	900	731	314	898	2
电子信息工程技术	90	649	424	90	0
集成电路技术	45	452	407	45	0
旅游管理	45	632	537	45	0
商务英语	45	625	456	43	2
电气自动化技术	45	635	397	45	0
工业机器人技术	45	488	399	45	0
机电一体化技术	45	731	419	45	0
环境艺术设计	15	446	412	15	0
数字媒体艺术设计	10	471	435	10	0
电子商务	50	502	412	50	0
会计信息管理	50	634	552	50	0
人力资源管理	50	603	407	50	0
市场营销	50	673	421	50	0
机械制造及自动化	45	626	343	45	0
模具设计与制造	45	548	316	45	0
数控技术	45	590	333	45	0
智能制造装备技术	45	517	314	45	0
汽车检测与维修技术	45	564	404	45	0
计算机应用技术	45	670	551	45	0
云计算技术应用	45	610	520	45	0

2023年苏州工业职业技术学院在外省区市录取分数线统计表

省区市	招生科类	招生计划数（人）	录取数（人）	计划完成率	最高分（分）	最低分（分）
*天津	综合改革	5	5	100.00%	262.09	248.09
*河北	历史类	3	3	100.00%	428	376
	物理类	22	22	100.00%	446	424
山西	文史类	7	8	114.29%	346	310
	理工类	9	9	100.00%	347	335
内蒙古	理工类	5	5	100.00%	317	272
*辽宁	物理类	5	5	100.00%	418	383
吉林	文史类	3	3	100.00%	347.08	314.09
	理工类	7	7	100.00%	287.05	280.05
黑龙江	理工类	5	5	100.00%	296	278
*上海	综合改革	5	5	100.00%	229	191
*浙江	综合改革	10	10	100.00%	480	458
安徽	文史类	19	16	84.21%	430.99	336.67
	理工类	46	46	100.00%	420.62	407.84
	艺术类（文）	20	20	100.00%	731.49	689.89
*福建	物理类	10	10	100.00%	439	410
江西	文史类	12	12	100.00%	387.97	373.96
	理工类	18	18	100.00%	412.99	400.98
	艺术类（文）	10	10	100.00%	335.96	326.94
*山东	综合改革	20	20	100.00%	459	448
河南	文史类	7	7	100.00%	465	445
	理工类	28	28	100.00%	430	414
	艺术类（文）	10	10	100.00%	62.79	60.76
*湖北	物理类	10	10	100.00%	422	396
*湖南	物理类	5	5	100.00%	413	393
*广东	物理类	20	20	100.00%	423	399
广西	理工类	10	10	100.00%	390	342
*海南	综合改革	5	5	100.00%	534	480
*重庆	物理类	20	20	100.00%	407.16	367.13
四川	文史类	5	7	140.00%	420.09	392.11
	理工类	19	19	100.00%	423.06	399.07
贵州	文史类	2	2	100.00%	448	447
	理工类	13	13	100.00%	377	361
云南	文史类	5	5	100.00%	420.95	390.96
	理工类	15	15	100.00%	400.56	360.95
西藏	文史类	5	4	80.00%	225	214
陕西	理工类	5	5	100.00%	363.11	352.09
甘肃	理工类	10	10	100.00%	333	323
宁夏	理工类	5	5	100.00%	315	294
新疆	文史类	2	2	100.00%	346.1	301.1
	理工类	8	8	100.00%	284.04	254.05

续表

省区市	招生科类	招生计划数（人）	录取数（人）	计划完成率	最高分（分）	最低分（分）
合计		450	449	99.78%		

注：*为新高考改革省份。

2023年苏州工业职业技术学院录取人数统计表

地区	类别	录取人数（人）							
		合计	文科（历史）	理科（物理）	艺术（历史）	艺术（物理）	3+3 综改	兼收科类	对口科目
总计		3449	189	730	85	0	45	1500	900
江苏	本科专段	90	0	90	0	0	0	0	0
	高职提前	1500	0	0	0	0	0	1500	0
	统招专科	510	120	345	45	0	0	0	0
	职教高考	900	0	0	0	0	0	0	900
天津	统招专科	5	0	0	0	0	5	0	0
河北		25	3	22	0	0	0	0	0
山西		17	8	9	0	0	0	0	0
内蒙古		5	0	5	0	0	0	0	0
辽宁		5	0	5	0	0	0	0	0
吉林		10	3	7	0	0	0	0	0
黑龙江		5	0	5	0	0	0	0	0
上海		5	0	0	0	0	5	0	0
浙江		10	0	0	0	0	10	0	0
安徽		82	16	46	20	0	0	0	0
福建		10	0	10	0	0	0	0	0
江西		40	12	18	10	0	0	0	0
山东		20	0	0	0	0	20	0	0
河南		45	7	28	10	0	0	0	0
湖北		10	0	10	0	0	0	0	0
湖南		5	0	5	0	0	0	0	0
广东		20	0	20	0	0	0	0	0
广西		10	0	10	0	0	0	0	0
海南		5	0	0	0	0	5	0	0
重庆		20	0	20	0	0	0	0	0
四川		26	7	19	0	0	0	0	0
贵州		15	2	13	0	0	0	0	0
云南		20	5	15	0	0	0	0	0
西藏		4	4	0	0	0	0	0	0
陕西		5	0	5	0	0	0	0	0
甘肃		10	0	10	0	0	0	0	0
宁夏		5	0	5	0	0	0	0	0
新疆		10	2	8	0	0	0	0	0

在校生人数

2023年苏州工业职业技术学院在校生人数

系(院)/专业	人数(人)
精密制造工程系	1590
2021	484
工业工程技术	35
机械制造及自动化	78
机械制造及自动化(单招)	40
模具设计与制造	39
模具设计与制造(单招)	31
模具设计与制造(中高职衔接)	54
数控技术	47
数控技术(单招)	39
数控技术(专本衔接)	44
智能制造装备技术	49
智能制造装备技术(单招)	28
2022	536
工业工程技术	48
机械制造及自动化	90
机械制造及自动化(单招)	46
模具设计与制造	47
模具设计与制造(单招、中高职混编)	87
数控技术	47
数控技术(单招)	41
数控技术(专本衔接)	43
智能制造装备技术	45
智能制造装备技术(单招)	42
2023	570
工业工程技术	90
机械制造及自动化	131
机械制造及自动化(单招)	45
模具设计与制造	43
模具设计与制造(单招)	44
数控技术	45
数控技术(单招)	40
数控技术(专本衔接)	45
智能制造装备技术	45
智能制造装备技术(单招)	42
机电工程系	1391
2021	406
电气自动化技术	49
电气自动化技术(单招)	35
工业机器人技术	76
机电一体化技术	124
机电一体化技术(博世班)	8
机电一体化技术(单招)	41
智能控制技术	73
2022	467
电气自动化技术	48
电气自动化技术(单招)	45
工业机器人技术	99
机电一体化技术	43
机电一体化技术(SGAVE)	45
机电一体化技术(单招)	46
机械电子工程(4+0)	42
智能控制技术	99
2023	518
电气自动化技术	47
电气自动化技术(单招)	43
工业互联网应用	45
工业机器人技术	88
工业机器人技术(单招)	45
机电一体化技术	44
机电一体化技术(SGAVE)	45
机电一体化技术(单招)	43
机械电子工程(4+0)	29
智能控制技术	89
电子与通信工程系	1408
2021	343
电子信息工程技术	86
电子信息工程技术(单招)	32
集成电路技术	25
嵌入式技术应用	39
物联网应用技术(统招、单招混编)	46
现代通信技术	77
智能产品开发与应用	38
2022	542
电子信息工程技术	48
电子信息工程技术(单招)	88
电子信息工程技术(专本衔接)	45
集成电路技术	90
集成电路技术(单招)	44
物联网应用技术	89
现代通信技术	92
智能产品开发与应用	46

续表

系（院）/专业	人数（人）	系（院）/专业	人数（人）
2023	523	市场营销（单招）	42
电子信息工程技术（单招）	88	现代物流管理	72
电子信息工程技术（专本衔接）	44	2022	497
集成电路技术	87	电子商务	49
集成电路技术（单招）	44	电子商务（单招）	38
物联网应用技术	87	会计信息管理	53
现代通信技术	86	会计信息管理（单招）	35
智能产品开发与应用	87	人力资源管理	49
软件与服务外包学院	1306	人力资源管理（单招）	40
2021	407	市场营销	49
大数据技术	85	市场营销（4+0）	44
计算机应用技术	47	市场营销（单招）	45
计算机应用技术（单招）	44	现代物流管理	95
人工智能技术应用	37	2023	517
软件技术	88	电子商务	47
软件技术（社招）	23	电子商务（单招）	49
云计算技术应用	83	会计信息管理	48
2022	463	会计信息管理（单招）	49
大数据技术	96	人力资源管理	49
计算机应用技术	49	人力资源管理（单招）	50
计算机应用技术（单招）	45	市场营销	49
人工智能技术应用	42	市场营销（4+0）	30
人工智能技术应用（单招）	45	市场营销（单招）	48
软件技术	96	现代物流管理	98
云计算技术应用	46	建筑工程与艺术设计系	772
云计算技术应用（单招）	44	2021	191
2023	436	工程造价	45
大数据技术	80	环境艺术设计	37
计算机应用技术	43	建筑工程技术	69
计算机应用技术（单招）	47	数字媒体艺术设计	40
人工智能技术应用	84	2022	273
软件技术	85	工程造价	48
云计算技术应用	50	环境艺术设计	67
云计算技术应用（统招、单招混编）	47	建筑工程技术	89
经贸管理系	1439	数字媒体艺术设计	69
2021	425	2023	308
电子商务	45	工程造价	92
电子商务（单招）	43	环境艺术设计	31
会计信息管理	46	环境艺术设计（统招、单招混编）	30
会计信息管理（单招）	46	建筑工程技术	86
人力资源管理	83	数字媒体艺术设计	35
市场营销	48	数字媒体艺术设计（统招、单招混编）	34

续表

系(院)/专业	人数(人)	系(院)/专业	人数(人)
国际教育学院	789	汽车工程系	774
2021	243	2021	224
国际经济与贸易	44	汽车技术服务与营销	32
旅游管理(统招、单招混编)	60	汽车检测与维修技术	72
商务日语	44	汽车检测与维修技术(社招)	6
商务英语	83	汽车智能技术	34
商务英语(社招)	12	新能源汽车技术	80
2022	268	2022	265
国际经济与贸易	42	汽车技术服务与营销	38
旅游管理	48	汽车检测与维修技术	44
旅游管理(单招)	41	汽车检测与维修技术(单招)	47
商务日语	46	汽车智能技术	42
商务英语	41	新能源汽车技术	47
商务英语(单招)	50	新能源汽车技术(单招)	47
2023	278	2023	285
国际经济与贸易	45	汽车技术服务与营销	49
旅游管理	50	汽车检测与维修技术	56
旅游管理(统招、单招混编)	48	汽车检测与维修技术(单招)	42
商务日语	46	汽车智能技术	47
商务英语	46	新能源汽车技术	91
商务英语(单招)	43	总计	9469

毕业生基本情况

一、毕业生规模

苏州工业职业技术学院2023届毕业生共3077人。其中,男生2250人,女生827人。

二、毕业生结构

(一)毕业生院系及专业分布

2023届专科生分系(院)、专业人数分布

系(院)名称	各系(院)毕业生人数(人)	专业名称	各专业毕业生人数(人)
精密制造工程系	495	数控技术	141
		模具设计与制造	132
		机械制造与自动化	131
		数控设备应用与维护	48
		工业工程技术	43
机电工程系	550	机电一体化技术	227
		智能控制技术	88
		电气自动化技术	88
		工业机器人技术	85
		自动化生产设备应用	62
电子与通信工程系	498	物联网应用技术	159
		智能产品开发	90
		电子信息工程技术	86

续表

系（院）名称	各系（院）毕业生人数（人）	专业名称	各专业毕业生人数（人）
电子与通信工程系	498	通信技术	82
		应用电子技术	42
		嵌入式技术与应用	39
软件与服务外包学院	379	软件技术	93
		计算机应用技术	88
		云计算技术与应用	79
		大数据技术与应用	41
		计算机网络技术	40
		人工智能技术服务	38
经贸管理系	428	电子商务	109
		会计信息管理	95
		市场营销	93
		物流管理	87
		人力资源管理	44
建筑工程与艺术设计系	243	建筑工程技术	86
		数字媒体艺术设计	75
		工程造价	45
		环境艺术设计	37
国际教育学院	281	商务英语	83
		旅游管理	80
		商务日语	44
汽车工程系	203	汽车检测与维修技术	91
		新能源汽车技术	83
		汽车营销与服务	29

数据来源：全国高校毕业生就业管理系统。

（二）毕业生生源地分布

2023届各生源地毕业生人数分布

生源地	毕业生人数（人）	比例	生源地	毕业生人数（人）	比例
江苏	2248	73.06%	甘肃	14	0.45%
河南	155	5.04%	湖北	14	0.45%
安徽	146	4.74%	山东	14	0.45%
山西	93	3.02%	广东	13	0.42%
四川	88	2.86%	重庆	10	0.32%
江西	62	2.01%	吉林	9	0.29%
贵州	45	1.46%	陕西	7	0.23%
云南	45	1.46%	宁夏	6	0.19%
新疆	33	1.07%	西藏	4	0.13%
福建	28	0.91%	湖南	3	0.1%
广西	21	0.68%	浙江	2	0.06%
河北	16	0.52%	上海	1	0.03%

数据来源：全国高校毕业生就业管理系统。

（三）毕业生民族分布

2023届各民族毕业生人数分布

民族	毕业生人数（人）	民族	毕业生人数（人）	民族	毕业生人数（人）
汉族	3005	维吾尔族	5	哈尼族	1
回族	12	藏族	5	畲族	1
苗族	9	布依族	3	黎族	1
彝族	9	侗族	3	朝鲜族	1
壮族	8	蒙古族	2	水族	1
土家族	8	白族	2	其他	1

数据来源：全国高校毕业生就业管理系统。

三、毕业去向分布

（一）总体毕业去向及落实率

截至2023年12月31日，毕业生去向分布如下：

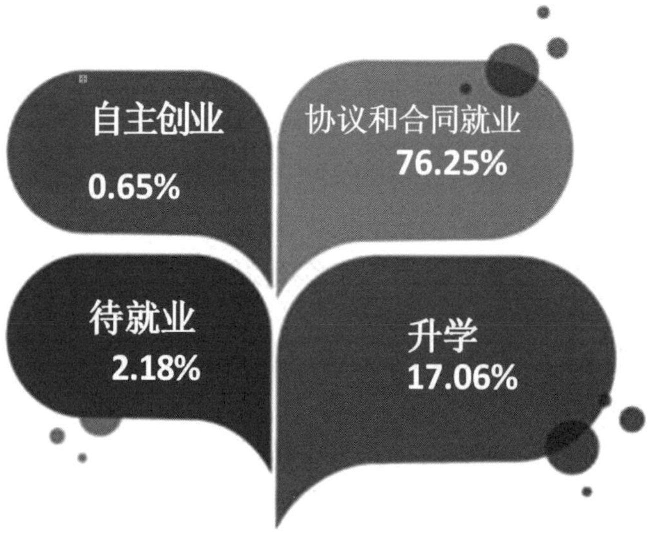

数据来源：全国高校毕业生就业管理系统。

2023届各系（院）毕业生毕业去向分布

系（院）名称	待就业	灵活就业	升学	协议和合同就业	征兵	自主创业
精密制造工程系	2.02%	0.00%	17.98%	77.98%	2.02%	0.00%
机电工程系	2.00%	0.55%	16.55%	77.45%	2.18%	1.27%
电子与通信工程系	2.61%	1.00%	22.49%	70.88%	2.01%	0.60%
软件与服务外包学院	7.65%	2.11%	8.44%	81.27%	0.53%	0.00%
经贸管理系	2.80%	0.23%	11.92%	84.11%	0.93%	0.00%
建筑工程与艺术设计系	3.29%	3.70%	23.46%	67.90%	1.23%	0.41%
国际教育学院	2.85%	3.20%	24.56%	68.33%	0.36%	0.71%
汽车工程系	3.45%	1.97%	11.82%	76.85%	2.46%	3.45%

数据来源：全国高校毕业生就业管理系统。

2023届专科生分专业去向分布

系（院）名称	专业名称	待就业	灵活就业	升学	协议和合同就业	自主创业
精密制造工程系	数控设备应用与维护	6.25%	0.00%	12.50%	81.25%	0.00%
	机械制造与自动化	3.81%	0.00%	12.98%	83.21%	0.00%
	数控技术	3.55%	0.00%	34.75%	61.70%	0.00%
	工业工程技术	2.33%	0.00%	13.95%	83.72%	0.00%
	模具设计与制造	2.28%	0.00%	8.33%	89.39%	0.00%
机电工程系	自动化生产设备应用	16.13%	0.00%	9.68%	72.58%	1.61%
	智能控制技术	12.49%	0.00%	26.14%	56.82%	4.55%
	工业机器人技术	9.41%	0.00%	14.12%	75.29%	1.18%
	机电一体化技术	7.49%	0.00%	13.22%	78.85%	0.44%
	电气自动化技术	5.68%	0.00%	22.73%	71.59%	0.00%
电子与通信工程系	通信技术	9.75%	0.00%	29.27%	59.76%	1.22%
	物联网应用技术	8.17%	1.26%	13.84%	75.47%	1.26%
	智能产品开发	7.78%	0.00%	32.22%	60.00%	0.00%
	嵌入式技术与应用	7.69%	0.00%	25.64%	66.67%	0.00%
	电子信息工程技术	6.97%	0.00%	19.77%	73.26%	0.00%
	应用电子技术	4.76%	0.00%	28.57%	66.67%	0.00%
软件与服务外包学院	软件技术	26.88%	1.08%	8.60%	63.44%	0.00%
	云计算技术与应用	12.65%	0.00%	10.13%	77.22%	0.00%
	人工智能技术服务	7.89%	0.00%	10.53%	81.58%	0.00%
	大数据技术与应用	7.32%	0.00%	4.88%	87.80%	0.00%
	计算机应用技术	4.54%	0.00%	4.55%	90.91%	0.00%
	计算机网络技术	0.00%	0.00%	15.00%	85.00%	0.00%
经贸管理系	会计信息管理	6.32%	0.00%	16.84%	76.84%	0.00%
	市场营销	5.38%	0.00%	8.60%	86.02%	0.00%
	电子商务	1.84%	0.00%	1.83%	96.33%	0.00%
	物流管理	1.15%	0.00%	10.34%	88.51%	0.00%
	人力资源管理	0.00%	0.00%	36.36%	63.64%	0.00%
建筑工程与艺术设计系	建筑工程技术	11.63%	0.00%	26.74%	61.63%	0.00%
	环境艺术设计	5.40%	0.00%	18.92%	75.68%	0.00%
	数字媒体艺术设计	5.34%	0.00%	13.33%	80.00%	1.33%
	工程造价	2.22%	0.00%	37.78%	60.00%	0.00%
国际教育学院	旅游管理	10.00%	2.50%	8.75%	78.75%	0.00%
	国际贸易实务	9.47%	4.05%	22.97%	62.16%	1.35%
	商务英语	8.44%	1.20%	30.12%	60.24%	0.00%
	商务日语	6.82%	0.00%	45.45%	47.73%	0.00%
汽车工程系	新能源汽车技术	7.23%	1.20%	19.28%	72.29%	0.00%
	汽车检测与维修技术	5.50%	1.10%	6.59%	81.32%	5.49%
	汽车营销与服务	3.44%	0.00%	6.90%	82.76%	6.90%

数据来源：全国高校毕业生就业管理系统。

（二）升学分析

学校2023届专科毕业生升学的最主要原因是“提高学历层次”（73.72%），其次是“专业深造”（11.78%）。

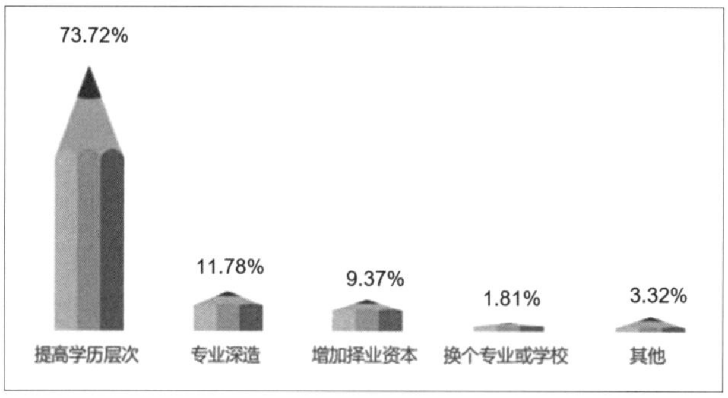

2023届专科生升学的原因

数据来源：江苏招就“2023年江苏省普通高校毕业生就业调查”。

学校2023届专科毕业生升学专业与原专业一致的占比为34.44%；毕业生升学选择专业的首要参考因素是“更有利于就业”（29.73%），其次是“更感兴趣”（27.03%）。

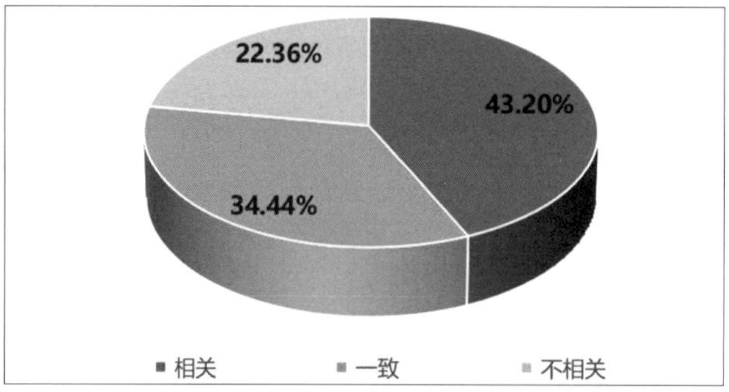

2023届专科生升学专业与原专业的一致性

数据来源：江苏招就“2023年江苏省普通高校毕业生就业调查”。

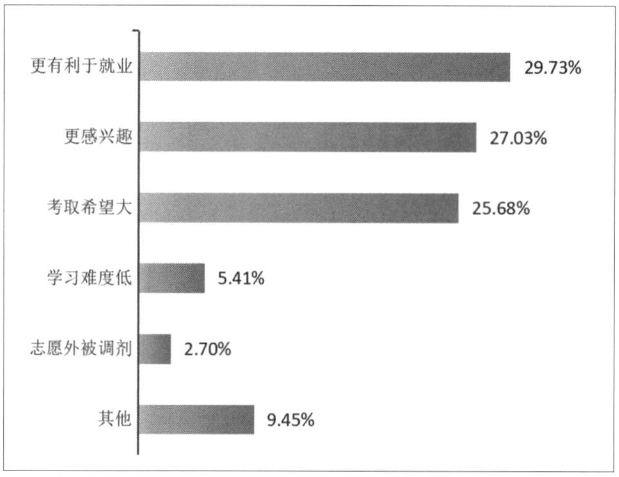

2023届专科生升学选择专业的原因

数据来源：江苏招就“2023年江苏省普通高校毕业生就业调查”。

四、毕业生就业率

（一）初次就业落实率

2023届毕业生初次就业率90.22%，各系（院）毕业生初次就业率均处于83.00%及以上，其中初次就业率较高的系（院）是经贸管理系（95.09%）、精密制造工程系（94.34%）、建筑工程与艺术设计系（93.00%）。

2023届各系（院）及专业毕业生初次就业率分布

系（院）名称	各系（院）毕业去向落实率	专业名称	各专业毕业去向落实率
经贸管理系	95.09%	人力资源管理	100.00%
		电子商务	98.17%
		物流管理	97.70%
		会计信息管理	93.68%
		市场营销	88.17%
精密制造工程系	94.34%	模具设计与制造	96.97%
		机械制造与自动化	93.89%
		数控设备应用与维护	93.75%
		工业工程技术	93.02%
		数控技术	92.91%
建筑工程与艺术设计系	93.00%	工程造价	97.78%
		数字媒体艺术设计	94.67%
		环境艺术设计	94.59%
		建筑工程技术	88.37%
汽车工程系	91.63%	汽车营销与服务	96.55%
		汽车检测与维修技术	92.31%
		新能源汽车技术	89.16%
电子与通信工程系	89.96%	应用电子技术	95.24%
		通信技术	90.24%
		物联网应用技术	89.94%
		嵌入式技术与应用	89.74%
		智能产品开发	88.89%
		电子信息工程技术	88.37%%
机电工程系	88.91%	电气自动化技术	93.18%
		机电一体化技术	90.75%
		工业机器人技术	89.41%
		智能控制技术	85.23%
		自动化生产设备应用	80.65%
国际教育学院	84.34%	商务日语	93.18%
		旅游管理	85.00%
		商务英语	84.34%
		国际贸易实务	78.38%
软件与服务外包学院	83.38%	计算机网络技术	97.50%
		计算机应用技术	93.18%

续表

系（院）名称	各系（院）毕业去向落实率	专业名称	各专业毕业去向落实率
软件与服务外包学院	83.38%	大数据技术与应用	90.24%
		人工智能技术服务	89.47%
		云计算技术与应用	86.08%
		软件技术	60.22%
本校专科平均	90.22%	—	—

数据来源：全国高校毕业生就业管理系统。

（二）年终就业率

各系（院）毕业生年终就业率均处于92.00%以上，其中年终就业率较高的系（院）是机电工程系（98.00%）、精密制造工程系（97.98%）、电子与通信工程系（97.39%）。各专业毕业生年终就业率均处于84.00%及以上，其中工业工程技术、应用电子技术、计算机网络技术、人力资源管理、工程造价5个专业毕业生实现完全就业，年终就业率达到100.00%。

2023届各系（院）及专业毕业生年终就业率分布

院系名称	各院系毕业去向落实率	专业名称	各专业毕业去向落实率
机电工程系	98.00%	电气自动化技术	98.86%
		自动化生产设备应用	98.39%
		机电一体化技术	97.80%
		智能控制技术	97.73%
		工业机器人技术	97.65%
精密制造工程系	97.98%	工业工程技术	100%
		模具设计与制造	99.24%
		数控技术	98.58%
		机械制造与自动化	96.95%
		数控设备应用与维护	93.75%
电子与通信工程系	97.39%	应用电子技术	100%
		智能产品开发	97.78%
		通信技术	97.56%
		嵌入式技术与应用	97.44%
		物联网应用技术	96.86%
		电子信息工程技术	96.51%
经贸管理系	97.20%	人力资源管理	100%
		电子商务	99.08%
		物流管理	97.7%
		市场营销	95.7%
		会计信息管理	94.74%
国际教育学院	97.15%	旅游管理	98.75%
		商务日语	97.73%
		国际贸易实务	97.3%
		商务英语	95.18%

续表

院系名称	各院系毕业去向落实率	专业名称	各专业毕业去向落实率
建筑工程与艺术设计系	96.71%	工程造价	100%
		数字媒体艺术设计	98.67%
		环境艺术设计	94.59%
		建筑工程技术	94.19%
汽车工程系	96.55%	汽车检测与维修技术	96.7%
		汽车营销与服务	96.55%
		新能源汽车技术	96.39%
软件与服务外包学院	92.35%	计算机网络技术	100%
		大数据技术与应用	97.56%
		计算机应用技术	94.25%
		云计算技术与应用	92.41%
		人工智能技术服务	92.11%
		软件技术	84.95%
本校专科平均	96.82%	—	—

数据来源：全国高校毕业生就业管理系统。

办学质量

专业建设

苏州工业职业技术学院专业建设情况一览表

类别	级别	专业名称	所属系（院）	时间	发文号
中国特色高水平高职院校高水平专业群	国家级	智能控制技术专业群（智能控制技术、数控技术、工业机器人技术、机电一体化技术）	精密制造工程系、机电工程系	2019年	教职成函〔2019〕14号
江苏省高等职业教育高水平专业群	省级	机械制造与自动化专业群（机械制造与自动化、模具设计与制造、数控设备应用与维护、工业工程技术）	精密制造工程系	2021年	苏教职函〔2021〕1号
	省级	云计算技术与应用专业群（软件技术、云计算技术与应用、大数据技术与应用、人工智能技术服务）	软件与服务外包学院	2021年	苏教职函〔2021〕1号
	省级	电子信息工程技术专业群（电子信息工程技术、通信技术、智能产品开发）	电子与通信工程系	2021年	苏教职函〔2021〕1号
	省级	智能控制技术专业群（智能控制技术、数控技术、工业机器人技术、机电一体化技术）	机电工程系	2021年	苏教职函〔2021〕1号
江苏省“十二五”高等学校重点建设专业群	省级	数控装备应用技术专业群（数控技术、模具设计与制造、数控设备应用与维护）	精密制造工程系	2012年	苏教高〔2012〕23号
	省级	机电一体化技术专业群（机电一体化技术、电气自动化技术、自动化生产设备应用）	机电工程系	2012年	苏教高〔2012〕23号
	省级	电子信息技术专业群（应用电子技术、通信技术、电子信息工程技术、电子测量技术与仪器）	电子与通信工程系	2012年	苏教高〔2012〕23号

续表

类别	级别	专业名称	所属系(院)	时间	发文号
全国职业院校装备制造类示范专业点	国家级	机电一体化技术	机电工程系	2017年	教职成厅函〔2017〕40号
高等职业教育创新发展行动计划骨干专业	国家级	软件技术、工业机器人技术、数控设备应用与维护、数控技术、机电一体化技术、应用电子技术	软件与服务外包学院、机电工程系、精密制造工程系、电子与通信工程系	2019年	教职成函〔2019〕10号
中央财政重点支持建设专业	国家级	通信技术、机电一体化技术	电子与通信工程系、机电工程系	2011年	教职成〔2011〕11号
江苏省高等职业教育高水平骨干专业	省级	工业机器人技术、数控设备应用与维护、软件技术、机电一体化技术、应用电子技术	机电工程系、精密制造工程系、软件与服务外包学院、电子与通信工程系	2017年	苏教高〔2017〕17号
江苏省“十二五”高等学校重点专业	省级	数控技术、应用电子技术、软件技术、物流管理	精密制造工程系、电子与通信工程系、软件与服务外包学院、经贸管理系	2012年	苏教高〔2012〕23号
江苏省高校品牌专业(第一期)	省级	数控技术	精密制造工程系	2015年	苏教高〔2015〕11号
江苏省高等学校品牌特色专业	省级	数控技术	精密制造工程系	2010年	苏教高〔2010〕26号
第二批苏州高职高专院校品牌专业	市级	云计算技术与应用	软件与服务外包学院	2019年	苏教高职〔2019〕47号
第三批苏州高职高专院校品牌专业	市级	机械制造与自动化	精密制造工程系	2020年	苏教高职〔2020〕43号
第四批苏州高职高专院校品牌专业	市级	大数据技术	软件与服务外包学院	2021年	苏教高职〔2021〕52号
首批苏州市高等院校骨干专业	市级	集成电路技术	电子与通信工程系	2023年	苏教高〔2023〕24号

课程建设

苏州工业职业技术学院课程建设情况一览表

类别	级别	课程名称	建设时间	发文号
课程思政示范课程	国家级	PLC应用与实践	2021年	教高函〔2021〕7号
国家精品在线开放课程	国家级	计算机应用基础	2019年	教高函〔2019〕1号
	国家级	多轴数控编程与仿真加工(NXCAM)	2019年	教高函〔2019〕1号
	国家级	PLC应用与实践	2020年	教职成厅函〔2020〕18号
职业教育国家在线精品课程	国家级	计算机应用基础	2022年	教育部办公厅关于公布2022年职业教育国家在线精品课程名单的公告
	国家级	多轴数控编程与仿真加工(NXCAM)	2022年	
	国家级	PLC应用与实践	2022年	
江苏省高等学校在线开放课程	省级	电路分析基础	2018—2019年	苏教高函〔2019〕23号
	省级	嵌入式基础	2018—2019年	
	省级	数字电子技术	2018—2019年	
	省级	大学生职业能力提升	2018—2019年	

续表

类别	级别	课程名称	建设时间	发文号
江苏省高等学校在线开放课程	省级	机械产品数字化设计实战——NX CAD从入门到精通	2018—2019年	苏教高函〔2019〕23号
	省级	C语言程序设计	2018—2019年	
	省级	影视后期制作	2018—2019年	
	省级（联合建设项目）	创新思维与方法	2018—2019年	
	省级	多轴数控编程与仿真加工（NXCAM）	2016—2017年	苏教高函〔2017〕13号
	省级（联合建设项目）	计算机应用基础	2016—2017年	
	省级（联合建设项目）	大学英语（Ⅰ、Ⅱ）	2016—2017年	
	省级（联合建设项目）	高等数学（一）	2016—2017年	
江苏高校助力乡村振兴在线开放课程	省级	农产品直播运营：直播环境布置	2021年	苏教办高函〔2021〕8号
	省级	汽车覆盖件拆装	2021年	
	省级	汽车钣金修复	2021年	
江苏省高校课程思政示范课程	省级	PLC应用与实践	2021年	苏教办高函〔2021〕11号
	省级	机械产品数字化设计	2021年	
江苏省高等学校精品课程	省级	EDA技术	2008年	苏教高〔2008〕33号
	省级	液压传动与气动技术	2010年	苏教高〔2010〕19号
	省级	单片机应用与实践	2010年	
“十四五”江苏省职业教育首批在线精品课程	省级	PLC应用与实践	2022年	“十四五”江苏省职业教育首批在线精品课程及2022年职业教育国家在线精品课程江苏推荐项目公示
	省级	多轴数控编程与仿真加工（NX CAM）	2022年	
	省级	计算机应用基础	2022年	
	省级	C语言程序设计	2022年	
	省级	数字电子技术	2022年	
	省级	机械产品数字化设计实战——NX CAD从入门到精通	2022年	
职业教育一流核心（线下）课程	省级	智能装备系统集成虚拟仿真技术	2023年	2023年职业教育校企合作典型生产实践项目和一流核心（线下）课程评审推荐结果公示
苏州市高职院校优秀新课程	市级	电子产品组装调试与维修	2014年	苏教高职〔2014〕31号
	市级	数控机床故障诊断与维修	2015年	苏教高职〔2015〕41号
	市级	零件的多轴数控编程与加工	2017年	苏教高职〔2017〕46号
苏州市首批精品在线开放课程	市级	C语言程序设计	2017年	苏教高职〔2017〕50号
苏州市课程思政示范课	市级	H1SH10-8减速器轴图样尺寸标注	2019年	苏宣通〔2019〕94号
	市级	从极限的概念看中国智慧	2020年	苏教党工委〔2020〕78号
苏州市思政课程示范课	市级	弘扬传统医学，推进健康中国战略	2020年	

教材建设

苏州工业职业技术学院教材建设情况一览表

类别	级别	教材名称	ISBN	主编	出版单位	发文号
首届全国优秀教材一等奖	国家级	《PLC应用与实践（三菱）》	978-7-04-048350-5	温贻芳、李洪群、王月芹	高等教育出版社	国教材〔2021〕6号
首批“十四五”职业教育国家规划教材	国家级	《计算机应用情境教学基础教程（Windows7+Office2016）（微课版）》《计算机应用情境教学基础教程拓展实训（Windows7+Office2016）》	978-7-115-56377-4	王竝	人民邮电出版社	教职成厅函〔2023〕19号
	国家级	《NX10.0多轴数控编程典型案例教程》	978-7-04-050591-7	石皋莲	高等教育出版社	
	国家级	《数字电子技术项目教程（第2版）》	978-7-121-39313-6	邵利群	电子工业出版社	
	国家级	《电工技术基础与技能（第3版）》	978-7-040-40454-8	周绍敏	高等教育出版社	
	国家级	《液压传动与气动技术（第3版）》	978-7-301-27919-9	曹建东	北京大学出版社	
	国家级	《典型机械零件数控加工项目教程——首件加工与调试》	978-7-111-48925-2	吴少华、顾涛	机械工业出版社	
	国家级	《数控加工中心编程与操作项目教程》	978-7-302-52129-7	马俊、成立、肖洪波	清华大学出版社	
	国家级	《LiteOS应用开发实践教程》	978-7-121-37602-3	吴冬燕、朱祥贤	电子工业出版社	
	国家级	《NB-IoT应用技术项目化教程》	978-7-111-63855-1	朱祥贤、吴冬燕	机械工业出版社	
	国家级	《C#程序设计项目化教程（第2版）》	978-7-121-37901-7	何福男、汤晓燕	电子工业出版社	
	国家级	《网站设计与网页制作立体化项目教程（第3版）》	978-7-121-32955-5	何福男、密海英	电子工业出版社	
	国家级	《PLC应用与实践（三菱）》	978-7-04-048350-5	温贻芳、李洪群、王月芹	高等教育出版社	
	国家级	PLC应用与实践数字课程	数字课程	温贻芳	高等教育电子音像出版社有限公司	
“十四五”职业教育江苏省规划教材（首批）	省级	《计算机应用情境教学基础教程（Windows 7+Office 2016）（微课版）》	978-7-115-56377-4	王竝	人民邮电出版社	苏教职函〔2022〕9号
	省级	《创新思维与方法》	978-7-305-23394-4	桂德怀	南京大学出版社	
	省级	《数字电子技术项目教程（第2版）》	978-7-121-39313-6	邵利群、杭海梅	电子工业出版社	
	省级	《NX10.0多轴数控编程典型案例教程》	978-7-04-050591-7	石皋莲、季业益	高等教育出版社	
	省级	《冲压模具的拆装与设计》	978-7-111-67058-2	成立、沈小强	机械工业出版社	
	省级	《大数据可视化应用开发》	978-7-113-26979-1	刘文军、胡霞、宋学永（校外）	中国铁道出版社	

续表

类别	级别	教材名称	ISBN	主编	出版单位	发文号
“十四五”职业教育江苏省规划教材（首批）	省级	《电子EDA技术Multisim》	978-7-121-41465-7	翟红、荣雪琴	电子工业出版社	苏教职函〔2022〕9号
	省级	《网站设计与网页制作项目教程（第2版）》	978-7-121-24021-8	何福男、密海英	电子工业出版社	
2021年江苏省高等学校重点教材	省级	《工业数据采集与边缘计算应用》	出版中	吴冬燕、罗楠	电子工业出版社	苏高教会〔2021〕39号
2020年江苏省高等学校重点教材	省级	《汇川PLC编程与应用教程》	出版中	薛迎春、王月芹	高等教育出版社	苏高教会〔2020〕39号
	省级	《冲压模具的拆装与设计》	978-7-111-67058-2	成立、沈小强	机械工业出版社	
2019年江苏省高等学校重点教材	省级	《LiteOS应用开发实践教程》	978-7-121-37602-3	吴冬燕、朱祥贤	电子工业出版社	苏高教会〔2019〕35号
	省级	《数控车床编程与操作项目化教程（第二版）》	978-7-111-69415-1	罗平尔、顾涛	机械工业出版社	
	省级	《创业进阶》	978-7-305-25074-3	桂德怀、刘绪军	南京大学出版社	
	省级	《跨境电子商务务实》	出版中	赵春燕	北京大学出版社	
2018年江苏省高等学校重点教材	省级	《NX10.0多轴数控编程典型案例教程》	978-7-04-050591-7	石皋莲、季业益	高等教育出版社	苏教高函〔2019〕10号
	省级	《数字电子技术项目教程（第二版）》	978-7-121-39313-6	邵利群、杭海梅	电子工业出版社	
	省级	《NB-IoT应用技术项目化教程》	978-7-111-63855-1	朱祥贤、吴冬燕	机械工业出版社	
	省级	《创新思维与方法》	978-7-305-23394-4	桂德怀	南京大学出版社	

实验实训室建设

苏州工业职业技术学院省级以上实验实训基地建设情况一览表

序号	单位	基地名称	发文机构	级别	获批时间
1	机电工程系	工业机器人与智能装备产教融合实训平台	省教育厅	省级	2017
2	精密制造工程系	数字化智能制造与精密检测技术实训平台	省教育厅	省级	2017
3	机电工程系	“智能车间”装备集成与应用技术产教融合集成平台	省教育厅	省级	2019
4	机电工程系	工业机器人与智能装备产教融合实训平台——高等职业教育创新发展行动计划（2015—2018年）认定项目	教育部	国家级	2019
5	精密制造工程系	数字化智能制造与精密检测技术实训平台——高等职业教育创新发展行动计划（2015—2018年）认定项目	教育部	国家级	2019
6	精密制造工程系	智能车间装备集成与应用技术虚拟仿真实训基地	教育部	国家级	2021
7	精密制造工程系	智能车间装备集成与应用技术虚拟仿真实训基地	省教育厅	省级	2021
8	机电工程工程系	数字化制造与精密检测虚拟仿真实训基地	省教育厅	省级	2022
9	电子与通信工程系	先进半导体技术虚拟仿真实训基地	省教育厅	省级	2023

国家职业技能培训、鉴定机构

苏州工业职业技术学院国家职业技能培训、鉴定机构情况一览表

序号	机构名称	培训（鉴定）项目	等级
1	全国CAD应用培训网络—南京中心	AUTOCAD	中级
2	全国CAD应用培训网络—南京中心	PROTEL	中级
3	人力资源和社会保障部、财政局	会计专业技术资格	初级
4	苏州工业职业技术学院	汽车维修工	三级、四级、五级

续表

序号	机构名称	培训（鉴定）项目	等级
5	苏州工业职业技术学院	制图员	三级、四级、五级
6	苏州工业职业技术学院	车工	三级、四级、五级
7	苏州工业职业技术学院	铣工	三级、四级、五级
8	苏州工业职业技术学院	机床装调维修工	三级、四级
9	苏州工业职业技术学院	电工	三级、四级、五级
10	教育部考试中心	全国计算机等级考试	一级、二级
11	教育部高等教育司	全国大学英语四、六级考试	四级、六级
12	高等学校英语应用能力考试委员会	高等学校英语应用能力考试	A级、B级
13	教育部高等教育司	全国大学日语四、六级考试	四级

教学团队建设

苏州工业职业技术学院教学团队建设情况一览表

类别	级别	团队名称	建设时间	发文号
首批国家级职业教育教师教学创新团队	国家级	工业机器人应用与维护	2019—2023年	教师函〔2019〕7号、教师函〔2023〕5号
第二批全国高校黄大年式教师团队	国家级	“匠心筑梦·铸魂报国”工业机器人与智能装备教师团队	2022年	教师函〔2022〕2号
教育部课程思政示范课程教学团队	国家级	PLC应用与实践	2021年	教高函〔2021〕7号
第三批国家级职业教育教师创新团队	国家级	智能控制技术专业团队	2023年	教师函〔2023〕9号
江苏省高校“青蓝工程”优秀教学团队	省级	智能装备控制系统集成与开发教学团队	2022年	苏教师函〔2022〕29号
	省级	智慧管理服务教学团队	2021年	苏教师函〔2021〕11号
	省级	跨境电子商务教学团队	2020年	苏教师函〔2020〕10号
	省级	智能嵌入式技术教学团队	2019年	苏教师〔2019〕3号
	省级	智能工厂物流教学团队	2018年	苏教师〔2018〕12号
	省级	数控技术专业教学团队	2017年	苏教师〔2017〕15号
江苏省高校“青蓝工程”科技创新团队	省级	工业机器人与材料表面处理技术科技创新团队	2016年	苏教师〔2016〕15号
江苏省高等学校优秀教学团队	省级	机电一体化技术专业教学团队	2010年	苏教高〔2010〕30号
苏州市高等职业教育教师创新团队	市级	智能控制技术专业教学创新团队	2021年	苏教高职〔2021〕58号
	市级	自动化设备编程与控制课程思政创新团队	2021年	
	市级	电子信息智造工匠劳动教育创新团队	2021年	

教学改革成果获奖情况

苏州工业职业技术学院教学改革成果获奖情况一览表

类别	级别	获奖等级	项目名称	项目团队	建设时间	发文号
职业教育国家级教学成果奖	国家级	一等奖	“三融育人”高职课程改革创新与实践	温贻芳、王洪法、桂德怀、丁云鹏、于霜、薛迎春、王振华、鲍继聪	2022	关于2022年职业教育国家级教学成果奖拟授奖成果的公示

续表

类别	级别	获奖等级	项目名称	项目团队	建设时间	发文号
国家级教学成果奖	国家级	一等奖	高职机电类专业“五教合一”的产教融合人才培养模式创新与实践	温贻芳、苏益南、苏华、龚肖新、高新浩、江建春、周保廷、于霜、石皋莲、薛迎春、杨扬、储建华	2018	教师〔2018〕21号
全国物流职业教育教学成果奖	国家级	一等奖	工商并重的现代物流技术应用人才“五教合一”培养体系创新与实践	苏霄飞、桂德怀、苏华、欧阳芳、周芳、许斌	2018	物职教指字〔2018〕5号
全国机械行业职业教育教学成果奖	国家级	特等奖	基于“七典型”的机电专业“五教合一”人才培养模式的创新与实践	温贻芳、于霜、苏华、龚肖新、高新浩、薛迎春、储建华、高慧、周信	2017	机职指委〔2017〕48号
	国家级	一等奖	基于“五典五教”的数控多轴联动加工技术人才培养体系创新与实践	石皋莲、苏霄飞、屠春娟、耿哲、顾涛、季业益、丁云鹏、殷铭、许惠明	2017	
全国机械职业教育素质教育教学成果奖	国家级	二等奖	开设生态文明课程，培养绿色文明的传播者	陈宇光、贾虹、赵铭冠、陈艺、高珊、黄颖、居晓玮、黄正、邢文芝	2011	机教政研〔2011〕02号
江苏省教学成果奖	省级	特等奖	“三融育人”高职课程改革创新与实践	温贻芳、王洪法、桂德怀、丁云鹏、于霜、薛迎春、王振华、鲍继聪	2021	苏教人〔2022〕4号
	省级	二等奖	“双数+双创”的高职智慧物流人才培养探索与实践	苏华、王新华、欧阳芳、周芳、桂德怀、崔亚玲、姚卓顺	2021	
	省级	二等奖	树匠心铸匠艺精匠术——电子信息类现代工匠人才培养模式探索与实践	朱祥贤、王栋、吴冬燕、戴丽华、刘绪军、陈丽、吴振英、韩永生、袁志敏	2021	
	省级	特等奖	机电一体化技术专业“五教合一”人才培养体系的构建与实施	温贻芳、龚肖新、于霜、高新浩、张泠、杨扬、周信、周红英	2017	苏教人〔2017〕15号
	省级	一等奖	基于“一本四联”的生产与教学深度融合共同体构建与实施	苏益南、薛臻、苏霄飞、石皋莲、桂德怀、王震、章雯、何福男、唐祥金	2017	
	省级	一等奖	基于“大健康”理念的高职体育教学改革研究与实践	刘晓、刁巍威、石茗茗、魏金龙、陈建辉、黄月勤、邵夏、陈海丽	2017	
	省级	一等奖	服务于软件人才培养的“知能并进”项目教学平台及其资源建设	何福男、俞海英、密海英、汤晓燕、何亮	2013	苏教人〔2013〕14号
	省级	二等奖	基于校企“双主体”的“三室三岗工学结合”制造类人才培养模式的探索与实践	温贻芳、石皋莲、葛晓忠、徐忠兰、张淑红、屠春娟、杨洪涛、杨培生	2013	
	省级	二等奖	四轮驱动　推进改革　持续提升教学质量的探索与实践	曹建东、苏霄飞、桂德怀、王震、闫丽华	2013	
江苏省高等教育教学成果奖	省级	二等奖	行企校联动，改革与创新应用电子技术专业人才培养模式	殷庆纵、刘训非、王栋、张宇峰、臧华东	2011	苏教高〔2011〕31号
	省级	二等奖	机电一体化模块化教学	曹建东	2007	苏教高〔2008〕1号
苏州市教育教学成果奖	市级	一等奖	三引三融：高职“1-N-1”模块化课程体系探索与实践	石皋莲、耿哲、吕亚男、丁云鹏、殷铭	2022	苏教师〔2022〕52号
	市级	特等奖	以学习者为中心的“团组融合”人才培养创新与实践	温贻芳、石皋莲、葛晓忠、朱祥贤、丁云鹏、薛迎春、于霜、耿哲	2020	苏教师〔2020〕39号
	市级	一等奖	工业云与大数据专业群“三共”协同人才培养模式的探索与实践	罗颖、王喜、刘文军、方一新、伊雯雯、陈莉莉、芮文艳、苏华、吴新兵	2020	

续表

类别	级别	获奖等级	项目名称	项目团队	建设时间	发文号
苏州市教育教学成果奖	市级	特等奖	智能工厂物流技术技能人才“校企协同、工商并重”培养模式研究与实践	苏霄飞、桂德怀、苏华、欧阳芳、周芳	2018	苏教人师〔2018〕35号
	市级	二等奖	基于“苏式”企业学院的数控高精高效加工技术人才培养体系创新与实践	石皋莲、苏霄飞、屠春娟、耿哲、顾涛、殷铭、黄华栋、丁云鹏	2018	
	市级	特等奖	“企业学院”：协同育人的实践创新与理论探索	曹建东、苏霄飞、石皋莲、温贻芳、章雯、何福男	2016	苏教人师〔2016〕31号
	市级	二等奖	“我在乎你”办学精神引领高职人才培养模式创新的研究与实践	苏益南、桂德怀、贾虹、刘慧、王震、唐祥金	2016	

各类考试通过率

2023年苏州工业职业技术学院高等学校英语应用能力考试通过情况

考试日期	考试等级	报考人数（人）	实考人数（人）	缺考人数（人）	合格人数（人）	合格率
2023.6	Pretco-A	325	238	87	48	20.17%
	Pretco-B	171	147	24	11	7.48%
2023.12	Pretco-A	2250	2199	51	1372	62.39%
	Pretco-B	1116	1103	13	657	59.56%

2023年苏州工业职业技术学院全国计算机等级考试通过情况

考试日期	考试等级	报考人数（人）	实考人数（人）	缺考人数（人）	合格人数（人）	合格率
2023.3	一级	3291	3055	236	1465	47.95%
2023.3	二级	35	32	3	5	15.63%
2023.9	一级	1271	1666	105	664	39.86%
2023.9	二级	98	78	20	5	6.41%

科技服务

科研机构

省级科研机构情况

苏州工业职业技术学院省级以上科研机构情况一览表

序号	名称	挂靠系（院）	成立年份	说明
1	智能装备集成与应用工程技术研究开发中心	机电工程系	2023	苏教科函〔2023〕11号
2	江苏省工业机器人工程研究中心	机电工程系	2022	苏发改高技发〔2022〕1325号
3	苏州工业机器人众创空间	机电工程系	2017	国科发火〔2021〕65号
4	江苏省智能机器人与成套装备创新中心	机电工程系	2016	苏经信科技〔2016〕607号
5	江苏省网络电视工程技术研究开发中心	电子与通信工程系	2010	苏教财〔2010〕69号

市级科研机构情况

苏州工业职业技术学院市级科研机构情况一览表

序号	名称	挂靠系（院）	成立年份	说明
1	苏州市精密检测技术重点实验室	精密制造工程系	2018	苏州市科技局立项
2	苏州市工业机器人系统集成与自动化装备技术重点实验室	机电工程系	2015	苏州市科技局立项
3	苏州市装备制造自动化技术公共服务平台	机电工程系	2013	苏州市科技局立项
4	苏州市中小企业嵌入式技术服务平台	电子与通信工程系	2012	苏州市科技局立项

校级科研机构情况

苏州工业职业技术学院校级科研机构情况一览表［研究所（院、中心）］

序号	名称	挂靠系（院）	成立年份
1	智能加工与精密检测技术服务平台	精密制造工程系	2020
2	智能装备关键技术服务平台	机电工程系	2020
3	工业云大数据服务企业技术服务平台	软件与服务外包学院	2020
4	嵌入式与智能信息处理技术服务平台	电子与通信工程系	2020
5	材料力学性能测试技术研发平台	精密制造工程系	2019
6	工业互联与嵌入式技术研发平台	电子与通信工程系	2019
7	智能传感检测研发平台	机电工程系	2019
8	大数据应用技术研发平台	软件与服务外包学院	2019
9	商业智慧软件技术研究所	软件与服务外包学院	2014
10	智能终端应用研发中心	软件与服务外包学院	2014
11	数控技术开发与服务中心	精密制造工程系	2013
12	西门子NX CAD/CAE/CAM技术开发与应用中心	精密制造工程系	2013
13	三坐标测量技术与应用中心	精密制造工程系	2013
14	精益六西格玛（LSS）供应链管理育成中心	经贸管理系	2013
15	文化产业研究所	建筑工程与艺术设计系	2012
16	智能技术开发与应用中心	机电工程系	2012
17	品牌评价研究中心	国际教育学院	2012
18	资源规划（ERP）技术研究与服务中心	经贸管理系	2012
19	制造技术创新研究所	精密制造工程系	2011
20	生态文明建设研究所	马克思主义学院	2010

江苏省智能装备集成与应用工程技术研究开发中心

1. 概况

江苏省智能装备集成与应用工程技术研究开发中心（以下简称技术开发中心）是于2023年经江苏省教育厅批准建设，联合区域龙头企业博众精工科技股份有限公司和苏州市机械工程学会共同成立的工程技术研究开发中心。

技术开发中心通过非结构化环境建模、机器人位姿估计、力/位混合控制智能化技术等方面的研究，构建促进制造类企业数字化转型智能化改造的机器人感知关键技术与智能化应用体系，全面提升自主设计与创新能力，形成面向智能制造领域精密加工、装配等应用场景的机器人智能感知与控制系统的创新集成与应用示范。技术开发中心将打造成科技成果转化基地、职业技能人才培养培训基地和产学研示范基地。

技术开发中心现有固定研究人员28人，其

中，拥有正高职称3人、副高职称9人、中级职称16人，具有博士学位25人、硕士学位3人，江苏省"333高层次人才培养工程"培养对象3人，江苏省"青蓝工程"中青年学术带头人2人、江苏省"青蓝工程"优秀青年骨干教师6人。

2. 科研学术

围绕工业机器人为核心的智能装备关键技术研发与工程化应用，主要包括伺服驱动与控制技术、机器人感知技术、机器人运动规划与仿真技术、智能车间和工厂级虚拟制造技术、智能制造关键工艺等技术链。以江苏省电机制造、医疗器械、模具制造等产业为主要服务领域，以电机装配自动化生产线、医疗机械（高强度铝）焊接生产线、模具制造生产线为工程化实施方向，形成以工业机器人为主要作业单元的智能制造系统示范性案例。

3. 社会服务

依托机电一体化技术、数控技术、智能控制技术、工业机器人技术等骨干专业建设，校企联合开展工程技术研究开发中心的项目研究、工程项目实施。培训工业产品逆向数字化设计与制造、工业机器人系统集成、PLC编程与应用等关键技术紧缺技能型人才，开展德国AHK机械师、西门子CAD/CAM认证工程师等认证培训及考核。面向中高职院校相关专业骨干教师，开展短期培训、工程实践等方式，提升职业教育师资水平。

2023年，校企联合承办苏州市"吴地工匠"职业技能系列竞赛工业机器人赛项，承办亨通集团第十一届员工职业技能大赛智能机器人赛项，针对学生和企业员工，开展2次西门子PLC编程综合应用及维护技术培训。

4. 重要事项

"大型复杂构建精准激光增材制造的关键技术与应用"获得江苏省材料学会科学技术奖一等奖；参与"长征五号B运载火箭圆满完成我国空间站建造任务"，收到长征五号运载火箭型号办公室的感谢信。

江苏省工业机器人工程研究中心

1. 概况

江苏省工业机器人工程研究中心（以下简称工程研究中心）于2022年纳入江苏省发展和改革委员会新序列管理。工程研究中心针对江苏省乃至长三角地区工业机器人与智能制造发展战略和需求，结合区域工业机器人人才链、技术链、产业链、资本链优势，建设符合工业机器人产业创新发展要求的研发协作机制，联合优势企业，构建研发团队，以工业机器人核心零部件关键技术、智能装备设备集成与应用研究、开发与突破为目标，开展应用技术研究和必要的基础理论研究。

工程研究中心建设有工业机器人本体技术、工业机器人集成系统、工业机器人系统应用、工业视觉系统检测技术等研究平台，集合机器人本体技术、传感系统、传动机构、虚拟仿真、集成应用等功能单元，建筑面积约2000平方米，现有相关实验设备资产总值超2000万元。

2. 科研学术

完成江苏省自然科学项目研究2项"非结构环境下表面改性机器人动态运动规划与多物理场耦合研究""仿人机械臂双三相永磁同步电机容错控制与协调操作"，完成江苏省高等学校自然科学研究重大项目"等离子表面处理机器人关键技术研究"。"低温高性能等离子体处理关键技术研发及应用"获江苏省科学技术奖三等奖。2023年，石皋莲教授完成的"大型复杂构建精准激光增材制造的关键技术与应用"获得江苏省材料学会科学技术奖一等奖，研发人员获授权发明专利5项、实用新型专利6项。

3. 社会服务

开展工业视觉系统开发、自动化产线设计、机器人机构设计与集成等企业设备及产线改造技术服务20项，到账经费80余万元，实现专利转化9项。

4. 重要事项

完成跨平台多功能智能控制系统等科研平台的建设，完成学校智能成套装备集成技术科技创新团队、智能装备关键技术服务平台的建设，完成苏州市科技发展规划项目、苏州市第二批产学研示范基地验收。

苏州工业机器人众创空间

1. 概况

苏州工业机器人众创空间为国家级众创空间，围绕机器人与智能制造核心，以工业机器人技术、机器视觉技术、增材制造技术、精密检测与加工技术、智能控制技术、物联网技术、大数据技术等为主要方向，是服务控制技术与数据技术创新者实践、就业、创业的综合性孵化平台。

2. 创业资源服务

苏州工业机器人众创空间定位为专业化服务众创空间，组建专业化服务团队，可提供包括场地入驻、政策咨询、科技项目申报、知识产权代理与科技成果转化、人才项目路演等系列服务。基本模式围绕以零成本或低成本帮助企业解决本运营问题，帮助企业成长，协助团队和企业实现资源对接等。

场地入驻：众创空间拥有独立办公空间30余间，平均面积约30平方米，拥有独立办公工位60多个，可灵活满足多种不同办公需求；场地配备办公家具，能够满足初创企业需求或使团队以较低成本保持运营，提高初创企业存活率。

政策咨询：根据团队或企业实际发展情况，协助企业申报各级各类政府补贴与扶持政策，申请各级各类创业补贴、创业担保贷款等，帮助企业用好政府扶持政策，获得发展。

工商财税：众创空间配备有专业的财务服务团队，提供工商财税一站式服务，包括企业注册、银行开户、代账、税务咨询、法律咨询等，能够帮助初创企业和团队解决财务、税务相关问题。

科技项目申报：众创空间提供东吴科技创新创业领军人才、苏州市姑苏科技创业天使、姑苏创新创业领军人才等各级各类人才项目申报，提供科技型中小企业评价，江苏省民营科技企业、江苏省高新技术企业培育、入库等项目服务。

知识产权代理与知识成果转化：众创空间能够根据企业实际发展情况，为企业和团队提供知识产权资产的申报、管理、运用与转化整体解决方案，协助团队或企业完成知识产权转化工作。

人才项目路演：建立机器人与智能制造产业高端人才路演平台，协助人才团队和企业对接优质投融资机构，实现团队或企业股权/债权融资，解决团队或企业发展资金问题。

3. 技术创新服务

与各系（院、部）共建共享智能传感检测研发系统科研平台、大数据与云计算系统科研平台、智能物联网系统科研平台等，为机器人与智能制造领域创新创业工作的开展提供良好的平台基础。

2023年度，累计服务创新创业团队和企业14家，其中学校师生团队和企业4家，吸纳全职、兼职学生约450人次，发放工资报酬约40万元；协助企业申报政府就业创业补贴约8万元；组织参加2023江苏省"互联网+"大学生创新创业大赛获省二等奖1项，组织参加中国苏州大学生创业大赛获苏州市三等奖1项；协助完成大学生创新创业项目2项。

江苏省智能机器人与成套装备创新中心

1. 概况

江苏省智能机器人与成套装备创新中心是2016年经江苏省经济和信息化委员会批准成立的省级制造业创新中心。由苏州工业职业技术学院联合覆盖全产业链的骨干企业共同进行创新中心建设，创新中心下设工业机器人关键技术研究院、技术服务部、产教联盟管理中心和众创空间管理中心。按照公司化开展管理和运营工作。联合江苏地区的行业龙头企业、科研院所和高校共建研发平台，面向工业机器人产业链重点环节和广大中小企业，为工业机器人产业集聚发展提供技术研发、技术孵化、成果转化、人才培养等服务。

创新中心汇聚由苏州大学、南京航空航天大学、苏州科技大学等共同组建而成的顶尖研发团队。现有科研人员59人，其中，拥有正高职称的15人，拥有副高职称的21人，博士50人。建筑面积2000余平方米，现有相关实验设备资产总值超4000万元。

2. 科研学术

完成“非结构化环境下网络感知与传感技术”“机器人用高精度减速机”“工业视觉定位检测系统”等研究，主持完成江苏省自然科学基金项目研究2项和江苏省高等学校自然科学研究项目2项，在研江苏省高等学校自然科学研究重大项目1项。2023年，研发人员在学术期刊发表论文12篇，在SCI、中文核心期刊发表论文4篇，获授权专利10余项。

3. 社会服务

面向区域智能制造领域相关企业，围绕智能装备集成关键技术及应用，研发人员紧密对接苏州及周边地区典型企业，开展工业视觉系统开发、自动化产线设计、机器人机构设计与集成等企业设备及产线改造技术服务。2023年，开展25项企业技术服务与开发课题，到账经费120余万元。实现专利转化8项。

4. 重要事项

打造机构设计、电气控制、工业机器人、视觉检测等高水平科研团队，开展科研攻关。获江苏省高职院校智能装备集成与应用工程技术研究开发中心建设，完成苏州市科技发展规划项目、苏州市第二批产学研示范基地验收。

江苏省网络电视工程技术研究开发中心

1. 概况

江苏省网络电视工程技术研究开发中心（以下简称技术开发中心）是于2010年经江苏省教育厅批准，以苏州工业职业技术学院为依托单位，联合苏州市电子信息行业协会共同成立的工程技术研究开发中心。

技术开发中心主要以新一代信息技术、工业互联网技术、智能工厂数字化改造、智能信息处理与网络技术为主要研究方向。结合国家在新一代信息技术产业方面的重大需求，旨在构建以“产学研一体化”为基本特征的科技创新示范平台，提高企业在智能制造大背景下的核心竞争力，有效推动江苏省，特别是苏州市的新一代信息技术产业的发展。

技术开发中心现有固定研究人员26人，其中，拥有正高职称的2人，拥有副高职称的12人，具有博士学位的9人，江苏省高校“青蓝工程”中青年学术带头人1人，科技副总1名。另外有10余名国内著名高校的研究人员在技术开发中心进行客座研究。技术开发中心现有房屋共计800余平方米，其中独立研究和开发室面积为500余平方米。

2. 科研学术

技术开发中心获省市级项目10余项，获授权发明专利3项、实用新型专利4项、软件著作权2项，在SCI、EI、中文核心期刊发表论文8篇。

3. 社会服务

技术开发中心除对理论研究成果推广应用之外，还对企事业单位急需解决的技术问题进行研究开发和技术服务。近年来，技术开发中心与多家企业开展产学研合作，承担横向课题30余项，为企业开展技术研发和技术服务，解决相关技术问题。这些项目的实施和完成，为企业带来巨大的经济效益。

苏州市精密检测技术重点实验室

1. 概况

苏州市精密检测技术重点实验室(以下简称重点实验室)是2018年经苏州市科学技术局批准,以苏州工业职业技术学院为依托单位,以苏州扬明实业有限公司为合作单位设立的市级重点实验室。

重点实验室围绕高端装备制造、先进材料、增材制造等苏州市产业发展新领域,服务于先进轨道交通、航空航天等"中国制造2025"重点行业,主要开展新材料的研发和检测、高端装备的综合性能测试(包括材料性能检测和装备、系统性能的试验、检测与认证)、高端装备零部件尺寸的精密测量等方面的研究工作,服务于苏州先进制造业的发展。

重点实验室现有固定人员27人,其中,教授5人,国家重点研发计划项目首席科学家1人,博士后3人,博士16人,高级职称研究人员24人,35岁以下主要研发人员9人。

2. 科研学术

重点实验室研究人员申获江苏省高等学校优秀科技创新团队,承担国家自然科学基金青年科学基金项目1项,江苏省自然科学基金青年基金项目2项,苏州市科技计划项目1项,江苏省高等学校自然科学研究重大项目1项,面上项目6项,江苏省高校哲学社会科学研究一般项目5项,在核心以上级别期刊发表学术论文40篇,其中,SCI/SCIE收录18篇,EI收录1篇;申请发明专利55项、实用新型专利60项,获授权发明专利6项、实用新型专利56项。

3. 社会服务

重点实验室开展高端装备零部件的数字化设计、精密制造、增材制造、三坐标检测和材料性能研究工作,为苏州地区企业提供高铁座椅数字化设计、材料开发和性能测试,轴承材料的面处理改进,谐波减速器状态监测、航空航天零部件拓扑优化设计与增材制造服务等。

苏州市工业机器人系统集成与自动化装备技术重点实验室

1. 概况

苏州市工业机器人系统集成与自动化装备技术重点实验室是2015年经苏州市科学技术局批准立项成立的苏州市学科市级重点实验室。已建设完成包括工业机器人本体技术、工业机器人集成系统、工业机器人系统应用等研究平台,集合机器人本体技术、传感系统、传动机构、虚拟仿真、集成应用等功能单元,已形成机器人伺服控制技术研究室、机器人传动机构与虚拟样机技术研究室、机器人智能传感与网络控制技术研究室、工业机器人系统集成技术研究室等部门。以国产自主化工业机器人核心零部件的若干关键技术的研究、开发与突破为目标,构建工业机器人伺服控制技术、机器人传动机构与虚拟样机技术、机器人智能传感与网络控制、工业机器人系统集成技术研发团队,围绕工业机器人减速机、控制器、伺服电机与驱动器技术,加大关键共性工艺技术研发和产品开发;重点围绕机器人自动化焊接、码垛物流、机器人喷涂、打磨抛光等智能车间项目进行应用技术研究与相关工艺研发。

实验室近3年新增设备125台(套),新增资产3000多万元。技术方向涵盖工业机器人本体及虚拟样机实验平台、工业机器人核心零部件实验平台、工业机器人集成创新实验平台,包括欧姆龙视觉系统、robotstudio虚拟仿真系统、工业机器人传感检测、激光增材、焊接熔覆等关键技术与新兴技术。现有专职团队成员47人,其中博士30人,申请国家发明专利50项,在核心期刊发表学术论文100多篇,为苏州市智能制造类企业开展社会服务300多项,为现代制造行业培养、培训机器人技术人员600人次。

2. 科研学术

完成工业机器人伺服控制技术研发团队和机器人伺服控制技术研究室建设。联合苏州绿的谐波传动科技股份有限公司开展机器人伺服电机及其驱动器，推动工业机器人驱动控制系统的国产化进程。

完成机器人传动机构与虚拟样机技术研发团队和工业机器人传动机构与虚拟样机技术研究室检测。联合苏州绿的谐波传动科技股份有限公司进行机器人用高精度一体化关节减速机设计，将系列产品成功推向市场。

完成机器人智能传感与网络控制研究团队和工业机器人智能传感与网络控制技术研究室建设。联合苏州汇川技术有限公司围绕非结构化环境下网络感知与传感技术开展合作研究，构建基于高速总线的工业机器人开放式控制系统。

3. 社会服务

为企业解决技术问题或承担设备改造与升级项目30多项，直接经费200多万元，间接经济效益超千万元。为苏州市智能制造类企业开展社会服务320多项，为现代制造行业培养、培训机器人技术人员600人次。

4. 重要事项

2023年，建设江苏省职业教育示范性虚拟仿真实训基地培育项目“数字化制造与精密检测虚拟仿真实训基地”。完成省级实训平台江苏省高等职业教育“智能车间”装备集成与应用技术产教融合集成平台验收。

苏州市装备制造自动化技术公共服务平台

1. 概况

苏州市装备制造自动化技术公共服务平台是2013年苏州市科技局、财政局批准建设的苏州市第十二批科技发展计划（基础设施）项目。面向苏州乃至长三角地区装备制造领域中急需解决的自动化关键技术问题，整合苏州地域内自动化技术研发、产品设计、人才培养、咨询服务等各方优质资源，构建覆盖在苏企业的培训服务网络，为企业员工提供培训，为中小型企业新产品研发、试制、设备检测、生产工艺改进等提供解决方案和技术支持。建设完成代表先进装备和自动化技术进步方向的，集特色人才培养、专业能力培训、职业资质认证、产品研发设计、技术咨询服务为一体的综合、创新、共享的服务平台。

2. 科研学术

围绕柔性制造生产系统、工业机器人核心技术及工业机器人典型应用，主持完成市级科研课题12项、省级科研课题4项，获江苏机械工业科技进步奖一等奖2项、中国机械工业科学技术奖三等奖1项，获江苏省科学技术奖三等奖1项。平台研究人员在学术期刊发表论文70余篇，获授权专利80余项。

3. 社会服务

为企业开发自动化设备及生产线改造项目，开展技术咨询、技术培训等服务。校企联合承办苏州市“吴地工匠”职业技能系列竞赛工业机器人赛项，承办亨通集团第十一届员工职业技能大赛智能机器人赛项，开展2次西门子PLC编程综合应用及维护技术培训。

4. 重要事项

依托苏州市装备制造自动化技术公共服务平台，在建江苏省智能机器人与成套装备创新中心、江苏省工业机器人工程实验室、江苏省工业机器人与智能装备产教融合实训平台项目。2023年，在研江苏省高等学校自然科学研究重大项目1项、苏州市软科学研究项目立项1项。

苏州市中小企业嵌入式技术服务平台

1. 概况

苏州市中小企业嵌入式技术服务平台（以下简称技术服务平台）是于2012年经苏州市科技

局批准，以苏州工业职业技术学院为依托单位，以苏州市汉达工业自动化有限公司为合作单位设立的市级技术服务平台。

技术服务平台主要为苏州市中小企业提供嵌入式技术和高端共享设备支持，主要服务领域涉及工业互联、交通管理、信息家电、家庭智能管理系统、环境工程与自然、POS网络及电子商务和机器人等。平台旨在有效地整合高校嵌入式人才、设备和技术，改善区域创新创业环境，增强中小企业自主创新能力，破解中小企业缺乏核心竞争力的难题，对苏州市中小企业的嵌入式技术应用和实现区域经济产业结构调整具有深远的意义。

技术服务平台现有固定研究人员23人，其中，拥有正高职称的4人，拥有副高职称的15人，具有博士学位的8人，另外有10余名企业嵌入式研究人员在技术开发中心进行客座研究。技术服务平台现有房屋720余平方米，其中独立研究和开发室面积为300余平方米。

2. 科研学术

技术服务平台获省市级项目15项，资助企业和教师联合申报课题30余项；联合合作企业获批江苏省高新技术产品4项；获授权发明专利23项、实用新型专利66项、软件著作权12项；在SCI、EI、中文核心期刊发表论文20余篇；参与国家电子行业标准起草与编制3项。技术服务平台曾中明教授获批江苏省产业教授。

3. 社会服务

技术服务平台除对理论研究成果推广应用之外，还对苏州中小企业急需解决的技术问题进行研究开发。近年来，技术服务平台与多家企业开展产学研合作，承担横向课题30余项，为企业开展技术研发和技术服务，解决相关技术问题，产生直接经济效益达760万元以上。

科研立项

2023年苏州工业职业技术学院市厅级科研项目一览表

序号	项目名称	项目批准号	负责人	所在单位	经费（万元）	立项批文或日期
1	毛泽东调查研究思想成因探究	23SZC-087	文基梅	马克思主义学院	—	2023.9.20
2	融中华优秀传统文化于高职思政课教学的路径创新研究	23SZC-092	成秀萍	马克思主义学院	—	2023.9.20
3	高校思政课混合式教学实施路径研究	23SZC-105	袁　芳	马克思主义学院	—	2023.9.20
4	推进苏州企业积极参与产教融合的对策研究	2023SJYB1590	张明玉	电子与通信工程系	1	苏教办社政函〔2023〕28号
5	产教融合背景下机械类专业校企深度合作对策研究	2023SJYB1591	季业益	精密制造工程系	1	苏教办社政函〔2023〕28号
6	双高计划背景下高职院校社会服务能力提升路径研究	2023SJYB1592	宋冬萍	机电工程系	1	苏教办社政函〔2023〕28号
7	科教融汇视域下职业教育教学改革突破点与策略研究	2023SJYB1593	陆文灏	汽车工程系	1	苏教办社政函〔2023〕28号
8	基于学习行为画像的现代学徒制下的学生学习绩效分析研究	2023SJYB1594	王　喜	软件与服务外包学院	1	苏教办社政函〔2023〕28号
9	高职院校劳动教育评价模型构建与实施路径研究	2023SJYB1595	李芷璇	软件与服务外包学院	1	苏教办社政函〔2023〕28号
10	基于AGIL模型的江苏省数字经济产业园区绩效考评体系优化研究	2023SJYB1596	俞　芳	经贸管理系	1	苏教办社政函〔2023〕28号

续表

序号	项目名称	项目批准号	负责人	所在单位	经费（万元）	立项批文或日期
11	新时代高职院校双师型教师队伍能力提升路径探索研究	2023SJYB1597	耿　哲	精密制造工程系	1	苏教办社政函〔2023〕28号
12	江苏城市群氢能产业发展对策研究	2023SJYB1598	程小荣	汽车工程系	1	苏教办社政函〔2023〕28号
13	苏州古城历史街区街巷空间界面设计研究	2023SJYB1599	朱洁冰	建筑工程与艺术设计系	1	苏教办社政函〔2023〕28号
14	职教本科背景下高职院校学生公寓党建与思政教育协同育人的路径研究	2023SJSZ0902	王惠琴	精密制造工程系	1	苏教办社政函〔2023〕28号
15	乡村文化振兴视域下高职学生婚恋经济观念研究	2023SJSZ0903	杨　晔	马克思主义学院	1	苏教办社政函〔2023〕28号
16	高职院校思政课实践教学系统架构与路径创新研究	2023SJSZ0904	王周刚	马克思主义学院	1	苏教办社政函〔2023〕28号
17	苏州农业新产业新业态创新发展策略研究	Y2023LX103	赵　展	电子与通信工程系	—	苏社科字〔2023〕25号
18	苏州科技型中小企业数字化转型组态效应与发展路径的研究	Y2023LX104	张译匀	汽车工程系	—	苏社科字〔2023〕25号
19	苏州青年网络文明素养的培育路径研究	Y2023LX105	曹　瑾	党委宣传部	1	苏社科字〔2023〕25号
20	苏州促进科技型中小微企业发展的路径机制与典型案例研究	Y2023LX106	欧阳芳	经贸管理系	1	苏社科字〔2023〕25号
21	苏州引进高校与地方经济协同发展研究	Y2023LX107	张明玉	电子与通信工程系	—	苏社科字〔2023〕25号
22	苏州智能制造产业数字化技能人才培养路径研究	Y2023LX108	廖晨竹	经贸管理系	1	苏社科字〔2023〕25号
23	苏州打造企业主导集成电路产业创新联合体的路径及对策研究	Y2023LX109	刘绪军	质量保证中心	1	苏社科字〔2023〕25号
24	苏州创新联合体建设中领军企业作用机制研究	Y2023LX110	陈　晶	经贸管理系	—	苏社科字〔2023〕25号
25	苏州市民网络文明素养提升路径与对策研究	Y2023LX111	胡晓红	马克思主义学院	—	苏社科字〔2023〕25号
26	苏州数字动漫文化产业创新发展路径研究	Y2023LX112	邹静兰	国际教育学院	—	苏社科字〔2023〕25号
27	打造“新时代鱼米之乡”苏州示范样板的创新路径研究	Y2023LX113	李颖华	马克思主义学院	—	苏社科字〔2023〕25号
28	青年需求导向与苏州推进高质量青年发展型城市建设的策略研究	Y2023LX114	张　艳	马克思主义学院	—	苏社科字〔2023〕25号
29	面向复杂场景的高效高精度激光增材制造关键技术研究	23KJA46012	耿　哲	精密制造工程系	30	苏教科函〔2023〕8号
30	基于数字孪生的TC11叶片多轴铣削加工稳定性研究	23KJD46007	丁云鹏	教务处	1.5	苏教科函〔2023〕8号
31	新能源材料与器件制造技术	序号53	马延文	院长室	20	苏教科函〔2023〕3号

续表

序号	项目名称	项目批准号	负责人	所在单位	经费（万元）	立项批文或日期
32	复合铜箔的卷对卷多弧离子镀制备及锂电池应用研发	SYG202354	马延文	院长室	50	苏财教〔2023〕106号
33	中华优秀传统文化融入高职英语教学的实践研究	23SWC-44	叶文红	国际教育学院	—	2023.8.21
34	智能装备集成与应用	序号23	王　勇	院长室	20	苏教科函〔2023〕11号
35	基于模糊混合多准则决策模型的高职课堂生态评价及优化研究	23YJA880087	周　芳	经贸管理系	8	教社科司函〔2023〕91号
36	江苏打造世界一流领军企业的路径机制与典型案例研究	无	欧阳芳	经贸管理系	0.3	2023.11.17
37	江苏数字经济核心产业创新一体化短板与对策研究——以苏锡常城市群为例	无	廖晨竹	经贸管理系	—	2023.11.17
38	苏州元宇宙产业创新发展影响因素及对策研究	SR202311	周　芳	经贸管理系	2	苏财教〔2023〕149号
39	持续减轻青年科研人员负担的机制研究	SRD202339	吕亚男	机电工程系	—	苏财教〔2023〕149号
40	苏州市科技公共服务平台资源共享与服务协同机制研究	SR202313	张书健	国际教育学院	2	苏财教〔2023〕149号
41	促进苏州科技经济深度融合的创业孵化体制机制研究	SRD202340	赵　展	电子与通信工程系	—	苏财教〔2023〕149号
42	苏州市青年科技人员长期稳定支持机制研究	SRD202338	王亚男	经贸管理系	—	苏财教〔2023〕149号
43	苏州以实验室为核心的科研体系建设路径研究	SRD202335	张琦英	经贸管理系	—	苏财教〔2023〕149号
44	数字化演进背景下构建苏州大中小企业融通创新生态的路径研究	SRD202337	罗　楠	电子与通信工程系	—	苏财教〔2023〕149号
45	苏州培育世界一流硬科技领军企业的路径与对策研究	SR202312	欧阳芳	经贸管理系	2	苏财教〔2023〕149号
46	苏州科技型大中小企业融通创新生态体系建设研究	SRD202336	许　斌	经贸管理系	—	苏财教〔2023〕149号
47	苏州重点产业创新集群高质量知识产权评价体系与保护机制研究	SRD202332	张译匀	汽车工程系	—	苏财教〔2023〕149号
48	苏州建设世界一流光子产业创新集群路径和对策研究	SRD202331	吴冬燕	电子与通信工程系	—	苏财教〔2023〕149号
49	面向高水平产业科技创新中心建设需求的教育、科技、人才融合发展模式研究	SRD202324	俞　芳	经贸管理系	—	苏财教〔2023〕149号
50	苏州打造具有国际竞争力的光子产业创新集群路径和对策研究	SRD202330	李颖华	马克思主义学院	—	苏财教〔2023〕149号
51	创新集群视角下深化苏州产学研深度融合的对策研究	SRD202325	张明玉	电子与通信工程系	—	苏财教〔2023〕149号
52	苏州市先进材料产业创新联合体组织模式与路径研究	SRD202329	王　英	机电工程系	—	苏财教〔2023〕149号

续表

序号	项目名称	项目批准号	负责人	所在单位	经费（万元）	立项批文或日期
53	推进苏州装备制造创新联合体高质量发展的组织模式与路径研究	SRD202328	张淑红	机电工程系	—	苏财教〔2023〕149号
54	以创新联合体推进苏州电子信息领域科技创新的关键问题与对策研究	SRD202326	陈　晶	经贸管理系	—	苏财教〔2023〕149号
55	苏州装备制造领域创新联合体组织模式与路径研究	SRD202327	密海英	软件与服务外包学院	—	苏财教〔2023〕149号
56	“双碳”战略下苏州制氢产业支持政策研究	SRD202334	程小荣	汽车工程系	—	苏财教〔2023〕149号
57	发达经济体科技创新决策咨询制度比较分析研究	SRD202333	曹　钦	经贸管理系	—	苏财教〔2023〕149号
58	基于EVFR和EVBS模式的电动物流车城市配送路径优化研究	2023CSLKT3-071	刘　慧	汽车工程系	—	2023.5.30
59	拟仿真与实训教学数字化的研究	2023JSJG706	马延文	院长室	2.5	2023.12.21
60	智慧教学空间构建研究与实践	2023JSJG798	何福男	教务处	2.5	2023.12.21
61	基于“五环六步”法大学生核心就业能力提升创新教学实践与研究	2023JSJG653	田建冬	建筑工程与艺术设计系	—	2023.12.21
62	新时代江苏高职院校数字人才培养新模式的实践研究	B/2023/02/19	刘绪军 苏　华	质量保证中心 院长室	—	2023.12.29
63	旧建筑改造背景下高职土木建筑大类专业人才培养改革研究	B/2023/02/72	王　迪	建筑工程与艺术设计系	—	2023.12.29
64	校企协同育人视域下现场工程师培养的实践路径研究	C/2023/02/71	吕亚男	机电工程系	—	2023.12.29
65	数字化时代校企共建高职“智能车间”虚拟仿真实训基地研究——以苏锡常都市圈“双高”院校为例	C/2023/02/76	崔　勇 吴少华	精密制造工程系 院长室	—	2023.12.29
66	脑主板连接器瑕疵检测系统开发	BY20230276	李春华	软件与服务外包学院	—	苏科区发〔2023〕227号
67	轻质高强预制泡沫混凝土板研发技术咨询	BY20230284	田建冬	建筑工程与艺术设计系	—	苏科区发〔2023〕227号
68	压力传感器模组批量标定测试系统开发	BY20230320	袁宇丹	电子与通信工程系	—	苏科区发〔2023〕227号

科研成果统计

发表科研论文情况

2023年苏州工业职业技术学院教职工核心期刊发表科研论文情况一览表

序号	类别	作者	论文名称	期刊名称	发表时间	所在单位
1	CSCD	王　勇	旋转式水力空化发生器的空化特性	排灌机械工程学报	2023.1.16	院长室
2	CSCD	沈玲莉	一种基于刀倾全展成法滚切准双曲面齿轮的数学模型	机械设计	2023.2.1	机电工程系

续表

序号	类别	作者	论文名称	期刊名称	发表时间	所在单位
3	CSCD	朱洁冰	朱洁冰、王迪作品	城市发展研究	2023.5.1	建筑工程与艺术设计系
4	CSCD	蔡成炜	3KW光伏并网逆变器硬件设计与系统仿真	制造业自动化	2023.6.25	电子与通信工程系
5	CSCD	丁倩倩	钴基WC激光熔覆工艺参数和性能研究	应用激光	2023.7.25	精密制造工程系
6	CSCD	王占山	机器人自适应路径规划算法研究	机械设计与研究	2023.10.20	机电工程系
7	EI	戴丽华	Application of Matrix Multiplication in Signal Sensor Image Perception	*Applied Mathematics and Nonlinear Sciences*	2022.12.25	电子与通信工程系
8	EI	杨亚琴	Mechanical Property Analysis and Structure Optimisation of Worm Gear Reducer	*Australian Journal of Mechanical Engineering*	2023.2.17	精密制造工程系
9	EI	刘文军	Reliability of Dqcube Networks under the Condition of R-Component	*Journal of interconnected network*	2023.3.15	软件与服务外包学院
10	*SCIE	李文俊	An Effective Link Prediction Method in Multiplex Social Networks Using Local Random Walk Towards Dependable Pathways	*Journal of Combinatorial Optimization*	2022.12.20	软件与服务外包学院
11	SCIE	吴冬燕	A Universal Accelerated Coprocessor for Object Detection Based on RISC-V	*Electronics*	2023.1.17	电子与通信工程系
12	SCIE	丁倩倩	Biomass-Derived Carbon Immobilized Ultrafine Pt Nanoparticle as a Highly Efficient Catalyst for Hydrogen Fuel Cell	*Materials Letters*	2023.1.20	精密制造工程系
13	SCIE	程小荣	Applications of Surface Modification Trititanate Nanotubes as PEC and Hydrogen Production Device Material	*Functional Materials Letters*	2023.2.20	汽车工程系
14	SCIE	唐　海	Alkali Metal Doped Ruthenium Dioxide Nanosheets with Lattice Distortion as Highly Active Oxygen Evolution Electrocatalysts in Acidic Media	*CrystEngComm*	2023.3.13	精密制造工程系
15	SCIE	王　英	Real-Time Structure Generation Based on Data-Driven Using Machine Learning	*Processes*	2023.3.8	机电工程系
16	SCIE	王　喜	Efcient Data Persistence and Data Division For Distributed Computing in Cloud Data Center Networks	*The Journal of Supercomputing*	2023.4.26	软件与服务外包学院
17	SCIE	周　芳	A Hybrid Group Decision-Making Approach Involving Pythagorean Fuzzy Uncertainty for Green Supplier Selection	*International Journal of Production Economics*	2023.4.27	经贸管理系

续表

序号	类别	作者	论文名称	期刊名称	发表时间	所在单位
18	SCIE	李文俊	Intelligent Recommendation System Based on the Infusion Algorithms with Deep Learning, Attention Network and Clustering	*International Journal of Computational Intelligence Systems*	2023.5.13	软件与服务外包学院
19	SCIE	田建冬	Research on The Construction of a Collaborative Ability Evaluation System for the Joint Graduation Design of New Engineering Specialty Groups Dased on Digital technology	*Heliyon*	2023.5.15	建筑工程与艺术设计系
20	SCIE	丁云鹏	Study on the Ball End Milling Cutter Design and the Performance of Milling Sicp Al	*Integrated Ferroelectrics*	2023.5.22	精密制造工程系
21	SCIE	李文俊	Towards Semi-Supervised Ensemble Clustering Using a New Membership Similarity Measure	*Automatika: Journal for Control, Measurement, Electronics, Computing and Communications*	2023.5.28	软件与服务外包学院
22	SCIE	刘　海	An Improved FEM DEM Coupling Simulation for Granular Media Based Thin-wall Elbow Tube Push-Bending Process	*Revista Internacional De Metodos Numericos Para Calculo Y Diseno En Ingenieria*	2023.5.30	精密制造工程系
23	SCIE	黄金晶	Influenced Node Discovery in a Temporal Contact Network Based on Common Nodes	*Mathematical Biosciences and Engineering*	2023.6.15	软件与服务外包学院
24	SCIE	袁宇丹	Influence of Khco3 Activation on Characteristics of Biomass-Derived Carbons for Supercapacitor	*Coatings*	2023.7.11	电子与通信工程系
25	*核心期刊	蔡成炜	多倍频谐振准PCI-PI光伏并网电流控制器	电子器件	2022.10.20	电子与通信工程系
26	*核心期刊	季业益	选择性激光烧结304L不锈钢粉末的试验研究	热加工工艺	2022.12.6	精密制造工程系
27	*核心期刊	陈　丽	基于433MHz的低功耗仓储显示标签系统设计	电子器件	2022.12.20	电子与通信工程系
28	*核心期刊	程　磊	基于B-S分布的智能电能表寿命预计方法研究	电测与仪表	2022.11.15	电子与通信工程系
29	*核心期刊	刘三利	多轴数控机床伺服参数优化方法研究	机床与液压	2023.3.28	精密制造工程系
30	*核心期刊	戴丽华	基于光纤光栅传感器的瓦斯浓度监测系统	煤炭技术	2023.5.10	电子与通信工程系
31	*核心期刊	王亚男	“物理—事理—人理”框架下数字化赋能区域科技与经济融合的行为策略	科技管理研究	2023.5.20	经贸管理系

续表

序号	类别	作者	论文名称	期刊名称	发表时间	所在单位
32	核心期刊	胡海侠	新能源低碳产业对区域可持续发展的促进作用	中学地理教学参考	2023.6.10	汽车工程系
33	核心期刊	殷铭	新型插秧机的三维虚拟仿真设计与试验	农机化研究	2022.11.4	精密制造工程系

科研成果获奖

2023年苏州工业职业技术学院教职工获市厅级以上奖项情况一览表

序号	奖项	获奖级别及等级	项目名称	主要完成单位	主要完成人
1	江苏省社科应用研精品工程优秀成果奖	市厅级、一等奖	新时代职业教育高质量发展机遇、挑战及应对策略	苏州工业职业技术学院	刘绪军
2	2023年度中国物流学会优秀课题	市厅级、三等奖	基于EVFR和EVBS模式的电动物流车城市配送路径优化研究	苏州工业职业技术学院	刘　慧
3	2023年度第十七届学术大会优秀论文	市厅级、二等奖	创业赋能下专精特新企业成长特征及创新路径	苏州工业职业技术学院	唐德淼
4	2023年度第十七届学术大会优秀论文	市厅级、二等奖	动态视角下信息化行为对制造企业智能化发展的影响机理研究	苏州工业职业技术学院	王亚男
5	2023年度第十七届学术大会优秀论文	市厅级、二等奖	基于质量屋诊断的供应链风险治理路径研究	苏州工业职业技术学院	欧阳芳

发明专利授权

2023年苏州工业职业技术学院教职工获发明专利授权情况一览表

序号	专利号	专利名称	第一发明人	授权公告日	所在单位
1	ZL201710236930.0	一种用于管料锯割的自动送料机	顾　涛	2023.2.3	精密制造工程系
2	ZL202110637332.0	一种无人检测的新能源充电桩全自动防风防雨装置	张译匀	2023.3.10	汽车工程系
3	ZL201811585743.4	一种智能晾鞋架及其控制系统以及设有智能晾鞋架的鞋柜	王　喜	2023.3.14	软件与服务外包学院
4	ZL201710285185.9	一种自动活塞销装配机	顾　涛	2023.3.24	精密制造工程系
5	ZL202110453862.X	子弹头和拉力绳的自动化装配机构	蒋澄灿	2023.4.11	机电工程系
6	ZL201910153100.0	一种基于隐马尔可夫模型的水产养殖状态监测方法及装置	陈　丽	2023.5.9	电子与通信工程系
7	ZL201910638217.8	有时间约束的非连通知识图谱查询方法	黄金晶	2023.5.26	软件与服务外包学院
8	ZL201911361209.X	电能表质量监测方法	魏　雯	2023.6.30	电子与通信工程系
9	ZL202210819862.1	长视频专注度预测方法及装置	艾旭升	2023.7.11	软件与服务外包学院
10	ZL201710636688.6	一种加工断路器基座偏心孔的车床夹具	屠春娟	2023.7.18	精密制造工程系
11	ZL201910481183.6	基于DSP的AGC功率分配控制装置及方法	崔秋丽	2023.7.21	机电工程系
12	ZL202110872412.4	一种基于时间约束的时间图近似查询方法及装置	黄金晶	2023.7.21	软件与服务外包学院

续表

序号	专利号	专利名称	第一发明人	授权公告日	所在单位
13	ZL201910901938.3	一种具有自动清除功能的智能代书系统及其智能代书方法	王　喜	2023.8.8	软件与服务外包学院
14	ZL201711227445.3	一种机电设备的散热装置	胡　静	2023.8.11	机电工程系
15	ZL202110930830.4	一种基于浏览序列的相似物品推荐方法	李文俊	2023.8.11	软件与服务外包学院
16	ZL201910901937.9	一种具有双屏显示功能的智能代书板系统及智能代书方法	王　喜	2023.8.11	软件与服务外包学院
17	ZL201910088516.9	一种万向轴贴合旋转式高架防撞墙清洗装置	胡　静	2023.8.15	机电工程系
18	ZL202010126596.5	一种车灯气密测试设备	吴少华	2023.8.22	院长室
19	ZL202210644469.3	一种自动化夹具设备	冯国铜	2023.8.25	精密制造工程系
20	ZL201710946380.1	三针扭斜式定子铁芯叠压模具	肖洪波	2023.8.29	精密制造工程系
21	ZL201711184123.5	一种浮动定位机壳铆压工装	肖洪波	2023.8.29	精密制造工程系
22	ZL201710265592.3	一种制备带风叶转子的旋转部件的工艺及模具	成　立	2023.9.5	精密制造工程系
23	ZL201710169668.2	一种简易定子铁芯叠压模具	肖洪波	2023.9.5	精密制造工程系
24	ZL201811623452.X	一种一模多腔转子压铸模具	成　立	2023.9.8	精密制造工程系
25	ZL201810253983.8	一种体育锻炼地垫	楚蕴源	2023.9.22	体育部
26	ZL202210502337.7	一种工业生产运输智能机器人抓取装置	张广才	2023.9.22	机电工程系
27	ZL202110243149.2	一种具有多级过滤效果的PTFE滤袋	胡　炜	2023.9.29	精密制造工程系
28	ZL201910334210.7	一种揭膜装置	崔　勇	2023.10.13	精密制造工程系
29	ZL202111233760.3	一种具有气体保护的激光熔覆装置、系统及其方法	吉绍山	2023.10.27	精密制造工程系
30	ZL201711225529.3	一种基于BUCK电路的可调开关电源	蔡成炜	2023.10.31	电子与通信工程系
31	ZL201711279512.6	一种气动剥线机构	顾　涛	2023.10.31	精密制造工程系
32	ZL202210229543.5	一种用于薄片状金相试样加工的夹持装置	马广辉	2023.10.31	精密制造工程系
33	ZL201711277040.0	一种底板推料机构	李春雷	2023.11.7	精密制造工程系
34	ZL201711278355.7	一种端子折弯机构	石皋莲	2023.11.7	机电工程系
35	ZL201811309967.2	一种用于近红外相机的成像帧率检测系统及其检测方法	周　信	2023.11.14	机电工程系
36	ZL201811597669.8	一种机械自动化设备的电气线缆连接器	葛晓忠	2023.11.24	机电工程系
37	ZL201910057309.7	一种绝缘检测和热保护器复位测试装置	黄华栋	2023.12.12	精密制造工程系
38	ZL201810643287.8	一种电路板加工用辅助装置	卜树坡	2023.12.19	电子与通信工程系
39	ZL201811345671.6	一种内藏半自动手机支架的航空餐桌板	蒋澄灿	2023.12.19	机电工程系
40	ZL201910153077.5	一种自动爬杆装置	王　英	2023.12.19	机电工程系

国际交流合作

学校持续推进与紧密合作企业和国外高等院校联合办学项目。先后组织赴京东方科技集团、创元集团、富纳科技等紧密合作企业开展合作办学专题调研活动，形成调研报告，强化校企合作内涵，共享校企优势资源，延伸海外办学通道。2023年7月，学校与越南河内工业职业大专学校、苏州富纳艾尔科技（越南）有限公司共同签署国际化智能制造人才培养项目合作备忘录，共同推进富纳——苏工院越南“郑和学院”建设。2023年9月，学校接待俄罗斯库兹巴斯国立技术大学校长雅科夫列夫·阿列克谢·尼古拉耶维奇一行到访，并签订《中俄国际交流与实践基地协议》《师资博士联合培养协议》。2023年11—12月，学校组建由14名学生和1名老师组成的赴俄罗斯库兹巴斯国立技术大学研修班，开展为期16天的访学研修。这是学校首次派遣师生团队赴国外研修，为今后专业建设和人才培养国际化积累经验，奠定基础。

2023年7月，国际化智能制造人才培养项目合作备忘录签约仪式举行

2023年9月，中俄国际交流与实践基地签约、揭牌仪式举行

苏州工业职业技术学院首批赴俄罗斯库兹巴斯国立技术大学短期研修学生名单

序号	姓名	性别	序号	姓名	性别
1	林甜甜	女	8	廖雨琳	女
2	孙铭辰	男	9	张雨	女
3	王宇健	男	10	段明昊	男
4	龚万言	男	11	李淑敏	女
5	吕天翔	男	12	顾效诚	男
6	钱嘉宇	男	13	徐晨晨	女
7	王群飞	男	14	王文荣	男

学校积极拓展国际交流，调动广大教职员工积极参与国际学术交流、参加国际技能比赛等的积极性，推动专业建设和人才培养国际化不断走深走实。2023年3月，学校接待马来西亚国际文化交流中心到访，促进国际标准开发的深入推进和落地见效，以及面向东南亚、欧洲、非洲等地区的留学生招收、“中文+职业技能”培训、教师访学、国际学术会议的承办或参与。2023年5月，组织参加ITEA-希腊克里特大学“可持续发展的关键决定因素：跨学科方法”国际学术研讨会，吕亚男博士受邀以视频方式做主旨演讲，分享职业教育现状，探讨职业教育在可持续发展中的重要作用。2023年8月，学校承接商务部“发展中国家职业教育官员研修班”到校考察交流，来自柬埔寨、老挝、尼泊尔、印度尼西亚、吉布提、莱索托、毛里求斯、南非、南苏丹、尼日利亚、巴拿马、古巴和苏里南等13个发展中国家的38名学员参加交流活动。7月下旬至8月中旬，承接发改委国际合作中心印尼工业化职业培训项目，开设物联网与机械工程专业培训班，培训印尼学员65名。学校组织参加2023“一带一路”暨金砖国家技能发展与技术创新比赛赛事6项，获得国际赛一等奖1项、二等奖4项、三等奖1项。

2023年5月，吕亚男博士在ITEA-希腊克里特大学“可持续发展的关键决定因素：跨学科方法”国际学术研讨会上做主旨演讲

学校作为“江苏高职院校一带一路人才培养合作联盟”成员，以国家战略需求为导向，积

2023年7月下旬至8月中旬，学校承接印尼工业化职业培训项目

极响应国家教育对外开放号召，落实习近平主席宣布的《中非合作2035年愿景》规划，积极投身援助非洲国家的实际行动，开发具有非洲国家地区特色和国际规格的职业标准并取得新突破。2022年10月至2023年8月，学校参与“非洲国家职业标准开发项目——冈比亚”，牵头研制机电一体化技术员NTA-7和智能物联网技术员NTA-5职业标准。两项标准均获得冈比亚国家认证和质量保障局颁发的认证证书并在该国3所院校推广使用。该标准对包括冈比亚在内的非洲国家产业转型升级将起到支撑作用，是中国职业标准走出去的积极探索和具体实践。

2023年8月，学校获得冈比亚国家认证和质量保障局颁发的职业标准认证证书

教职工队伍

全体教职工情况

2023年苏州工业职业技术学院教职工情况统计表

单位：人

类别	校本部教职工					校外教师	行业导师	离退休人员
	合计	专任教师	行政人员	教辅人员	工勤人员			
合计	547	409	89	27	22	13	235	266
其中：女	344	268	56	13	7	4	50	114
正高级	27	24	3	—	—	2	—	8
副高级	132	114	15	3	—	4	—	141
中级	290	222	50	14	4	6	—	43
初级	46	24	13	5	4	0	—	10
无职称	52	25	8	5	14	1		64

专任教师职称、学历（位）情况

2023年苏州工业职业技术学院专任教师职称、学历（位）情况统计表

单位：人

类别	正高级	副高级	中级	初级	无职称	总计	其中：女
博士	9	20	38	—	1	68	29
硕士	3	10	50	23	22	108	73
本科	12	84	134	1	2	233	166
合计	24	114	222	24	25	409	268

全校专任教师年龄情况

2023年苏州工业职业技术学院专任教师年龄情况统计表

单位：人

类别		29岁及以下	30—34岁	35—39岁	40—44岁	45—49岁	50—54岁	55—59岁	合计
按职称分	正高级	—	—	—	6	2	9	7	24
	副高级	—	1	11	34	34	24	10	114
	中级	2	23	32	120	34	11	—	222
	初级	16	6	—	1	1	—	—	24
	无职称	19	3	2	1	—	—	—	25
按学历（学位）分	博士	2	5	28	22	5	5	1	68
	硕士	34	27	13	22	4	6	2	108
	本科	1	1	4	118	61	34	14	233
合计		37	33	45	162	70	45	17	409

各类专家、学术带头人、培养对象名单

苏州工业职业技术学院各类专家、学术带头人、培养对象情况一览表

类别	姓名	性别	所在单位
国务院特殊津贴	唐祥金	男	对外交流与校企合作处
全国技术能手	吴冬燕	男	电子与通信工程系
江苏省有突出贡献的中青年专家	唐祥金	男	对外交流与校企合作处
江苏省教学名师	石皋莲	女	机电工程系
江苏省“333高层次人才培养工程”培养对象	马延文	男	院长室
	王　勇	男	院长室
	唐祥金	男	对外交流与校企合作处
	桂德怀	男	高等职业教育研究所（学报编辑部、质量保证中心）
	王　勇	男	精密制造工程系
	苏　华	男	院长室
	吴冬燕	男	电子与通信工程系
	殷　铭	男	精密制造工程系
	于　霜	女	机电工程系
江苏省“六大人才高峰”高层次人才	桂德怀	男	高等职业教育研究所（学报编辑部、质量保证中心）
	唐祥金	男	对外交流与校企合作处
江苏省高校“青蓝工程”中青年学术带头人	马延文	男	院长室
	刘　慧	女	汽车工程系
	苏　华	男	院长室
	吴冬燕	男	电子与通信工程系
	王　勇	男	精密制造工程系
	王　喜	男	软件与服务外包学院
	周　芳	女	经贸管理系
	耿　哲	男	精密制造工程系
	吕亚男	女	机电工程系
	刘文军	男	软件与服务外包学院

续表

类别	姓名	性别	所在单位
江苏省高校“青蓝工程”优秀青年骨干教师	陈卫萍	女	建筑工程与艺术设计系
	陈园园	女	软件与服务外包学院
	马　俊	男	汽车工程系
	丁金珠	女	国际教育学院
	苏　华	男	院长室
	王　瑾	女	建筑工程与艺术设计系
	葛晓忠	男	机电工程系
	吴冬燕	男	电子与通信工程系
	王　勇	男	精密制造工程系
	张淑红	女	机电工程系
	薛迎春	女	机电工程系
	殷　铭	男	精密制造工程系
	于　霜	女	机电工程系
	周　芳	女	经贸管理系
	鹿　霖	女	机电工程系
	王　栋	男	电子与通信工程系
	王　喜	男	软件与服务外包学院
	季业益	男	精密制造工程系
	耿　哲	男	精密制造工程系
	刘文军	男	软件与服务外包学院
	吕亚男	女	机电工程系
	丁云鹏	男	精密制造工程系
	戴丽华	女	电子与通信工程系
	黄金晶	女	软件与服务外包学院
	崔　勇	男	精密制造工程系
	陈晓华	男	机电工程系
	陈　丽	女	电子与通信工程系
	郝敬锋	男	建筑工程与艺术设计系
	丁倩倩	女	精密制造工程系
	金玉静	女	精密制造工程系
	王　英	女	机电工程系
	罗　楠	男	电子与通信工程系
江苏省高校“青蓝工程”科技创新团队	工业机器人与材料表面处理技术团队		
江苏省高校“青蓝工程”优秀教学团队	数控技术专业教学团队		
	智能工厂物流教学团队		
	智能嵌入式技术教学团队		
	跨境电子商务教学团队		
	智慧管理服务教学团队		
	智能装备控制系统集成与开发教学团队		
第二批全国高校黄大年式教师团队	“匠心筑梦·铸魂报国”工业机器人与智能装备教师团队		
首批国家级职业教育教师教学创新团队	工业机器人技术专业团队		
第三批国家级职业教育教师创新团队	智能控制技术专业团队		

续表

类别	姓名	性别	所在单位
江苏省职业教育“双师型”教师团队	江苏省职业教育增材制造技术“双师型”名师工作室		
	江苏省职业教育智能制造装备技术技艺技能传承创新平台		

全院获副高及以上专业技术资格人员名单

苏州工业职业技术学院获副高及以上专业技术资格人员名单

所在单位	正高	副高
院长室	王洪法 马延文 王新华 吴少华 刘晓 魏影 苏华 王勇	
党政办公室（外事与港澳台办公室）	—	—
党委组织部（党委统战部）	—	陈艺
党委宣传部	—	—
纪检监察室	—	—
人事师资处（教师工作部）	—	—
机关党总支	贾虹	
教务处	何福男	丁云鹏 郝敬锋
科技处	—	钱涛 祝清兰 高慧
学生工作处（学生工作部、招生办公室）	—	—
对外交流与校企合作处	唐祥金	费江 刘向
财务处（审计处）	—	杨飞
保卫处（人民武装部）	—	汤鸿波 林洁
后勤与资产管理处	—	—
工会（妇联）	—	魏力
团委	—	—
质量保证中心（高等职业教育研究所）	—	刘绪军 王瑾
数字化校园与图文信息中心	—	方一新 徐敏 丁永尚
继续教育学院	廖文杰	—
校学术委员会	单强	—
精密制造工程系	王勇	耿哲 薛迎春 殷铭 汪宁 孔茗 成立 李长春 杨亚琴 季业益 胡炜 顾涛 徐忠兰 黄华栋 黄晓华 梁胜龙 屠春娟 崔勇 丁倩倩 沈小强 张丽 王雪
机电工程系	石皋莲 覃恩伟	于霜 吕亚男 葛晓忠 王月芹 许月琳 张淑红 陈歆 范金玲 鹿霖 王加勇 王熙雏 徐敏
电子与通信工程系	王栋 吴冬燕	叶萍 汤朝霞 孙岚 吴振英 金薇 孟桂芳 赵展 荣雪琴 陈晓磊 黄璟 程雪敏 蔡成炜 翟红 邵利群 刘勇 戴丽华 陈丽
软件与服务外包学院	—	陈希 罗颖 王晓 王喜 何亮 刘宝莲 孙伟 陈园园 郝爱语 栾咏红 密海英 沈茜 刘文军 艾旭升 黄金晶 伊雯雯
经贸管理系	周芳 唐德森	梁青春 欧阳芳 王亚男 丁依萍 肖坤梅 张玉琴 张琦英 郭薇 唐金龙 姚卓顺 盛晓兰

续表

所在单位	正高	副高
建筑工程与艺术设计系	田建冬	李　明　王　迪　许艾珍　孙启新　陈卫萍　陈杏莉　蔡　健　陆　娴
国际教育学院	桂德怀	叶文红　耿　欣　丁金珠　尹玖红　李　玲　张书健　陆小鹿　金　娴　顾　菁
汽车工程系	马　俊　刘　慧	金　昱　张宇峰　冯巧云　李洪群　胡海侠　臧华东　张译匀　陆文灏
马克思主义学院	马建新　成秀萍	赵永兵　杨　晔　张红梅　袁　芳　胡晓红　李颖华　王周刚
体育部	桂海荣	陈建辉　黄月勤　沈　铁　邵　夏　魏金龙　沈　贤　石茗茗

2023年度获高级专业技术资格人员名单

教　授：王　勇（00896）　王　栋　吴冬燕

副教授：丁倩倩　王周刚　王熙雏　伊雯雯　沈小强　张宇峰　陆文灏　陈　丽　郝敬锋　盛晓兰　戴丽华

教育管理研究员：王洪法

教育管理副研究员：汪　宁　陆　娴　陈　艺　林　洁

聘请校外专家名单

苏州工业职业技术学院聘请校外专家情况一览表

类别	聘请单位	姓名	所属单位	职称（职务）
产业教授	精密制造工程系	段　林	昂拓科技（苏州）有限公司	总经理
		吴乐平	南京旭上数控技术有限公司	高级工程师（总工程师）
		谢　明	南京市妙手机电科技有限公司	副教授（董事长）
		周宏志	苏州中瑞智创三维科技股份有限公司	高级工程师
		周彩虹	苏州轴承厂股份有限公司	高级工程师（常务副总经理）
	机电工程系	王振华	江苏汇博机器人技术股份有限公司	教授（总经理）
		王红卫	苏州市奥普斯等离子体科技有限公司	副教授（董事长）
		魏海峰	无锡一苇渡江电子有限公司	副教授（董事长）
		孟　健	博众精工科技股份有限公司	教授级高级工程师
		王国权	江苏亨通线缆科技有限公司	高级工程师
		张　健	苏州班鲁尼特机械科技有限公司	高级工程师
		孙吉勇	江苏苏净集团有限公司	正高级工程师
	电子与通信工程系	曾中明	中国科学院苏州纳米技术与纳米仿生研究所	研究员
		夏兴隆	苏州易泰勒电子科技有限公司	高级工程师（董事长）
		周修和	高创（苏州）电子有限公司	工程师（首席技术官）
	软件与服务外包学院	徐希建	盟拓软件（苏州）有限公司	副总裁
		费　鹏	苏州市创采软件有限公司	总经理
		王发华	苏州申浪信息科技有限公司	高级工程师

续表

类别	聘请单位	姓名	所属单位	职称（职务）
产业教授	软件与服务外包学院	黄羿衡	苏州协同创新智能制造装备有限公司	高级工程师（总经理）
		刘成菊	同济人工智能（苏州）研究院有限公司	教授（总经理）
	汽车工程系	聂石启	金龙联合汽车工业（苏州）有限公司	高级工程师
		魏解元	华业检测技术服务有限公司	高级工程师（副总经理）

2023年度人员变动情况

2023年苏州工业职业技术学院教职工新聘人员情况一览表

姓名	性别	聘任单位	聘任时间	人员类别
徐　森	男	后勤与资产管理处	2023.10	编内在职
帕孜依拉·肖可拉提	女	工会（妇联）	2023.9	编内在职
王　雪	女	精密制造工程系	2023.9	编内在职
刘　凡	女	精密制造工程系	2023.9	编内在职
张　丽	女	精密制造工程系	2023.9	编内在职
孙兆艺	女	精密制造工程系	2023.9	编内在职
宫文强	男	精密制造工程系	2023.10	编内在职
徐　敏	男	机电工程系	2023.6	编内在职
章羽翎	女	机电工程系	2023.9	编内在职
沈晓宇	女	电子与通信工程系	2023.3	编内在职
薛惠敏	女	电子与通信工程系	2023.6	编内在职
袁宇丹	女	电子与通信工程系	2023.9	编内在职
李木石	男	电子与通信工程系	2023.9	编内在职
夏玉颜	女	电子与通信工程系	2023.9	编内在职
余艳玮	女	软件与服务外包学院	2023.4	编内在职
唐德森	男	经贸管理系	2023.9	编内在职
朱添莹	女	经贸管理系	2023.9	编内在职
魏琪然	女	经贸管理系	2023.9	编内在职
刘羽田	男	建筑工程与艺术设计系	2023.9	编内在职
郭恺文	男	建筑工程与艺术设计系	2023.9	编内在职
张　祥	男	建筑工程与艺术设计系	2023.9	编内在职
冯博览	男	国际教育学院	2023.9	编内在职
缪　伟	男	汽车工程系	2023.3	编内在职
王逸群	女	汽车工程系	2023.6	编内在职
郝思雨	女	汽车工程系	2023.9	编内在职
张　笑	女	体育部	2023.9	编内在职
孙颖爽	女	体育部	2023.9	编内在职
李冬茹	女	财务处（审计处）	2023.9	编外管理人员
龚蓓琪	女	教务处	2023.9	编外管理人员
许　蕾	女	数字化校园与图文信息中心	2023.9	编外管理人员
张　晴	女	继续教育学院	2023.9	编外管理人员
冯语迪	女	继续教育学院	2023.9	编外管理人员
陈　维	女	继续教育学院	2023.9	编外管理人员

2023年苏州工业职业技术学院教职工辞职、离职人员情况一览表

姓名	性别	离校前所在单位	离校时间
魏　婕	女	汽车工程系	2023.3
丁晓燕	女	建筑工程与艺术设计系	2023.4
赵　煜	男	机电工程系	2023.5
余艳玮	女	软件与服务外包学院	2023.9
张　帆	男	精密制造工程系	2023.9

2023年苏州工业职业技术学院教职工去世人员情况一览表

姓名	性别	出生日期	去世日期
蔡修璋	男	1930.4.25	2023.1.1
杨文华	女	1935.10.30	2023.1.6
王全宝	男	1943.8.26	2023.1.18
朱君明	男	1936.1.16	2023.1.21
孙家琪	女	1934.6.26	2023.2.17
叶飞龙	男	1931.12.24	2023.2.5
张如刚	男	1942.11.4	2023.3.19
沈采真	女	1937.1.9	2023.9.9
陆伟林	男	1946.4.24	2023.10.21
贺志龙	男	1934.3.5	2023.12.15

2023年度退休人员名单

赵春燕　陆　群　李凤珍　王　震　徐　立　梁胜龙　谈正秋　章晓虹　章健华　卜树坡　朱祥贤　葛素娟

第八章 校园文体活动

校园文化建设

一、校园宣传思想文化

深入学习宣传贯彻党的二十大精神，深入贯彻习近平总书记对江苏、苏州工作重要讲话精神以及关于教育的重要论述，紧扣学校第三次党代会明确的工作要求，围绕中心、服务大局，凝心聚力、守正创新，认真落实市委巡察反馈意见，及时研究部署整改工作，全面系统推进整改落实，切实担当起“举旗帜、聚民心、育新人、兴文化、展形象”的使命任务，深入推进新时代宣传思想工作，为学校以优异成绩通过“双高计划”验收提供坚强的思想保证、精神动力、舆论支持和文化氛围。

持续深入学习宣传贯彻党的二十大精神，推动全面学习、全面把握、全面落实。依托学校学习宣传党的二十大精神师生巡讲团，统筹马克思主义学院思政教师力量，分步对表落实开展相关学习宣传活动，切实把全校师生员工的思想和行动统一到党的二十大精神上来。同时，依托专题党课、专家讲座、主题党团日、专题学习等多种方式，在全校范围内掀起学习热潮，推动党的二十大精神学习贯彻走深走实，入脑入心。邀请党的二十大代表进校园，开展“‘技能成才　强国有我’——青年的信仰”理论宣讲活动，组织开展“党的二十大精神学习宣讲暨2022年大学生年度人物风采展评活动、“职教生心中的二十大”、“新时代新征程——党的二十大精神应知应会”答题竞赛等校园文化活动。学校获评江苏省第六届“马克思主义·青年说”系列活动优秀组织奖，1名教师获评“我是革命文物守护人——革命文物青年说”视频展播活动“优秀作品”奖。

巩固深化党史学习教育成果，推动《习近平新时代中国特色社会主义思想概论》进教材、进课堂、进头脑，发挥好党史立德树人的重要作用，推进理论武装同常态化长效化开展党史学习教育相结合。开展“深化强国复兴有我——走基地、看变化、聚力量”沉浸式主题实践活动，通过实地探访、互看互学等方式深刻感受“敢为、敢闯、敢干、敢首创”的时代意义。学校参赛队获“强国复兴有我——青春筑梦新时代　砥砺奋进新征程”苏州大学生“四史”知识答题挑战赛总决赛三等奖。

加强精神文明建设工作。常态化开展文明校园建设工作，做好文明校园台账管理。在学校教学区、主干道、宿舍区和操场等各区域，使用灯杆旗、宣传橱窗、LED屏幕等进行党的二十大精神、全国两会精神、习近平总书记参加十四届全国人大一次会议江苏代表团审议时重要讲话精神、中国式现代化、学习贯彻习近平新时代中国特色社会主义思想主题教育、网络安全等主题宣传。按照“六个好”要求做好文明校园创建工作，不断加强校园巡视和美化提升，集中更换一批废旧宣传物料，打造新、快、美的宣传氛围。精心策划主题宣传、典型宣传、成就宣传，使宣传栏成为广大师生了解学校的重要窗口，进一步鼓舞士气、振奋精神。

夯实思想政治教育工作。在新思想联合会的指导下，以众说学习“信仰者”理论宣讲品牌建设为抓手，依托“青马工程”“师生讲师团”，巩固壮大理论宣讲主体力量。举办“青马工程——菁英计划”培训班、“马克思主义·青年说”主题演讲比赛暨信仰公开课等活动。加强理论学习中心组和教职工政治学习，结合学习贯彻习近平新时代中国特色社会主义思想主题教育，举办读书班，开展调查研究和大讨论，全面加强理论武装。年内围绕全国两会，全面从严治党，建设教育强国，师德师风，职业教育，习近平总书记视察江苏，苏州重要讲话精神，学习贯彻习近平新时代中国特色社会主义思想主题教育等重要讲话重要论述等主题，做到学习有计划、有准备、有形式、有台账。同时，开展对二级理论学习中心组学习和教职工政治学习的巡学旁听工作，不断筑牢师生的思想根基。官微“苏工微学堂”栏目推出“党史知识答题”“深化理论学习　增强干事本领”学习活动等10期专题。

落实落细意识形态工作。强化责任意识，制定《2023年学校意识形态安全专项工作方案》《学校意识形态基层建设年实施方案》，层层落实意识形态工作要求。定期分析研判，每月排查各领域风险，每季度分析研判学校意识形态工作情况，年内召开2次学校意识形态工作专题会议。严格阵地管理，继续执行好“一会一报”制度，继续加强横幅、标语等管理，优化提升报告会、讲座备案及跟听审批流程。加强网络管理，常态化做好二级网站巡察和工作群梳理工作，及时反馈巡察问题，指导整改。不断提升师生骨干网评员队伍思想理论水平和实操技能，用好网络舆情监控软件，加强网络意识形态管理，筑牢学校意识形态工作防线。

做好校内校外宣传工作。新建学校融媒体中心，并先后加入太湖湾高校媒体融合共享联盟和江苏教育融媒体联盟。致力于打造全媒体平台和新媒体矩阵，拓展校园服务功能、加强和改进大学生思想工作、增强师生持续高频互动的同时，聚力讲好苏工发展故事，扩大学校在社会上的影响力。年内发布学院新闻197条，系部动态705条，官方微博81条，官方微信230期。学校在《中国日报网》、《中国青年报》客户端、《光明日报》客户端》等国家级媒体报道6次，在《现代快报》、江苏教育发布、苏思享等省级媒体报道30次，在《苏州日报》、引力播等市级各类媒体报道29次。

持续推进文化内涵建设。组织师生参与第八届“学宪法　讲宪法”“民族团结进步宣传月”“安全生产月”“防范非法集资风险集中宣传活动”“铸牢中华民族共同体意识·高校在行动”“宪法宣传周”等系列活动。开展“书香润泽校园　阅读启迪人生”主题阅读周活动，举行“奋楫笃行，以文化人”为主题的第五届“苏工之春”校园文化节暨2023年阅读节开幕式。组织参加第三届江苏省大学生网络文化节和高校网络教育优秀作品推选展示活动，报送《百年金砖　匠心传承》《一名战地卫生员的峥嵘岁月》《入海》《最美职校生再续职教梦》等多个新媒体作品，不断扩大学校网络文化影响力。

二、苏工院大讲堂

苏工院大讲堂于2015年3月开讲，邀请校内外专家，开展“学习贯彻习近平新时代中国特色社会主义思想”“学习宣传贯彻党的二十大精神”“劳模工匠精神”“优秀传统文化”“科技创新”“法治教育”“网络安全教育”等相关讲座，繁荣校园文化，开阔师生视野，提升人文素养。

年内，开展苏工院大讲堂10场，主题包括党的二十大精神、吴地文化、劳模精神、心理健康等。其中，苏州市“百名局长百场宣讲”1场。

三、“书香苏工”阅读活动

学校常态化贯彻落实中央和省委、市委关于推进全民阅读、建设书香社会的部署要求，积极组织学校线上线下阅读活动，带动师生员工培养阅读习惯，享受阅读乐趣，提升阅读能力，打造书香校园。

1.全校性主题活动

（1）学校第五届“苏工之春”校园文化节暨2023年阅读节。学校举行第五届“苏工之春”校园文化节暨2023年阅读节开幕式，围绕“奋楫笃行，以文化人”的主题，设定“红色校园、书香校园、艺术校园、青创校园、健康校园、文明校园、网络校园”7个模块30余项子活动，分区域设置“微”学课堂、主题书展、社团巡礼等互动专区，号召全体师生多读书，推进书香校园建设。开幕式现场，以赠送“书香礼包”，颁发“青春达人”招募令，诗朗诵《礼赞二十大　奋进新征程》等形式，鼓励师生积极参与阅读推广，营造校园书香氛围。

（2）“书香润泽校园　阅读启迪人生”主题阅读周活动。校团委组织开展面向大学生社团的“书香润泽校园　阅读启迪人生”主题阅读周活动，通过寻找校园最美阅读角、组织好书分享会、推荐青年读物，让阅读“活起来”，营造书香气息，繁荣校园文化，引领苏工青年博览群书，增长见识，走好成长成才之路。

（3）“学习党的二十大　志愿奋进新征程”主题活动。校团委在全校范围内开展“学习党的二十大　志愿奋进新征程”主题活动，通过开展志愿服务、“青马工程——育才计划”培训班、团干部思政技能大比武基层团支部书记专项赛、“五四”主题教育系列活动、大学生暑期“三下乡”社会实践等，教育引导广大青年学生在课程学习中积累沉淀，在技能竞赛中大展拳脚，在文化活动中绽放光彩，在志愿服务中磨砺青春，在社会实践中锤炼意志，在创新创业中增长才干，充分彰显苏工青年的家国情怀与责任担当，用奋斗擦亮青春底色。

（4）“未来工匠”读书行动暨第四届“苏工十佳青年朗读者”活动。校团委在全校范围内举办“未来工匠”读书行动暨第四届“苏工十佳青年朗读者”活动初赛与决赛，围绕“学党史，怀匠心，共奋斗”的主题，综合朗诵内容、现场表现、综合印象、会场效果等多个方面，遴选出苏工十佳青年朗读者，激励学生用中国声音讲好中国故事、弘扬中国精神、传播中国价值。

（5）未来工匠”主题图书推荐活动。学校邀请来自学校和企业的能工巧匠、劳动模范、技术能手、国赛选手等10位榜样人物和优秀朋辈为好书代言，通过视频推荐的崭新方式，交流分享对自己成长成才影响深刻的一本书，生动展现一本好书的魅力，营造匠心主题阅读氛围。

（6）“青春正是读书时”网络主题活动。积极组织师生参加由教育部宣传教育中心主办，教育部政务新媒体联动教育政务新媒体联盟推出的“青春正是读书时”网络主题活动。邀请广大师生一起分享好书、阅读故事、好书感受、阅读场景等至“领读篇”“悦读篇”“共读篇”“诵读篇”，共同探索阅读的世界，分享阅读的收获。

（7）“未来工匠”沉浸式读书打卡活动。学校图书馆吸引师生前往图书馆沉浸式阅读空间，开展“未来工匠”沉浸式读书打卡活动，引导师生坚持每天在阅读区完成阅读、摘抄、寄语等打卡活动，厚植“工匠阅读”生态，为“未来工匠”赋能，让氤氲书香溢满校园。

（8）“书海寻宝，图书馆奇妙之旅”趣味活动。学校图书馆组织学生参赛队，开展“书海寻宝，图书馆奇妙之旅”趣味活动，以解码探秘的“寻宝”形式，吸引新生尽快熟悉馆藏和学会利用图书馆资源，进一步提升校园书香文化氛围。

2.子活动

（1）精密制造工程系——“读红色书籍，绘爱国深情，放强国梦想”主题风筝活动。学生每人选读一本红色书籍，并根据自己的阅读感悟在空白风筝上作画，将阅读感受转化为具象的文化创作，展现学生对文字的领悟力和文化素养。

（2）机电工程系——“学贵有恒，悦读润心”阅读节主题活动。开展21天阅读打卡计划、“课堂随笔・心向梦想”课堂笔记展评、“书香通幽处分享任我行”悦读分享会等活动，激发学生读书、学习的热情，引导学生在书中悟知识、悟人生，提高学生文学素养和道德修养。

（3）电子信息工程系——“学习党的二十大”

读书分享会。开展“学习党的二十大”读书分享会暨“我和老师有个约会”系列活动，党总支书记、辅导员老师为学生代表赠书，并与学生代表分享读书心得，鼓励学生多读书、读好书，保持良好读书习惯，通过读书启智润心。

（4）软件与服务外包学院——“开卷有益　书漾计划”阅读节。举办阅读沙龙、“微书评”活动、“书签DIY”等活动，促进学生开阔阅读视野，丰富知识储备，提升自身文化素养，培养积极乐观的心态，实现全面发展。

（5）经贸管理系——“书香经管　阅读悦美”阅读文化节主题教育。举办朗诵比赛、征文活动、“红色之旅”影视制作、原创诗词创作等7个子活动，营造爱读书、读好书、善读书的浓厚校园阅读氛围，让读书成为习惯，让书香溢满校园。

（6）建筑工程与艺术设计系——“学贵有恒，阅读润心”打卡活动。开展为期21天的“学贵有恒，阅读润心”打卡活动，鼓励学生以阅读一本图书为21天打卡目标，每天以照片、视频、感受、心得等形式进入微信小程序进行打卡，引导学生以阅读汲取知识，传承优良学风文化底蕴。

（7）国际教育学院——“激发读书热情　创书香校园”阅读节风采展示活动。开展阅读节“我与同学共读书”“书签制作”“描述我心中的Ta阅读心得分享”等线上、线下系列活动，以风采展示的形式评选出“阅读之星”“优秀之星”等奖项，为学生提供自我展示机会，激励学生养成阅读习惯，感受阅读的力量，激发学生的读书热情。

（8）汽车工程系——“立身以立学为先，立学以读书为本”的阅读节活动。开展“朗读者”主题活动、吴文化博物馆“关掉手机6小时　苏东坡主题阅读活动”、“微信读书”阶段性打卡、“春读书　兴味长　磨其砚　笔花香”读书分享活动等，激发学生读书、学习的热情，展现学生良好的阅读和学习习惯，促进学风建设，提高学生的文学素养和道德修养，推动书香校园建设。

校园文艺活动

校团委始终紧密围绕学校工作重点，以党建带团建，扎实开展在校青年的思想引领工作，夯实基层组织建设，引领青年成长成才，助力青年人人出彩。重点围绕“学习二十大　永远跟党走　奋进新征程”主题，开展系列思想类、文化类、专题类活动，积极带领苏工青年及时行动起来，以青春昂扬的姿态，传承红色基因，勇担青春使命。

一、主题活动焕发青春活力

在“五四”期间，以践行社会主义核心价值观为主线，以纪念五四运动等时间节点为契机，组织213个团支部，开展“学习二十大　永远跟党走　奋进新征程”特别主题团日活动，且联合各系（院）团委在全校范围内组织开展一系列形式新颖、精彩纷呈的“五四”主题教育系列信仰公开课。6000余名苏工青年齐聚一堂，共同学习党的二十大精神，庆祝中国共产主义青年团成立101周年。5月10日下午，“学习二十大　永远跟党走　奋进新征程”主题团日活动暨2023年“五四”表彰大会在天一报告厅隆重举行。会上，学校党委班子成员为全国、省、市先进集体、个人获奖代表和校级“五四”表彰获奖代表进行颁奖，并为校级“学生青年讲师团”成员颁发聘书。为深入贯彻落实党的二十大精神，校团委响应共青团中央号召，在全校范围开展“青年让苏工更美好，苏工让青年更有为”——2023年共青团促进大学生就业行动，苏州团市委副书记蒋妍及学校党委副书记、副院长吴少华共同启动此项活动，学校党委书记王洪法为“青年就业宣讲团导师”成员颁发聘书。大会在师生合唱《强国一代有我在》的动人歌声中落下帷幕。学习二十大，永远跟党走，奋进新征程，学校团委将在习近平新时代中国特色社会主义思想指引下，团结带领广大团员青年传承“五四”精神，践行青春梦想，让青春在全面建设社会主义现代化国家的火热实践中绽放绚丽之花。

二、系列活动呈现青春模样

举办2023年“学习二十大　永远跟党走　奋进新征程”“青马工程——育才计划”培训班和“青春心向党　奋进新征程”“青马工程——菁英计划”培训班。培训过程中，校领导对学生干部提出要求，校团委负责人讲团课，马克思主义学院教师讲党课，校团委聘任就业宣讲团导师和青年师生宣讲团，为学员带来理论学习、基础团务、文字表达、办公运用、社交礼仪等菜单式学习课程，在学习过程中，由团干部作为指导教师，由1名菁英计划学员对接3—5名育才计划成员，组成学习小组，通过“小班化”交流，指导完成综合能力课程相关学习任务，做到学、思、用贯通，知、信、行统一，以“有理想”远眺前路，以“敢担当”拓宽天地，以“能吃苦”披荆斩棘，促进发挥青马班的学员们更好地承担“我为同学办实事”的表率作用，在奋斗中与祖国同行，以有理想、敢担当、能吃苦、肯奋斗的精神面貌，成就闪耀青春。同时，在2023年全年大学生思想政治教育活动、校园文化活动、社会实践和志愿服务活动、团学干部培训中，全校学生干部承担策划、组织和管理的工作，充分发挥先锋引领作用。

三、品牌活动打造青春特色

全年4个季度，分别组织全校213个团支部完成团员和青年主题教育“思想旗帜”“坚强核心”“强国复兴”“挺膺担当”等4个专题学习，团支部覆盖率100%。同时，组织在校青年认真参与团中央的“青年大学习”网上主题团课，每周参与学习人数近6000人，参与率保持在苏高校前列。利用“青春苏工”微信平台，展示9期“志愿服务纪实”、11期“返家乡”实践纪实和3期“苏工青年好Young”——江苏省“最美职校生”、“中国大学生自强之星”、“苏州马拉松”选手风采展示，组织开展“五四”主题教育系列活动，旨在深入学习党的二十大精神和团十九大精神。在今年暑假生活之际，引导苏工青年结合暑期“三下乡”社会实践活动，开展“博爱青春”暑期志愿服务项目活动，引领学生努力在与现实相结合的“大思政课”中“受教育、长才干、做贡献”，立志做有理想、敢担当、能吃苦、肯奋斗的新时代好青年。

四、文化活动营造青春氛围

校团委结合上级团组织的工作要求及年初制订的工作计划，围绕“学习二十大　永远跟党走　奋进新征程”，组织开展团干部思政技能大比武团支书专项赛、“学习二十大　青春微宣言”主题活动、“学习二十大，永远跟党走”线上青马公开课、“以青春之名　赴家乡之约”寒假“返家乡”社会实践、守护生命“救”在身边“初级救护员”培训、“学习二十大　永远跟党走　奋进新征程”主题团日活动暨2023年“五四”表彰大会、大学生社团“阅读周”活动、“我为同学做件事”校园宣传互动活动、“声承百年薪火　共创青春征程”红色影视剧配音大赛、“定格青春　自信闪耀——拍摄第一张求职证件照”活动、“寒假居家技能秀”、第三届“我最喜爱的老师”评选活动、第四届大学生课外学术科技作品竞赛、第五届“苏工之春”校园文化节、“点滴凝聚生生不息，博爱在心献血于行”校园无偿献血活动、“火车站公益行”志愿服务、“缤纷初夏　音你而来”草地音乐节、“学

思践悟二十大　博爱行动耀青春”博爱青春主题活动、“未来工匠”读书行动暨第四届“苏工十佳青年朗读者”大赛、“大学生网络文明规范”签名活动、“学习二十大　永远跟党走　奋进新征程”大学生暑期“三下乡”社会实践活动、“奋斗青春薪火相传”2023年校级学生组织及社团招新暨迎新生文艺汇演、“红旗漫卷千秋月　灯彩家国共此时”中秋国庆主题系列活动、“马克思主义·青年说”演讲比赛暨信仰公开课、“璀璨新星，艺展风采”新生才艺大赛。同时，各校级、系（院）学生组织开展系列学习教育，通过个人自学、组织带学、分类促学，上好主题团课，开展团员仪式教育、重温入团誓词，开展一系列主题突出、特色鲜明、形式多样的学习教育，为团员青年做出表率。

五、线上活动筑牢青春阵地

根据上级相关要求，学校团委始终牢牢掌握团学组织新媒体平台阵地，明确工作要求和责任人，确保校园新媒体要发挥正能量，传播好声音。2023年以来，校团委“青春苏工”微信公众号发布信息186篇（截至2023年12月31日）；苏小能qq空间、微博发布信息3条，B站、抖音发布视频20个；校团委网站发布新闻60篇。拍摄《强国一代有我在》《有理想，更青春》《鲜花献给我最喜爱的老师》《学习党的二十大，志愿奋进新征程——“苏小能”学雷锋在行动》《2023年“学习二十大　永远跟党走　奋进新征程”“青马工程——育才计划”培训班开班》《团干部思政技能大比武团支书专项赛》《“学习二十大　永远跟党走　奋进新征程”主题团日活动暨2023年“五四”表彰大会》《2023年苏工草地音乐节》《2023年“学习二十大　永远跟党走　奋进新征程”暑期志愿服务项目出征仪式》《聚众力“融”社区，汇真情“联”邻里——“苏小能”积极开展2023年暑期志愿服务活动》《2023年校级组织及社团招新暨迎新生文艺汇演》《红旗漫卷千秋月，灯彩家国共此时——校团委与在校青年共度佳节》《2023年“青春心向党　奋进新征程”“青马工程——菁英计划”培训班开班》《校园无偿献血——点滴鲜血凝爱心，延续生命见真情》《“璀璨新星‘艺’展风采”2023级新生才艺大赛》等多部视频短片。相关工作被中国青年网、江苏教育发布、苏思享、《现代快报》、《苏州日报》、交汇点、苏州教育新闻、苏州教育视频号、引力播、《姑苏晚报》等主流媒体报道16次。

校园体育竞赛

苏州工业职业技术学院第十五届体育运动会

1.领导小组

主　任：王洪法　马延文

副主任：吴少华　刘　晓　魏　影　苏　华　王　勇

委　员：安　婕　曹慧秋　曹　瑾　陈建辉　陈　希　桂德怀　何福男　金　昱　贾　虹

雷　冰　李　明　梁青春　汤鸿波　童钰祥　吴　玮　许秀芝　张大圣　张　峥

2.组委会

主　任：刘　晓　苏　华

副主任：陈建辉

委　员：陈　荔　胡　渠　李春明　林　洁　马小燕　潘　黎　彭　薇　石茗茗　田立苗
　　　　汪　宁　王宛平　吴丽琴　王周刚　徐云飞　许觃南　杨　飞　于泽鑫　张璠争
　　　　张艳艳　张　琰

3.裁判员名单

总裁判长：陈建辉

副总裁判长：石茗茗

径赛裁判长：桂海荣

检录主裁判：陈海丽

裁判员：李　庆　苗梓迅　王陈成　王宇航

发令员：刁巍威

裁判员：程　熟　干　宸

检查主判：魏金龙

裁判员：杜京响　张婷婷　程慧娣　蒙暖之　王　慧　张佳杰　张　瑞　蒋奇奇

计时主裁判：沈　贤

裁判员：张海峰　李利泽　张靖琪　方梦杰　宋天洋　罗　威　万承滨　黄　涛　祁思哲
　　　　韩　斌　周文杰　王子杰

终点主裁判：桂海荣（兼）　韩　雅

裁判员：高　如　黄金艺　相梦雪　张　璟

终点记录长：纪丽萍

裁判员：郑志成　任佳欢　孙艳如　吴佳兴

田赛裁判长：沈　铁

跳高主裁判：张　笑

裁判员：徐浩龙　徐浩然　刘龙飞　沈兆军

跳远主裁判：黄月勤

裁判员：张雨乐　徐紫璇　邹　兴　万　鑫

铅球（学生）主裁判：邵　夏

裁判员：薛　瑞　李政健　李文昌　徐乐千

铅球（教工）主裁判：朱俊民

裁判员：尹　恒　于金铭　王梓安　王宇健

游艺项目主裁判：周　斌　张　笑（兼）　朱俊民（兼）　邵　夏（兼）　黄月勤（兼）

裁判员：陈　政　刘炫杰　孟怡均　朱胜群　刘正洋　沈丰元

竞赛编排主裁判：张　明　孙颖爽

裁判员：胡雨彤　黄　超　黄礼程　陈宇豪　苗成震

场地器材组：罗伯荣

4.比赛成绩

（1）田径记录

苏州工业职业技术学院体育运动会田径记录（至2023年）

男子（人工计时）：

项目	成绩	创造者	单位	时间	备注
100米	11"5	侍俊宇	建筑工程与艺术设计系	2020.11	校13届运动会
200米	23"4	侍俊宇	建筑工程与艺术设计系	2020.11	校13届运动会
400米	53"8	张雨翔	建筑工程与艺术设计系	2023.11	校15届运动会
800米	2'13"9	许　永	电子与通信工程系	2008.05	校首届运动会
1500米	4'38"0	陆　旋	电子与通信工程系	2015.11	校8届运动会
3000米	10'05"3	朱胜杰	继续教育学院	2011.04	校4届运动会
5000米	17'25"17	孙赫崄	电子与通信工程系	2019.11	校12届运动会
10000米	47'13"3	孔金东	机电工程系	2014.05	省18届大学生运动会
4×100米接力	46'0	—	校田径队	2014.05	省18届大学生运动会
4×400米接力	3'42"0	—	校田径队	2014.05	省18届大学生运动会
400米栏	1'06"9	魏嘉威	电子与通信工程系	2014.05	省18届大学生运动会
跳远	6.42米	邢　超	机电工程系	2009.04	校2届运动会
三级跳远	12.56米	史勤勇	机电工程系	2010.04	校3届运动会
跳高	1.73米	刘孙彬	机电工程系	2008.10	市12届大学生运动会
铅球（6kg）	11.69米	裔　玲	电子与通信工程系	2009.04	校2届运动会
铅球（7.26kg）	11.74米	裔　玲	电子与通信工程系	2010.05	省17届大学生运动会
铁饼（2kg）	30.58米	裔　玲	电子与通信工程系	2010.05	省17届大学生运动会
标枪（800克）	25.37米	李　翔	电子与通信工程系	2010.05	省17届大学生运动会

女子（人工计时）：

项目	成绩	创造者	单位	时间	备注
100米	13"9	付晓璇	经贸管理系	2019.10	校12届运动会
200米	29"58	付晓璇	经贸管理系	2019.10	校12届运动会
400米	1'10"70	陈雨霞	电子与通信工程系	2014.11	校7届运动会
800米	2'47"12	刘胜莉	精密制造工程系	2019.10	校12届运动会
1500米	5'46"2	陈　晴	软件与服务外包学院	2010.05	省17届大学生运动会
3000米	12'35"1	陈雨霞	电子与通信工程系	2013.11	校6届运动会
3000米竞走	16'26"9	陈雨霞	电子与通信工程系	2014.05	省18届大学生运动会
5000米竞走	30'33"0	陈雨霞	电子与通信工程系	2014.05	省18届大学生运动会
4×100米接力	1'01"7	—	经贸管理系	2008.05	校首届运动会
4×400米接力	5'04"5	—	电子与通信工程系	2013.11	校6届运动会
跳远	4.91米	高爱丽	电子与通信工程系	2006.05	省16届大学生运动会
三级跳远	8.79米	周月红	软件与服务外包学院	2011.04	校4届运动会
跳高	1.25米	张诗琦	建筑工程与艺术设计系	2023.11	校15届运动会
铅球（4kg）	9.54米	王丽燕	软件与服务外包学院	2010.05	省17届大学生运动会
铁饼（1kg）	30.26米	王丽燕	软件与服务外包学院	2010.05	省17届大学生运动会

（2）决赛成绩

2023年苏州工业职业技术学院体育运动会决赛成绩

女子组

项目	名次	一	二	三	四	五	六	七	八
100米	姓名	徐梦婷	郑常敏	马慧琳	刘倩	赵雨洁	朱莫紫凝	程红伟	刘一纯
	单位	经贸管理系	软件与服务外包学院	精密制造工程系	经贸管理系	精密制造工程系	建筑工程与艺术设计系	建筑工程与艺术设计系	软件与服务外包学院
	成绩	15"93	16"38	16"43	16"47	16"98	17"21	17"22	17"77
200米	姓名	赵仲岚	惠月媛	欧婷婷	葛心雨	卜美意	戚晓卓	马悦	马丹丹
	单位	建筑工程与艺术设计系	建筑工程与艺术设计系	软件与服务外包学院	经贸管理系	建筑工程与艺术设计系	精密制造工程系	国际教育学院	建筑工程与艺术设计系
	成绩	35"13	35"53	36"22	36"33	36"77	37"6	38"11	38"21
400米	姓名	李欣欣	赵仲岚	王瑛	韩培培	史日雨	马王静	吴圣楠	王煊
	单位	建筑工程与艺术设计系	建筑工程与艺术设计系	经贸管理系	汽车工程系	建筑工程与艺术设计系	软件与服务外包学院	经贸管理系	机电工程系
	成绩	01'20"2	01'21"2	01'22"4	01'23"2	01'24"3	01'25"4	01'28"5	01'28"8
800米	姓名	徐梦婷	李欣欣	李秋雨	张依倩	朱莫紫凝	赵雨洁	向静雯	赵锐
	单位	经贸管理系	建筑工程与艺术设计系	精密制造工程系	电子与通信工程系	建筑工程与艺术设计系	精密制造工程系	汽车工程系	电子与通信工程系
	成绩	03'10"2	03'11"8	03'15"6	03'20"7	03'23"0	03'24"0	03'24"3	03'27"2
4×100米	单位	经贸管理系	建筑工程与艺术设计系	软件与服务外包学院	国际教育学院	精密制造工程系	机电工程系	电子与通信工程系	汽车工程系
	成绩	01'07"4	01'07"4	01'07"8	01'08"8	01'10"0	01'10"3	01'12"0	01'15"9
4×400米	单位	建筑工程与艺术设计系	电子与通信工程系	经贸管理系	软件与服务外包学院	机电工程系	国际教育学院	精密制造工程系	
	成绩	05'42"3	06'03"0	06'04"4	06'16"9	06'25"0	06'25"8	07'23"5	
跳高	姓名	张诗埼	沈雯婧	何馨怡	王俊瑾	王旭彤	吕雅丽	张璟倩	马悦
	单位	建筑工程与艺术设计系	经贸管理系	机电工程系	经贸管理系	精密制造工程系	国际教育学院	软件与服务外包学院	国际教育学院
	成绩	1.25米	1.16米	1.1米	1.1米	1.05米	1.05米	1米	1米
跳远	姓名	张诗埼	瞿安琪	韩培培	袁新慈	卜美意	金紫懿	顾智炜	寅继敏
	单位	建筑工程与艺术设计系	建筑工程与艺术设计系	汽车工程系	建筑工程与艺术设计系	建筑工程与艺术设计系	经贸管理系	电子与通信工程系	精密制造工程系
	成绩	4.14米	3.65米	3.55米	3.49米	3.46米	3.28米	3.25米	3.17米
铅球	姓名	李德环	单亚静	朱琳	朱文慧	陈毑	钱美伊	万智慧	张羽
	单位	电子与通信工程系	电子与通信工程系	电子与通信工程系	机电工程系	机电工程系	汽车工程系	经贸管理系	电子与通信工程系
	成绩	8.27米	6.75米	6.62米	6.46米	5.72米	5.5米	5.33米	5.32米

男子组

项目	名次	一	二	三	四	五	六	七	八
100米	姓名	朱涛	王实为	侯函昊	陆春晨	卢宝康	仰鑫	孙祥滨	王乙
	单位	机电工程系	汽车工程系	电子与通信工程系	精密制造工程系	汽车工程系	建筑工程与艺术设计系	精密制造工程系	精密制造工程系
	成绩	11"96	12"38	12"43	12"44	12"55	12"58	12"65	12"67
200米	姓名	张雨翔	朱涛	李扬	王实为	刘闯	黄捷	孙祥滨	何朕
	单位	建筑工程与艺术设计系	机电工程系	软件与服务外包学院	汽车工程系	精密制造工程系	精密制造工程系	精密制造工程系	电子与通信工程系
	成绩	24"07	25"06	25"57	25"87	26"29	26"48	26"82	27"02
400米	姓名	张雨翔	王忠硕	李扬	刘闯	张凡	金煜山	陆泉运	皋洋
	单位	建筑工程与艺术设计系	电子与通信工程系	软件与服务外包学院	精密制造工程系	经贸管理系	软件与服务外包学院	机电工程系	机电工程系
	成绩	54"95	56"1	56"8	58"7	01'00"1	01'02"1	01'03"7	01'03"8
1500米	姓名	蔡志杰	陈晓宇	王健康	刘志文	王一	杜京响	黄国庆	张扬
	单位	国际教育学院	精密制造工程系	建筑工程与艺术设计系	精密制造工程系	建筑工程与艺术设计系	电子与通信工程系	电子与通信工程系	机电工程系
	成绩	04'42"9	04'52"1	04'52"1	04'58"0	05'03"6	05'03"9	05'04"2	05'10"0
4×100米	单位	汽车工程系	精密制造工程系	建筑工程与艺术设计系	电子与通信工程系	经贸管理系	机电工程系	软件与服务外包学院	
	成绩	49"08	49"52	49"89	50"3	51"36	52"32	53"78	
4×400米	单位	电子与通信工程系	建筑工程与艺术设计系	汽车工程系	机电工程系	精密制造工程系	经贸管理系	软件与服务外包学院	国际教育学院
	成绩	03'58"0	04'02"5	04'14"2	04'14"4	04'19"9	04'25"0	04'26"0	04'34"5
跳高	姓名	蔡国良	季润邦	马文博	孟跃鹏	韩重响	尤鑫	方文宇	高广祺
	单位	精密制造工程系	国际教育学院	机电工程系	经贸管理系	电子与通信工程系	精密制造工程系	精密制造工程系	机电工程系
	成绩	1.6米	1.57米	1.54米	1.51米	1.51米	1.45米	1.4米	1.4米
跳远	姓名	张成栋	韩重响	沈文杰	张凡	金煜山	黄天宇	宋晓轩	宫达贤
	单位	电子与通信工程系	电子与通信工程系	精密制造工程系	经贸管理系	软件与服务外包学院	软件与服务外包学院	电子与通信工程系	软件与服务外包学院
	成绩	5.98米	5.83米	5.74米	5.59米	5.34米	5.32米	5.29米	5.28米
铅球	姓名	陈章	谢翔	周泽轩	吴曦	石百江	侍家毅	钱鑫	高佳烨
	单位	精密制造工程系	汽车工程系	精密制造工程系	经贸管理系	软件与服务外包学院	精密制造工程系	精密制造工程系	电子与通信工程系
	成绩	9.57米	9.42米	9.19米	8.25米	8.19米	8.14米	7.96米	7.79米

师生4×100米接力

名次	一	二	三	四	五	六
单位	汽车工程系	经贸管理系	精密制造工程系	软件与服务外包学院	电子与通信工程系	建筑工程与艺术设计系

拔河

名次	一	二	三
单位	电子与通信工程系	精密制造工程系	汽车工程系

50米迎面接力

名次	一	二	三
单位	软件与服务外包学院	电子与通信工程系	建筑工程与艺术设计系

师生异程接力

名次	一	二	三
单位	经贸管理系	建筑工程与艺术设计系	精密制造工程系

师生滚雪球

名次	一	二	三
单位	机电工程系	建筑工程与艺术设计系	经贸管理系

跳长绳

名次	一	二	三
单位	电子与通信工程系	建筑工程与艺术设计系	机电工程系

第九章 团学教育与学生管理

团学教育

2023年，在学校党委和上级团组织的正确领导和关心指导下，校团委全面贯彻习近平新时代中国特色社会主义思想，深入学习宣传贯彻党的二十大精神和团十九大精神，围绕“学习二十大 永远跟党走 奋进新征程”主题，开展了形式多样的主题活动，不断夯实基层组织建设，在校园文化建设、志愿服务活动、创新创业项目培育中积极发挥共青团组织优势，始终团结带领在校青年踔厉奋发、勇毅前行。

一、加强思想政治引领，建设信仰课程队伍，先进思想理念凝聚青年

深入实施信仰课程体系。校团委聚焦共青团主责主业，学习宣传习近平新时代中国特色社会主义思想，开展共产主义理想信念教育、马克思主义无神论教育等；进一步建设校级师生青年讲师团，积极完善校级、系（院）信仰公开课课程体系，把握青年大学生思想引领的主线；依托“青年大学习”网上主题团课、主题团日活动、青年学习社等平台，形成在校青年理论学习的常规，积极推动团支部落实信仰公开课制度。

注重团学干部队伍培养。校团委积极完善学生干部培养体系，本年度继续深化推进落实党中央关于“青年马克思主义者培养工程”指示精神，按照“青苗计划”“育才计划”“菁英计划”三级育成体系开展培训。培训课程具体分为理论学习、综合能力和社会实践等，其中综合能力课程采用“1+X”课程模式，即1名“菁英计划”学员对接3—5名“育才计划”学员，组成学习小组，进行“小班化”交流，指导完成综合能力课程相关学习任务。青马工程开展学分制、菜单式的培训，开设课程20余门，培训校、系（院）两级学生干部近千人，通过线上线下理论学习、主题团日活动、社会实践、志愿服务、大寻访、大讨论、成果展示等多个环节，进一步提升学生干部的思想理论水平和综合素质，让爱国情怀厚植于心，让奋斗激情践行于力，让学生干部努力成长为有理想信念、有价值追求、有责任担当、有管理能力的青年马克思主义者。

二、夯实基层组织建设，推进团学改革攻坚，完善制度举措规范青年

规范推进团学改革任务。严格落实《深化学校共青团改革的若干措施》《江苏高校共青团改革实施方案》等上级文件精神和学校党委文件《苏州工业职业技术学院学生社团建设管理办法实施细则》《苏州工业职业技术学院学生会深化改革实施方案》，全面加强校党委对学生会、社团工作的指导和把握。通过整合师资力量、共享发展资源、梳理社团项目等方式精品化推进社团建设，着力打造品牌特色。深化学生会改革，形成“主席团+工作部门”的校、系（院）学生会管理模式，实施学期聘任执行主席的模式，组织管理学生会工作。同时在学校学生工作部、后勤处、校企合作处、体育部等相关部门的协助指导下，打造晚自习检查、早锻炼督查等学生管理团队。学生干部履职尽责，日常活动规范有序，为营造积极向上的校园文化氛围凝聚青春的智慧。

多措并举提升支部活力。校团委始终紧扣青年思想引领的主线，围绕全团抓高校、全团抓基层的工作要求，通过线上线下相结合的方式，认真落实从严治团的各项要求，对标找差规范支部建设，提升支部活力。落实基层团支部每月开

展系列主题团日活动，以每月“规定主题+自选主题”的形式指导团支部开展主题团日活动。如在“五四”期间，组织213个团支部，开展“学习二十大　永远跟党走　奋进新征程”特别主题团日活动；规范开展团支部书记培训：设计“PU系统的注册与使用”“智慧团建系统的维护与使用”“团支部工作成绩单专题辅导”“团干部思政技能大比武参赛指导”等多门项目化课程，输送至系（院）开展专题团支部书记培训班，有效帮助新生班团支部书记快速适应工作要求，提升履职能力。校团委依托智慧团建系统，高质量完成学社衔接、团员身份核查认定、团员先进性评价、团内激励记载、团支部“对标定级”、“百强千优”团支部培育等工作，全年发展新团员150人。

三、深化改革工作成果，加强团学组织凝聚，完善制度举措引领青年

校团委进一步贯彻落实《苏州工业职业技术学院学生会深化改革实施方案》《苏州工业职业技术学院学生社团建设管理办法实施细则》等文件要求，助推学校共青团工作在新形势新要求下再上新台阶，完成社团年度考核和换届工作，胜利召开共青团苏州工业职业技术学院第七次代表大会和苏州工业职业技术学院第十一次学生代表大会，顺利完成共青团第七届委员会委员、第十一届学生会委员会委员和主席团选举工作。开展团支部书记能力提升工程，组织开展团干部思政技能大比武，在全校范围内开展校级选拔赛，选送4名基层团支部书记、1名专职团干部、1名兼职团干部和1名青年教师参加省赛初赛。规范青年学习社、班级团支部、社团团支部的各项组织活动，不断提升“苏工青学社”阵地的内涵建设和影响力。

四、助推青年德技并修，完善科创育人体系，科技创新精神培育青年

完善科技创新育人体系。在学校党委行政的大力支持下，在相关职能部门、系（院）的共同努力下，学校在“挑战杯”“振兴杯”“互联网+”等赛事中斩获荣誉。学校领导邀请“愤怒的小鸟”创始人彼得·韦斯特巴卡访问学校，学校院长马延文与韦斯特巴卡进行座谈交流，鼓励学生勇于尝试、勇于创新、勇于追求自己热爱的事业，培育匠心，体察社情，锻炼能力，树立职业目标，促进成长成才。校团委立足“项目、团队、基地”3个维度，积极构建大学生科技创新创业的育成体系，通过创新社团建设、竞赛团队训练和创业基地孵化，形成“社团—竞赛—创业”三级育成体系。学校目前建有3D打印项目组、机械创新设计及绘图项目组等科协项目组34个，卓越机床维修社、创新机电社、电子技能创新社、E猫网络社等学术科技类、创新创业类社团9个，入驻大学生创业长廊团队8个。此外，校团委项目化开展大学生科技协会建设，精准化培育科技创新社团，团队化扶持大学生创业团队，为学校培养高素质技术技能人才提供有力支撑。

五、持续打造志愿品牌，用青春的志愿行动温暖青年

深化社会实践育人功能。校团委今年持续利用寒暑假，鼓励青年学生主动向社区报到，通过“返家乡”实践平台，扎根一线，奉献青春，为家乡建设添砖加瓦，用汗水铸就青春年华，用行动践行青年担当。在学雷锋志愿服务活动月，校、系青年志愿者协会主动与校内外公益志愿组织、新时代文明实践站及街道、社区、学校合作，为校园师生、社区居民、少年儿童、赛事选手提供志愿服务，充分发挥马克思主义青年社、青春法学社、麟芷书画篆刻社、磁力线青少年创客社等学校各类社团的优势特色，义务维修家电、关爱空巢老人、扮靓美丽家园、校园无偿献血、志愿闪耀“医”线、助力赛事选手，与时俱进精准对接社会需求，积极弘扬奉献、友爱、互助、进步的志愿者精神，得到来自社会、学校、社区的诸多好评。

学生管理

2023年，学生工作部（处）以习近平新时代中国特色社会主义思想为指导，在学校党委的领导和指导下，把握思想政治教育主线，筑牢学生安全稳定底线，全面贯彻立德树人根本任务，落实到学生管理的各项工作中，积极探索推进线上线下“一站式”学生社区建设、班风学风建设、辅导员班主任队伍建设、资助育人及心理育人体系建设等，构建学生工作治理体系和治理能力现代化新格局，推动学校“招生—培养—就业”联动，为学校高质量发展贡献力量。

一、聚焦思想政治教育

1.实施思想政治教育培育品牌化。围绕学生成长成才计划，结合重要时间节点和热点事件，开展二十大精神学习、“宪法卫士”行动计划、爱国主义主题教育、劳动教育、职业教育、诚信教育、学风建设、防网络电信诈骗、防范非法集资宣传等各类主题活动；依托“开学第一课”、“毕业季”荣校爱校、“技能成才，强国有我”、“家国情怀”等思想政治教育品牌，构建学生“从入学到离校”全员全过程全方位育人的工作模式。开展思政教育品牌“开学第一课”，持续推进6个系列的新生入学教育活动，教育新生勇担青春使命，绘就奋斗底色；打造“毕业季”荣校爱校主题教育品牌，为全体毕业生上好“最后一课”，拍摄《我们的成长》《我们的收获》《我们的祝福》毕业纪念视频，引导学生青春逐梦跟党走，挺膺担当启新程；开展“技能人才，强国有我”优秀毕业生风采展示活动，以身边榜样凝聚前行力量，引领学生向身边榜样学习；深化“家国情怀”主题教育品牌，组织开展红色主题观影活动、“我和我的祖国”读书分享会——“我和老师有个约会”主题活动、趣味游艺活动、DIY手工月饼、“祖国，我想对您说”留言活动等，将爱国教育深入人心。以上工作被江苏省教育厅、江苏教育、《现代快报》、《城市商报》、交汇点、引力播、苏思享等媒体广泛报道，媒体报道11篇，学院发布新闻17篇，学校发布官微28篇，获得良好的社会效应。

2.开展“榜样的力量”推优宣传活动。推荐获评省优秀毕业生3名、省三好学生7名、省优秀学生干部2名和省先进班集体2个，并进行风采展示和评比。评选出学校优秀毕业生207名，评选出“志知行·十佳班集体”10个、“志知行·十佳班集体”入围奖3个、先进班集体46个，三好学生标兵6名、优秀学生干部标兵10个，评选出三好学生178名、优秀学生干部308名。评选出学校综合一等奖学金79人，二等奖学金157人，三等奖学金263人，金额共计525400元；单项奖学金111人，金额共计28450元。相关优秀个人、先进集体事迹在学校官微和公共宣传栏中进行展示交流。

3.规范思政队伍建设与管理。常态化开展辅导员班主任培训，提升职业能力素养。完成校园危机预防与干预专题培训，举办国际教育园心理健康教育督导、全国高校辅导员提升政治能力培训、新任辅导员国家教育行政学院岗前培训，组织开展2023年辅导员能力提升训练营活动、新老辅导员“青蓝工程”结对活动、“老辅导员有话说”辅导员沙龙、2023年辅导员主题班会展评活动、学校首届辅导员素质能力大赛。聚焦考核育人实效，激发工作使命感。完成47名辅导员2022—2023学年工作考核评优，完成2023年学校班主任考核，评选出“十佳班主任”，选树辅导员班主任先进典型。配合人事处完成辅导员核定专业技术岗位9级岗1人、10级岗6人、十二级岗5人。

二、推进学风建设常态化

持续推进学生学风建设。坚持以学风促班风，以班风凝校风，继续开展晚自习和升旗仪式工作。开展诚信考试教育，针对学生早餐进教学楼、晚自习手机入袋、晚自习、早锻炼、夜归寝等情况做到有检查、有数据、有反馈、有整改，通过量化排名提升管理质量，做到闭环管理，引导学生养成良好的学习、生活习惯。完成2023版《学生手册》相关文件条款的修订工作，以规范文件教育管理学生。严肃校纪校规，本年度解除6名学生校级处分，共4名学生受到校级处分。

三、五育润心共促成长

1.组织开展“重塑心秩序　青春再启航”大学生心理健康主题教育系列活动。3月开展“妙笔绘心，自我悦纳”曼陀罗绘画、心愿投壶活动，600多名学生参与。4月在全校学生中开展“学贵有恒，悦读润心”21天打卡活动，本活动包含坚持做一项锻炼、坚持读一本书、坚持一项兴趣爱好，学生根据自己的实际情况设定一个行动目标，最后有720余名学生完成21天挑战。开展“悦健康、悦青春”青春健康大讲堂14场，全面覆盖8个学院2022级、2023级全体学生。在全院2022级学生班级里开展70余场“青春健康同伴教育”活动。5月，举办第四届校园心理趣味挑战运动会，共有62支队伍参加比赛。在5月和6月，开展健康你我同行——“5·25”健走活动，将心理活动与“德育”“智育”“体育”“美育”“劳育”相结合，推进促进学生心理健康。

2.营造校园心理阳光生态环境。针对春季心理问题以及疾病多发的特点，开学后对全校学生的心理健康状况逐一排查，针对重点学生做好“一生一档”“一生一策”，实时了解学生心理动态。在学生群体中大力宣传学校心理咨询预约方式、“苏心”App平台、全省大学生24小时心理热线等心理援助渠道。开设“心理健康教育”课程。9月底开始，根据省教育厅的统一安排使用“苏心”App完成2023级3400余名学生心理普查工作，并完成部分学生的逐一访谈工作。开展“凝聚社会力量，合力共抗艾滋”防艾禁毒教育月活动，承办第八届全国大学生预防艾滋病知识竞赛，本次活动月包含知识竞赛、让红丝带飘起来、送你一朵防艾小红花、防艾禁毒科普宣传、DIY防艾手绘帆布袋、青春健康同伴教育6大主题内容，以参与打卡、科普宣讲、志愿服务的形式开展，活动参与人数3000余人次。

四、凝聚资助育人合力

1.扎实落实资助政策。积极按照工作流程评定家庭经济困难学生，贯彻省教育厅的要求，全面推行江苏省学生资助申请平台的应用与推广；严格落实国家政策，按时发放各类奖助学金。2023年秋季评定贫困生1753名，其中特别困难学生352名。14名学生获国家奖学金、369名学生获国家励志奖学金和3639名学生获国家助学金，共计发放798.42万元。681人次获得学校奖学金，共计60.385万元。为470名家庭经济困难学生进行223.45万元学费减免，为586名学生办理生源地国家助学贷款624.72万元。发放勤工助学津贴62.95万元，提供10.4万元企业和社会奖助学金。2022年学校资助工作获评江苏省学生资助绩效考核优秀，2023年资助项目“‘精准帮扶+直播助农’为学生成长插上‘云翅膀’”获2023年度在苏高校家庭经济困难大学生优秀资助育人项目评比二等奖，建筑工程与艺术设计系辅导员张二玲老师获得“2023年度江苏省优秀资助工作者”称号。

2.多措推进资助育人。组织开展“感恩诚信实践”、“苏乡永助”资助育人等主题系列活动，开展学生资助主题书法、“江苏学生资助宣传大使”评选活动、预防金融电信诈骗主题活动、诚信考试教育系列活动、诚信教育的知识竞赛和图片展等活动。在江苏省“苏乡永助”资助育人主题活动中，2021级模具设计专业学生杨伟兵的硬笔作品《苏乡永助》获评学生资助主题书法（高校组）硬笔组三等奖，微电影《以国之助，铸梦飞翔》获学生资助短视频作品（高校组）三等奖；开展寒暑家庭经济困难学生线上、线下走访活动，让学生资助大使回到母校宣讲，及时了解他们的学习生活情况，为他们排忧解难；12月，开展“情暖冬日，有爱同行”冬日送温暖系列活动，召开“冬日向阳送温暖，助学笃行话成长”学生座谈会，为特困学生发放寒假路费补贴、暖心冬衣、冬日爱心助学餐。

五、推进“一站式”学生社区建设

1.狠抓落实学生社区安全管理工作，筑牢学生公寓安全。建设“一点通”线上学生社区。全面推行使用“辅导猫”管理系统，建设“一点通”线上学生社区服务大厅，覆盖通知、报名、签到、查寝、信息收集、学生大数据等学生日常管理，为学生提供一站式服务，实现学生信息一键查询。加强宿舍安全教育，督促物业做好宿舍日常安全检查，每月组织学生日常行为和宿舍安全的检查，重点做好对学生宿舍违规用电、违规使用酒精炉、私藏管制刀具、利用网络散播非法言论等现象的排查工作；严格要求宿舍区人脸识别门禁系统，通过企业微信推送每日晚归信息。通过检查，反馈，整改，达到以查促改的目的。加强社区安全管理，开展“平安社区”宣传教育活动，推进“平安社区”创建活动，培养学生的安全行为习惯，及时消除各类安全隐患和不安全、不稳定因素。

2.警校联动反诈宣传进社区，合力筑牢校园安全防线。学生工作部（处）根据上级相关文件政策要求，聚焦学生公寓内部环境、电信网络诈骗等重点场所场景，全面排查整治安全风险隐患，完善应急预案，着力提升应急处置能力，开展全方位的防诈反诈反校园贷行动。多层次、多角度开展学生社区各类安全教育活动。通过社区警务室、社区宣传展板（架）、宣传横幅进行安全知识宣讲教育，联合学校保卫处指导二级学院开展宿舍安全教育工作，开展宿舍检查活动10余场次。联合苏州市公安局吴中分局越溪派出所印制防诈宣传标语、谨防电信网络诈骗宣传海报单页，张贴至每一个宿舍门背后、悬挂越溪派出所反诈骗横幅于社区醒目位置，印制防诈宣传标语，谨防电信网络诈骗宣传，将防诈反骗宣传渗透进学生的生活学习日常。

3.紧扣“7S”素养提升要求，着力加强“一站式”学生社区劳动实践岗活动。加强社区劳动实践岗教育，在学生社区开展多种形式的劳动实践活动，全年组织近千人次参与到学生社区劳动实践岗活动中，“最美实践岗”评比助推“7S”素养教育，推行劳动服务岗，加大劳动教育，将匠心匠行实施情况记入学生素质拓展证书，培育劳动精神和职业素质；创建二级学院特色宿舍；培育“7S”宿舍管理文化，提升大学生职业素养。2023年评选“最美劳动实践者”228名。

4.加强社区文化建设，发挥学生社区育人功能。深入探索“一站式”社区建设模式，合理规划物理空间，升级改造“一站式”学生社区服务中心大厅、党建领航站、润心畅聊室、团学青年汇、自助洗衣房等功能室。深入推进党建和思政工作融入学生社区建设，探索具有苏工特色，运行科学、保障有力、成效显著的“一站式”学生社区综合管理模式，将学生社区打造成为学生党建前沿阵地、“三全育人”实践园地、智慧服务创新基地、平安校园样板高地。

5.深化五育并举，激发“一站式”学生社区建设新活力。多方位、多角度，协调多方力量，搭建平台，以学生社区为活动阵地，创新开展丰富多彩的校园文化活动。4月开展“奋楫笃行，以文化人”“苏工之春”校园文化节，10月开展“点燃家国情，凝聚爱国心”爱国主题教育系列活动，11月开展“向阳花开，相伴成长”——“一站式”学生社区活动周，开展每月星级宿舍、军训优秀内务宿舍、“三王宿舍”评选和“践行垃圾分类　弘扬劳动美德”垃圾分类主题活动，线上开展垃圾分类知识竞赛，全面引导学生正确分类投放生活垃圾，举办社区微党课、辅导员开讲吧等社区讲堂2期，举办“十佳班集体”风采展评活动、防艾禁毒教育月活动、垃圾分类防火禁烟等安全教育系列活动。

六、多向发力规范招生

1.提高生源质量、拓展招生区域。认真研究2023年高考新政策，落实学校招生工作要求，编制2023年招生计划和招生专业。2023年学校适度拓展招生省区市，首次在上海和内蒙古进行招生，目前学校招生范围已覆盖全国除北京、青海、香港、澳门、台湾外的29个省区市。同时，为充分响应普职协调发展政策，稳步发展职业本科教育，学校2023年整体招生计划数相较2022年增加150人。2023年总体计划完成率为99.97%。

2.转变招生宣传方式、探索宣传新方法。招生宣传多措并举，加强线上宣传力度，通过全网宣发学校招生海报、视频方式，将线上宣传工作贯穿于整个招生工作全过程。适时开展线下招生宣传工作，通过召开2023年招生宣传工作会议及时传达省厅考试院各类招生新政策，让每位参与招生宣传的教职工掌握熟知宣传重点和技巧，会用、善用招生网和招生微信公众号中的各项公开内容，为每一位考生答疑解惑。在录取期间，招办全体人员认真落实教育部的“十严禁、十公开、六不准、三十个不得”等招生工作要求，实时发布录取情况，提高招生录取工作的透明度，顺利完成2023年的招生工作。

3.扎实做好宣传服务与保障。设计制作苏工院微电影宣传片，进行网络和微信等新媒体宣传，发布和更新信息84篇；设计制作苏工院招生简章，印制总数10000份，用于高职单招和统招宣传；通过在《江苏招生计划专刊》发布学校招生宣传海报，发挥权威媒体和政府主办刊物的招生宣传力度，提升学校整体社会影响力。完成高职提前、对口单招、高招等录取工作，2023年招生总计划3450人，实际录取3449人。其中，对口单招计划900人（实录900人），高职单招实录1500人，合计完成2400人，剩余1050个高招计划中，省内计划600人（实录600人），省外计划450人（实录449人，西藏1人体检不合格退档），制作并发放录取通知书3449份。

学生就业

学校深入贯彻教育部和省教育厅关于高校毕业生就业创业工作的决策部署，构建学校推动、学院主动、校内外联动、全员参与、全程服务的就业工作体系，全力促进2023届毕业生高质量就业。

一、积极拓展就业渠道，广泛开拓就业岗位

1.访企拓岗促就业专项行动。学校继续贯彻教育部、省教育厅要求，深化就业“一把手”工程，访企拓岗促就业专项行动向二级学院延伸，

向专业群、教研室延伸。采用“走出去”和“请进来”相结合的方式开展访企拓岗任务，在原有合作的用人单位的基础上，继续深挖新一批的用人单位。2023年拓展企业150家，拓岗2589个。

2.组织开展供需对接。积极与苏州六区四市人才市场合作，依据二级学院、专业（群）特点开展小而精、专而优的多频次企业宣讲会；开展综合性、区域性、行业性校园招聘会12场，保证每位毕业生有3次以上的双选机会；5·20“职在乎你，职在等你”大型校园招聘会被引力播报道——《企业与人才“双向奔赴”近3000岗位走进苏州校园》。2023年学校举办线上专场招聘会10余场，参会企业达到600多家，为毕业生提供就业岗位9500多个。

二、持续开展就业帮扶，精准帮助就业困难学生

1.校领导主动联系二级学院。学校主要领导及分管领导定期与二级学院的党政负责人、毕业班辅导员开展形势研判，积极整合就业资源，主动帮助解决就业工作中的困难。毕业生就业较为困难的系（院），校领导重点结对挂钩帮扶。

2.部门积极开展帮扶工作。学生工作处启动“困难毕业生就业帮扶计划”，针对脱贫家庭、低保家庭、零就业家庭以及有残疾的、较长时间未就业的毕业生，有针对性地开展核心就业能力培训。做好求职创业补贴的遴选和发放，2023年完成家庭经济困难学生求职补贴发放85人，每人1500元，共计127500元。

3.二级学院落实精准帮扶。二级学院建立毕业生就业帮扶档案，有针对性地帮助毕业生就业。开展“一对一”跟踪服务，建立“一生一档”，精准施策，对重点帮扶对象全程跟踪和指导，直至顺利稳定就业，精准帮扶暖人心、见实效，最终形成就业帮扶案例，各二级学院完成2023届毕业生就业困难学生的“一对一”帮扶工作，共计230名。

三、深推职业生涯教育，多形式开展就创业指导

1.深化三全育人。把就业教育和就业引导作为“三全育人”的重要内容，发挥“一站式”社区功能，深入开展就业育人主题教育，引导毕业生树立正确的就业观，客观看待个人条件和社会需求，从实际出发选择职业和工作岗位；密切关注毕业生思想状况和就业进展，化解焦虑情绪，提振就业信心，防范求职风险，维护就业权益，确保平安就业。

2.优化职业生涯教育。大力推进职业生涯指导，将生涯教育融入人才培养方案；根据二级学院特点将已有的校企资源融入课程，形成具备专业特色的通识课程；建设、丰富教学资源库，提升课程教学效果，提升学生职业核心竞争能力；加强就业指导师资培训，同时以职业生涯规划大赛为平台，推动教师专业化建设。

3.多形式开展就业指导。宣传中央和地方的大学生就业创业政策，鼓励毕业生通过自主创业等形式实现多渠道就业。鼓励毕业生积极参与“大学生志愿服务西部计划”、参军入伍、报考消防员；邀请就业指导讲师、企业人士、优秀毕业生、行业专家等到校做就创业报告；举办职业生涯规划大赛、简历制作大赛、创新创业大赛、大学生创业长廊入驻遴选等活动，营造浓郁的就业氛围，指导毕业生科学定位，及早就业。2023年学校获得江苏省大学生职业生涯规划大赛二等奖1项、三等奖2项，苏州市三等奖1项。

四、加强就业数据监测，提高人才培养质量

1.加强就业数据监测。举办就业监测工作业务培训和多次小范围辅导，准确把握就业监测指标内涵，严格审核并及时更新学生就业信息及相关佐证材料，组织开展学院自查、校级核查，提升就业监测工作质量、时效和规范化水平。2023届

毕业生年终就业率达到96.82%。

2.提高人才培养质量。根据毕业生就业调查数据和就业评价，促进专业调整和人才培养方案的调整，及时调整招生困难、出口就业不畅的专业计划，对就业对口率低的专业要及时进行调研，加大三教改革力度，提升毕业生就业的适配度。

资助工作

2023年苏州工业职业技术学院学生获各类奖（助）学金情况统计表（全日制）

序号	类别	人数（人次）	奖金（元）	合计（元）
1	国家奖学金	14	8000	112000
2	国家励志奖学金	369	5000	1845000
3	国家助学金	3639	2300/3300/4300	6027200
4	院长奖学金	70	500/800	50000
5	单项奖学金	112	50—800	28450
6	综合奖学金	499	800/1000/2000	525400
7	创元励志帮困助学金	20	500	10000
8	2023年度苏州市“海棠花红”励志助学金	40	2000	80000
9	抗自然灾害专项困难补助	11	—	16000
10	生活补助	1451	—	514000
11	校内勤工助学	1492	—	629500
12	学费减免	470	—	2234500

第十章 表彰与奖励

学校获校外单位表彰、奖励情况

2023年苏州工业职业技术学院获校外单位表彰、奖励情况一览表

序号	被授予的荣誉称号	颁奖单位	获奖级别	批文号及日期
1	江苏省高等院校智慧校园示范校	江苏省教育厅 江苏省工业和信息化厅	省级	苏教信函〔2023〕4号 2023.1.30
2	国家职业院校数字校园建设试点院校	教育部 职业教育与成人教育司	国家级	教职成司函〔2023〕12号 2023.5.26
3	江苏省第六届“马克思主义·青年说”系列活动优秀组织奖	中共江苏省委宣传部 中共江苏省委省级机关工委 江苏省教育厅 共青团江苏省委 新华报业传媒集团	省级	获奖证书 2023.5
4	苏州市优秀兵员储备基地	苏州市征兵工作领导小组	市级	苏征函〔2023〕27号 2023.6
5	*2021年度学生资助绩效考核“优秀”（补录）	江苏省教育厅 江苏省财政厅	省级	苏教助函〔2022〕17号 2022.12.19

学校教职工获表彰、奖励情况

2023年苏州工业职业技术学院教职工获表彰、奖励情况一览表

受表彰教职工姓名	获得荣誉称号	表彰单位	批文号及日期
吴冬燕	全国技术能手	人力资源和社会保障部	人社部函〔2023〕106号 2023.10.20
王晓翠　汤岐远	2023年苏州市高校红十字会博爱青春暑期志愿服务项目优秀指导教师	苏州市红十字会 苏州市文明办等	苏红会〔2023〕37号 2023.12.28
周　芳	苏州市三八红旗手	苏州市妇女联合会	获奖证书 2023.3
张二玲	江苏省优秀资助工作者	江苏省教育厅办公室	苏教办助〔2023〕1号 2023.9.4
陈莉莉　包茜虹	2022—2023年度苏州市优秀教师	苏州市教育局	苏教师〔2023〕23号 2023.9.1
王晓翠	2022年度苏州市优秀共青团干部	共青团苏州市委员会	团苏委〔2023〕53 号 2023.4.25
王薛霜	2022年度苏州市优秀团支部书记	共青团苏州市委员会	团苏委〔2023〕53 号 2023.4.25

续表

受表彰教职工姓名	获得荣誉称号	表彰单位	批文号及日期
王　佳　王　勇　孔　茗　冯国铜　李春明 沈小强　季业益　耿　哲　殷　铭　崔　勇 屠春娟　虞　锐　王文琦　王　英　王熙雏 石皋莲　吕亚男　张广才　张　峥　陈晓华 罗　玛　周　薇　蒋澄灿　王　勤　石瑞华 张明玉　邵利群　林　洁　罗红艳　金　薇 孟桂芳　赵　展　姜颖韬　凌　璟　王　晓 王　喜　艾旭升　刘文军　芮文艳　李春华 时　荣　张播争　陈园园　陈莉莉　王晓征 李凤珍　张玉琴　陈　晶　赵春燕　俞　芳 费　江　梁青春　廖晨竹　王宛平　包茜虹 朱晓蕾　张二玲　张贺鹏　陈月萍　陈　荔 郝敬锋　丁金珠　任　峰　庄　轲　李培娟 张媛媛　金　娴　俞　纯　徐　倩　殷　勤 蒋　樱　吴丽琴　张宇峰　陆文灏　袁所贤 王周刚　王晓翠　何卫星　赵永兵　袁　芳 丁永尚　刁巍威　王　卫　王　瑾　石茗茗 魏金龙　王惠琴　田立苗　田　婷　刘　玲 李梦瑶　杨　飞　沈涵颖　张　琰　陆　娴 陈　希　周　瑾　胡　渠　祝清兰　徐　立 徐　玮	2022年度个人嘉奖	苏州工业职业技术学院	苏工院〔2023〕1号 2023.1.18

学生集体获校外单位表彰、奖励情况

2023年苏州工业职业技术学院学生集体获校外单位表彰、奖励情况

序号	受表彰的集体	被授予的荣誉称号
1	机械21C1班、机器人21C2班	江苏省先进班集体
2	“心系夏乡，筑梦青春”团队	2023年江苏省大中专学生志愿者暑期文化科技卫生“三下乡”社会实践活动优秀团队

学生个人获校外单位表彰、奖励情况

2023年苏州工业职业技术学院学生个人获校外单位表彰、奖励情况

序号	学生姓名	获奖名称	颁奖单位	获奖日期
1	吴泽宇　张　号	2023“一带一路”暨金砖国家技能发展与技术创新大赛——企业信息系统安全赛项选拔赛团体优秀奖	金砖国家技能发展与技术创新大赛组委会、“一带一路”暨金砖国家技能发展国家联盟	2023.7

续表

序号	学生姓名	获奖名称	颁奖单位	获奖日期
2	吴效飞	第七届京东方杯智能制造技能大赛全国海选赛二等奖	工业和信息化部人才交流中心	2023.7
3	李贝贝　樊佳杰	紫光同创职业技能杯——2023年全国大学生集成电路创新创业大赛二等奖	工业和信息化部人才交流中心	2023.8
4	王吉龙	紫光教育职业技能杯——2023年全国大学生集成电路创新创业大赛一等奖	工业和信息化部人才交流中心	2023.8
5	李贝贝	华大九天职业技能杯——2023年全国大学生集成电路创新创业大赛三等奖	工业和信息化部人才交流中心	2023.8
6	杜雨婷	2023第15届全国大学生广告艺术大赛江苏赛区平面类优秀奖	全国大学生广告艺术大赛江苏区组委会	2023.8
7	唐　锦　梁梦茹　王书香	2023年全国职业院校技能大赛高职组信息安全管理与评估赛项团体二等奖	全国职业院校技能大赛组织委员会	2023.8
8	钱丹萍	2023“中国教育电视台·外研社杯”职场英语挑战赛写作大赛三等奖	中国教育电视台、外语教学与研究出版社、江苏省高等教育学会高职教育研究委员会、江苏省高等学校外国语教学研究会	2023.10
9	赵　宇　张善文	2023金砖国家职业技能大赛智能视觉感知与控制技术赛项二等奖	南非金砖国家工商理事会	2023.11
10	邰贵基	2023“一带一路”暨金砖国家技能发展与技术创新大赛一等奖	“一带一路”暨金砖国家技能发展国际联盟	2023.11
11	申　奥　王佳莹　贾铭昊　高逸凡　段博译	第十八届“振兴杯”全国青年职业技能大赛学生组创新创效竞赛全国决赛铜奖	共青团中央、人力资源和社会保障部	2023.11
12	吕科锦	“一带一路”暨金砖国家技能发展与技术创新大赛人力大数据项目高职组选拔赛三等奖	金砖国家技能发展与技术创新大赛组委会	2023.11
13	杜雨婷	2023第十一届全国大学生数字媒体科技作品及创意竞赛国赛三等奖	中国人工智能学会、全国大学生数字媒体科技作品及创意竞赛组委员会	2023.11
14	高宇琨	第六届人民中国杯日语国际翻译大赛三等奖	中国外文局亚太传播中心、教育部日语专业虚拟教研室	2023.11
15	汪泳旭	2023年全国大学生创新创业能力大赛初赛一等奖	普通高等学校创新创业教育组委会	2023.11
16	唐　旭　陈宇翔	“一带一路”暨金砖国家技能发展与技术创新大赛第五届3D打印造型技术优胜奖	金砖国家技能发展与技术创新大赛组委会	2023.11
17	黄雨彤	全国大学生翻译大赛高职高专组省级一等奖	全国大学生英语翻译大赛组委会	2023.12
18	关浩伟	江苏省最美职校生	共青团江苏省委、江苏省教育厅	2023.1
19	牟　洋	2023年江苏省职业院校技能大赛工业设计技术赛项一等奖	江苏省职业院校技能大赛组委会	2023.3
20	刘怀森　陈小强　王家根	2023年江苏省职业院校技能大赛集成电路开发及应用赛项一等奖	江苏省职业院校技能大赛组委会	2023.3
21	严　凯　朱友水	2023年江苏省职业院校技能大赛物联网技术应用赛项一等奖	江苏省职业院校技能大赛组委会	2023.3
22	史依萱　刘子欣	2023年江苏省职业院校技能大赛信息安全管理与评估赛项一等奖	江苏省职业院校技能大赛组委会	2023.3

续表

序号	学生姓名	获奖名称	颁奖单位	获奖日期
23	师庆涵　陈天祥　孟子祥	2023年江苏省职业院校技能大赛电子产品设计及制作赛项二等奖	江苏省职业院校技能大赛组委会	2023.3
24	金　马　夏　郅　杜鑫凯	2023年江苏省职业院校技能大赛嵌入式技术应用开发赛项二等奖	江苏省职业院校技能大赛组委会	2023.3
25	杨童晨　郭　杰	2023年江苏省职业院校技能大赛5G全网建设技术赛项二等奖	江苏省职业院校技能大赛组委会	2023.3
26	梁欣怡	2023年江苏省职业院校技能大赛英语口语（非专业组）赛项二等奖	江苏省职业院校技能大赛组委会	2023.3
27	蔡飞扬	2023年江苏省职业院校技能大赛工业设计技术赛项二等奖	江苏省职业院校技能大赛组委会	2023.3
28	朱昊哲　杨君睿	2023年江苏省职业院校技能大赛模具设计与制造技术赛项二等奖	江苏省职业院校技能大赛组委会	2023.3
29	张　赛　李正阳	2023年江苏省职业院校技能大赛现代电气控制系统安装与调试赛项二等奖	江苏省职业院校技能大赛组委会	2023.3
30	储宏伟　李　拼　王世举	2023年江苏省职业院校技能大赛Web技术赛项二等奖	江苏省职业院校技能大赛组委会	2023.3
31	毛昀琪	2023年江苏省职业院校技能大赛英语口语（专业组）赛项二等奖	江苏省职业院校技能大赛组委会	2023.3
32	陈　康	2023年江苏省职业院校技能大赛汽车技术赛项二等奖	江苏省职业院校技能大赛组委会	2023.3
33	张　鹏　龚建平	2023年江苏省职业院校技能大赛工业机器人技术与应用赛项三等奖	江苏省职业院校技能大赛组委会	2023.3
34	宋　军　钟欣旎	2023年江苏省职业院校技能大赛机器视觉系统应用赛项三等奖	江苏省职业院校技能大赛组委会	2023.3
35	朱　成　祝　欣　于文敏	2023年江苏省职业院校技能大赛建筑工程识图项目赛项三等奖	江苏省职业院校技能大赛组委会	2023.3
36	郭铠玮	2023年江苏省职业院校技能大赛高职学生组汽车技术赛项三等奖	江苏省职业院校技能大赛组委会	2023.3
37	张　林　孟宪政　张博文　杨　帅	2023年江苏省职业院校技能大赛工程测量赛项三等奖	江苏省职业院校技能大赛组委会	2023.3
38	韩　天　郑　川　师　志	2023年江苏省职业院校技能大赛复杂部件数控多轴联动加工技术赛项三等奖	江苏省职业院校技能大赛组委会	2023.3
39	唐誉凌　刘贝贝	2022年“苏乡永助”资助育人主题活动学生资助短视频作品高校组三等奖	2022年“苏乡永助”资助育人主题活动组委会	2023.4
40	石　毅　朱鸣明	第十三届华东区大学生CAD应用技能竞赛工程图绘制二等奖	华东区大学生CAD应用技能竞赛组委会	2023.5
41	岳振权　李孝江　朱寿龙	第十三届华东区大学生CAD应用技能竞赛工程图绘制三等奖	华东区大学生CAD应用技能竞赛组委会	2023.5
42	何牧洲	第十三届华东区大学生CAD应用技能竞赛三维数字建模二等奖	华东区大学生CAD应用技能竞赛组委会	2023.5
43	朱鸣明　卢星宇	第十三届华东区大学生CAD应用技能竞赛三维数字建模三等奖	华东区大学生CAD应用技能竞赛组委会	2023.5
44	李孝江　岳振权　朱鸣明　朱寿龙	第十三届华东区大学生CAD应用技能竞赛工程图绘制团体项目二等奖	华东区大学生CAD应用技能竞赛组委会	2023.5

续表

序号	学生姓名	获奖名称	颁奖单位	获奖日期
45	刘　璐　杜　颖　杨童晨　邵丽融　胡姗姗　曹庆晨　梁梦茹	江苏省三好学生	江苏省教育厅、共青团江苏省委	2023.6
46	关浩伟　胡子慧	江苏省优秀学生干部	江苏省教育厅、共青团江苏省委	2023.6
47	刘怀森　陈同威　易富伟	江苏省优秀毕业生	江苏省教育厅、共青团江苏省委	2023.6
48	左志鹏	第三届“外教社·词达人杯”全国大学生英语词汇能力大赛江苏赛区高职高专非英语组二等奖	江苏省高等学校外国语教学研究会、“外教社词达人杯”大学生英语词汇能力大赛组委会	2023.6
49	黄雨彤　王星晨	第三届“外教社·词达人杯”全国大学生英语词汇能力大赛江苏赛区高职高专非英语组三等奖	江苏省高等学校外国语教学研究会、“外教社词达人杯”大学生英语词汇能力大赛组委会	2023.6
50	葛宇恒　黄雨彤	第三届“外教社·词达人杯”全国大学生英语词汇能力大赛江苏赛区高职高专非英语专业组三等奖	江苏省高等学校外国语教学研究会、“外教社词达人杯”大学生英语词汇能力大赛组委会	2023.6
51	王文刚	第九届全国青年科普创新实验暨作品大赛二等奖	江苏省科学技术协会、共青团江苏省委	2023.6
52	周军宝	2023年第九届“LSCAT”杯江苏省笔译大赛（英译汉专科组）一等奖	江苏省翻译协会、中国翻译协会（语言服务行业创业创新中心）	2023.6
53	陈　羽　毛昀琪	2023年第九届“LSCAT”杯江苏省笔译大赛（汉译英专科组）二等奖	江苏省翻译协会、中国翻译协会（语言服务行业创业创新中心）	2023.6
54	徐亚兰　钱哲锴	2023年第九届“LSCAT”杯江苏省笔译大赛（英译汉专科组）三等奖	江苏省翻译协会、中国翻译协会（语言服务行业创业创新中心）	2023.6
55	熊菁菁　周军宝	2023年第九届“LSCAT”杯江苏省笔译大赛（汉译英专科组）三等奖	江苏省翻译协会、中国翻译协会（语言服务行业创业创新中心）	2023.6
56	高宇琨	2023年第九届“LSCAT”杯江苏省笔译大赛公共日语组日译中二等奖	江苏省翻译协会、中国翻译协会（语言服务行业创业创新中心）	2023.6
57	高宇琨	2023年第九届“LSCAT”杯江苏省笔译大赛公共日语组中译日三等奖	江苏省翻译协会、中国翻译协会（语言服务行业创业创新中心）	2023.6
58	孔凡宇　许子同　马　硕	江苏省普通高等学校第二十届高等数学竞赛专科组二等奖	江苏省高等学校数学教学研究会	2023.7
59	陈浩天　刘仁涛　易建涛	江苏省普通高等学校第二十届高等数学竞赛专科组一等奖	江苏省高等学校数学教学研究会	2023.7
60	陈玉林　韩莹莹　李昱贤　毛新宇　孙小玥　王旭彤　杨宇威　于　溢　赵诺妍　周　奥　左志鹏　李晨阳　任勇航	江苏省普通高等学校第二十届高等数学竞赛专科组三等奖	江苏省高等学校数学教学研究会	2023.7
61	程慧娣	2023年江苏省无线电测向锦标赛短距离2米波段测向接力赛（大学女子组）第一名	江苏省体育局、江苏省教育厅、江苏省科协、共青团江苏省委、江苏省妇女联合会	2023.7
62	张　瑞	2023年江苏省无线电测向锦标赛个人全能（大学男子组）第一名	江苏省体育局、江苏省教育厅、江苏省科协、共青团江苏省委、江苏省妇女联合会	2023.7

续表

序号	学生姓名	获奖名称	颁奖单位	获奖日期
63	张婷婷	2023年江苏省无线电测向锦标赛个人全能（大学女子组）第一名	江苏省体育局、江苏省教育厅、江苏省科协、共青团江苏省委、江苏省妇女联合会	2023.7
64	张佳杰 杜京响 张 瑞	2023年江苏省无线电测向锦标赛短距离2米波段测向接力赛（大学男子组）第一名	江苏省体育局、江苏省教育厅、江苏省科协、共青团江苏省委、江苏省妇女联合会	2023.7
65	蒙暖之 程慧娣 张婷婷	2023年江苏省无线电测向锦标赛短距离2米波段测向接力赛（大学女子组）第一名	江苏省体育局、江苏省教育厅、江苏省科协、共青团江苏省委、江苏省妇女联合会	2023.7
66	张佳杰 杜京响 张 瑞	2023年江苏省无线电测向锦标赛短距离2米波段测向单项团体（大学男子组）第二名	江苏省体育局、江苏省教育厅、江苏省科协、共青团江苏省委、江苏省妇女联合会	2023.7
67	张佳杰	2023年江苏省无线电测向锦标赛短距离2米波段测向单项团体（大学男子组）二等奖	江苏省体育局、江苏省教育厅、江苏省科协、共青团江苏省委、江苏省妇女联合会	2023.7
68	张佳杰 杜京响 张 瑞	2023年江苏省无线电测向锦标赛短距离80米波段测向接力赛（大学男子组）第二名	江苏省体育局、江苏省教育厅、江苏省科协、共青团江苏省委、江苏省妇女联合会	2023.7
69	张佳杰	2023年江苏省无线电测向锦标赛短距离80米波段测向个人计时赛（大学男子组）二等奖	江苏省体育局、江苏省教育厅、江苏省科协、共青团江苏省委、江苏省妇女联合会	2023.7
70	吴效飞 吕丰毅 黄志强	2023年电子设计竞赛江苏省二等奖	全国大学生电子设计竞赛江苏省赛区组织委员会	2023.8
71	李淑敏 王睿墉 陈 羽 李慧颖 袁鑫瑶 薄宇翔 刘尚威 卢 忠 王文刚	2023年江苏省职业院校创新创业大赛创意组一等奖	江苏省职业院校创新创业大赛组委会	2023.8
72	王忠毅 陈 静 徐 菁	2023年江苏省职业院校创新创业大赛创意组三等奖	江苏省职业院校创新创业大赛组委会	2023.8
73	李淑敏	江苏高校万名团支书思政技能大比武基层团支书三等奖	江苏高校百校万名团干部思政技能大比武委员会	2023.9
74	吴泽宇 张 号	2023年“米好信安杯CTF线上挑战赛”第三名	江苏省计算机学会、南京米好信息安全有限公司	2023.9
75	吴思颖 赵西凤 魏桂婷	2023年“领航杯”江苏省青少年网络信息安全应用能力竞赛高职组网络信息安全赛项三等奖	江苏省教育厅、中共江苏省委网信办	2023.9
76	刘文涛 武浩琪 沈佳欣 昌家定 秦子恺 蒋 灿 曹庆晨	“建行杯”第九届中国国际“互联网+”大学生创新创业大赛江苏省选拔赛暨第十二届江苏省大学生创新创业大赛“青年红色筑梦之旅”赛道三等奖	江苏省“互联网+”大学生创新创业大赛组委会	2023.10
77	李淑敏 王睿墉 陈 羽 何宏烨 王文刚 卢 忠 李慧颖 徐晨晨 申 奥 王佳莹 贾铭昊 蒋一之 高逸凡 段博泽 邵丽融	第十八届“挑战杯”全国大学生课外学术科技作业竞赛江苏省选拔赛一等奖	第十八届“挑战杯”全国大学生课外学术科技作品竞赛江苏省选拔赛组织委员会（共青团江苏省委员会代章）	2023.11

续表

序号	学生姓名	获奖名称	颁奖单位	获奖日期
78	黄厚涛 武 骏 盛 辉 凌 晨 章梓健 龚建平 许 鑫 易富伟 李治黔 张 鹏 沈介雨 李贵霞	第十八届“挑战杯”全国大学生课外学术科技作品竞赛江苏省选拔赛三等奖	第十八届“挑战杯”全国大学生课外学术科技作品竞赛江苏省选拔赛组织委员会（共青团江苏省委员会代章）	2023.11
79	李正阳 周照航 陆 伟 沈介雨 王 思 孙 喆 张 晟 朱柯宇 张 赛	第十八届“挑战杯”全国大学生课外学术科技作品竞赛“黑科技”展示活动江苏省选拔赛“卫星级”	第十八届“挑战杯”全国大学生课外学术科技作品竞赛江苏省选拔赛组织委员会（共青团江苏省委员会代章）	2023.11
80	顾照亮 纪佳辛 申 奥 张嬴丹 贾元浩 祁 琪 张均汝 周钰铭 张 楠 杨 雷 刘文涛 武浩琪 沈佳欣 昌家定 蒋 灿 秦子恺 曹庆晨	第十八届“挑战杯”全国大学生课外学术科技作品竞赛“红色专项”活动江苏省选拔赛三等奖	第十八届“挑战杯”全国大学生课外学术科技作品竞赛江苏省选拔赛组织委员会（共青团江苏省委员会代章）	2023.11
81	卢婷婷 杨佳悦 张思越 赵仲岚	第十八届“挑战杯”全国大学生课外学术科技作品竞赛“红色专项”活动江苏省选拔赛三等奖	第十八届“挑战杯”全国大学生课外学术科技作品竞赛江苏省选拔赛组织委员会（共青团江苏省委员会代章）	2023.11
82	梁欣怡	2023“中国教育电视台·外研社杯”职场英语挑战赛演讲大赛江苏赛区二等奖	中国教育电视台、外语教学与研究出版社、江苏省高等教育学会高职教育研究委员会、江苏省高等学校外国语教学研究会	2023.11
83	程慧娣	2023年江苏省高等职业院校学生足球技能暨体能比赛三等奖	江苏省学生体育协会	2023.11
84	杜雨婷	2023第十四届“艺融杯”江苏艺术设计大赛学生组金奖	江苏省工艺美术行业协会、江苏省工艺美术学会、江苏省工艺美术行业协会艺术设计分会	2023.11
85	唐 锦 梁梦茹 王书香	2023年苏密杯江苏省密码知识技能竞赛三等奖	江苏省教育厅	2023.11
86	蔡飞扬 仇苏安	江苏省数字化设计与智能制造职业技能大赛产品数字设计与制造一等奖	江苏省数字化设计与智能智造职业技能大赛组委会	2023.11
87	何牧洲 张忠普	江苏省数字化设计与智能制造职业技能大赛产品数字设计与制造三等奖	江苏省数字化设计与智能智造职业技能大赛组委会	2023.11
88	徐 闵 宋嘉怡 张鼎灏 郭志骏 彭诗尧 李利泽 江其烨 孟燕莉 张力天 阿迪力江·艾麦尔江	江苏省第七届大学生艺术展演活动戏剧展演集体项目甲组三等奖	江苏省学生艺术展演活动组委会	2023.12
89	黄雨彤	2023年iCAN大学生创新创业大赛互联网英语听说挑战赛（江苏省决赛）一等奖	江苏省高等学校外国语教学研究会	2023.12
90	朱婉莹	2023年iCAN大学生创新创业大赛互联网英语听说挑战赛（江苏省决赛）二等奖	江苏省高等学校外国语教学研究会	2023.12
91	李淑敏	江苏省职业规划大赛二等奖	江苏省职业规划组委会	2023.12
92	黄志强	江苏省职业规划大赛三等奖	江苏省职业规划组委会	2023.12
93	姜雅菲	首届全国大学生职业规划大赛江苏省选拔赛暨江苏省第十八届大学生职业规划大赛就业赛道职教组三等奖	江苏省大学生职业规划大赛组委会（江苏省教育厅主办）	2023.12

续表

序号	学生姓名	获奖名称	颁奖单位	获奖日期
94	吴泽宇　张　号	“米好信安杯”2023年江苏省第五届大学生网络空间安全知识技能大赛职业院校组二等奖	江苏省计算机学会	2023.12
95	申　奥	江苏省最美职校生标兵	共青团江苏省委	2023.12
96	贾元浩	江苏省最美职校生	共青团江苏省委	2023.12
97	潘明希　薛　瑞　朱云州	“国洪杯”2023年苏州市首届创意龙狮大赛特等奖	苏州市龙狮运动协会	2023.3
98	贾元浩　易富伟	苏州市优秀共青团员	共青团苏州市委	2023.4
99	李淑敏　王睿墉　陈　羽	2023年5月吴中区“青春吴中　创赢未来”吴中区高校创新创业大赛三等奖	苏州市吴中区人力资源管理中心	2023.5
100	夏心儿	2023年“印象@苏博”画信活动“技忆苏州——给非遗传承人的一封信”主题特等奖	苏州市关心下一代工作委员会、苏州市教育局、苏州市文化广电和旅游局	2023.5
101	夏心儿	2023年“印象@苏博”5·18国际博物馆日画信活动特等奖	苏州市关心下一代工作委员会、苏州市教育局、苏州市文化广电和旅游局	2023.5
102	夏心儿	2023年“印象@苏博”5·18国际博物馆日画信活动三等奖	苏州市关心下一代工作委员会、苏州市教育局、苏州市文化广电和旅游局	2023.5
103	胡翔睦	2023“博爱青春”暑期志愿服务优秀大学生志愿者	苏州市红十字会	2023.11
104	申　奥　贾元浩　李淑敏　蔡飞扬	苏州市最美职校生	共青团苏州市委	2023.12

学校三好学生名单

2023年苏州工业职业技术学院三好学生名单（全日制）

精密制造工程系（33人）

马慧琳　王开宇　王丽芳　王梦蝶　邓　楠　石　毅　卢宇晨　申　昇　冯　俊　邢剑桥　朱子恒
朱寿龙　朱　瑞　刘佩玟　刘晨瑞　许梅然　吴　斌　张　尧　张睿喆　陆春晨　陈宇哲　林　龙
段翔磊　袁正超　夏炜哲　夏钱勇　钱芯茹　倪　涛　涂　深　曹　昕　梁智群　韩　迅　韩莹莹

机电工程系（39人）

王力厚　王启翰　冉庚海　朱阳光　朱孟琪　刘　畅　刘　航　刘宸希　许欣想　孙　芸　孙奇楠
孙佳音　孙浩双　李文昌　李正阳　杨子键　余钢钢　沈介雨　张士勇　张德厚　周小文　周　州
周联峰　单胥钦　赵铭宇　袁彦颖　顾效诚　钱家骏　殷晓雨　陶家乐　黄诗怡　曹智博　龚建平
梁浩楠　谌苏萱　储杨滨　阙芸婕　樊泽萱　魏　翌

电子与通信工程系（34人）

王梦琴　王跃聿　王琦琦　王　睿　方　静　尹俊杰　朱婉莹　刘红锋　刘尚威　刘梦丽　江馨怡
阮欣冉　孙　楠　孙　静　李　阳　何洋洋　沈　慧　张子龙　陈天祥　陈　煌　季筱轩　赵枝平

施梦婷　贺娜娜　郭宇豪　郭　珂　黄志强　崔诗雨　董乃源　蒋一之　蒋子涵　喻长燕　程慧娣
靳浩然

软件与服务外包学院（17人）

丁思梦　王妍雨　王　静　田梦迪　朱世同　李　拼　李　澍　吴　铭　张乐扬　胡欣慧　钱嘉宇
殷佳琪　黄　艺　黄梦婷　储宏伟　雷　越　廖雨琳

经贸管理系（12人）

王　烨　王　楠　叶　媛　朱栩瑶　刘香香　李雨婷　陈　慧　周语辰　居蓉蓉　姚梦洁　徐　雪
黄若婷

建筑工程与艺术设计系（29人）

王伊青　王孟宇　凤冬娇　付文文　刘笑笑　孙　倩　孙靖贤　杨明雨　汪乐媛　宋雨晗　张雅婷
陆诗语　陈思琪　陈　莉　罗雅娜　赵仲岚　胡宏花　袁宇航　袁新慈　夏心儿　徐雪涵　高　宇
唐誉凌　黄雨欣　彭斌斌　董雅娟　蒋　灿　惠月媛　翟静文

国际教育学院（12人）

刘苏丽　刘雅琪　刘新如　李梦瑶　张叶森　张谢贝子　张嬴丹　郝媛媛　徐亚兰　徐宇璇
徐　雅　唐利娜

汽车工程系（2人）

李　坤　徐婉茹

学校优秀学生干部名单

2023年苏州工业职业技术学院优秀学生干部名单（全日制）

精密制造工程系（53人）

丁志鹏　马研硕　王开圣　王旭彤　王　雨　王家政　王展鸿　王　瑞　王　静　毛新宇　文　壮
尹　欣　尹　鹏　印　盼　成可欣　师　志　刘发富　孙业佳　李陈昊　李明阳　杨伟兵　杨怡菲
杨富云　吴正琪　汪泳旭　沈兆军　宋嘉怡　张子洋　张志成　张鼎灏　张　楠　张　璟　邵柏凯
周成浩　周恒杰　单宇凡　赵云乐　赵诺妍　赵雪莹　夏刘圆　顾秦浩　殷子琦　钱芯蕊蕊
盛　辉　梁宇轩　董　奥　董瀚隆　蒲俊蓉　雷嘉俊　虞方盈　管晶晶　颜龙飞　薛　媛

机电工程系（44人）

马麒翔　丰启煜　王世超　王　号　王致远　王健永　王　涛　王　鑫　云　翔　亢青雅　朱易成
朱俊辰　孙　喆　李亚东　李　治　李豪帅　杨一鸣　杨再方　束浩然　邹徐翔　宋　爽　张　龙
张成帅　张华康　张　宇　张　阳　张　晟　陈亚龙　陈华洋　陈泉州　陈锡文　尚娇娇　周钰铭
费俊源　骆昌盛　钱哲锴　徐子豪　唐　弋　唐　萌　桑科宇　曹宇星　鹿中唯　韩蔡雨　缪孟伟

电子与通信工程系（53人）

于　淇　王文荣　王邦岭　王怀志　王树瑶　王剑雄　王铁儒　王睿墉　毛勇智　叶江伟　吕丰毅

朱　可　朱鹏冰　刘子慧　刘成浩　刘江徽　刘　阳　刘婉婷　刘　琦　刘靖怡　孙文莉　孙佳暄
孙　艳　苏　杨　杜书乐　杜雪葆　李应仁　李　爱　李淑敏　杨雨馨　杨　凯　吴效飞　张　月
张华聪　张凯玟　陈　羽　屈云雪　项　静　赵　凯　柏　羽　涂权倞　桂如意　候启坤　徐　欢
郭佳音　黄雨彤　黄　婉　蒋赐涛　蒙暖之　廉文博　潘祥鑫　薄宇翔　瞿世元

软件与服务外包学院（33人）

王延锦　王修波　王　豪　方灵菲　田程元　代蓝阳　冯振华　朱红玲　乔　晗　庄　洋　孙梦齐
孙铭辰　李欣怡　杨　雷　杨　毅　应　宇　汪金玉　宋泉志　张毓轩　张璟倩　周　琪　赵西凤
赵雨玲　柏锦洋　段雯琦　顾照亮　柴东旭　徐缘坤　高雪洋　郭俊屹　雷　越　潘国宇　潘蒙珠

经贸管理系（50人）

丁秀雯　丁星月　刁　玉　王梅颖　王　薇　卢静宜　申　奥　吕科锦　朱雨清　朱靖佳　庄思琪
孙　迪　孙佳妮　孙新瑶　纪佳辛　李娜娜　李　童　李婷婷　李慧颖　杨成燕　何欣婷　邹尚braces
沈文静　张天杭　张文腾　张志杰　张苏琪　张奕轩　张　鑫　陈王潇　陈梦缘　陈银萍　陈　默
范雨婷　金已尧　周靖仪　赵可可　姜　颖　洪　涛　徐晨晨　奚爱华　曹　阳　曹易铭　戚炎茹
董　冲　董雯雯　嵇星宇　裔仕君　衡华磊　魏梦娜

建筑工程与艺术设计系（25人）

马望龙　王方圆　邢亚琪　朱东平　伏学金　李君怡　李　硕　汪志辰　沈建洲　张　林　张瀚升
陈思庆　陈思甜　范静文　昌家定　荀世钦　姚　瑞　钱蕊蕊　郭　雪　黄强强　黄　颖　崔嘉玲
章雨星　彭诗尧　冀鹏博

国际教育学院（25人）

王圆秋　王梦宇　邓　妍　刘亦婷　刘　威　李佳璐　杨雨彤　邱　佳　张　渝　张馨月　陈紫怡
陈蒙蒙　周子轩　周娅婷　胡宇洁　徐涵宇　殷玉瑶　黄　慧　曹　柯　蒋智茹　嵇晨晔　曾　珍
臧文超　谭宇鑫　熊菁菁

汽车工程系（25人）

丁君龙　王世凯　王　帅　王　贺　尹佳杰　田　姚　李利泽　杨梓瑞　吴海铭　张　杰　张恒瑞
张海峰　陈彦旭　罗　威　胡翔睦　姜雅菲　贾子豪　贾元浩　夏加成　高文宇　黄　旭　常佳琪
程末焱　程萍萍　踪家强

学校优秀毕业生名单

2023年苏州工业职业技术学院优秀毕业生名单（全日制）

精密制造工程系（27人）

丁嘉怡　邓世伟　田明晔　朱睿恒　刘　浏　关浩伟　许浩然　孙承召　牟　洋　杜志文　杨志翔
余雯莉　沈亚嵩　张　千　张钰莹　陈　龙　陈　寒　骆　志　秦聂楠　耿　睿　徐夏仁　黄厚涛
谢　骏　路广泽　廖泽虎　霍彬彬　艾克旦·买合木提

机电工程系（30人）

卫　悦　马　硕　王亚帅　邓　锐　刘贤贤　刘　硕　刘盛瑞　闫　亮　李　延　李瑞萍　杨　宇
吴　彧　吴　梦　何康宁　张　正　张　田　张安瑜　张　恒　张祥生　陆旭洁　陈菊婷　胡姗姗
郜赛杰　钱　凡　郭　威　唐　记　黄敏凡　梅子晨　梅嘉倩　蔡伟龙

电子与通信工程系（43人）

于　茜　万秋婷　王　宇　宁永清　巩婉莹　庄东方　刘芸萱　刘怀森　孙佳豪　纪朋飞　杜鑫凯
李亚姿　李　康　杨童晨　吴进东　吴昊天　沈丽华　宋雅楠　张李超　张　彬　陈子仪　陈飞宇
陈建均　陈鑫悦　卓兴晨　罗阳阳　金　马　金尧雷　周芸毅　赵钰婷　赵雅宁　胡浩东　施梦阳
姜　毅　夏　郅　徐　劲　唐　鑫　蒋佳丽　曾　强　蔡　云　魏良鑫　魏思钰　魏　淼

软件与服务外包学院（24人）

丁倩倩　卜晓然　申一鸣　刘文慧　刘华丽　刘自宇　江兆亮　许海营　孙士林　李倩文　束晟榕
吴凤琦　张　雨　张振星　胡如芝　胡程皓　秦鑫阳　高昕冉　商　邱　梁梦茹　路丹丹　颜其森
薛　墨　魏丽娟

经贸管理系（32人）

丁雅丽　马欣雨　王羽薇　王利国　王　彤　王彦君　王梦晴　王蓓蓓　王靖东　朱文婷　李心茹
李城伍　李　敏　吴辉桥　吴　静　沈传翔　陈雪儿　陈晶晶　陈　慧　邵丽融　孟威奇　祝楚琳
钱宇豪　倪　莹　徐晨洁　唐之慧　黄宁宁　黄君扬　鹿雨晴　裴艳红　裴　晴　戴明曦

建筑工程与艺术设计系（18人）

王彤彤　王振云　尹雨晴　刘　柳　杨依晨　杨婷婷　吴新秀　张宇恒　陈同威　金　瑜　胡子慧
相雨霏　夏洪敏　钱　坤　徐兢笛　殷章威　高金今　董林芝

国际教育学院（22人）

王艺娜　王秀梅　王　妍　吕　笛　朱方舟　华新宇　刘肖倩　许　可　纪圆琴　杜　颖　杨　丽
沈　阳　张宇辉　张雯君　陈星羽　陈唯佳　陈舒苹　孟雅茹　施　诗　贾玉州　程　凤　廖双颖

汽车工程系（11人）

叶　根　刘　璐　闫静静　何　鹏　沈李浩　张　飞　张　苏　张　威　陈文钊　黄克焱　鲍家成

学校优秀团干部名单

2023年苏州工业职业技术学院优秀团干部名单

陈商杰　范如梦　范永奇　方灵菲　费仕颖　高文涛　郭佳音　黄　旭　嵇晨晔　姜雅菲　李君怡
李　拼　李　澍　李子轩　刘发富　刘　琦　门则慧　潘自豪　祁　琪　瞿世元　钱芯蕊蕊
申　奥　孙　艳　唐乾志　唐誉凌　陶星龙　汪金玉　王　林　王世超　王世凯　王　帅　杨成燕
张馨月　张　尧　张赢丹　张　月　周语辰　朱孟琪　朱子恒　庄思琪

学校优秀团员名单

2023年苏州工业职业技术学院优秀团员名单

艾冬璐	曹　柯	曹　琨	曹宇星	陈　煌	陈锦鸿	陈蒙蒙	陈梦缘	陈少鹏	陈思庆	陈亚龙
陈紫怡	程末焱	邓　楠	刁　玉	丁雨轩	董　想	龚昌林	龚建平	顾　敏	顾秦浩	郭俊屹
郭　雪	韩　迅	何洋洋	贺家辉	胡雅欣	胡雨欣	季同玥	江其烨	孔彩云	雷　越	李晨宇
李慧颖	李佳璐	李　阔	李　阳	李应仁	廖雨琳	刘朋乐	刘　乾	刘苏丽	刘笑笑	刘新如
刘亦婷	刘正洋	楼吴羽	陆　婷	罗雅娜	吕科锦	马望龙	毛开心	毛昀琪	钱哲锴	施雨彤
孙昌毅	孙佳暄	孙梦齐	孙同乐	唐利娜	唐　萌	涂　深	王　慧	王佳慧	王梦梦	王　睿
王　硕	王　薇	王文荣	王欣越	王延锦	王妍雨	王宇航	王跃聿	王展鸿	王致远	魏梦娜
吴兴国	吴衍葳	吴正琪	项　静	谢宇婷	徐勤航	徐　雪	徐亚兰	徐宇璇	荀世钦	杨　凯
姚佳勇	姚梦洁	姚兆亿	尹　鹏	印　盼	应　宇	于兴泽	袁欣悦	臧文超	张佳杰	张凯玟
张力文	张齐博	张　阳	张志杰	张子洋	章雨星	赵敬楠	周　晨	周翠兰	周发转	周　鑫
周娅婷	周钰铭	朱成海	朱　可	朱雨清	朱　玉	踪家强				

各类奖学金获奖名单

国家奖学金（14人）

精密制造工程系

卢宇晨　刘佩玟

机电工程系

沈介雨　陈亚龙

电子与通信工程系

李淑敏　黄志强

软件与服务外包学院

王妍雨　李拼

经贸管理系

丁星月　申奥

建筑工程与艺术设计系

郭杰　唐誉凌

国际教育学院

张谢贝子

汽车工程系

贾元浩

学生军训先进个人名单

2023年苏州工业职业技术学院学生军训先进个人名单

一营(共56人)

殷子阳 雷一鸣 王林峰 许高毅 姜旻昊 孙 洋 唐 畅 李 嫚 王铭烽 石靖宇 寅继敏
赵雨洁 郭雨晨 张志锋 王明宇 李 然 阚新宇 马圣淏 李秋雨 陈佳灏 尚 景 苏宏林
高长金 朱雨含 张福洲 方 兴 高家辉 季 昊 杜思璇 王秋翼 王云剑 朱影琪 盛 逊
陶福鼎 孙瑞江 戚晓卓 倪 佳 刘海翔 张锦怡 蔡 乐 李 坚 钱 鑫 陈浦司宇
吴诗芸 华 韬 王业宸 王延顺 邵欣怡 尤 鑫 周映羽 宋程远 张 悦 张明珠 高 硕
谷开鹏 戴 飞

二营(共52人)

宋志多 李佳怡 臧佳伟 何伟杰 庄政阁 龚廷霖 于 娇 杨轶茹 徐依婷 梁欣怡 李 杰
王俊翔 傅裕涵 李成成 王振昌 张 硕 赵梓捷 王 煊 刘道德 崔梓豪 许志勇 姚礼昊
沈孝宣 胡啸天 徐 俞 洪 权 武 曼 刘嫣然 杨子希 邓三春 刘思雯 何馨怡 靳佳怡
肖续东 咸文硕 蒋利南 王耀琪 俞睿轩 白雨阳 蒋思婷 罗文科 陆一航 周 韬 佟言硕
李佳霖 李宏琦 张 杰 窦兆德 杜子豪 朱 涛 冯浩民 张恒伟

三营(共56人)

彭 悦 田晶晶 郭亚丽 王盈慧 黄晏芳 陈雅男 安雨晴 卢明超 吴杞豪 秦璐瑶 陈宽裕
徐文馨 张再平 郭康健 苏进昊 辛天浩 黄永聚 胡砫闻 李明宇 王 伟 徐承洪志
徐征昊 黄章弟 李嘉珺 严一明 王子涵 段会贤 刘师源 王君涵 秦昌盛 王施杰 张榆杰
顾迎迎 黄 耀 高 琪 宋晓轩 杨玉婷 钟仪颖 于琳琳 陈炳旭 姜冠宇 王 睿 孙芷欣
胡苏琦 刘昌瑞 曹丽婷 谭文怡 侯函昊 赵 升 戈家满 陈益露 谭金波 宗增强 颜成忠
李瑞张 叶姝欣

四营(共44人)

蒋周凡 金煜山 潘宇航 路世利 李梦轩 王 耀 毛倩雯 马王静 蒋小龙 吴俊扬 欧婷婷
李俐俐 杨峻乐 谢齐加 邓雨鑫 王慧敏 王 慧 李永斌 周芷若 薛振东 乔汉涛 徐姝妍
戴 浩 李 婕 杨 光 顾潇然 张瑞瑞 王朝钢 孙慧敏 漆盼盼 朱 磊 胡晨光 张蓉蓉
周委艺 马雨利 郭传亮 魏伟琴 秦政豪 蔡维江 王 悦 游 驰 袁 粒 刘敏悦 李若曦

五营（共50人）

祖伟怡　黄一恒　何加仪　张欣彤　周苏苏　彭惠文　周心凌　濮煜纯　马原朝　英红丽　金紫懿
孟保卫　黄雪洁　杨皓轩　刘　倩　朱雅洁　何　文　许家鹏　李思雨　刘姜楠　汪倩倩　李佳琪
刘　蕊　李润芝　王　忆　杨景奇　乙海聆　吴　曦　邱忆情　王可可　沈若悠　曹　影　戴萌萌
孙佳怡　刘宁瑞　陈雨晴　晏志远　张　婷　翟　韧　薛雨荷　王心饴　顾忆罗　刘　妍　潘琳萱
赵雯静　徐　雪　金　贻　朱雨欣　杨丁丁　高可轩

六营（共30人）

王子洋　刘　通　王欣欣　赵静怡　蒋　昊　李　好　裴愉菲　曾　盈　孙苏杰　赵　硕　郭盛虹
唐　昊　张　彤　兰恩泽　祝俊雨　蒋锦阳　张　帅　李思佳　陈　纯　史郑鹏　陈忆瑾　邵家潞
薛思谊　乔迎秀　高　灿　李静韵　董叶如　黄　河　孔露晨　万晶晶

七营（共27人）

邢　颖　胥俊杰　纪文静　张耀宗　孟东升　邵世坤　张海云　张　玉　王　衡　周　裕　彭国骞
庞馨怡　管　月　蔡晓彤　费俊凡　胡小可　何苏晓　李文娣　王鹤雨　刘雨青　裴子豪　郭　宁
张　涵　童静怡　李思远　朱　琳　马　悦

八营（共28人）

向静雯　王鹏楠　王　聪　黄　涛　裴启迪　张志豪　周子豪　袁金柯　张　恒　沙俊添　孙　好
王得存　顾天琦　陈佳航　杨　将　祁亚波　李　伟　郝　彤　张超杰　蒋志浩　谢　翔　岳山山
袁振豪　张天赐　石钱坤　于利阳　周靖浩　叶　峰

学生军训优秀教导员名单

2023年苏州工业职业技术学院学生军训优秀教导员名单

丁倩倩　许　岚　张英琦　吕春兰　宫文强　罗　玛　蒋海燕　章羽翎　覃恩伟　葛晓忠　鲁晓晓
夏玉颜　张明玉　黄　璟　杭海梅　李芷璇　居晓玮　张艳艳　许觋南　陈　明　张苏银　张　祥
赵亦涵　徐　杰　冯博览　陈海彬　郝思雨　王逸群　张甜甜

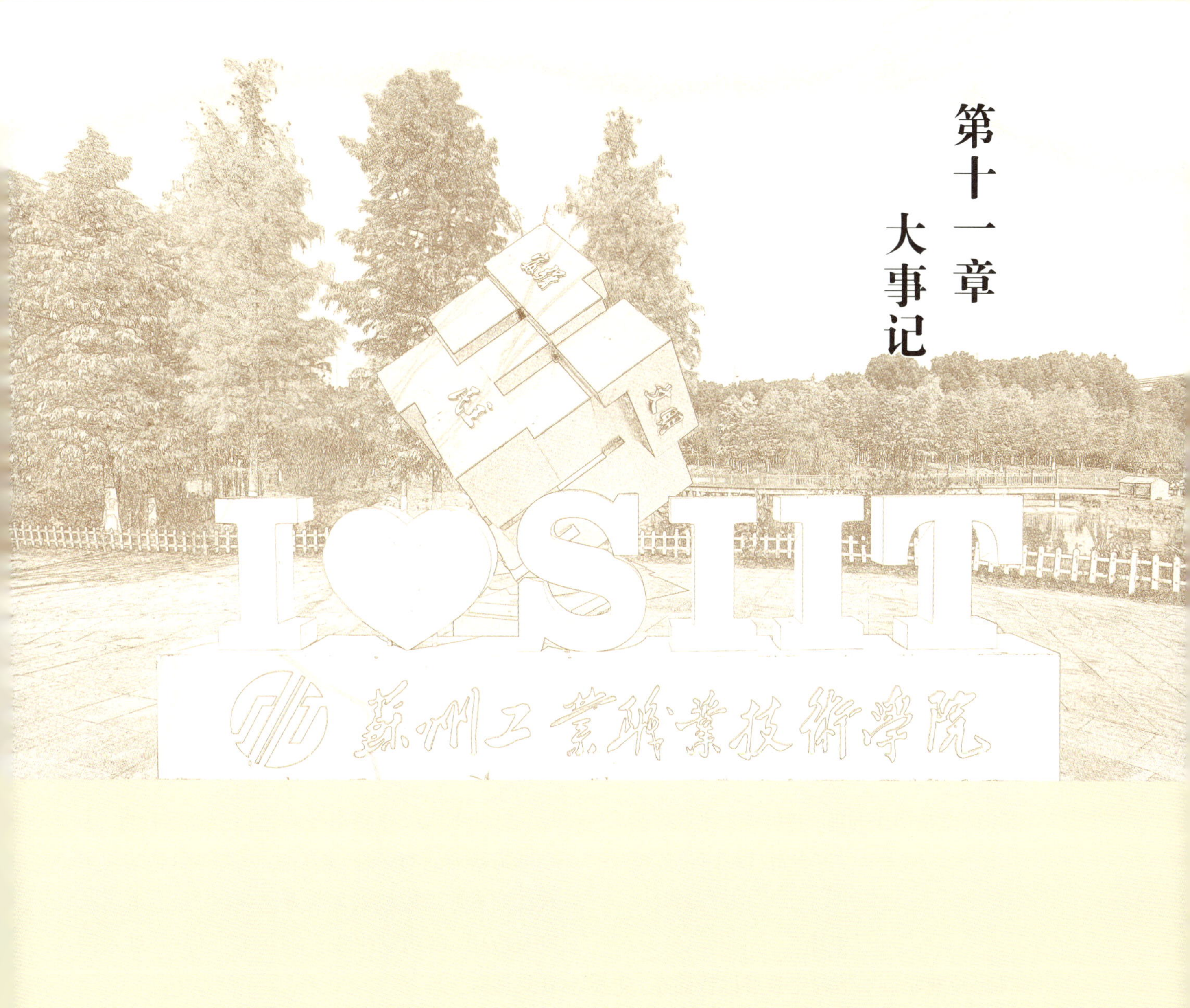

第十一章 大事记

1月

3日，学校“高起专”学历继续教育招生1404人，高等学历继续教育招生人数实现翻两番。

18日，学校公布2022年教职工年度考核结果，王佳等103名同志2022年度考核优秀。

30日，学校获评江苏省高等院校智慧校园示范校。

2月

13日，苏州市副市长季晶、市政府副秘书长谢飞、市教育局副局长何永林等到校调研指导。

15日，学校党委书记王洪法主持召开2022年度民主生活会。苏州市教育局副局长何永林、派驻教育局纪检监察组四级调研员浦建平全程参加并指导。

17日，学校党委副书记、院长马延文，党委委员、副院长刘晓检查新学期开学准备工作。

△学校党委印发《苏州工业职业技术学院2023年度工作要点》。

18日，学校党委书记王洪法主持召开党委扩大会议。

19日，学校2023年春季学期学生开学报到。

23日，学校党委印发《苏州工业职业技术学院第四轮岗位设置与聘用实施办法》。

23—25日，2023年江苏省高职高专院校公共体育在线开放课程建设及教学能力提升培训班在学校成功举办。

26日，学校组织开展“初级救护员”培训。

是月，学校获批“江苏省智慧校园示范校”。

3月

1日，沙洲职业工学院党委书记钱锦东，党委副书记、院长章雯等领导到校考察交流。

△学校获批工业和信息化部首批“专精特新产业学院”建设项目。

△学校举行“新征程：以青春之名书写光荣与梦想”2023年春季学期“开学第一课”，学校党委副书记、副院长吴少华进行授课。

△学校举办第四届大学生课外学术科技作品竞赛暨第十八届“挑战杯”全国大学生课外学术科技作品竞赛校赛。

3日，苏州市计算机学会数字化校园专委会2022年年会在学校召开。

4—6日，学校完成江苏省中职职教高考机电类专业技能考试。

5日，学校精密制造工程系殷铭、季业益老师指导的牟洋、蔡飞扬同学分别荣获江苏省职业院校技能大赛“工业设计技术”赛项学生个人一等奖和二等奖，殷铭、季业益老师获得教师组团队赛二等奖。

△学校师生参与苏州革命博物馆“革命文物说”志愿宣讲团成立主题活动。

7日，学校举办党的二十大精神学习宣讲暨2022年大学生年度人物风采展评活动。

7—10日，学校电子与通信工程系吴冬燕、罗楠老师指导的朱友水、严凯2名同学荣获江苏省职业院校技能大赛高职组“物联网技术应用项目”学生组一等奖，罗楠、吴振英老师获得教师组二等奖。

9日，学校党委印发《苏州工业职业技术学院关于进一步加强和改进作风建设的实施意见》《苏州工业职业技术学院2023年纪检监察工作要点》。

11—13日，学校电子与通信工程系程磊、王勤老师指导的刘怀森、陈小强、王家根3名同学荣获江苏省职业院校技能大赛高职组“集成电路开发及应用”赛项学生组一等奖第二名，并进入国赛集训队。

13—15日，学校成功承办2023年“中国银行杯”江苏省职业院校技能大赛高职电子与信息类“信息安全管理与评估”赛项。

14日，华北工业学校党委副书记赵湘华等一行3人到校考察交流。

15日，沙洲职业工学院党委委员、副院长陈海英率有关人员一行9人到校考察交流学生工作。

16日，学校举办“青春践行二十大，奋楫扬帆新征程”主题班会课展评活动，学校党委副书记、副院长吴少华出席活动并讲话。

△学校党委委员、副院长王勇率队走访同济人工智能（苏州）研究院。

17日，学校成人继续教育校企合作班2023级新生开学典礼在苏州名骏百盛汽车维修服务有限公司举行。

24日，学校被评为2022年度江苏省高等学校信息化建设先进集体。

29日，学校党外知识分子联谊会成立大会召开。

30日，学校党委印发《2023年度苏州工业职业技术学院全面从严治党党委主体责任清单》《2023年度苏州工业职业技术学院全面从严治党纪委监督责任清单》《2023年学校党委理论学习中心组专题学习计划》《关于调整设置基层党组织的通知》。

△学校党委任免曹瑾、徐立等同志职务，任免张峥、童钰祥等同志职务，任免蔡葳葳、耿哲等同志职务。

31日，学校公布2022年度教师教学质量综合评价结果，公布2022年苏州工业职业技术学院教师教学能力大赛获奖名单。

是月，学校开展女教工“三八”国际劳动妇女节庆祝活动。

是月，学校经贸管理系周芳教授获“苏州市三八红旗手”荣誉称号。

是月，学校开展2022年度基层党组织组织生活会和民主评议党员工作。

是月，学校团委带领全校青年组织开展“学习党的二十大　志愿奋进新征程”学雷锋志愿服务系列活动。

是月，学校软件与服务外包学院沈茜老师荣获“江苏省技术能手”称号。

4月

3日，南京邮电大学党委书记刘陈一行到校考察交流。

4日，苏州幼儿师范高等专科学校党委书记杨建良，党委副书记、校长殷海芳一行到校考察交流。

10日，学校召开中层干部任职集体谈话会。学校党委领导班子成员出席谈话会，会议由学校党委副书记、副院长吴少华主持。

12日，贵州健康职业学院党委书记黄霞、党委副书记李黔军一行到校考察交流。

13日，省纪委监委十一室会同苏州市纪委监委到学校开展专题调研。学校党委书记王洪法，党委委员、纪委书记魏影陪同调研。

△学校党委印发《苏州工业职业技术学院教职工代表大会实施办法》《苏州工业职业技术学院二级单位教职工代表大会实施办法（试行）》。

△学校党委任免高慧等同志职务。

14日，学校与苏州城市学院签署合作框架协议。

18日，中科院苏州纳米所副所长、江苏第三代半导体研究院院长徐科博士应邀到学校做题为“宽禁带半导体材料与后信息时代”的学术报告。

19日，学校与相城区太平街道在太平老街三槐堂三沙王氏家风馆共同举办“廉洁伙伴　家风共建”活动。

△学校举办第五届“苏工之春”校园文化节暨2023年阅读节开幕式。

20日，学校举办“红色廉洁故事”主题演讲比赛决赛。

△学校党委调整学校第三届学术委员会成员组成，调整苏州工业职业技术学院“双高”建设工作领导小组成员。

△学校党委印发《苏州工业职业技术学院2023年组织工作要点》《苏州工业职业技术学院

2023年宣传思想工作要点》《苏州工业职业技术学院2023年统战工作要点》。

△学校党委任免田婷等同志职务。

21日，学校召开“双高”建设推进与高质量发展工作会。

△乔治费歇尔精密机床有限公司瑞士GF加工方案的CEO Ivan Filisetti和中国市场总裁陈以祥到校考察交流。

△学校举行“学习二十大　永远跟党走　奋进新征程”“青马工程——育才计划”培训班开班仪式。

22日，南京邮电大学党委常委、副校长蒋国平一行到校考察交流。

25日，苏州工业职业技术学院团委获评苏州市五四红旗团委。

26日，学校召开2023年党的建设、党风廉政建设和校园安全工作会议。学校党委领导班子成员参加会议，学校党委副书记、副院长吴少华主持会议。

27日，学校党委副书记、院长马延文，党委委员、副院长王勇调研指导科研平台专项建设工作。

是月，学校开展“书香润泽校园　阅读启迪人生”主题阅读周活动。

5月

4日，学校党委印发《关于在全校各级党组织和广大党员中大兴调查研究的实施方案》。

5日，学校赴常熟开展“走馆访廉”沉浸式主题实践活动。

△学校调整职业技能等级认定领导小组和监督小组名单。

6日，学校举办“先进半导体专精特新产业学院”启动大会。

9日，学校聘任各教学单位综合办、教学科研办、学工办人员。

10日，学校举行“学习二十大　永远跟党走　奋进新征程”主题团日活动暨2023年“五四”表彰大会。

△苏州团市委副书记蒋妍一行走访调研精密制造工程系，学校党委副书记、副院长吴少华陪同调研座谈。

△校工会举办“珠联璧合·玉润珠圆”母亲节专题活动。

△学校举办“心向阳光，悦动悦乐”第四届校园心理趣味挑战运动会。

△学校印发《2023年推进就业工作暨“书记校长访企拓岗促就业专项行动”方案》。

14—20日，学校开展“技能：让生活更美好”2023年职业教育活动周系列活动。

16日，江苏省2023届普通高校毕业生就业工作专项督导组到校督查。

17日，连云港职业技术学院党委委员、纪委书记李大勇一行到校考察交流。

△电子与通信工程系举办2023年校园专场招聘会，学校党委书记王洪法深入招聘会现场指导工作。

△学校召开职业教育高质量发展暨基层教学组织负责人培训会。

19日，学校举办“未来智造”中小学生职业体验活动。

20日，学校举行“万企进校园——‘职’在等你，‘职’在乎你”大型现场招聘会。

21日，学校在2023年第二届中国大学生室内自行车云上挑战赛中荣获男子团体10千米接力赛全国第一名和女子团体10千米接力赛全国第六名。

23日，江苏省教育厅安全检查工作第十三组到校开展安全工作检查。

24日，学校开展“凝聚‘廉’动力　赋能新发展”廉洁教育主题活动，苏州市纪委监委派驻市教育局纪检监察组四级调研员浦建平，学校领导王洪法、吴少华、刘晓、魏影、苏华、王勇等出席大会。

25日，学校党委调整学校招生工作领导小组成员，调整学校就业工作领导小组成员。

26日，学校党委成立学校配合市委巡察工作领导小组，成立“一站式”学生社区综合管理模式建设工作领导小组，

△学校党委印发《苏州工业职业技术学院“一站式”学生社区综合管理模式建设方案》。

△学校获评国家职业院校数字校园建设试点院校。

5月26—28日，学校在第十八届“挑战杯”全国大学生课外学术科技作品竞赛江苏省选拔赛中荣获一等奖2项、三等奖2项，在“黑科技”专项赛中荣获“卫星级”作品1项。

29日，学校党委调整学校关心下一代工作委员会组成。

△学校党委印发《苏州工业职业技术学院关心下一代工作委员会2023年工作要点》。

△学校聘任基层教学组织负责人。

30日，新疆应用职业技术学院党委书记陈梅兰一行到校调研交流。

31日，机电工程系举办2023届毕业生暨2024届实习生“送岗直通车”机电专场招聘活动，学校党委委员、纪委书记魏影深入招聘会现场指导工作。

△学校党委委员、副院长苏华出席经贸管理系访企拓岗洽谈会。

△学校与苏州城市学院就“4+0”职普贯通项目举行工作协调会。

是月，学校举办“学习二十大　永远跟党走　奋进新征程”“五四”主题教育系列活动。

是月，学校退协参与市退休教育工作协会举办的2023年“霞光溢彩夕阳红”线上文艺汇演活动，组织录制舞蹈视频《灯火里的中国》。

是月，学校开展“重塑心秩序　青春再启航”大学生心理健康主题教育。

是月，开展“技能成才，强国有我”优秀毕业生风采展示活动。

6月

1日，学校召开2023年关工委工作会议。

5日，苏州市纪委监委派驻市教育局纪检监察组组长徐海和四级调研员浦建平一行到校调研指导。

6日，学校党委调整学校学生工作领导小组成员。

△学校党委印发《苏州工业职业技术学院教代会提案工作管理暂行办法》。

7日，学校举办“缤纷初夏　音你而来”草地音乐节。

12日，学校印发表彰2023届优秀毕业生。

△学校印发《苏州工业职业技术学院职业技能等级评价部门职责与专职人员配置》《苏州工业职业技术学院职业技能等级认定管理办法》。

13日，学校邀请第五批国家知识产权局骨干人才、高级知识产权师、国家知识产权局专利局专利审查协作江苏中心流体机械室主任周建佳做“高价值专利挖掘与布局”主题讲座。

14日，学校举行2023届学生毕业典礼。

△学校举行“‘技能成才　强国有我’——青年的信仰”理论宣讲活动。

△苏州市纪委常委唐翱、市纪委组织部部长范剑峰等一行到校调研指导纪检监察工作。

22日，学校工业机器人技术专业团队获批教育部首批国家级职业教育教师教学创新团队。

25日，现代职业教育科教融汇共同体秘书长、科技日报社江苏记者站原副站长过国忠一行到校交流调研科教融汇工作。

26日，苏州市委第一巡察组巡察苏州工业职业技术学院党委工作动员会召开，学校党委书记王洪法主持会议并做表态发言。

△学校党委印发《吴思勤、王洪法同志在市

委第一巡察组巡察学校党委工作动员会上讲话》。

27日，学校召开2023年第二次纪委（扩大）会议，学校党委委员、纪委书记魏影讲授专题党课。

28日，学校举行2023年“学习二十大　永远跟党走　奋进新征程”暑期志愿服务项目出征仪式。

30日，学校荣获第六届“马克思主义·青年说”系列活动优秀组织奖。

△学校成立新产业发展研究院（苏工智库），聘任新产业发展研究院（苏工智库）人员。

是月，学校举行2023年“毕业生党员集中教育管理月”启动仪式。

是月，大型历史文献丛书《复兴文库》正式入藏学校图书馆。

7月

7—13日，学校举办2023年暑期中层干部培训班。

10日、17—22日，学校辅导员参加全国高校辅导员提升政治能力培训。

14日，学校党委书记王洪法，党委委员、副院长刘晓，党委委员、副院长苏华等一行8人赴苏州一甲文化艺术有限公司开展美育与艺术实践基地共建活动。

14日，学校承接的2023年江苏省高职院校专业技能竞赛教练培训信息安全管理与评估项目正式开班。

17—21日，2023年吴中区专武干部和民兵营（连）长履职考评集训在学校举办。

21日，学校与库兹巴斯国立技术大学举行合作交流会。

27日，学校举办印尼工业化职业培训项目“物联网与机械工程”专业开班仪式。

△学校与越南河内工业职业大专学校签署国际化智能制造人才培养项目合作备忘录。

是月，学校“苏小能”志愿服务团积极开展2023年暑期志愿服务活动。

是月，学校12部教材立项首批“十四五”职业教育国家规划教材。

是月，学校荣获2023“苏密杯”江苏省密码知识技能竞赛三等奖。

是月，学校在“2023江苏省无线电测向锦标赛”中获得第一名4项、第二名1项。

是月，学校各级党组织深入学习贯彻习近平总书记考察江苏重要讲话精神。

是月，学校推荐的《“三融育人”高职课程改革创新与实践》获得职业教育国家级教学成果一等奖。

8月

1日，学校党委副书记、院长马延文，党委副书记、副院长吴少华检查指导2023年招生录取工作。

11日，由商务部主办、江西省商务厅承办、江西外语外贸职业学院和江西科技师范大学联办的“发展中国家职业教育官员研修班”到校考察交流。

23日，学校承接的2023江苏省五年制高职虚拟仿真实训基地负责人能力提升培训项目正式开班。

是月，学校获得2023年江苏省“互联网+”职业院校创新创业大赛一等奖。

是月，学校先进半导体技术虚拟仿真实训基地获批省示范性虚拟仿真实训基地培育项目。

是月，学校9名博士入选2023年度江苏省科技副总项目。

是月，学校组织开展“学习二十大　永远跟党走　奋进新征程”大学生暑期“三下乡”社会实践活动。

9月

4日，学校举行新入职辅导员欢迎仪式。

5—6日，学校开展2023年辅导员能力提升训练营。

5—7日，学校获2023年全国职业院校技能大赛“数字化设计与制造”赛项团体一等奖。

7日，学校党委副书记、院长马延文，党委委员、副院长刘晓带队开展秋季开学校园安全检查。

△学校召开新学期学生开学报到工作会议。

8日，学校召开中层干部会议，会议由学校党委书记王洪法主持。

△学校党委成立学校党委国家安全工作领导小组。

△学校召开2023年第三次纪委委员（扩大）会议，学校党委委员、纪委书记魏影出席会议并讲话。

11日，学校召开教师节座谈会。

11—17日，学校以“网络安全为人民，网络安全靠人民”为主题开展网络安全宣传周系列活动。

13日，学校组织开展2023年秋季新兵入伍欢送会。

15日，俄罗斯托木斯克理工大学先进制造技术学院芭莉萨多娃·艾琳娜·费奥多罗夫娜教授受邀到校做题为*Functional Materials for Photonics*的学术报告。

16日，学校2023级新生入学报到。

20日，学校组织开展校级学生组织及社团招新工作。

19日，学校党委印发《关于深入开展学习贯彻习近平新时代中国特色社会主义思想主题教育的实施方案》。

20日，学校党委印发《苏州工业职业技术学院2023年度补充工作要点》。

△学校颁发2023级新生“院长奖学金”。

21日，“愤怒的小鸟”创始人彼得·韦斯特巴卡、美好未来项目芬兰公司董事长兼总经理龙卓英、美好未来股东Bambi，上海藤享教育科技有限公司董事长李建忠、合伙人张春光等一行5人到校访问，参加学校举办的文化创新教育交流沙龙活动。

26日，学校党委书记王洪法、院长马延文带队先后赴苏州幼儿师范高等专科学校、沙洲职业工学院、苏州健雄职业技术学院开展调研学习。

28日，学校举行2023级新生开学典礼暨新生军训动员大会。

△俄罗斯库兹巴斯国立技术大学校长雅科夫列夫·阿列克谢·尼古拉耶维奇等一行5人到校访问交流。

是月，学校获批2023年江苏省第一批现场工程师专项培养计划项目。

是月，学校周芳教授的“基于模糊混合多准则决策模型的高职课堂生态评价及优化研究”获教育部人文社会科学研究规划基金立项资助。

10月

7日，学校公布苏州工业职业技术学院2023年上半年专业技术资格初定结果。

13日，学校党委书记王洪法、院长马延文赴乔治费歇尔精密机床（上海）有限公司开展交流活动。

△中国民主促进会苏州工业职业技术学院支部召开换届会议。

16日，学校党委成立中共苏州工业职业技术学院委员会学习贯彻习近平新时代中国特色社会主义思想主题教育领导小组及工作机构。

17日，学校与苏州城市学院召开现代职教体系贯通培养项目工作协调会。

18日，学校党委书记王洪法走访慰问92周岁高龄的离休干部何介雄。

20日，学校举行2023级新生军事技能训练成果汇报暨总结表彰大会。

23日，学校印发《苏州工业职业技术学院教学督导工作管理办法（试行）》。

△学校青年志愿者开展“情暖九九　爱在重阳”重阳节主题活动。

24日，2023“红气球挑战赛”（苏州站）选手开放日在学校举行。

25日，学校与苏州市相城区太平街道共同举办“同沐廉风洁雨，共筑廉洁家风”活动。

△学校印发《苏州工业职业技术学院学生实习管理办法（试行）》。

27日，学校印发《苏州工业职业技术学院联网仪器设备网络安全管理办法》。

30日，学校举办第十六届大学生职业生涯规划大赛校级决赛。

31日，学校举办“马克思主义·青年说”演讲比赛暨信仰公开课。

△学校举办2023—2024学年第二期辅导员能力提升培训班。

△苏州市社科联副主席王明国赴马克思主义学院指导工作。

△学校苏工富纳智能制造学院“双师型”教师培训基地获评苏州市职业学校“双师型”教师培养培训基地。

是月，学校组织开展中秋国庆主题系列活动。

是月，学校在江苏省教育系统关工委“社会主义核心价值观‘精品教育项目’案例”评选中获二等奖。

是月，学校持续深入开展防诈安全宣传活动。

11月

1日，学校开展“晒家规家训、讲家风故事”廉洁主题情景剧评选活动。

2—3日，学校党委书记王洪法、院长马延文带队先后赴苏州市职业大学、无锡职业技术学院、无锡科技职业学院、苏州信息职业技术学院开展调研学习。

△学校举办第十五届运动会。

3日，苏州建设交通高等职业技术学校党委委员、副校长潘湍一行到校调研交流。

7日，学校党委副书记、院长马延文，党委委员、副院长苏华，党委委员、副院长王勇等一行七人赴机械工业教育发展中心开展座谈交流。

△学校党委印发《关于召开学校第五届一次教职工代表大会的通知》。

8日，市委第一巡察组向苏州工业职业技术学院党委反馈巡察情况，学校党委书记王洪法主持会议并做表态发言。

△学校开展2023年“青春心向党，奋进新征程”“青马工程——菁英计划”培训班开班仪式。

9日，江苏高校思政课教指委高职高专分教指委委员田洪芳教授到访，开展听课调研工作。

9—11日，学校在第十八届“振兴杯”全国青年职业技能大赛学生组创新创效竞赛全国决赛中获得铜奖。

10日，学校党委成立学校巡察整改工作领导小组。

13日，学校公布苏州工业职业技术学院2023年下半年专业技术资格初定结果，公布2023年度江苏省苏州工业职业技术学院教师高级专业技术资格评审委员会评审结果。

14日，苏州市“百名局长百场宣讲”走进学校，苏州团市委副书记刘飞到校做题为“牢记嘱托　感恩奋进——苏州纵深推进青年发展型城市建设”的专题报告。

16日，苏州健雄职业技术学院党委书记苏霄飞，党委副书记、院长林长永一行到校调研交流。

20日，学校与吴文化博物馆、创元集团三方在吴文化博物馆举行校地企党建创新联合体成立活动。

22日，学校举办创元学院成立十周年庆典暨“创元杯”第三批优秀专业企业学院建设成果展示汇报及表彰大会。

△市教体系统纪检监察干部培训在学校举办。

△学校召开共青团苏州工业职业技术学院第七次代表大会和第十一次学生代表大会。

△机关党总支组织开展“深化强国复兴有

我——走基地、看变化、聚力量”沉浸式主题党日活动。

23日，学校举行苏州工业职业技术学院新产业发展研究院（苏工智库）揭牌暨学术论坛。

△学校智能控制技术专业教师团队入选第三批国家级职业教育教师创新团队立项建设单位。

24日，国家自然科学基金委员会研究员李万红应邀到学校做国家自然科学基金申报专题辅导报告。

25—28日，学校在2023“一带一路”暨金砖国家技能发展与技术创新大赛先进半导体（氮化镓、碳化硅）技术及应用赛项决赛中获得一等奖。

27日，学校举行“唱响青春旋律，绽放青春风采”校园青春歌会文艺汇演。

28日，学校党委副书记、院长马延文，党委委员、副院长刘晓带队开展冬季校园安全检查。

29日，学校举办廉洁文化进学生社区暨“清廉好家风”情景剧展演活动。

△学校举办“书海寻宝，图书馆奇妙之旅”趣味活动。

△学校开展“向阳而生话成长，精工笃行齐奋进”——2022—2023学年学院“十佳班集体”风采展评活动。

是月，学校报送的智能车间装备集成与应用技术虚拟仿真实训基地典型案例成功入选2022年度职业教育示范性虚拟仿真实训基地典型案例项目。

是月，校领导走进场馆企业上好新时代“大思政课”。

12月

1日，学校党委发布丁云鹏等同志试用期满任职，学校党委任免丁云鹏等同志职务。

△安庆职业技术学院校长毕明生一行到校调研交流。

4日，学校召开2023年度高等职业教育质量年报编制工作会议。

△学校印发《苏州工业职业技术学院教职工在职攻读博士学位管理办法》。

5日，江苏省高校常态化安全检查组第九检查组专家赴学校指导安全工作。

6日，学校召开第五次工会会员代表大会。

△学校党委印发《苏州工业职业技术学院“苏工大师”人才计划实施办法》。

7日，学校党委转发《关于巡察中共苏州工业职业技术学院委员会的反馈意见》。

8日，校工会组织召开工会干部学习培训会。

19日，学校承办长三角职业教育学（协）会工作研讨会。

20日、22日，学校召开第五届一次教职工代表大会。

20—22日，学校开展“爱在冬至，情暖冬日”冬至主题系列活动。

21日，学校开展“冬日向阳送温暖，助学笃行话成长”学生座谈会。

24日至12月7日，学校组织首期赴俄罗斯库兹巴斯国立技术大学专业研修活动。

25—28日，学校举办苏州工业职业技术学院首届辅导员素质能力大赛。

26日，学校召开2023年第四次纪委委员（扩大）会议暨“清风振气　清廉有我”廉洁文化沙龙。

△学校党委印发《苏州工业职业技术学院“人才强校”工程实施方案》。

27日，学校召开新时代人才师资工作会议，全面推进“人才强校”工程实施。

△学校举行“青春心向党，奋进新征程”2024年迎新年文艺汇演。

29日，学校党委印发《马延文同志在第五届教职工代表大会第一次会议上的工作报告》。

△学校党委调整人才工作领导小组成员。

△学校聘用孙伟等同志岗位。

31日，学校发布《2024年新年贺词》。

是月，学校举办“凝聚社会力量，合力共抗艾滋”防艾禁毒教育月活动。

是月，《苏州工业职业技术学院年鉴（2022）》获全省年鉴质量评定二等奖。

是月，学校教师在首届苏州市教育系统教职工体育文化艺术节艺术、文化类比赛中获书法比赛一等奖1项，摄影比赛一等奖1项，获“阅读悦美”读书征文活动二等奖。

是月，学校体育部教师张笑参加江苏省体育教师基本功大赛，并荣获二等奖。

是月，《苏州工业职业技术学院年鉴（2023）》正式出版。

是月，学校在2023年江苏省高等教育教改研究立项课题评选结果中立项重点资助课题2项、一般立项课题1项。

是月，学校关工委报送的《何介雄：真理信仰照征程》获江苏省教育系统关工委2023“读懂中国”活动最佳征文奖。

是月，学校选送的《高职“三适三融”课程育人评价改革“苏工模式”》入选省职业教育改革评价优秀案例。

是月，学校举办第四届“我最喜爱的老师”评选活动。

是月，学校在江苏省第七届大学生艺术展演活动戏剧专场中获甲组三等奖。

是月，学校组织开展“匠心模范”评选活动。

是月，学校集成电路技术专业入选首批苏州市高等院校骨干专业。

第十二章 校友风采录

校友风采录

陈嘉懿

陈嘉懿，男，中共党员，精密制造工程系2019届毕业生，目前在上海先进激光技术创新中心担任工程师。在校期间，积极向上，多次参加各级各类比赛，获得全国职业技能大赛工业产品数字化赛项一等奖、复杂部件数控联动加工技术全国二等奖、“挑战杯”——彩虹人生全国大赛一等奖、金砖国家技能大赛“复杂部件数控多轴联动加工技术”三等奖、苏州市第十四届“天翼4G杯”羽毛球公开赛双打第6名等奖项。

专科毕业后转本，进入苏州科技大学就读机械专业本科。本科毕业后在上海先进激光技术创新中心工作，从事镭望光学、光学加工技术研究，负责光学镜片加工项目，为国防军工事业做出卓越贡献。

庄涵汀

庄涵汀，男，1996年生，中共党员，江苏沭阳人，机电工程系2018届毕业生，现任中国石化江苏连云港石油分公司团委书记。

在校期间，他勤学苦练专业技能，在全国工业机器人虚拟仿真大赛、江苏省“挑战杯”竞赛中获一等奖，在华东区CAD技能大赛中获二等奖。他积极参加创新创业与公益实践活动，所在“三下乡”团队被评为团省委重点服务团队，入选“全国优秀三下乡实践团队450强”；创业项目获江苏省大学生“互联网+”大赛二等奖，个人获得国家奖学金、江苏省大学生年度人物入围奖、苏州好青年等荣誉。

庄涵汀先后获得第十二届（专科组）、第十四届（本科组）江苏省大学生职业规划大赛总冠军。2018年通过专转本考试，进入常熟理工学院学习。2020年考取南京邮电大学电子信息专业研究生（非全日制），同年入职中国石化，先后在信息岗、文秘岗、团委书记岗位任职，连续两年被评为连云港石油“优秀员工”，获江苏石油“优秀共青团干部”表彰。

胡贤德

胡贤德，电子与通信工程系2021届毕业生。在校期间，他多次参加各类技能竞赛，获得江苏省技能大赛二等奖、全国行业职业技能竞赛铜牌。在实践中不断地检验自身水平，成功考取“1+X”职业技能证书，在老师指导下研发并申报1项实用新型专利。获得学院奖学金、国家奖学金和学院三好学生、江苏省三好学生的殊荣，被评为学校优秀毕业生。

毕业后，胡贤德在苏州易泰勒公司担任硬件工程师，全程深度参与多个项目，从产品的研发设计到导入批量生产，积攒丰富的工作经验；通过优化产品结构，提高产品耐用度和稳定性，满足客户需求，为公司贡献多项实用型和外观专利，被公司授予“优秀员工”的荣誉称号。

李　建

李建，苏州健元知识产权服务有限公司创始人，软件与服务外包学院学院软件2014届毕业生。2015年9月成立苏州健元知识产权服务有限公司，主要从事国内外的知识产权申请和维权业务，目前，国外与阿联酋、沙特、越南、美国、毛里求斯等国企业和机构达成战略合作，国内与北京师范大学、南京大学、南京农业大学、中科院兰州物理化学研究所、中航集团等达成合作。2015年被江苏省知识产权局评为江苏省知识产权工程师。2017年获得中知（北京）认证有限公司颁发的知识产权贯标内审员证书。2018年获得国家知识产权局颁发的知识产权分析师证书。

余承祥

余承祥，经济管理学院2009届毕业生，2015年9月成立苏州富润泽激光科技有限公司，主要提供新能源行业高端激光装备。企业先后获评国家级高新技术企业、江苏省"瞪羚企业"等。余承祥本人主导获得专利10余项，公司拥有各类专业技术与研发人才近50人，与多家科研机构合作，建设有华东区域先进的激光焊接实验室。目前公司在印尼等海外国家或地区设有销售服务机构。

魏光耿

魏光耿，男，1994年生，建筑工程与艺术设计学院数字媒体设计与制作专业2017届毕业生。2016年9月至2018年6月，就读于江南大学动画设计专业，现任苏州荒木文化传播有限公司总经理。

2015年，魏光耿在学校读书期间创立梦想摄影社，后更名为荒木摄影社团。2016年，荒木摄影社团参与校园希捷杯摄影比赛，荣获三等奖。2016年，魏光耿创办荒木摄影工作室，主要拍摄毕业照、证件照、写真以及承接其他活动。2018年，工作室转型为苏州荒木文化传播有限公司，合作的客户有汇川、罗技科技、华为、苏州贝壳、雅迪、红点公关等。公司主要承接企业宣传片、活动视频、活动照片、形象照、产品、发布会拍摄等，提供直播技术支持。承接活动2000多场次，活动总拍摄照片数量100万张以上。多次受邀为母校学弟学妹做"大学生专业知识提升与就业创业""大学生专业学习与就业创业经验分享"等讲座。

何乃明

何乃明，国际教育学院2006届毕业生。毕业后，在中国本土头部旅游B2B企业苏州八爪鱼在线旅游工作10年，担任大区经理5年。2015年被猎头至同程旅行，历任同程旅游旅仓同业项目销售总监、邮轮事业部副总经理、旅仓同业项目总经理。

何乃明先后创办4家公司：苏州海外旅游有限公司、苏州敏行同舟企业管理咨询有限公司、之江竜井（苏州）贸易有限公司、四川之江酒业有限公司。他长期关心母校发展，多次受邀回母校开展讲座、创业分享等。

李云恒

李云恒，男，中共党员，汽车工程系2022届毕业生，目前在苏州清研精准汽车科技有限公司担任大客户经理。在校期间，取得绩点及综测排名均专业第一的成绩，曾任校第八届学生会执行主席、系学生会主席。获国家奖学金、江苏省优秀学生干部、江苏省最美职校生、苏州好青年、校三好学生等荣誉。

毕业不到2年，为公司创造超1500万元销售额，获得公司优秀新人奖。

第十三章 附录

规章制度文件目录

2023年苏州工业职业技术学院新增、修订规章制度文件目录（一）

序号	发文单位	发文号	文件标题	发文日期
1	中共苏州工业职业技术学院委员会	苏工院党委〔2023〕5号	苏州工业职业技术学院关于进一步加强和改进作风建设的实施意见	2023.3.9
2	中共苏州工业职业技术学院委员会	苏工院党委〔2023〕13号	苏州工业职业技术学院教职工代表大会实施办法	2023.4.13
3	中共苏州工业职业技术学院委员会	苏工院党委〔2023〕14号	苏州工业职业技术学院二级单位教职工代表大会实施办法（试行）	2023.4.13
4	中共苏州工业职业技术学院委员会	苏工院党委〔2023〕22号	关于在全校各级党组织和广大党员中大兴调查研究的实施方案	2023.5.4
5	中共苏州工业职业技术学院委员会	苏工院党委〔2023〕27号	苏州工业职业技术学院“一站式”学生社区综合管理模式建设方案	2023.5.26
6	中共苏州工业职业技术学院委员会	苏工院党委〔2023〕30号	苏州工业职业技术学院教代会提案工作管理暂行办法	2023.6.6
7	中共苏州工业职业技术学院委员会	苏工院党委〔2023〕58号	苏州工业职业技术学院关于推进关工委优质化建设工作的实施意见	2023.11.30
8	中共苏州工业职业技术学院委员会	苏工院党委〔2023〕64号	苏州工业职业技术学院“苏工大师”人才计划实施办法	2023.12.6
9	中共苏州工业职业技术学院委员会	苏工院党委〔2023〕66号	苏州工业职业技术学院“人才强校”工程实施方案	2023.12.26

2023年苏州工业职业技术学院新增、修订规章制度文件目录（二）

序号	发文单位	发文号	文件标题	发文日期
1	苏州工业职业技术学院	苏工院〔2023〕9号	苏州工业职业技术学院职业技能等级评价部门职责与专职人员配置	2023.6.12
2	苏州工业职业技术学院	苏工院〔2023〕10号	苏州工业职业技术学院职业技能等级认定管理办法	2023.6.12
3	苏州工业职业技术学院	苏工院〔2023〕16号	苏州工业职业技术学院教学督导工作管理办法（试行）	2023.10.23
4	苏州工业职业技术学院	苏工院〔2023〕19号	苏州工业职业技术学院学生实习管理办法（试行）	2023.10.25
5	苏州工业职业技术学院	苏工院〔2023〕20号	苏州工业职业技术学院联网仪器设备网络安全管理办法	2023.10.27
6	苏州工业职业技术学院	苏工院〔2023〕23号	苏州工业职业技术学院教职工在职攻读博士学位管理办法	2023.12.4

机构设置文件目录

2023年苏州工业职业技术学院机构设置、调整文件目录（一）

序号	发文单位	发文号	文件标题	发文日期
1	中共苏州工业职业技术学院委员会	苏工院党委〔2023〕16号	关于调整学校第三届学术委员会成员组成的通知	2023.4.20
2	中共苏州工业职业技术学院委员会	苏工院党委〔2023〕17号	关于调整苏州工业职业技术学院“双高”建设工作领导小组的通知	2023.4.20
3	中共苏州工业职业技术学院委员会	苏工院党委〔2023〕23号	关于调整学校招生工作领导小组成员的通知	2023.5.25
4	中共苏州工业职业技术学院委员会	苏工院党委〔2023〕24号	关于调整学校就业工作领导小组成员的通知	2023.5.25
5	中共苏州工业职业技术学院委员会	苏工院党委〔2023〕25号	关于成立学校配合市委巡察工作领导小组的通知	2023.5.26
6	中共苏州工业职业技术学院委员会	苏工院党委〔2023〕26号	关于成立“一站式”学生社区综合管理模式建设工作领导小组的通知	2023.5.26
7	中共苏州工业职业技术学院委员会	苏工院党委〔2023〕28号	关于调整学校关心下一代工作委员会组成的通知	2023.5.29
8	中共苏州工业职业技术学院委员会	苏工院党委〔2023〕31号	关于调整学校学生工作领导小组的通知	2023.6.6
9	中共苏州工业职业技术学院委员会	苏工院党委〔2023〕47号	关于成立学校党委国家安全工作领导小组的通知	2023.9.8
10	中共苏州工业职业技术学院委员会	苏工院党委〔2023〕52号	关于成立中共苏州工业职业技术学院委员会学习贯彻习近平新时代中国特色社会主义思想主题教育领导小组及工作机构的通知	2023.10.16
11	中共苏州工业职业技术学院委员会	苏工院党委〔2023〕57号	关于成立学校巡察整改工作领导小组的通知	2023.11.10
12	中共苏州工业职业技术学院委员会	苏工院党委〔2023〕69号	关于调整人才工作领导小组成员的通知	2023.12.29

2023年苏州工业职业技术学院机构设置、调整文件目录（二）

序号	发文单位	发文号	文件标题	发文日期
1	苏州工业职业技术学院	苏工院〔2023〕4号	关于调整苏州工业职业技术学院职业技能等级认定领导小组和监督小组的通知	2023.5.5

2023年苏州工业职业技术学院机构设置、调整文件目录（三）

序号	发文单位	发文号	文件标题	发文日期
1	苏州工业职业技术学院“双高”建设工作领导小组	〔2023〕1号	关于调整“双高”建设工作组成员的通知	2023.4.20
2	苏州工业职业技术学院档案工作领导小组	〔2023〕1号	关于调整学院档案工作领导小组的通知	2023.5.15

续表

序号	发文单位	发文号	文件标题	发文日期
3	苏州工业职业技术学院内部控制领导小组	苏工控〔2023〕1号	关于调整学院内部控制领导小组组成的通知	2023.6.8

人事任免文件目录

2023年苏州工业职业技术学院人事任免文件目录(一)

序号	发文单位	发文号	文件标题	发文日期
1	中共苏州工业职业技术学院委员会	苏工院党委〔2023〕10号	关于曹瑾、徐立等同志职务任免的通知	2023.3.30
2	中共苏州工业职业技术学院委员会	苏工院党委〔2023〕11号	关于张峥、童钰祥等同志职务任免的通知	2023.3.30
3	中共苏州工业职业技术学院委员会	苏工院党委〔2023〕12号	关于蔡葳葳、耿哲等同志职务任免的通知	2023.3.30
4	中共苏州工业职业技术学院委员会	苏工院党委〔2023〕15号	关于高慧等同志职务任免的通知	2023.4.13
5	中共苏州工业职业技术学院委员会	苏工院党委〔2023〕21号	关于田婷等同志职务任免的通知	2023.4.20
6	中共苏州工业职业技术学院委员会	苏工院党委〔2023〕60号	关于丁云鹏等同志试用期满任职的通知	2023.12.1
7	中共苏州工业职业技术学院委员会	苏工院党委〔2023〕61号	关于丁云鹏等同志职务任免的通知	2023.12.1

2023年苏州工业职业技术学院人事任免文件目录(二)

序号	发文单位	发文号	文件标题	发文日期
1	苏州工业职业技术学院	苏工院〔2023〕5号	关于公布各教学单位综合办、教学科研办、学工办人员聘任的通知	2023.5.9
2	苏州工业职业技术学院	苏工院〔2023〕7号	苏州工业职业技术学院关于基层教学组织负责人聘任的通知	2023.5.29
3	苏州工业职业技术学院	苏工院〔2023〕12号	关于新产业发展研究院(苏工智库)人员聘任的通知	2023.6.30
4	苏州工业职业技术学院	苏工院〔2023〕17号	关于王昕昀等同志岗位聘用的通知	2023.7.25
5	苏州工业职业技术学院	苏工院〔2023〕18号	关于丁雷等同志岗位聘用的通知	2023.9.26
6	苏州工业职业技术学院	苏工院〔2023〕24号	关于孙伟等同志岗位聘用的通知	2023.12.29

媒体报道汇总

2023年苏州工业职业技术学院媒体报道一览表

序号	媒体名称	标题	日期
1	新华日报	同频共振　接力传承　深入推进基层党组织建设　苏州工业职业技术学院连续创建全国党建样板支部	2023.2.7
2	引力播	苏工院暖心花式报到，诠释“我在乎你”	2023.2.22
3	苏州日报（B01）	大学生暖心花式报到　苏工院诠释“我在乎你”	2023.2.27
4	交汇点	苏州工职院“苏小能”志愿者走进社区　送上贴心服务	2023.3.3
5	苏州教育新闻	践行“二十大”精神　“苏小能”团队学雷锋在行动	2023.3.5
6	苏州教育视频号	苏州工业职业技术学院践行“二十大”精神　“苏小能”团队学雷锋在行动	2023.3.6
7	江苏教育发布	习近平总书记参加江苏代表团审议时的重要讲话在全省教育系统引发热烈反响②	2023.3.7
8	中国青年报（客户端）	苏州工业职业技术学院：“移动课堂”打造志愿服务“矩立方”	2023.3.9
9	光明日报（客户端）	苏州工业职业技术学院：多形式多手段　同学习共成长	2023.3.14
10	江苏教育发布	雷锋精神代代传丨看江苏学子续写雷锋故事⑥	2023.3.15
11	引力播	省职业院校技能大赛在苏州举办　苏工院获一等奖	2023.3.16
12	苏州日报（B01）	江苏省职业院校技能大赛落户苏工院　获信息安全管理与评估一等奖	2023.3.20
13	交汇点	苏州工业职业技术学院加强技能培训　连获四个省级一等奖	2023.3.22
14	江苏教育发布	春天在哪里丨江苏校园踏春行③	2023.3.23
15	引力播	做智慧时尚老人，团员“小能手”来支招	2023.3.27
16	江苏教育发布	书声琅琅，走进江苏书香校园②	2023.3.28
17	江苏教育发布	#同享阅读之乐　共建书香校园#丨书声琅琅，走进江苏书香校园②	2023.3.29
18	江苏教育发布	#吃了吗#	2023.4.21
19	引力播	让书香浸润校园　“苏工之春”文化节开幕	2023.4.25
20	姑苏晚报（B01-08）	“苏工之春”校园文化节开幕　让书香浸润校园	2023.4.27
21	光明日报（客户端）	苏州工业职业技术学院：跨越千里　两地学生云端奏响青春奋斗音	2023.4.28
22	苏州日报（B01）	校地携手·师生共育·校内外融合　推进新时代“廉洁苏工院”建设	2023.5.1
23	苏州新闻	苏州工职院成立“先进半导体专精特新产业学院”	2023.5.8
24	苏思享	书香校园丨苏州工业职业技术学院：书香润泽校园　阅读启迪人生	2023.5.10
25	今日头条	苏州工业职业技术学院：先进半导体专精特新产业学院启动	2023.5.10
26	今日头条	“我们的学生很‘抢手’　这里有最前沿的技术”	2023.5.12
27	引力播	心理趣味挑战运动“嗨翻”苏工院	2023.5.15
28	苏思享	大美校园丨苏州工业职业技术学院：有理想　更青春——校园MV	2023.5.16
29	引力播	企业与人才“双向奔赴”　近3000个岗位走进苏州校园	2023.5.20
30	交汇点新闻	“智造”课堂趣味十足	2023.5.22
31	现代快报全媒体	苏州工业职业技术学院　推进心理健康教育工作高质量化	2023.5.25
32	苏州教育	职教风采——中小学生走进苏工院实训室体验“未来智造”	2023.5.25

续表

序号	媒体名称	标题	日期
33	江苏教育发布	各地各校积极推进青少年心理健康教育工作 ｜ 一周校园动态（5.22—5.26）	2023.5.27
34	引力播	苏工院来鹭湖畔举办猜谜会　调查研究出真知	2023.6.9
35	苏州日报（B01）	苏工院来鹭湖畔的猜谜会　调查研究出真知　红心向党展风采	2023.6.12
36	江苏教育发布	加快建设教育强国，江苏教育系统这么干⑦	2023.6.21
37	现代快报	苏州工职院：技能成才，为学生坚定信仰力量	2023.6.29
38	现代快报（A14）	努力让每个人都有人生出彩的机会　苏州工业职业技术学院“　技能成才　强国有我”——青年的信仰理论宣讲活动举行	2023.7.4
39	现代快报全媒体	苏州工业职业技术学院举办2023年暑期志愿服务项目出征仪式	2023.7.6
40	引力播	深入基层一线！苏工院“苏小能”志愿服务团暑假开动	2023.7.11
41	学习强国现代快报	苏州工业职业技术学院：积极构建“三全”育人大思政工作体系	2023.7.12
42	苏州日报（B01）	苏工院“苏小能”志愿服务团暑假开动　聚众力“融”社区　汇真情“联”邻里	2023.7.17
43	江苏省教育厅	苏州工业职业技术学院开展系列教育活动	2023.7.21
44	引力播	苏工院汽车系志愿“小先生”进社区进医院	2023.7.25
45	姑苏晚报（B01）	大学生暑期实践微镜头　在基层一线奉献青春力量	2023.7.27
46	江苏省教育厅	党的二十大精神一起学——苏州工业职业技术学院推动党的二十大精神见行见效	2023.8.4
47	中国日报网	融“院校之为”　合“产业所需”——苏州工业职业技术学院深化“专精特新”产业学院建设，助力区域经济高质量发展	2023.8.9
48	中国青年网	苏工院汽车学子三下乡：志愿耀青春，争当“小先生”	2023.8.16
49	中国青年网	苏工学子三下乡：聚众力“融”社区，汇真情“联”邻里	2023.8.31
50	中国青年网	聚众力“融”社区，汇真情“联”邻里	2023.9.11
51	引力播	3500多位“萌新”迎来苏工院新生活	2023.9.19
52	江苏省教育厅	苏州工业职业技术学院走实走稳　“专精特新”的融合之路	2023.9.19
53	苏州日报	锚定目标任务　务求取得实效	2023.9.20
54	城市商报	向阳生、启新程——苏工院迎来3500余名新生	2023.9.21
55	中青网	苏工院汽车学子三下乡：志愿耀青春　争当“小先生”	2023.9.21
56	江苏教育发布（公众号）	秋分 ǀ 暑退秋澄气转凉，日光夜色两均长	2023.9.23
57	江苏教育发布（微博）	秋分	2023.9.23
58	江苏省教育厅	苏州工业职业技术学院党委书记为新生讲授“开学第一课”	2023.9.28
59	新华日报	苏州工业职业技术学院：打造“产校人”融合发展的“苏州智造”技能人才高地	2023.11.1
60	苏思享	苏思动态 ǀ 苏州工业职业技术学院开展“点燃家国情，凝聚爱国心”主题教育	2023.11.7
61	中国教育电视台	职教中国——把准职教脉络　中小企业产教融合路径探索	2023.11.18
62	现代职业教育科教融汇共同体	现代职业教育科教融汇共同体新增15家理事单位	2023.11.20
63	引力播	这三家校地企成立创新联合体	2023.11.25
64	交汇点	党建共建聚合力　校地企融合谱新章	2023.11.28
65	城市商报	三家校地企成立创新联合体　让基层党建发挥更大活力	2023.11.30
66	引力播	廉洁文化进苏工院学生社区	2023.11.30
67	交汇点	苏州工业职业技术学院启动防艾禁毒教育月	2023.12.1

续表

序号	媒体名称	标题	日期
68	苏州教育发布(微博)	#高校动态	2023.12.2
69	交汇点	苏州工业职业技术学院“牵手”俄罗斯库兹巴斯国立技术大学开展双向交流实践项目	2023.12.13
70	看苏州	“这是一堂生动的思政课!”苏州工业职业技术学院组织观看《邓小平小道》	2023.12.6
71	苏州日报(B01)	中国特色高水平高职学校和专业建设计划首批建设单位苏州工业职业技术学院:二十载向阳而生,新征程精工笃行	2023.12.18
72	中国青年报	微心愿——江苏省苏州工业职业技术学院团委副书记曹慧秋	2023.12.20
73	光明日报	培养社会认可度更高的学生——苏州工业职业技术学院推进校企一体化育人	2023.12.20
74	江苏教育发布(微博)	#高校动态	2023.12.28
75	江苏教育发布(公众号)	师生一起,快乐迎新年	一周校园动态(12.25—12.29)	2023.12.30

教职工出版教材目录

2023年苏州工业职业技术学院教职工出版教材情况一览表

序号	教材名称	ISBN	主编	所属系(院)	出版单位	出版时间
1	Python程序设计任务驱动式教程	978-7-1132-9705-3	孙伟、刘文军、洪勇军	软件与服务外包学院	中国铁道出版社	2023.2
2	PLC应用与实践(三菱)第2版	978-7-0405-9678-6	温贻芳、李洪群、王月芹	汽车工程系	高等教育出版社	2023.5
3	网络爬虫项目实战	978-7-1214-5254-3	何福男、艾旭升	软件与服务外包学院	电子工业出版社	2023.7
4	汇川PLC编程与应用教程	978-7-1117-3117-7	薛迎春、王月芹、徐黎	精密制造工程系	机械工业出版社	2023.7
5	多轴数控编程与加工典型案例教程(双语教材)	978-7-5672-4455-9	季业益、石皋莲、孙书娟	精密制造工程系	苏州大学出版社	2023.7
6	工业数据与边缘服务	978-7-1155-9805-9	吴冬燕	电子与通信工程系	人民邮电出版社	2023.8
7	电子产品品质管控	978-7-1214-6194-1	孙岚、孟桂芳、张强强	电子与通信工程系	电子工业出版社	2023.9
8	市场营销理论与实务:基于价值共创逻辑	978-7-0307-6894-0	唐德森	经贸管理系	科学出版社	2023.10

全校毕业生名单

普通全日制专科毕业生

苏州工业职业技术学院2022届普通全日制专科毕业生名单（2023年6月毕业）

精密制造工程系

2020级工业工程技术

秦艺桐 田颖 白玉龙 曹一凡 陈寒 陈龙 陈鹏 成明亮 程家强 次旺久加
邓运勤 付其好 高亮 高翔 韩瑞翔 霍彬彬 蒋晨 李猛 李逍遥 李择 刘成伟
刘浏 卢伟 邵海峰 沈亚嵩 苏子昊 孙国 王泉全 伍亚南 杨润杰 杨硕 叶佳伟
张佳伟 周浩燃 周天赐 朱勇成 朱宗亮

2018级机械制造与自动化

殷亮 徐夏仁 陈鹏 韩刘辰阳 史天鹏

2019级机械制造与自动化

周家伟

2020级机械制造与自动化

仇震涛 戴佳成 邓世伟 杜文硕 高仁应 贺祥祥 胡贝 黄思润 贾路辉 姜嘉伟 蒋楠
李畅 李嘉泓 李明泽 李世豪 陆衍君 鹿尧 茅明亮 邵燃冰 苏新天 孙金浩 孙前啸
孙文杰 孙正洋 田明晔 王一凡 王志远 谢骏 晏宇豪 尹红让 张俊豪 赵强 仲毅
周文浪 高典 倪予恬 周若玺 曹文彬 陈建宇 陈剑飞 程振远 仇志鹏 杜文磊 付硕
甘乐 高理想 高梓涵 金语豪 李光辉 李伟健 刘浩 刘健 刘帅 路广泽 王德伟
王佳辉 王健业 王凯 王立鼎 王士杰 王亚杰 王阳光 王志栋 魏恒标 文俊 吴泽辰
徐涛 杨旭 俞传琪 袁聪 张凯 张鹏程 张千 张绍华 张银 仲锦秀 周秋皓
左天鹏 季晓雯 王骁慧 张钰莹 蔡伟伟 陈栋伟 陈梦琦 陈文杰 陈志豪 皋文峰 吉国兵
蒋邦宇 蒋鑫 李雅伦 刘冲 孟新翔 钱荣 孙松 汪佳骏 王盛杰 王一凡 王哲
王治龙 巫文宇 吴涛 武星池 肖非凡 徐一成 叶林鹏 叶鸣 殷帅 张维佳 张志鹏
郑明晖 周逸飞 朱玮杰 朱文昊 朱祥明

2018级模具设计与制造

姚丹 王佳佳 方路 王林彪 张纪源

2020级模具设计与制造

冯慧贤 胡少君 周婧 陈铖 陈梦迪 戴庆阳 董飞 董容金 高明会 黄卫 蒯安龙
李孝江 李彦锟 刘金生 刘文轩 刘阳 潘子龙 邵俊 侍鹏飞 宋鹏飞 孙皓 孙语翰
陶豪杰 滕鹏 王浩宇 王鹏程 王新 温澎湃 徐嘉骏 徐学君 颜斌 颜瑞 杨楚雄
杨潇 姚嘉骏 姚亚杰 余宇 袁星 臧浩翔 张明达 张强 朱俊辉 庄培涵 靳瑶瑶

李　欣　凌佳怡　田咪咪　王　菲　卞　和　蔡雨恒　陈一帆　程跃杰　代甫建　杜志文　范苏安
伏　寒　龚盛彦　顾谭晨　何永乐　胡千里　黄诚凯　计宇帆　季文杰　李　帅　李　章　廖泽虎
刘佳辉　牟　洋　乔任骅　邵凯恒　施云亮　王　聪　王镝鸣　王海鹏　王　靖　王康民　邢文豪
徐　浩　徐向霄　叶沈豪　袁张程　张　华　张子俊　王飞燕　赵康杨　蔡乐成　曾一帆　陈嘉诚
陈苏洋　陈禹佳　戴宇超　符立平　顾王宇　胡业豪　黄骏涛　黄一森　李天一　林　凡　刘厚智
鲁　鑫　陆俊健　钱锦灏　盛　越　苏小冬　唐佳骏　陶宏峰　田雨晴　王　晨　王骏杰　王鑫磊
吴建州　吴宇彬　夏振南　徐俊杰　徐孟杰　许森林　严承希　严鸣豪　杨　涛　张培诚　赵　辉
朱尔豪　朱　俊　朱睿恒

2018级数控技术

张　杰　韩　旭　李伟康

2019级数控技术

孙　溪　王紫雯　张郭俊

2020级数控技术

刘　珂　余雯莉　陈加意　陈西翔　仇智文　戴德杉　冯鼎洋　冯金松　艾克旦·买合木提
耿　睿　龚仕江　关浩伟　黄浩迪　黄明睿　姜　涛　李德鹏　李嘉琦　李展翔　刘辉耀　刘江林
陆辰宇　骆　志　马　旺　马照明　米　帅　王钲卿　吴进晓　夏春旺　熊　彬　徐　波　许　卓
薛成威　严君昊　杨云卿　杨振宇　袁　傲　张　飞　张　衡　张　甜　张　重　周业梁　朱贤达
宗飞腾　周　峥　陈章浩　仇建楼　丁正榕　董　超　窦怀虎　窦　森　胡思恒　姬常乐　吉宝裕
蒋　杰　居康乐　刘陈铭　刘奇奇　刘星宇　刘子成　卢建帅　鲁　卓　罗玮轩　倪尔康　欧　壮
戚皓翔　秦延彪　孙　楠　汪　同　王子健　杨雯杰　杨长扣　叶雨辰　殷海涛　张　缘　张　智
章　程　赵　文　周汉忠　鲍忠欢　刘雨轩　秦聂楠　晁志伟　陈超杰　陈浩鸣　陈　强　陈鑫洋
陈　志　仇　桐　丁　聪　丁志豪　高智超　龚楚含　郭　涛　韩佳伟　黄厚涛　季　昆　李护先
李缘喻　卢东杰　马立诚　孟　涛　潘志康　钱苏龙　宋元辅　孙承召　孙雪峰　陶裕民　万睿骐
王辞清　王庆宇　吴　朔　吴　蔚　徐善泽　严瑜栋　杨志翔　尹　翔　于　垟　张敬峰　张　棋
张翔轩　张一凡　周宗一　朱建伟

2022级数控设备应用与维护

丁嘉怡　陈　昶　董玉杰　范黄云　范铭辉　封志国　纪繁玮　冀瑞鹏　蒋诗圣　金子文　孔维毅
李　浩　李　鑫　刘　畅　刘建君　刘　孟　陆文杰　罗子沐　孟　耀　牛明岩　彭　宇　钱志伟
戎泓宇　阮庭文　石院太　孙浩然　汤宸羽　陶贻俊　王正月　吴　楠　吴　双　吴永强　徐贸林
徐志青　许浩然　薛心愿　杨泽选　杨祖荣　叶　治　袁国俊　袁军伟　袁钰东　钟荣杰　周京逵
周炜皓　周学谦　周振磊　朱　旭

机电工程系

2018级电气自动化技术

常　昊　凌东晨　张　炎　张政全　周明龙

2019级电气自动化技术

吴飞越

2020级电气自动化技术

胡姗姗 缪丹 赵墨涵 曹新磊 陈俊宇 陈亚宁 邓锐 杜向成 范艺源 高则玄 龚远闻
胡锦成 华统 贾大伟 蒋宜伸 李凡 梁伟杰 刘晨 刘盛瑞 刘硕 刘一昊 庞天雨
彭益欢 任翔 沈宾 孙正 汪洋 王俊伟 王可 卫悦 吴龙广 吴奇 徐志豪
张陈 张景阳 张乐 周家豪 周杰 周毅 朱成 朱敏 陈子瑶 马远蓉 谢志颖
张可可 方嘉兴 冯森淼 高一桐 龚泽宇 管子富 胡天 姜森 梁子铭 刘硕 罗健龙
羌雨雷 渠长江 田旺 王浩 王嘉豪 王泽 吴嘉庆 夏冬 徐依钒 许晋铭 许鑫
许祖培 尹家伟 张道新 张佳豪 张立昂 张赛 张泽 赵云龙 赵允 周志成 宗寿兵
曹小轶群

2018级工业机器人技术

陆文杰 钟伯威 周文龙 张玥

2019级工业机器人技术

黄博涛

2020级工业机器人技术

丁建 范凯旋 冯浩天 郭保昌 黄达学 惠建 李佳宁 李治黔 梁世豪 林硕 刘子程
陆梓晓 马世煊 孟宪罡 钱凡 秦鹏 沙毅伟 沈子涵 水浩 孙硕 王兴林 温鑫
吴保善 肖文卓 徐家旺 徐梓恒 薛豪杰 杨开衡 杨智文 张恒宇 赵坦 周宇翔 朱耀辉
吴梦 张田 曹宪荀 陈宇 高成文 郭义阳 何智辉 黄岚甦 黄雨蒙 赖志雄 李佳好
刘大松 刘仕明 陆召柱 马硕 商其州 沈言雨 宋子豪 孙营 孙梓洹 王康 王璞
王欣欣 魏奕鹏 吴永昊 杨扬 杨智 尤加其 袁生奎 张睿博 张宇 张梓扬 郑煜腾
周旸 朱益辰

2018级机电一体化技术

袁浩威 戈煜刚 黄敏凡 刘正炜

2019级机电一体化技术

崔志浩

2020级机电一体化技术

李瑞萍 李晓燕 曹崇旺 曹凯 曾波 陈政帆 董素强 范世贤 高云仲 郭威 黄乐
刘森 鲁昊宇 马润 钱实鑫 秦存鑫 邱天飞 屈靖翔 桑杭 宋翔鹏 孙浩伟 孙嘉骆
孙磊 王帆 王宁 王延伸 王智昂 魏俊杰 徐继业 殷震宇 俞明宇 袁锐 张宏祥
张会 张俊杰 张自宇 赵镇杨 仲光亚 仲其欢 周健 高潮慧 张梦瑶 曹俊 陈旺
冯雨欣 何子良 胡杨 金相辰 柯可 李良辰 李权 李延 李义昂 刘俊豪 梅子晨
孙致远 唐记 万梓阳 王为卓 王潇 王一 项宇杰 徐春成 徐可 徐自寒 严新翼
颜浩 杨锐 张宸 张浩然 张正 赵凡子 仲健 朱鸿鑫 朱江宇 朱羿帆 陈晨
聂心玥 常昊 陈昱翰 崔健 丁想想 冯玉强 高星 何俊松 候宁 黄海超 黄鹏
居涛 冷家豪 李鹏 李彦锋 李志磊 李志阳 刘宇 马明晖 钮嘉辰 庞靖 钱卫峰
王虎 王立斐 王永峰 邢家伟 邢书桓 杨佩铭 杨田 姚郜禹 叶云恒 余全立 翟学文

张安瑜 张　恒 张仕操 张思轩 张学中 钟　艺 朱　晋 冯祉彦 梁登兰 陈海东 陈　俊
陈　杨 丁　康 董明生 冯雪伟 盖宇轩 韩　鑫 侯纪浩 胡忠宝 季治华 李浩杰 李　恒
李　森 李泽凯 林佳威 刘　昊 陆旭洁 吕俊杰 饶　静 时培月 史子千 宋凯辉 苏　鹏
苏旭东 王鹏飞 王亚帅 王　勇 韦　业 吴　彧 向永彪 薛一展 杨　宇 余　典 张晨阳
张　菲 张祥生 张志雄 赵冠乔 赵向赟 仲文博 祝飞扬 储开林 何　靖 梅嘉倩 王佳莉
赵晨晨 朱玲莉 贲伟业 陈　旗 陈宗强 单慨然 丁　康 高龙奇 葛世杰 顾江伟 何　健
何康宁 胡　可 李明富 刘滨珲 刘庆洋 刘　昕 马　坤 钱伟锋 邱世杰 沈　义 史经典
孙立金 唐海龙 汪佳豪 王　陈 王乃壮 王　逍 王　旭 王旭阳 王一明 徐　飞 徐功成
于浩然 郁子俊 张浩然 张　远 张志鹏 赵向东 郭欣卓 刘豪杰 时佳楠 王忠阳 吴林钟
刘佳其 唐　浩 董浩然 金　蕾 李　鹃 罗玉容 佟　彤 张新宇 蔡伟龙 欧阳钰京
阿卜力孜·阿卜杜拉

2018级智能控制技术

郜　亮

2020级智能控制技术

陈甜慧 刘贤贤 刘晓艳 严　炎 姚雨萌 于　姚 张思雨 鲍雨航 陈　闯 陈金强 陈　烨
陈　宇 崔梦菲 封　勇 戈赛赛 顾乐石 韩春光 韩雨廷 何颜宇 李海龙 沙　晨 沈壮壮
孙良威 仝　奥 王建英 王楷翔 王　智 魏垂训 吴　灿 吴　力 吴永全 薛　健 颜成达
于　宸 张奥垒 张福旺 张　远 张子龙 周晓宇 朱剑知 朱自仓 陈菊婷 成　怡 胡鑫悦
黄箫月 宋　琴 蔚俊杰 余晓月 朱芊芊 王子墨 曾富隆 陈柯屹 褚小裕 董裕文 范韵斌
张铭泽 高有渝 耿少坤 韩飘扬 金智贤 李光阳 李梦磊 林昱泓 林子硕 刘世杰 刘　帅
乔郑豪 盛文祥 苏宇斯 唐大祥 田　亮 王浩宇 王淮安 王嘉诚 王宇轩 温师勇 辛小龙
许家骏 杨布衣 张中玉 仲启恒 周　成 朱麒橙

2018级自动化生产设备应用

戚成远

2019级自动化生产设备应用

张怀龙

2020级自动化生产设备应用

陈　婷 彭　晓 白英皓 白智慧 曹逸航 曾亮霖 陈生意 陈洋鑫 成嘉木 付焱硕 高宏疆
郜赛杰 顾春明 洪加政 吉启航 金培权 金芝辰 廖庆堂 刘思琦 刘宇杰 马绩承 马景浩
彭敦浩 秦宇航 申　奥 孙杭洲 唐月成 王如新 魏世杰 吴汉冰 武月翔 徐维伟 徐　跃
闫　亮 晏景寒 杨佳强 易富伟 于伟民 张　晨 张欧文 赵梓琪 卓　越 常文鑫 葛　韦
郭　正 江智超 李晓寒 刘顾泉 陆鸿泽 桑　潇 桑宇皓 宋伟杰 万　宣 杨　晨 杨宇龙
赵志峰 郑　祥

电子与通信工程系

2015级电子信息工程技术

杜红凯

2018级电子信息工程技术

金尧雷　邱必厅　俞诚浩　王超逸

2020级电子信息工程技术

贾冰冰　孙淑媛　曹　闯　戴广涛　范德育　高浩浩　顾嘉原　胡立志　黄伟浩　蒋昕宇　李龙阳　李永亮　李正阳　刘　帅　刘　政　罗阳阳　潘俊树　孙　驰　孙贵全　孙佳豪　孙乾文　孙　毅　唐利斌　滕步跃　田嘉禾　万　洲　王步金　王　硕　王　旭　魏子翔　吴浩龙　徐晨晖　徐祇国　杨文博　袁　丁　周芸毅　朱鸿图　陈子仪　刘　红　刘永月　屈瞿敏　苏梦凡　王　青　张慧敏　张鲁豫　周文静　陈飞宇　陈勇志　戴　鹏　狄　阳　顾晨北　郭　政　江以良　金汉林　李辰禹　李卓航　梁　鑫　陆俊杰　浦骥浩　钱　超　钱　乾　秦鑫城　秦学荣　沈毅杰　师庆涵　王智远　吴钰超　许艺晨　薛少强　颜　海　尤骏飞　张伟华　张子鸣　朱广涛　朱宇峰　朱卓然　朱宗耀　庄诗俊

2018级应用电子技术

温家辉　吴进东

2020级应用电子技术

陈　静　胡俪雯　黄　菲　江　睿　李　颖　沈雅宣　徐　诺　徐溢琳　于　茜　包军辉　陈　昊　陈　旭　程永康　方昕烨　顾金龙　韩　鹏　蒋　旭　蒋章骞　金　马　梁永帅　刘　斌　刘骏飞　潘怡烨　戚龙飞　沈敏杰　宋沛琰　孙兆楠　唐俊辉　王　超　王嘉俊　王梦龙　王　祺　王　宇　夏　郅　杨　涛　原　哲　张海军　张志东　吴陈唯一

2020级嵌入式技术与应用

揭若冰　刘　畅　刘　芹　刘淑慧　宁永清　宋雅楠　严　姝　张新玉　周严素　陈　武　陈晓嘉　陈裕钊　陈梓敬　成骏杰　董子辰　方志鹏　何振宇　李　超　李　康　李天乐　陆文骏　孟　昊　钱　磊　宋宏伟　王珈玮　吴昊天　杨瑞坤　姚孝进　易广慧　张明辉　张志贤　周文浦　周　翔　郑乐朋　祝珍珍　代　森　魏　硕

2018级通信技术

陈允君　吴明杰

2019级通信技术

徐　劲

2020级通信技术

蔡　云　奉丽娟　胡纪雯　蒋佳丽　李　彤　李　文　梁译允　沈思敏　肖　慧　杨思雨　张嘉晨　曾　杰　范浩岩　高　明　耿　喆　郭钰永　胡浩男　胡　锐　黄江林　黄仕举　江　浩　李　爽　陆　磊　吕品发　苗语贤　宋培杰　孙洋洋　颜永琪　杨昆昆　杨童晨　杨　洋　姚冠宇　殷智康　周亚群　昌佳蔚　董金一　巩婉莹　黄　雅　李凌云　梁　梦　刘雅璐　刘芸萱　沈丽华　盛加蓝　魏思钰　夏君怡　白　雨　陈学谦　陈永洋　程建雄　冯豪杰　高士诚　耿亚杰　郭宇恒　胡浩东　李　帅　凌　强　刘　帅　刘项杰　卢升辉　孙翔宇　王　宇　吴大维　夏成元　徐若桐　许家润　许　健　闫钰衡　殷超超　余俊祺　袁效先　张李超　张美康　张巍巍　张鑫泉　周　帆　周　雪　朱庭鸿

2018级物联网应用技术

袁　洋

2019级物联网应用技术

黄学深　李易帆

2020级物联网应用技术

陈梦萍　高子怡　顾　盼　李婵姣　李益楠　邵　瑞　殷志燕　赵雯颖　赵钰婷　朱　珠　蔡　强
陈鸿笑　陈志龙　费　晨　郭　畅　韩　祥　金亮亮　李鸿翔　李加煜　李　阳　刘博文　马　帅
芮铭泽　沈同宇　施梦阳　时贵林　王加文　王佳硕　王　冕　吴治宽　谢一鸣　谢振宇　杨　帆
杨子圩　袁章策　张　骞　张雪凯　张一凡　张展乾　张子见　钟继伟　朱　明　左嘉鑫　陈　璇
刘梦琴　刘　欣　吕青青　马金玉　倪　影　吴鑫鑫　相欣雨　周文琦　朱叶鑫　曾　强　陈建均
葛　恒　郭　宝　贾　磊　蒋健帅　李航宇　李　磊　李　娴　刘佳睿　刘宗豪　柳科鑫　罗　旭
孙　浩　谭　宇　田兆耕　王彬帆　王航宇　王　黎　王　奇　王星宇　王耀伟　魏良鑫　郇　询
闫玺睿　杨睿豪　杨　威　张　彬　张　珂　张　韬　赵雅宁　仲江苏　周亮亮　朱文涛　陈鑫悦
丁　叶　黄　维　李玲玉　李亚姿　祁佳欣　万秋婷　王金颖　王静怡　王晓媛　应孟含　赵梦茹
陈达开　陈　建　陈　泰　杜鑫凯　何海洋　胡洋瑞　吉　帅　纪朋飞　李继轩　李　宇　刘怀森
刘泽锋　柳覃欢　卢　博　马　跃　宁福鑫　彭怀洲　陶　天　田昊东　韦陈吉　魏　淼　魏昱恒
徐建生　杨　杰　杨　洋　姚痈快　游怀宇　张凯翔　张丕栋　张　震　张志纬　赵晨晨　朱洪靓
朱文豪

2018级智能产品开发

赵宏生

2020级智能产品开发

曹　琴　李　萍　李秋璇　路红梅　谢莹莹　薛凤倩　叶庆华　赵军慧　陈海宁　冯　灏　韩顺强
黄一凡　黄宇恒　姜　涛　卡米兰·海米提　黎　恒　黎杰锋　李　闯　刘　杭　马　诚　青　洵
孙　科　陶　鹏　王振杰　吴彦桦　鲜江龙　辛　晨　辛春杰　徐晟昊　薛荣哲　严　凯　严　伟
杨　涛　杨　宇　易港洪　张青俊　张润波　张树朗　张星辰　支东阳　周建宇　朱　杰　卓兴晨
陈萍萍　陈苏杰　胡晓宇　黄　尹　李星月　唐　鑫　张　惠　赵佳佳　庄东方　曹泽凡　陈小强
丁　浩　樊立尧　付天乐　郜子奥　顾鑫堃　郭吉旋　胡佳慧　姜　毅　冷　杰　廖维开　刘烈辉
刘奕楠　马光佑　马瀚星　孙汉钊　唐俊杰　田　龙　王家根　王　军　王文杰　王赵川　吴元侃
徐天赐　杨　涛　杨文杰　姚　鹏　张　超　张雪松　赵名扬　郑书祺　周逸飞　朱友水

软件与服务外包学院

2020级大数据技术与应用

李倩文　刘利君　罗仙银　石絮月　张　婷　朱　贺　朱语韵　曾祥冠　程　健　崔　锐　胡　滨
胡程皓　黄彬彬　黄　垚　蒋启龙　李超前　李东亮　李东旭　李　雍　梁康俊　刘　锴　潘俣辰
钱华能　秦赛坤　王广伟　王俊穆　王志杰　韦致诚　吴延国　夏前康　闫亮宇　严　梦　杨传东
袁　洪　张家骏　张伟强　赵　建　赵紫函　汤茂三秀

2018级人工智能技术服务

董长龙

2020级人工智能技术服务

单渊敏　邓艳然　胡彩云　雷文碧　李　晨　李俊英　刘　婷　刘笑笑　刘　莹　庞婷婷　吴紫蒙
杨　倩　仲思涵　卜晓然　程　昊　程耀文　董宣言　黄叶峰　姜泽舜　马千里　梅恩泽　宁玉玺
邵　勇　沈嘉豪　石雨琨　吴运其　吴志勇　俞俊豪　张自豪　赵云龙　郑　豪　周炳含　周　杰
周　楠　孙　凯　刘　威

2019级软件技术

王泳棋

2020级软件技术

陈雨晴　吕　晴　王嘉琪　吴凤琦　徐佳敏　张元芝　周　彤　曹晟睿　陈孟伟　陈一帆　董　艺
杜春辉　段佳琪　何进国　黄俊龙　李　伟　刘江龙　刘奕辉　马　俊　权勤舒　沙希维　史亚文
孙　博　孙　贵　田子翔　汪子豪　王　旭　吴学宇　夏凯祥　邢快乐　徐　龙　薛　墨　颜力涵
杨　涵　杨泽斌　张　浩　张世文　张　雍　张宇祥　周小羽　朱钱涛　刘海添　刘文慧　鲍善魁
陈　北　陈鸿宇　董宝程　段强龙　佴子豪　房　闲　顾宇辰　何伯杨　何家明　嵇友杰　刘丁铭
刘　威　刘一辉　刘　振　潘凯杰　齐祥豪　沙威鹏　沙新城　商　邱　孙华祥　孙士林　孙　伟
孙晓宇　王　博　王训轲　王　勇　魏　通　吴贵显　吴九林　武昕宇　杨书权　杨泽凯　张俊迪
张睿贤　朱永琪　邹一闻　左炜鑫　许海营　皇甫家璇

2018级计算机网络技术

王天舜

2020级计算机网络技术

陈　静　董媛媛　高昕冉　季雨欣　李佳园　梁梦茹　刘华丽　南安娜　王　陈　徐　娜　杨雨薇
尹晓玲　张贝怡　朱雯静　杜　康　范栋建　顾　宇　管家豪　胡逸凡　卢彦树　门金欢　裴世亮
秦储涛　唐　锦　涂春鑫　王书香　王　昕　吴国豪　夏　琦　夏宇轩　肖　争　许海斌　许志浩
张祥龙　周　鹏　周庆洋　朱　彬　朱中雨

2018级计算机应用技术

邱林杰　尤英熠　刘　闯

2020级计算机应用技术

蔡　钰　胡如芝　路丹丹　张　晴　张雨晴　陈　鑫　陈　暄　陈兆福　丁纪新　高　涵　高　欢
郭子阳　胡家毓　贾文杰　李　达　李子豪　刘大伟　刘向东　娄　冉　鲁　岩　毛　永　钱　坤
邵浩文　孙　宇　汤晗珉　田　庆　王崇洋　王笃壮　王梓宇　韦　林　吴海涛　吴振威　徐俊豪
徐　磊　姚飞如　袁天乐　张　丰　赵　鹏　周　鹏　庄恒舟　丁倩倩　郜　洁　谷雨昕　郭德蓉
胡梦宇　胡云艳　刘心怡　陆　颖　沙迎迎　申一鸣　苏田田　孙　悦　王　静　徐勤潇　杨贵卿
袁苏钰　张雨欣　郑　心　朱慧鑫　曹缪洋　陈俊霖　龚政文　江居阳　江兆亮　蒋文杰　解卉宇
刘林涛　聂智慧　钱永成　史裕峰　孙浩楠　孙一轩　谭宇航　谭子旭　王　琪　王文笛　王子昕
吴玉隆　杨　勇

2018级云计算技术与应用

潘奕鑫　顾学宽

2020级云计算技术与应用

陈欣怡　斗守芳　郭依萍　吉斯琪　刘　香　史庭枫　孙梦晗　唐冰清　汪艺佳　王　蕊　张　雨
成中豪　程志伟　郭　翔　扈浩宇　黄彦成　姬宇恒　李　成　李　瑶　刘　驰　刘　敬　刘自宇
陆俊榆　桑爱旭　束晟榕　谭　明　汪明杰　王　威　温友援　薛钦文　闫登尧　颜新坦　袁　毅
张　军　周耀辉　朱皓楠　祝浩男　韩苏莹　郝晓雅　马海燕　舒　茜　魏丽娟　叶丽媛　张欣雅
曹　鑫　曾　豪　代苏杰　侯文杰　胡　升　晋家恒　靳世杰　李昱龙　鲁智杨　秦鑫阳　任　杰
沈子祥　谭家晖　王国澎　王劭泽　魏元灵　谢明星　薛朕昱　颜其森　杨成成　杨　杰　叶乂树
张晨阳　张　建　张　帅　张昕阳　张月青　张振星　周岩超　让金玖　范吕友萌

经贸管理系

2018级电子商务

童　元

2020级电子商务

陈佳沂　董　情　高家佳　郭莹莹　花　越　黄宁宁　姬若男　梁灵芝　刘　彬　牛若睿　尚彤彤
申　金　双　宸　孙安琪　孙倩楠　田素琴　王　涵　王萌萌　王蒙蒙　王　琪　温佳瑶　武前苏
夏　倩　徐　莉　徐刘芳　徐亚琴　杨　洋　余　可　郑佳楠　戴明曦　郝亚虎　姜　河　蒋天翔
刘　旭　欧　雨　沈梓威　田雨乐　夏志强　肖　骋　杨贺翔　杨　颂　郑博文　朱明东　庄银春
曹珂欣　陈佳谊　丁怡然　高若珊　何美欣　胡　丹　胡居銮　蒋　兴　李　敏　李甜甜　刘丹倪
邵莉菱　史雨婷　吴　雪　袁青青　张紫怡　朱梓畅　曹洋洋　戴允清　高　昊　胡前进　胡雨昂
黄　凡　姜　鑫　李俊辰　李卫康　刘　含　沈传翔　孙天琦　汪　剑　王常伟　王刘洋　王训豪
徐　震　许海愿　张　威

2019级会计信息管理

郭一情

2020级会计信息管理

曹宇越　丁文静　郭绮琦　姜亚红　蒋佳利　康蜀会　李　雯　刘婷婷　陆　玉　潘　婷　邵丽融
司雨晴　苏　玥　孙　红　唐　莹　仝津源　王晶晶　王梦柯　王　彤　王彦君　徐　静　徐秋雨
徐思宇　张妞妞　张秋媚　张硕涵　章　岩　曹　飞　陈文岗　樊远康　韩博文　何青霖　李　巍
李泽垲　钱宇豪　史文杰　孙兴余　涂林杰　汪汉鹏　吴　波　伍柯炳　张晋豪　张世界　赵建军
曹　林　曹　宁　常润梅　陈　娟　陈　颖　陈雨婷　程　序　樊婧怡　方　蓉　龚朝瑞　海雅慧
胡顾苗　李　雯　李　雯　李　妍　孟　薇　倪海玲　倪　霜　倪　莹　潘琳琳　秦　妍　邱红红
芮梦茹　沈慧莹　孙澜僖　孙欣欣　王白钰　王君怡　王丽娟　王梦晴　卫思静　吴林慧　徐晨洁
徐俊捷　徐晴妍　徐　溶　杨苗青　姚　佳　俞青青　庾晓婷　张婕颖　张文燕　张歆岚　张　雪
张秋桐　赵晓燕　仲思婷　周　也　孟威奇　张乐程

2018级人力资源管理

王靖东

2020级人力资源管理

安清青 巴　琼 蔡志梦 陈　慧 陈文莲 单楚楚 丁思涵 樊继君 何伶俐 胡潺潺 李慧如
李沐容 李姝仪 李文静 李　艳 李妍汐 刘晓乐 鲁海蓉 缪淑莹 莫小艳 裴　晴 沈　纹
唐之惠 王青云 吴杭谕 武立娜 谢梦柯 杨　艳 余孟君 余文艳 张　娇 张美彤 张思瑾
张　钰 赵若彤 朱文婷 祝楚琳 包小鹏 吴　伟 许　恒 尹小龙 赵　俊 土登泽仁

2018级物流管理

黄君扬 张荣康

2019级物流管理

姚明卿

2020级物流管理

陈　楠 陈青青 陈　希 陈雪儿 崔佳琪 邓婷婷 冯紫维 耿雯雯 胡忆蝶 李　玉 李正菊
刘莹莹 倪海婷 万雅倩 王　洁 严慧莹 杨文慧 张丽莉 张晓露 周　畅 朱小曼 邓新毅
逄成瑞 顾浩杰 洪　涵 贾　勇 蒋　迪 李城伍 刘梦圆 刘　伟 马奕欣 宋佳阳 王　平
王玉鹏 王　梓 吴辉桥 吴坤阳 严　溥 杨　健 袁永昊 赵驿豪 赵泽英 陈宇婷 冯尊妮
龚诗嘉 黄诗佳 孔晓红 李欣池 马欣雨 马　云 裴艳红 钱子晨 桑子梦 宋　玲 汤　鸣
王蓓蓓 王　宇 徐培培 殷　娇 张倩倩 赵梦颖 郑恩泽 祝晨洁 冯　超 姜　勇 刘祺宇
卢玮辰 南海涛 汪心宇 王　诚 王佳文 韦杭志 徐良驹 殷颂泽 翟玉庆 张　恒 张加乐
张玉师 赵　珂 郑雄伟 周　玮 朱宗明 祖深圳 图玛热斯·热合曼

2020级市场营销

陈晶晶 丁佳妮 古开仙 关心茹 郭歌歌 韩金晶 何　慧 刘　欣 闵雪雯 庞　婷 戚梓涵
沈帆帆 孙珺艺 王佳慧 王雨欣 吴　静 向　倩 杨　雪 乙媛媛 周美妮 周梦莹 曾靖富
陈苏州 陈天锋 丁立松 樊晨阳 顾逸凡 何永康 黄家齐 黄庆梁 贾金库 李佳乐 李　进
李俊卓 马天赐 苗　杰 苏旭儒 王利国 杨　俊 杨　墨 杨　卫 张路尧 张益民 赵康正
周　航 朱　浩 常　芹 陈丹青 陈会珍 陈　乐 丁雅丽 费爱潮 冯龙晴 高　洁 耿志慧
顾雅莲 侯玉兰 李佳源 李心茹 李　雨 鹿雨晴 宋婧婧 孙婷婷 唐　芳 王丽媛 王羽薇
王　煜 辛美玲 薛文婷 燕　静 尹　洁 尤少琦 于　凡 赵　苗 赵　严 周亚婷 朱晨曦
朱立青 付运祥 龚　飞 胡恩赐 黄乐顺 简路超 梁海康 毛　鑫 沈志辉 万俊星 王　鑫
谢朝阳 杨俊豪 张一武 朱佳文

建筑工程与艺术设计系

2018级环境艺术设计

王　超

2020级环境艺术设计

鲍丹妮 陈新飞 方　严 顾　敏 郭欣悦 李梦姣 李雨欣 鲁梦瑶 罗　沙 彭　佳 师欢欢
王　静 王彤彤 相雨霏 谢　颖 许典典 杨嘉琪 杨巧云 杨　茹 余　璇 崔佳宝 戴宇涵
董志昕 杜项禹 胡　啸 李怀毅 李　磊 李　一 刘凯歌 沈小龙 陶鑫杭 吴佳树 徐鸿轩
张　凯 张徐鹏 朱许浩

2018级建筑工程技术

鲁龙宇　袁　帅　史智铭　顾瑞康　吴高德　钱　坤

2020级建筑工程技术

尹雨晴　陈炳钊　陈永松　范楚浩　方文杰　高　兴　葛宏宇　葛忆文　顾俊涛　韩　旭　侯昱伸
姜明瑞　解瑞聪　金　亮　李　恒　李　野　刘　猛　刘　星　刘一逊　刘　勇　马　瑞　戚绪乙
祁霄锋　秦梦成　史鸿超　汪武帅　王德礼　王　硕　吴　凡　徐如炜　严开诩　杨庆宇　殷章威
袁　伟　张润泽　张子涵　周　港　周维浦　朱井龙　王林晨　金　瑜　阮丽霞　魏　灿　夏洪敏
徐　青　杨静怡　杨　庆　邹　迅　曹　晨　曹伟杰　常子昂　邓明豪　邓志昊　冯庆龙　韩　森
何舒衡　黄　磊　黄新俣　吉祥睿　蒋江南　李俊涛　刘得恩　刘贻文　陆　捷　潘　赟　彭安旭
钱佳乐　孙永康　王仕杰　吴浩然　谢　昕　杨　健　杨振强　臧子雨　张佳宝　赵阳辉　郑雪亮
朱泽洲　崇玉涛

2018级数字媒体艺术设计

高定旭　张　杰　常　鹏　马森辉　孙可意

2020级数字媒体艺术设计

黄　璜　李　敏　刘思思　欧　雯　唐俊敏　王　蕤　王　玉　徐婷婷　周　杰　居彦成　彭　超
沈钰泉　魏玉佳　袁飞强　毕雨晴　崔晓玉　魏圆圆　景嘉军　李霁衡　钱逸飞　沈晓宇　孙斌斌
王理想　吴　凡　徐新金　严　森　张国民　张　康　张晴阳　陈同威　戴　茉　刁吉杨　沈欣雨
万智淇　王姣姣　王　珊　王新怡　王姿妍　程乙珅　樊庆宇　卢雪霜　陶仁雨　谢　锐　张　宇
崔子怡　董　静　范思思　管微微　鲁力嘉　吕义曦　吕　颖　梅　园　徐兢笛　严杰　殷蒙蒙
张　锐　张　莎　周成慧　周玲颖　费家辉　洪　亮　花子楠　魏　龙　赵　闯

2017级工程造价

王明宇

2018级工程造价

张星亚

2020级工程造价

董林芝　冯燕燕　胡子慧　金　燕　李世琦　蔺　琪　刘　柳　王振云　吴新秀　徐梅颖　杨婷婷
杨依晨　张宏妍　张文慧　张燕群　赵成雪　曹庆晨　陈富华　戴灯朝　范玉明　高金今　敬骁戈
李　洋　刘　通　刘　威　陆涛俊　潘宇杰　蒲发志　苏怡铭　唐鑫宇　王庆瑞　吴晨旭　吴　亚
武星晨　徐欧曦　许晓鹏　许　熠　张明祖　张　宇　张宇恒　支臻钇　朱传豪　朱思宇

国际教育学院

2020级国际贸易实务

曾园巧　陈　希　陈宇悦　程璐瑶　季云风　李梦婷　李真珍　梁玉桥　廖双颖　刘姗汝　刘　欣
卢佳琪　苏盈荧　王佳欣　王盛梅　张　艳　张子怡　赵文娟　周文静　朱美晨　朱　琦　朱烁烁
程　涛　贾玉州　金业松　靳蓬勃　雷龙杆　李昌勇　吕　笛　丘文霖　石旭康　田成兴　许安康
杨腾飞　张　辽　郑　斌　周佳祥　陈露媖　戴小曼　郭斯茗　侯红梅　蒋梦玲　金　颖　李　可
李　琦　刘庆宇　毛小红　申雨韩　王艺娜　吴玉叶　徐如萍　易欣杰　虞佳莉　袁永琪　臧思雨

张曼曼　赵艺箖　赵子仪　钟梓茹　白　伟　陈浩坦　陈　帅　李俊智　罗光斌　潘浩然　秦立鹏
王　淞　王　曦　张鹏宇　张　涛　郑一鸣　周　致　阿依加马丽·艾沙

2019 级旅游管理

张宇辉

2020 级旅游管理

曹欣欣　程　前　高梦新　葛一璇　顾　聪　管文惠　郭　莹　李佳颖　李亚茹　罗　烨　骆　慧
孟思莹　孙心语　王梦芝　王　妍　许雯雯　杨　丽　袁阿莲　张　瑞　周希文　陈子淇　戴坪彬
韩　鑫　胡　昶　纪汝鹏　金　炜　李彦佟　李　宰　倪　锦　谈　骏　王玮晔　严仁杰　赵逸峰
郑　舟　周　翔　邹　震　陈慧怡　陈佳欣　陈舒苹　陈唯佳　崔　雪　丁思佳　高雯晴　顾　妍
郭纹秀　苏　舒　李　肖　林雨桐　陆华雯　陆佳瑶　马雅楠　牛顺爽　沈佳雯　施佳岳　孙　萌
王利敏　王玲霞　王欣盼　魏梦笑　杨若萱　杨思颖　杨一雯　游欣宇　张雯君　张裕婷　朱丹丹
朱梦琴　祝　婕　冯全顺　刘宸宇　刘云龙　裴齐全　祁跃翔　汪　垚　王海俊　王绍泽　杨拉书

2019 级商务日语

王永真　王逸菲

2020 级商务日语

陈滢洁　崔颖琪　高子怡　韩　鑫　胡文慧　黄　陆　苗可欣　齐　琳　饶雅婷　施　诗　王　静
王秀梅　王　莹　王紫娴　吴苏麒　徐　静　严　莉　姚小婷　张凌琳　张　佐　赵子涵　郑　婧
郑雪君　宗林心　丁玉杰　范礼坡　蒋新源　李训楠　孟圣皓　阙楚烜　沈　阳　王品瑞　王贤帆
王永成　温泽坚　邢兵新　杨宗钰　袁　宇　张艺博　王适涵　赵超凡

2018 级商务英语

冯　嘉

2019 级商务英语

陈佳倩

2020 级商务英语

陈鑫雅　陈星羽　陈长聪　程　苗　杜　颖　郭晨霞　韩　蕾　韩夏雯　胡紫薇　华新宇　纪圆琴
李家贝　廖远欣　刘　露　刘梓涵　柳　佳　吕清雯　马美琴　孟雅茹　彭海燕　魏冰焰　魏湘湘
吴佳瑶　吴欣如　徐　淋　徐　诺　晏文靓　杨思琪　姚　资　叶丽娜　张佳毅　张　淼　张　敏
张雅欣　张子怡　郑苏楠　周　怡　曹冰磊　钱晨阳　任恺祯　张孝南　陈　艳　程　凤　丁　艳
范宜微　郭海婷　黄　宇　黄紫芸　金　晨　居梦茹　李聪慧　李文斌　凌　然　刘佳慧　刘肖倩
娄建楠　罗佳钰　罗　薇　乔江敏　沈茹萍　沈苏皖　盛园园　滕　佳　许　可　杨梦雅　杨紫晴
喻绍蓉　张　婷　张文芳　张雅萱　张子佩　张紫彤　周卉敏　邹　婷　李斗文　罗智航　马　亮
徐兆成　杨　松　朱方舟

汽车工程系

2020 级汽车营销与服务

陈晓珂　李桐桐　芮苏琪　闫静静　陈心宇　范　旭　戈前宇　杭王杰　何　鹏　李　强　李　周
梁月庆　林　毅　刘高博　刘昊源　刘雁飞　罗　志　秦奥飞　王　磊　王志文　韦淇凯　吴　卓

许　珂　杨钧超　杨　正　张贝贝

2020级汽车检测与维修技术

解呈荣　史莹莹　曾　溪　戴传淼　封士杰　冯恒基　冯逸善　高建飞　高莉明　葛凯鸿　侯　增
蒋　派　冷国良　李国庆　李双龙　李　涛　李　洋　骆　鹏　穆良春　汝鹏飞　沈李浩　汤友越
唐子豪　陶雪坤　王俊棋　王凌云　王学明　夏　涵　熊　成　徐苑哲　杨　柯　张　博　张　飞
张绍铭　赵子鑫　郑　辉　朱　敏　朱永洋　鲍家成　陈　凡　丁　迅　郭依舟　韩旺叶　胡义鹏
姜明文　康　斐　李　开　李智豪　刘　港　刘　尚　陆仁杰　马俊杰　马　运　裴鑫宇　戚善良
戚绪杰　宋　辉　孙昌辉　童茂源　汪子胜　王一凡　王忠远　谢浩骏　徐久远　徐亚洲　张开慧
张　磊　张连杰　张　威　张　伟　张　炜　朱礼诚

2018级新能源汽车技术

胡田森　武　剑

2020级新能源汽车技术

邓秋婷　林仔悦　周丽娟　曾凡朔　陈冠熙　陈　辉　陈　荣　陈　伟　陈梓杰　戴兴宇　丁茗飞
付尚思　何席文　黄克焱　黄志强　李诚鑫　李　磊　林海洋　刘家顺　刘　乐　栾宇轩　马永泉
秦雨涛　秦震宇　田　力　王冠霖　王跃彧　王志新　吴春祺　向　豪　徐　坤　薛雨丰　杨　杰
叶乔瑞　余　浩　张泊洋　张　苏　张学武　朱　旭　梁国泽　刘　璐　王小丽　袁　原　陈文钊
陈泽铠　樊治伟　方一钦　高　硕　荀云云　管佳琪　韩杰宇　何栢融　姜　涛　李　祥　梁　琨
马义涛　倪　炫　宁鑫波　潘柄君　史宇轩　孙　林　王　晨　王珈琪　王俊杰　王康龙　王　龙
王　旭　王旭昭　王毅阳　危　炎　韦昊晨　吴　文　叶　根　张　杰　张明睿　赵昊昊　周　超
朱林锋　朱文轩　左子涵

苏州工业职业技术学院2024届普通全日制社会招生专科毕业生名单（2024年1月毕业）

软件与服务外包学院

2020级软件技术

潘文静　张小会　陈　凯　陈志凯　崔海春　干军文　惠浩杰　刘　斌　刘文涛　陆　超　吕洪羲
潘成豪　束畦琦　王建康　王永锋　张　强　赵泽昊　朱永慷

国际教育学院

2020级商务英语

陈玉柔　李舒婷　彭海丽　彭依晨　闫　坤　张梓璇　高　阳　冉皓伟　田士斌　汪锡刚　于　洋

汽车工程系

2020级汽车检测与维修技术

金厚升　李登金　李国杰　李　宇　吕晓亮　王　军

成人教育专科毕业生

苏州工业职业技术学院2023届成人高等教育专科毕业生名单（2023年7月毕业）

电子商务（函授）

陈韩晴　陈银银　董苏阳　甘旭阳　高敬原　高童童　顾振涛　郭雅婷　胡彬燕　黄雨欣　季　阳
姜治国　金炳鑫　李孟杰　陆　菲　吕加琪　任苏雨　沈　璐　沈心悦　孙　淼　唐　伟　王思瑜
王兴君　王　艳　徐文昕　徐　舟　杨胜贤　姚俊凡　岳建琨　张　畅　张任婧　郑　延　邹　清
方玉香　贾慧慧　侍　莉　万学超　徐　娟　张玉婷　周　蓓

电子商务（业余）

卜宗林　李海锁　史皖君　孙　畅　唐二娜　叶祥林

机电一体化技术（业余）

端木庆松　李梦楠

计算机网络技术（函数）

包承阳　毕陈晨　别如喜　曹志强　曾鑫宇　陈佳起　陈　莉　程　杨　戴　铭　邓建国　窦　訾
冯　豹　高　波　高东胜　顾云峰　郭　鑫　何翔宇　胡传皖　胡明洋　胡云凯　黄光明　江　伟
姜智豪　兰　阳　李飞洋　李涵燚　李　冉　李弁蓉　连红博　林　锴　林世杰　刘　博　刘星宇
刘宇航　陆梦君　陆诗奇　吕　亮　马文庆　钱　涛　任之航　史天骏　唐瑞东　汪海涛　王爱华
王　飞　王　蕾　王晓慧　王　欣　王学保　王　耀　王业潍　夏成坤　谢俊杰　徐思雨　许恺熙
许润哲　许自强　杨家辉　杨　礼　俞则嘉　张光琦　张贵洋　张　林　张世强　张　益　张友安
张振苏　张挚凯　章光礼　周方瑜　朱　瑞　朱志斌　董苏鹏　杨焱之　姜文豪

计算机信息管理（业余）

陈　实

汽车检测与维修技术（函授）

曾令浩　陈　枫　陈火赐　陈佳昊　陈苏安　程熙元　董　栋　董陆毅　范佳成　冯星宇　顾成骏
韩甲俊　何宇晨　胡家龙　蒋　凯　李　杰　李圣圣　李政顺　林　宇　刘大威　刘光凯　卢　闯
栾业杰　马国扬　马津缘　戚厚鑫　钱　龙　钱振奕　钱志成　乔　磊　沈一凡　孙　威　郇立歌
陶谦益　汪　磊　汪　烨　王家浩　王　开　王　彭　王同宝　王志强　熊文文　徐保林　许诚浩
杨建旭　杨　洋　余　洁　郁世豪　张嘉东　张天宏　张重阳　赵承志　周新浩

物流管理（函授）

曹　婧　丁家豪　葛　茵　何先富　黄争程　居立蕊　李　娟　李子俊　凌　辉　陆宇浩　吕　超
申一丰　沈家豪　宋心宇　孙　浩　万雨洁　王　骋　王　涛　王晓冬　王振阳　韦振东　谢乐言
徐一菲　许　昊　许家豪　宣井龙　严佳玲　赵　威　赵杨杨　周欣悦　朱思婕　邹　简　陈华锋
腾　志　颜星星　俞华强

物流管理（业余）

胡林志　孙会年　陶顺云　杨艳霞　张晓瑞　张新丽　张永庆　朱冰清

全校教职工名单

校领导

王洪法　马延文　王新华　吴少华　刘　晓　魏　影　苏　华　王　勇

党政办公室（外事与港澳台办公室）

张　峥　张　琰　马小燕　陆逸菁　庄　轲　杨人杰　吴　亮　陈海兵　顾辰彤

党委组织部（党委统战部）

陈　艺　黄　颖　沈涵颖　姚　遥　单人杰

党委宣传部

曹　瑾　陈　荔　叶倩辉　卢又来　张曦文

纪检监察室

计翼倩　刘　玲

人事师资处（教师工作部）

孙若颖　田　婷　李梦瑶

教务处

何福男　张璠争　丁云鹏　郝敬锋　徐小丽　范莉萍　徐建中　刘韵华　虞　锐　龚蓓琪　刘娇洋
卢毅杰

科技处

钱　涛　祝清兰　高　慧

学生工作部（学生工作处、招生办公室）

童钰祥　田立苗　徐丽君　席晓兰　朱建荣　顾　虹　蔡　哲　张晓东　袁所贤　王晓燕　冯良栋

对外交流与校企合作处

费　江　唐祥金　刘　向　陆志伟

财务处（审计处）

吴　玮　杨　飞　孟筱玲　吴春兰　吴　明　罗　洁　朱理想　李冬茹

保卫处（人民武装部）

汤鸿波　林　洁　柴竹军　田　宏

后勤与资产管理处

雷　冰　周红英　李春明　吴咏涛　赵　超　徐　玮　钟继春　吴蕴聪　姚闻华　濮小勤　蒋洁清
徐　森　马长进　孙　云

工会（妇联）

安　婕　陆　布　王智会　吴照春　魏　力　潘　黎　帕孜依拉·肖可拉提

团委

曹慧秋　朱楚漪

数字化校园与图文信息中心

方一新　徐　敏　丁永尚　项永芳　陈　华　林　愉　王　卫　蒋　莉　王馨芸　许　蕾　任　静　曹　敏

高教所（学报编辑部、质量保证中心）

刘绪军　王　瑾　张雪红

继续教育学院（培训管理中心）

蔡葳葳　肖洁瑾　张　丽　包　珥　廖文杰　张　晴　冯语迪　陈　维

学术委员会

单　强

机关党总支

贾　虹

精密制造工程系

周　瑾　耿　哲　汪　宁　薛迎春　殷　铭　王惠琴　龚隆兴　杨亚琴　黄华栋　胡　炜　王　勇　王春生　王卫芳　许戴铭　王素秋　崔　勇　罗平尔　徐忠兰　顾　涛　屠春娟　许　岚　徐立华　韩莉芬　李春雷　王　帆　张英琦　王　雪　刘　凡　李长春　成　立　黄晓华　季业益　沈小强　李有智　陆宝山　滕　琦　王迎春　梁士红　刘　海　金玉静　丁倩倩　刘江平　马广辉　王　佳　吉绍山　惠震霖　孔　茗　顾　晓　匡　清　唐　海　刘三利　朱　伟　韩念梅　张　丽　吕春兰　王薛霜　王　琪　郦雨琪　孙兆艺　宫文强

机电工程系

张大圣　石皋莲　于　霜　徐云飞　吕亚男　钟俊文　金　毅　何桂芳　崔秋丽　徐月兰　胡　静　周　信　周　薇　王占山　王加勇　葛晓忠　陈　歆　范金玲　许月琳　鹿　霖　周　敏　张卫星　沈玲莉　王　英　李　巍　李　健　覃恩伟　姚晓东　茅　阳　凌红军　唐春华　徐　敏　宋冬萍　朱巍峰　杨　扬　史飞飞　张广才　徐　黎　柏余杰　蒋澄灿　章猛华　于泽鑫　蒋海燕　马晓云　罗　玛　魏海婴　高小涵　章羽翎　王月芹　张淑红　费　娜　汪　阳　王文琦　杜慧琳　王熙雒　陆　琦　陈晓华　冯国铜　赵　斌

电子与通信工程系

许秀芝　王　栋　吴冬燕　胡　渠　王昕昀　汤小兰　姜颖韬　黄　璟　吴振英　赵　展　刘　勇　钱　昕　季　梅　陈晓磊　邵　雯　吴　琦　魏　雯　石瑞华　石红梅　陆　蔺　张明玉　金　薇　叶　萍　蔡成炜　居敏花　杭海梅　凌　璟　周　峰　陈　丽　王　勤　程雪敏　翟　红　孙　岚　邵利群　朱　勤　程　磊　戴丽华　袁宇丹　沈晓宇　张美芳　魏勇青　鲁晓晓　张素敏　邵利群　李木石　夏玉颜　陆明祥　罗红艳　许燕萍　孟桂芳　汤朝霞　荣雪琴　王莉莉　蒋爱如　罗　楠

软件与服务外包学院

陈　希　罗　颖　张艳艳　王　喜　何　亮　王　晓　吉中云　黄金晶　顾红燕　伊雯雯　蒋灏东

丁 健 厉 佳 时 荣 栾咏红 孙 伟 胡 霞 郝爱语 汤晓燕 刘文军 朱 东 李文俊
陈 瑾 刘宝莲 雷 晖 朱 亮 王东海 张伟华 李春华 张 雷 盛永华 密海英 沈 茜
陈莉莉 芮文艳 杨 瀚 居晓玮 韩雪芳 冯铖智 李芷璇 张 逸 胡 慧 李 良 陈园园
艾旭升 张佳磊 吴阅帆 杨小英

经贸管理系

梁青春 周 芳 欧阳芳 许觊南 王亚男 邓 霞 杨 鑫 罗书林 许 英 郭 薇 许 斌
姚卓顺 崔亚玲 陈 晶 王晓征 张蓓蓓 盛晓兰 刘大建 单佳兰 唐德森 沈 霞 杜 鹃
俞 芳 夏云超 苏小兰 唐金龙 丁依萍 张玉琴 张琦英 曹 钦 黄 正 倪思涵 陈 明
孟可欣 张君延 张苏银 朱添莹 魏琪然 凌彩金 肖坤梅 胡 姝 沙 昕 张 璟 廖晨竹
张馨仪

建筑工程与艺术设计系

李 明 王 迪 王宛平 田建冬 陆 娴 任兰云 陈月萍 王 瑾 谭佳怀 赵亦涵 徐厚华
于 杉 杨毓洁 徐 杰 王莉君 吴小艳 车 科 黄小梅 余 黎 蔡 健 陈杏莉 许艾珍
陈卫萍 芮 科 张贺鹏 鞠 丹 鲍田丰 郭恺文 袁 远 孙启新 陈梦周 朱洁冰 王沁雪
包茜虹 朱晓蕾 倪碧君 刘羽田 张二玲 王化婷 张 祥

国际教育学院

桂德怀 叶文红 耿 欣 吴丽琴 任 峰 佟岳雯 邹 娴 窦柯静 胡 敏 丁金珠 尹玖红
高 丰 项 梅 楼亚强 俞 纯 冯永堂 李培娟 虞 江 李 凌 李正光 金金花 陆根杼
徐 倩 胡意利 顾 菁 陈海彬 周 樱 张媛媛 李 玲 吉小红 王 敏 夏 瑛 陈玮婷
蒋 樱 邱晓清 邹静兰 周 倩 殷 勤 诸莉雅 张 悦 沈毓菁 房慧玲 韩 婧 陈治仪
吴 娟 金 娴 张书健 陆小鹿 周 俭 张梦丹 冯博览

汽车工程系

马 俊 金 昱 张宇峰 彭 薇 王 瑾 程小荣 李洪群 陈应超 张贺鲲 沈宏生 张甜甜
臧华东 杨晓峰 陆文灏 郭 静 王洪宝 崔传真 缪 伟 刘 森 党国安 冯巧云 胡海侠
张译匀 刘 慧 汤岐远 王逸群 郝思雨

马克思主义学院

马建新 赵永兵 曹 俊 张 艳 胡晓红 袁 芳 戴婧雯 张鑫淼 文基梅 何卫星 杨 晔
王周刚 王晓翠 凌 晨 丁 雷 刘 晨 高 珊 成秀萍 夏 安 李颖华 张红梅 濮露萌
仇 玮 冯成辰

体育部

陈建辉 石茗茗 张 明 沈 铁 沈 贤 邵 夏 张 笑 周 斌 刁巍威 韩 雅 纪莉萍
陈海丽 黄月勤 桂海荣 孙颖爽 魏金龙

全校离退休人员名单

何介雄　丁慧芬　卜树坡　马如飞　马志明　王　云　王　东　王　竝　王　瑜　王万生　王文艳
王玉芬　王巧珍　王龙珍　王叶英　王全宝　王克健　王治新　王荣明　王祖杰　王继保　王培英
王惠明　王源源　王　震　尤孝国　毛光宇　毛明华　仇尧云　亢荣石　方锦姿　石雪年　平万松
叶大德　叶飞龙　田连成　冯秋英　冯瑞文　邢雯芝　吕建华　朱永万　朱君明　朱建幗　朱俊民
朱祥贤　华　丽　华保忠　庄学政　刘　健　刘　萍　刘大埔　刘文倩　刘训非　刘佩和　刘敏华
刘德祥　齐晓莉　闫丽华　江志良　江国尧　江建根　许　萍　许寿南　许其珠　孙汉铭　孙守琼
孙克城　孙苏光　孙茂荣　孙金男　孙家琪　严海英　李　霞　李从如　李凤珍　李文倩　李忆湘
李松茂　李国英　李建民　李春华　李祖程　李润国　杨　立　杨士芬　杨文华　杨培生　杨蕴璇
肖世忠　肖洪波　吴　铃　吴亚平　吴孝美　吴国澄　吴明坤　吴宗平　何文祥　何旭明　应桂珍
汪　政　汪长苹　沈　进　沈　晞　沈大荣　沈兆裕　沈金凤　沈采真　沈秋晓　沈恒良　沈家騠
张　泠　张子泉　张介龙　张公衡　张正芳　张申初　张冰清　张如刚　张昌才　张佩林　张建三
张重华　张素珍　张振德　张钺绮　张蒙恩　张锡华　张德新　张簪杏　陆　钰　陆　萍　陆　瑜
陆民炬　陆伟林　陆忠德　陆金坤　陆建华　陆美英　陆惠英　陆　群　陈龙生　陈仪平　陈亚先
陈伟根　陈兴生　陈宇光　陈国先　陈建平　陈经华　陈琼影　林兆群　林慧君　季秋明　金世炯
金汉英　周　琳　周邦雯　周志豪　周步新　周绍敏　周钰林　周潞英　郑瑞麟　宗琴华　郎勇生
居绍元　居绍昌　居嘉忠　赵艺青　赵春燕　赵思敏　赵梅英　赵铭冠　荆国樑　胡　杰　胡　敏
胡运蓉　胡秀琴　钟　克　钟江静　须惠增　俞玉琴　俞海英　施启耀　姜玉珍　洪素兰　费道良
姚开麟　姚以舒　姚自新　姚道霖　贺志龙　勇志宏　袁　强　袁凤珠　袁培德　聂承来　莫建平
夏一蓁　顾义元　顾仁芳　顾丽萍　顾莉莉　顾准民　顾彩芬　顾瑾瑾　钱治均　倪瑞红　徐中一
徐文蕉　徐　立　徐春明　徐美英　徐铁培　徐森亮　殷庆枞　殷演龙　凌　国　凌祎君　郭　敏
唐伯雄　涂必澄　谈正秋　黄　颖　黄友兰　黄孟弟　黄洪根　黄莉萍　曹建东　曹建明　曹家麟
戚建康　龚肖新　龚新华　盛昌华　崔荔民　章晓虹　章健华　章鍊铮　梁胜龙　梁锦华　彭梅芳
葛素娟　董修庭　董瑞花　蒋大鑫　蒋月芳　蒋苏华　童建英　谢自奋　强银凤　鄢庆湘　鄢祖安
楚蕴源　解振明　蔡修璋　臧玉屏　臧彩凤　谭颖瑛　熊越东　潘胜眉　潘晓霞　薛　峰　薛玉妹
薛鉴章　戴　皎

后 记

《苏州工业职业技术学院年鉴》(2024)不仅是对学校2023年度各项工作的全面回顾和总结,更是对全体师生共同努力和辛勤付出的见证。

在编纂过程中,我们得到了学校各级领导的高度重视和大力支持。他们不仅为我们提供了宝贵的指导意见,还参与了年鉴的审稿与修订工作,确保年鉴内容的准确性和权威性。同时,我们也得到了各单位撰稿人员的积极配合,他们提供的丰富素材和生动案例,为年鉴增添了无限生机与活力。

《苏州工业职业技术学院年鉴》(2024)以存史鉴今、资政育人为使命,系统记载了2023年学校在党的建设、教育教学、师资队伍建设、专业建设、教学研究、社会服务以及校园文化建设等方面的新理念、新举措、新成果。全书内容丰富、数据翔实、图文并茂,全面呈现了学校在"双高"建设中的新进展和新成就。

回顾过去的一年,苏州工业职业技术学院在各个方面都取得了显著的成绩。我们见证了学校在教育教学改革中的不断探索与创新,感受到了学校在师资队伍建设上的用心与努力,也看到了学校在校园文化建设上的丰富多彩与独具特色。这些成绩的取得,离不开全体师生的共同努力和辛勤付出。

当然,我们也清醒地认识到,学校在发展过程中仍面临着诸多挑战与困难。在未来的日子里,我们将继续秉承"向阳而生 精工笃行"的学院精神,以更加饱满的热情和更加坚定的信念,推动学校各项事业不断向前发展。

在此,特别感谢所有为年鉴编纂工作不辞辛劳的同事们,是你们的默默耕耘和无私奉献,使得这部年鉴得以顺利出版。同时,也要对所有关心和支持学校发展的领导、师生以及社会各界人士表示衷心的感谢和崇高的敬意。

让我们共同期待苏州工业职业技术学院在未来的日子里,能够继续书写更加辉煌的篇章,为培养高素质技能型人才、为服务地方经济社会发展做出新的更大贡献!

编者

2024年10月